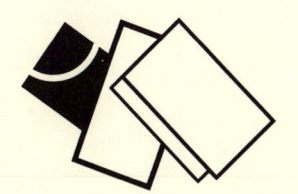

# POESIA COMPLETA

## DE

# MÁRIO DE SÁ-CARNEIRO

EDIÇÃO DE
RICARDO VASCONCELOS

RIO-DE-JANEIRO
TINTA-DA-CHINA BRASIL
MMXVIII

© Ricardo Vasconcelos, 2018

1.ª edição: novembro de 2018

Edição: Tinta-da-china Brasil
Revisão: Tinta-da-china Brasil
Capa: Tinta-da-china (V. Tavares)
Projeto gráfico: Tinta-da-china (P. Serpa)

Todos os direitos
desta edição reservados à
Tinta-da-china Brasil

Rua Ataulfo de Paiva, 245, 4.º andar
Leblon, 22440-033 RJ
Tel. (00351) 21 726 90 28
info@tintadachina.pt
www.tintadachina.pt/brasil

SA111p    Sá-Carneiro, Mário, 1890-1916
          Poesia Completa de Mário de Sá-Carneiro / Mário de Sá-Carneiro;
          edição de Ricardo Vasconcelos.
          — 1.ed. — Rio de Janeiro: Tinta-da-china Brasil, 2018.
          696 pp.; 21 cm

          ISBN 978-85-65500-45-6

          1. Literatura portuguesa  I. Título

                CDD: 869.3
                CDU: 821.134.3-3

EDIÇÃO APOIADA POR
DIREÇÃO-GERAL DO LIVRO E DAS BIBLIOTECAS /
MINISTÉRIO DA CULTURA — PORTUGAL

# SUMÁRIO

# APRESENTAÇÃO

RICARDO VASCONCELOS

*Esta inconstancia de mim proprio em vibração*
*É que me ha de transpôr ás zonas intermédias,*
*E seguirei entre cristais de inquietação,*
*A retinir, a ondular...*

Mário de Sá-Carneiro, "16"

Os mais de cem anos passados desde a morte de Mário de Sá-
-Carneiro oferecem-nos a ocasião ideal para revisitar a edi-
ção da sua obra, central na geração de *Orpheu* e absolutamente
influente nas sucessivas gerações de escritores portugueses desde
então. Mário de Sá-Carneiro é uma presença indelével no ima-
ginário colectivo nacional, seja pela intensidade da sua escrita,
seja muitas vezes pela força totalizadora da imagem de uma exis-
tência que é percebida como tendo fixado nos textos literários a
sua própria dissolução.

Na apresentação do primeiro volume da série dedicada à escrita
de Mário de Sá-Carneiro nas Edições tinta-da-china, *Em Ouro e
Alma — Correspondência com Fernando Pessoa*, escreveram os edito-
res que "grande parte da correspondência de Sá-Carneiro contra-
ria de forma veemente a imagem de um indivíduo exclusivamente
melancólico ou até desesperado, *flâneur* isolado pelos cafés e alie-
nado do meio cultural parisiense, cuja obra por hipótese reflectisse
de forma transparente e aproblemática uma possível dissolução
identitária capaz de levar ao fim da vida [...], ou que, pelo contrá-
rio, dramatizasse na vida os seus textos literários" (Sá-Carneiro,

2015, pp. 11-12). Ora, como se percebe, são essenciais na passagem os termos "exclusivamente" e "transparente e aproblemática". Isto é, não se pretendia negar a evidência de que Sá-Carneiro trabalhou nas suas obras um sentimento de melancolia, e certamente não se visava sequer discutir a natureza do temperamento do escritor. Procurava-se, isso sim, salientar que não é o suicídio que dita os sentidos de qualquer escrita, já que as relações entre biografia e literatura são bastante mais complexas do que essa falsa transparência pode fazer acreditar. E afinal uma obra literária não deve ser lida como um eterno epitáfio. Desejava-se assim lembrar que, independentemente até de a iminência da morte poder ter sido um fiel companheiro de Mário de Sá-Carneiro, durante um longo período de tempo, a sua obra literária e as suas cartas apresentam uma juventude e uma riqueza de sentidos de enorme vitalidade, que nos alcançam ainda nos dias de hoje.

Não sem alguma provocação, e procurando interpretar o apelo que leva às leituras mais biografistas de Mário de Sá-Carneiro, lembre-se que o que permite o lado catártico que esta obra possa exercer nos seus leitores, redimindo-os das suas próprias frustrações existenciais, é o facto de o compromisso total do autor com a sua escrita ter levado à criação de uma exuberante linguagem poética, que lhe granjeou um espaço central na modernidade literária portuguesa. Sá-Carneiro permanece com os leitores pela surpresa causada pelas suas imagens, pelas metáforas quase sempre corajosas e imensamente insólitas, e pela forma ousada e desarmante como se encarava a si mesmo — até mesmo como um "bobo presunçoso" observado sob um olhar narcísico. Em suma, Sá-Carneiro permanece com os que o lêem por um certo experimentalismo formal e sobretudo imagético, e seguramente também pela sua auto-ironia corrosiva e desconcertante.

A posição de Mário de Sá-Carneiro na poesia portuguesa é tradicionalmente vista como um espaço de transição entre linguagens influenciadas pelo melhor do simbolismo e por características das vanguardas literárias, assinalando-se ainda normalmente o grau de ambiguidade com que o autor encara o discurso de cariz mais vanguardista; é afinal um espaço que em grande medida coincide com as fronteiras do modernismo português. Não se visa aqui caracterizar esse posicionamento específico, nem muito menos tantos outros temas que têm sido teorizados ao longo do último século, como a alteridade do sujeito, o seu estatuto semiperiférico (que marca a relação com o espaço físico e imaginário de Paris), a tematização do narcisismo ou da perversão sexual, ou as noções de perda e impotência, sempre trabalhadas ao longo dos seus poemas. Mas lembre-se apenas que, ao lado de Pessoa, Sá-Carneiro teve a capacidade de desempoeirar a poesia portuguesa, legando-nos, além de uma enorme obra no seu conjunto, imagens que tendo ou não renovado a língua portuguesa — como muitas vezes se alega fazerem os poetas — seguramente abriram um novo espaço na literatura da época.

Ao fazê-lo, Sá-Carneiro foi duplamente moderno, no sentido primeiro de ter produzido uma obra que não permanece datada e por isso fala com os leitores actuais, e em segundo lugar por ser do seu tempo e não anacrónico na sua própria época, estabelecendo vínculos à modernidade estética do início do século xx. Quase sempre enveredando pelos confrontos do ser humano com as suas limitações, a linguagem poética de Sá-Carneiro evolui muitas vezes para um tom auto-satírico que chega a surpreender pelas características de uma caricatura de pendor expressionista e muito deformadora. São imagens que radicam em contrastes capazes de destruir qualquer solenidade, assentes tantas vezes num vocabulário que, à primeira vista, é coloquial ou trazido para o dia-a-dia e que, ao mesmo tempo, fala da experiência do indivíduo na sociedade moderna. Fala, portanto, de qualquer um de nós, e com qualquer um de nós. Não faltariam exemplos, desde "Quasi", uma das composições fundamentais de *Dispersão*, a tantos poemas de *Indícios de Oiro*, como "Serradura" ou as "Sete Canções de Declínio", ou até "Manucure", em *Orpheu*. Mas pense-se em "Aquele Outro", último poema passado a limpo para ser enviado a Fernando Pessoa, em que o sujeito percorre um conjunto de metáforas que desmascaram todo e qualquer pretensiosismo pessoal, denunciando, por exemplo, que a sua alegada "Alma de neve" não é mais do que o "asco dum vómito", que a sua desejada magia não é senão a de um "mago sem condão", e que os seus "berros ao Ideal" são irreconciliáveis também com a natureza de um "papa-açorda" confesso. É uma poesia moderna, portanto, pelo que diz do indivíduo e pela forma como o diz. Até pela sua capacidade de trazer para a espuma dos dias os símbolos mais distantes, isto é, de por exemplo tornar "gorda" "o Esfinge", numa formulação particularmente rica em que até o artigo adquire particular dimensão semântica. É este poema significativo para os leitores dos dias de hoje? Obviamente, poderia sê-lo em todos os tempos. Mas num mundo de empreendedores e líderes mais ou menos despistados, valham-nos aqueles que lideram pela sua capacidade de, sentindo-se demasiado humanos, gerarem formas de todos nos conhecermos mais aprofundadamente, sobretudo nos nossos maiores fracassos. Por outras palavras, quem nunca se sentiu um "dúbio mascarado", ou nunca temeu passar "na vida incógnito", que atire a Sá-Carneiro a primeira pedra, ou aproveite a sua ajuda para se sentir mais humano.

Um "coração talvez movido a corda…" (que estará, porventura, na base do "comboio de corda | que se chama coração", de Fernando Pessoa) é uma imagem que fala de todos nós, numa linguagem próxima de todos. Parte da modernidade de Sá-Carneiro, num sentido mais amplo do termo, reside precisamente aí, no falar das limitações de todos os indivíduos, e de todos os tempos, com uma linguagem impactante e de alto efeito, seja pelo uso de imagens de aparente simplicidade, seja pela surpreendente justaposição dos símbolos mais densos com um quotidiano que chega a roçar o escatológico, justaposição sintetizável na sátira pessoal e bastante ácida desse "balôfo arrotando Imperio astral", ainda em "Aquele Outro".

Mas a linguagem de Sá-Carneiro é também, em grande medida, um produto do seu tempo, e está mesmo intrinsecamente vinculada a alguns dos temas da modernidade estética e das vanguardas, muitos dos quais continuam a ecoar nos dias de hoje. Não faltam poemas a demonstrá-lo. Lembre-se, por exemplo, "O Fantasma", que, para se referir a um sentido de perda ou desorientação, recorre maioritariamente a vocabulário alusivo à Primeira Guerra Mundial, um dos temas centrais das poéticas da época, vanguardistas ou de outro tipo. Então no seu segundo ano, o conflito militar empresta as suas palavras a Sá-Carneiro, que fala de um outro tipo de conflito, mais pessoal, a que não é totalmente alheia a influência dessa desordem europeia. E, por isso, o poema refere-se a uma "fantasiada guerra", a um "Oiro" que há-de "cair por terra", a uma "Revolta", à própria "gaze" que encerra o sujeito, e a uma "Sorte" que, como um cadáver, está já coberta de "formigas".

Se pensarmos nos debates acesos da época sobre as novidades das linguagens estéticas, temos como testemunho central de Mário de Sá-Carneiro, desde logo, o poema "Manucure", que apresenta os "olhos ungidos de Novo" do sujeito. Estes são também olhos "futuristas" e "cubistas", aqueles que estão seguramente na base dos "olhos interseccionistas" necessários para dar conta de uma "Beleza-sem-Suporte, | Desconjuntada", talvez pela velocidade dos dias modernos. Como o próprio Fernando Pessoa reconheceu, o poema é, além do mais, um dos símbolos máximos da importação para Lisboa da cultura artística da *blague*, pelas mãos de Sá-Carneiro, entre outros. Isto é, duma cultura que escolhia a provocação pública como estratégia central, e que esteve na base de *Orpheu*. Lembre-se que a revista está relacionada com o conflito militar da época até pelo facto de Sá--Carneiro decidir abandonar Paris e trazer consigo a motivação de, em Lisboa, replicar alguma da energia do meio cultural da capital francesa.

"Manucure" é também símbolo da identidade semiperiférica do indivíduo português, já marcada no início do século xx, e exibe a sua nostalgia de uma centralidade outra na evocação da modernidade parisiense. Transportando consigo também a nostalgia da viagem, o poema recorda-nos que "todo o cais é uma saudade de pedra!", como afirma Álvaro de Campos na "Ode Marítima" (publicada igualmente em *Orpheu* 2), quando Sá-Carneiro observa "pelas estações e cais de embarque, | Os grandes caixotes acumulados, | As malas, os fardos — pêle-mêle... | Tudo inserto em Ar, | Afeiçoado por êle, separado por êle | Em multiplos intersticios". Ambos os poemas coincidem num certo onirismo e num desejo de evasão, relacionados com a viagem impossível, e vêem no futurismo uma solução para a sua nostalgia, presa ao cais. Seja ele o futurismo da máquina — no caso de ambos, mas certamente no de Campos — seja o da "beleza futurista das mercadorias", no caso mais especificamente de Sá-Carneiro. Contudo, "Manucure" apresenta ainda uma solução diferente para essa nostalgia, numa redenção pelas múltiplas formas de comunicação mais acelerada, como os "telegramas da Ultima-Hora" que levam o seu leitor a sentir-se "Tão leve como a folha do jornal". Conhecemos todos o fascínio de "Manucure" com a beleza do ar, onde Sá-Carneiro nos lembra que tudo "ondeia", que tudo "existe", mas note-se ainda que este ar evocado não se limita a conter e a transportar as comunicações entre lugares distantes do planeta. É, acima de tudo, o próprio infinito que se busca, como é demonstrado pela sequência de números apresentada no poema; a "Assunção da Beleza Numérica!" é afinal evidenciada de uma forma aliás muito simples: por uma sequência de números oito (8) que progressivamente passam à posição horizontal (∞) transformando-se já no próprio símbolo do infinito.

Quanto ao entrelaçar de Sá-Carneiro com o espírito da modernidade, lembre-se um breve poema sem título que o escritor não incluiu nos seus *Indícios de Oiro* e que nem sequer teria pensado em publicar, no qual anuncia: "A minh'Alma fugiu pela Torre Eiffel acima." Também aqui o sujeito se vincula ao ar, dizendo da sua "Alma" que se transmite pelo infinito pelas "ondas hertzianas" a partir da "antena da T.S.F." nessa época instalada na torre, monumento inaugurado cerca de um ano antes de o escritor nascer. Se dúvidas houver sobre a modernidade da poética de Mário de Sá--Carneiro, troque-se a antena da T.S.F. pelo *smartphone*, as ondas hertzianas por qualquer rede *wireless*, e perguntemo-nos se a nossa alma não está já vinculada ao sistema de comunicação em tempo real, uma realidade de cujo começo o autor nos dava conta. Mas, afinal, Sá-Carneiro nunca temeu soltar as "redeas" aos seus "sonhos", ainda que eles transviassem "pelo deserto", se com tal acto alcançasse "transpôr ás zonas intermédias" e permanecer com os seus leitores "entre cristais de inquietação, | A retinir, a ondular..."

\*

Esta é a primeira edição crítica da poesia completa de Mário de Sá-Carneiro a publicar a obra adulta do escritor e a sua juvenília num formato anotado que documenta a evolução genética e as variantes de todos os seus poemas. É, por assim dizer, a primeira edição a apresentar o poeta no seu ofício ao longo da sua obra e da sua vida, já que descreve no aparato crítico a evolução e as variantes dos textos da obra adulta e da juvenília (que aqui integra também, pela primeira vez, um conjunto inédito de primeiros versos), digam elas respeito a mudanças mais significativas, como a alteração de uma palavra num verso, ou a múltiplas modificações na acentuação, na ortografia ou na pontuação nos diferentes testemunhos de um mesmo poema.

A *Poesia Completa* divide-se em "Obra Poética", escrita entre 1913 e 1916, e "Juvenília Poética", desenvolvida de 1902 a 1913, numa delimitação relativamente simples, já que a "Obra Poética" se inicia com *Dispersão*, o primeiro livro de poesia publicado por Sá-Carneiro em 1913. Além de *Dispersão*, incluem-se ainda na "Obra Poética" os *Indícios de Oiro* e uma secção de "Poemas Dispersos". Finalmente, são incluídas na *Poesia Completa* três substanciais secções de fac-símiles e um conjunto de anexos em que se destaca um núcleo de cartas inéditas enviadas a Fernando Pessoa pela morte de Sá-Carneiro, que nos trazem novas informações sobre os poemas encontrados no quarto do poeta em Paris.

Optou-se por integrar em *Indícios de Oiro* tanto os poemas presentes naquele que Sá-Carneiro designa, por duas vezes, como o "1.º Caderno" de *Indícios de Oiro*, que assinala ter poemas de "1913-1915", como os poemas de 1916 enviados a Fernando Pessoa em cópias passadas a limpo ou com a indicação expressa para a sua inclusão, nomeadamente "Crise Lamentável", "O Fantasma", "El-Rei", "Aquele Outro", e "Quando eu morrer batam em latas", que o seu amigo publicou com o título de "Fim" (algo que se discute adiante, a propósito dos anexos). A opção de inclusão desses poemas em *Indícios de Oiro* deve-se particularmente ao facto de Sá-Carneiro indicar quer na folha de rosto quer no Sumário do caderno em causa (E3/154 da BNP) que se trata do "1.º Caderno" de *Indícios de Oiro*, com poemas escritos até Dezembro de 1915, inferindo-se desde logo que o livro continuou a ser desenvolvido mesmo depois de este caderno estar preenchido, como era o caso[a]. Diga-se que dos poemas de 1916 que se incluem em *Indícios de Oiro* conhecem-se as cópias passadas a limpo enviadas a Pessoa, as quais partilham, quase todas, as características dos poemas que Sá-Carneiro enviava regularmente e incluía no seu caderno. Mais ainda, conhecem-se numa colecção particular quatro testemunhos de "Crise Lamentável", "O Fantasma", "El-Rei" e "Aquele Outro" que foram claramente arrancadas ao mesmo tempo de um outro caderno, possivelmente apenas de rascunho, que indiciam certa unidade entre os mesmos. Quanto às quadras a que Pessoa atribui o título de "Fim", como vemos nas cartas, é o próprio Sá-Carneiro a pedir que sejam adicionadas ao caderno.

Fernando Pessoa debateu-se igualmente com a questão de incluir ou não estes poemas em *Indícios de Oiro*. Em carta a João Gaspar Simões de 2 de Abril de 1933, chega a dizer: "Ora confesso que não sei se deixe os *Indicios de Ouro* fechados com o *Ultimo Soneto*, se lhes aggregue estes outros poemas. Ha argumentos em favor de qualquer das coisas: por um lado o livro estava naturalmente completo com o *Ultimo Soneto* a fechal-o; por outro lado o Sá-Carneiro, numa das suas ultimas cartas, dizia-me que, quando publicasse o seu livro de versos, juntasse estes poemas. O natural seria esta segunda hypothese. Receio, porém, que appareçam outros poemas, que elle se esquecesse de mencionar, entre as muitas cartas que me escreveu de Paris por essa altura e pouco antes, e que não tive ainda occasião de reunir e examinar com cuidado, carta a carta. Ora estes poemas, a apparecer, formariam, com os taes suplementares, os *Ultimos Poemas* do Sá-Carneiro, e assim deveriam figurar nas *Obras Completas*, não aqui neste

---

a    Como se explica na apresentação do seu fac-símile neste volume, a indicação "1.º Caderno" parece aliás ser acrescentada por Sá-Carneiro numa data posterior ao resto do texto nas duas páginas onde ocorre, indiciando que pode ter sido escrita por haver outros poemas, entretanto.

livro. Se v. tiver alguma opinião que ache que me pode habilitar a ver claro nisto, dê-m'a" (1998, pp. 216-217). Lembre-se também que Pessoa recebeu carta-branca de Sá-Carneiro para dispor dos poemas como entendesse. Em todo o caso, Pessoa parece nesta altura não valorizar a indicação de que se trata de um "1.º Caderno", nem o facto de lá não caber qualquer outro poema. Assim, por esses motivos e até mesmo pelos que aduz Fernando Pessoa em defesa dessa opção, integram-se os dois conjuntos em *Indícios de Oiro*. Mantêm-se porém duas secções intituladas precisamente de "Primeiro Caderno", segundo a terminologia de Sá-Carneiro, e "Últimos Poemas", usando parte da designação empregue na publicação pela Presença em 1937, assim evidenciando as contingências de uma edição que não foi preparada pelo autor. No que diz respeito ao título do segundo livro de poesia, Sá-Carneiro refere-se-lhe como "Indicios de Ouro" e como "Indicios de Oiro", na sua correspondência. O próprio caderno é sintomático dessa variação, já que na sua folha de rosto apresenta "Ouro", mas no Sumário lê-se "Oiro". Não há portanto uma única forma correcta, nem, em rigor, uma evolução, pelo que se opta por seguir a grafia presente no Sumário, já que é aquela escrita após a conclusão do volume.

Nos "Poemas Dispersos", reúnem-se cronologicamente versos ou poemas vários escritos entre 1914 e 1916 que não foram integrados em *Indícios de Oiro* mas foram remetidos a Pessoa, bem assim como "Manucure", publicado em *Orpheu 2*.

\*

Esta edição procede ainda a uma revisão da juvenília poética de Mário de Sá-Carneiro. Até aqui, as edições da juvenília têm-se baseado grandemente em três núcleos de textos. O primeiro deles é o conjunto de poemas do caderno de juventude "Poesias", que inclui composições escritas entre 1903 e 1908. Trata-se de um caderno iniciado por Sá-Carneiro em 1906, que veio a ser editado pela primeira vez em 1986 por François Castex, nos *Poemas Juvenis* (livro onde Castex incluiu o poema "Retrato de Bento Formozinho", que encontrou separadamente). Para além desses poemas, têm sido incluídos na juvenília aqueles publicados por Sá-Carneiro na imprensa, nomeadamente em *Azulejos* e *Alma Nova*, e outros enviados a amigos e que foram sendo divulgados em artigos académicos ao longo dos anos. Para além, obviamente, de manter todos os textos conhecidos, esta edição publica o núcleo dos primeiros versos de Sá-Carneiro, revê a leitura de várias passagens da juvenília, apresenta as versões mais evoluídas de alguns dos poemas cujas primeiras versões constam também no caderno de "Poesias", integra os poemas dramáticos da juventude e, finalmente, inclui um poema do jornal académico *O Chinó*.

Destaquem-se desde logo os "Versos Dispersos da Infância e da Juventude", que correspondem aos primeiros poemas de Sá-Carneiro, de 1902, e a outros não datados mas que serão dos cinco a seis anos subsequentes, apesar de não terem chegado a entrar no caderno "Poesias" (ou pelo menos nas páginas que dele conhecemos). Estes primeiros versos (textos 56 a 71) estão presentes em cadernos de infância e juventude de Mário de Sá-Carneiro hoje na Biblioteca Nacional de Portugal e que antes pertenceram a François Castex. É o caso, nomeadamente, dos cadernos N50/4, N50/6 e N50/7 (veja-se a nota final na respectiva secção). Tanto quanto se pôde verificar, permaneciam totalmente inéditos aqueles que terão sido realmente os primeiros versos de Mário de Sá-Carneiro: "A conquista de Ceuta", "D. Alvaro", "Um medico optimo", "O castello mysterioso", "Um amigo", "Os 7 pecados mortaes", "O mar, esse espaço largo" e aqueles de *incipit* "Na velha aldeia tudo descansava", "Ó patria, ó patria amada", e "Eu sou o jogador de porta" (textos 56 a 65), bem como outros pequenos fragmentos que se apresentam nas notas. Por outro lado, Castex publicou no seu artigo "Sur deux cahiers de Français de Mário de Sá-Carneiro" (Castex, 1990), mas não em livro, tanto quanto se pôde verificar, aqueles outros versos presentes no caderno N50/4. Publicam-se, por conseguinte, aqui também esses poemas, de *incipit* "Luizinha, a minha vida", "Amor, amor o que é?", "Amor é chama", "A Penca do Mariares", "Estalam as garrafas" e ainda o "Prologo" (66 a 71).

Embora seja sempre difícil a decisão de publicar textos escritos numa idade tão precoce e que por isso são necessariamente frágeis, opta-se aqui pela sua inclusão por diferentes razões. Por um lado, é evidente que numa edição da *Poesia Completa* faz todo o sentido rever e completar mais substancialmente aquela juvenília poética já conhecida. Por outro lado, alguns dos poemas, ainda que não pela sua qualidade literária, contribuem para perceber quer alguns interesses de Sá-Carneiro, quer a evidência expressa de que este jovem, mesmo desde tão cedo, privilegiava a actividade da escrita. De facto, o procedimento de reunir a partir de 1906 os seus poemas no caderno de "Poesias" (escritos de 1903 em diante) tinha já antecedentes, que aqui se dão também a conhecer. Diz-nos o caderno N50/6, o primeiro em termos cronológicos: "Mario de Sá Carneiro || Este livro conteêm artigos que | prenchem mais de duzentas páginas || Grande numero de diversos | escriptos por Mario de | Sá Carneiro || Neste livro estão quazi todos ou mesmo | todos os escriptos de Mario de Sá Carneiro || Lisboa, 21 de janeiro. | Rua Maria 29 | 2.º direito | 1902." E meio ano depois, no segundo caderno, N50/7, por exemplo, pode ler-se: "Mario Sá C. || Diversos escriptos || Lisboa e R. Maria n.º 29 2.º D. | 10 de julho | 1902." Recorde-se que Sá-Carneiro nasceu a 19 de Maio de 1890.

Acredita-se, portanto, que os mais de cem anos passados desde a morte do escritor, permitindo reavaliações da sua obra que só têm enfatizado a sua riqueza, marcam já uma maioridade que nos permite não temermos que a juventude do poeta de modo algum obscureça a originalidade e o relevo atingidos pela obra adulta. Acresce que estes textos devem, naturalmente, ser lidos com a necessária benevolência e com alguma empatia para com os primeiros esforços de alguém que já percebia a escrita e a inerente estetização como essenciais à sua experiência do mundo.

Os cadernos de onde se retiram estes versos evidenciam que, para um Sá-Carneiro ainda tão jovem, a distinção principal era aquela entre verso e prosa, independentemente de os versos serem poemas líricos, mais narrativos, ou dramáticos (veja-se nota do caderno N50/7). Por outro lado, as anotações de Sá-Carneiro diferenciam com bastante escrúpulo aqueles que ele considerava serem textos seus daqueles que eram "extraidos das Leituras Portuguezas", isto é, recriados a partir de textos da selecta compilada por Adolpho Coelho e usada por Sá-Carneiro na escola. O cuidado de indicar que textos eram essencialmente "extraídos" de outros originais evidencia uma noção de autoria — e de uma desejada autoridade — já notável, considerando a juventude do escritor, além de uma vontade clara de construir uma obra futura.

Naturalmente, são textos pouco sofisticados estes primeiros "Versos Dispersos da Infância e da Juventude", que muitas vezes ecoam leituras mais românticas ou de cariz histórico. Referindo--nos aos diversos poemas da secção, diga-se que esta precoce juvenília contém aspectos menos conhecidos e outros que vêm a estar presentes naqueles poemas ainda da adolescência que eram já do conhecimento geral. Talvez fosse menos conhecido o interesse por certa vertente histórica e nacionalista, que se percebe no tom heróico e algo romântico de "A Conquista de Ceuta", ou "Ó patria, ó patria amada", este último um poema em que se tecem elogios ao Marquês de Pombal, por exemplo. Em contra-partida, já se conhecia o apego juvenil pela expressão das ideias de honra e de um amor dramático, que aqui se vê em versos como os de "D. Alvaro", "Estalam as garrafas", "Amor é chama" (este último de ecos camonianos, como outros versos que ecoam a proposição d'*Os Lusíadas*, transcritos no aparato), e ainda em "O Mar, esse espaço largo". Mais surpreendente para quem só conheça a poesia adulta de Mário de Sá-Carneiro, fundamentalmente investida de um tom de profundo lirismo, é talvez a tónica satírica que já se conhecia da juvenília até aqui publicada. Nos versos dispersos inéditos, vemo-la por exemplo no epigrama "Um Medico Optimo", em que se ridiculariza o médico que demora uma semana a aparecer ao seu paciente: "Quando elle veio, D. Antonio limitou-se-lhe a dizer: | Eu estive doente mas já não estou." E, já sintomáticos do contexto escolar, vemos os versos de "O Jogador de Porta", que satirizam três tipos de estudantes menos que ideais (sabe-se que Sá-Carneiro preparou uma versão de um "*Trecetto* do Jogador de Porta, Manteigueiro e Gazeteiro" para a peça académica de 1908 intitulada *?* — isto é, uma interrogação); ou ainda os breves versos satíricos sobre "A Penca do Mariares", que aludem provavelmente aos colegas de escola José Mariares e a Álvaro Cabral ou Martim Cabral (vejam-se as notas). Se os versos dedicados aos "7 Pecados Mortaes", entre os mais rudimentares, demonstram o peso de alguma formação religiosa, a ternura juvenil é bem evidente em "Um Amigo". E "Na velha aldeia tudo descansava", por sua vez, patenteia uma maior empatia com os mais desfavorecidos. É de destacar ainda uma visão escatológica do amor, visto como uma "necessidade" de carácter fisiológico, em "Amor, amor o que é?", algo que aliás foi já vincado por Castex (1990, p. 17).

Ainda na juvenília, publica-se na secção "Poesias" as composições que Mário de Sá-Carneiro reuniu no caderno de juventude com esse título, que integra hoje o arquivo da Biblioteca Nacional de Portugal (cota N50/1), e antes disso pertenceu a François

Castex e foi por ele transcrito, pela primeira vez, na edição dos *Poemas Juvenis*. O título é ainda aproveitado para se integrar na mesma secção os restantes poemas da juvenília poética que foram escritos nos anos subsequentes à conclusão desse caderno. A edição não se limita, contudo, a copiar o caderno. Desde logo, porque ele contém versões prévias do "Monólogo á força" e da tradução por Sá-Carneiro de "A Luva", de Schiller, de que há versões posteriores bastante mais completas e cuidadas. No caso da tradução de "A Luva", há na BNP também uma versão datada de "Junho de 1909", mais desenvolvida do que aquela do caderno, de "29-IV--1906". Também o "Monólogo á força", publicado em *Azulejos*, a 24 de Agosto de 1908, é claramente uma versão mais evoluída do texto com o título "O que querem que aqui faça?... | (monologo comico)", no caderno datado de 21 de Março de 1907. Nestes casos, optou-se por apresentar no corpo do texto as versões mais avançadas na sua sequência cronológica, com as respectivas datas de 1908 e 1909, remetendo-se para o aparato as versões prévias.

Como se pode verificar, também os pequenos poemas dramáticos, tipicamente monólogos para representações curtas, são integrados na juvenília. Sá-Carneiro foi o primeiro a incluí-los no caderno de "Poesias"; e de facto, como já dissemos a respeito dos primeiros cadernos de 1902, Sá-Carneiro não valorizou particularmente na juvenília a distinção entre poemas líricos, narrativos ou pequenos monólogos dramáticos, optando antes por distinguir essencialmente entre verso e prosa. Assim, não obstante as teorias dos modos ou géneros literários, que facilmente legitimariam uma opção diferente, escolheu-se seguir a própria perspectiva do autor.

Em *Poesia Completa* procura-se, mesmo na juvenília, contrastar versões diferentes dos poemas e naturalmente apresentar as mais desenvolvidas. E de facto são corrigidas na juvenília várias passagens, por comparação com edições anteriores. Não se visando apresentar uma lista de todas as alterações que as novas edições trazem, dão-se aqui alguns exemplos de modificações, a título de ilustração, já que eles demonstram mais claramente que estas revisões se devem não só ao acto de se transcrever novamente os textos, como também ao confronto com outros manuscritos ou impressos que ajudam ao estabelecimento de versões mais completas ou aperfeiçoadas.

Assim, no poema "O Amor", por exemplo, o verso final é naturalmente "*Perfume que se esvaece.*", o mesmo verso que aparece no mote do poema, e não "*Perfume que esvaece.*", como já foi grafado no passado. Um outro exemplo, neste caso até uma gralha persistente, é o verso 73 de "Duas Existencias": no original, Sá-Carneiro escreveu "Passou-se tempo e a pomba", e não "Passou-se o tempo e a pomba", como tem vindo a ser grafado desde que Castex pela primeira vez transcreveu os poemas juvenis. Por outro lado, as edições anteriores transcrevem a seguinte passagem, no poema "Amor ou Morte": "Pois vejo que és mais esquiva | [...] Que a sensitiva!" Ora uma nova consulta do original parece resolver a dúvida sobre quem seria esta "sensitiva" que exigiria um artigo definido. O editor lê no original "a semiviva", isto é, uma referência à planta africana com filamentos que dissuadem o toque, que cresce em áreas remotas e passa parte do ano dormente. Uma planta bastante "esquiva", portanto, e que aliás se relaciona com as metáforas associadas à imagem da flor usadas para se referir à mulher desejada, neste poema de adolescência. Resumindo, em relação a estes exemplos: se nos primeiros casos se trata de simples gralhas, que muitos poderão considerar evitáveis, mas que em verdade se intrometem em todos os livros — como seguramente não deixarão de se intrometer neste —, no segundo caso trata-se da típica releitura de uma passagem que, por ser menos clara quanto ao seu sentido, terá induzido a uma leitura mais forçada da caligrafia.

Outro tipo de correcção decorre do confronto entre diferentes versões de poemas, procedimento típico da edição crítica que na *Poesia Completa* se mantém mesmo na juvenília. Um exemplo de revisão resultante deste procedimento é visível no poema "A Noite de Natal", com uma versão fixada por Sá-Carneiro no seu caderno de "Poesias", a 25 de Abril de 1903, não tinha o autor ainda 13 anos. As edições anteriores transcreveram correctamente — modernizando a ortografia — o que se pode ler no caderno N50/1: "Perguntam logo à criada | Quando acorde de manhã | Se Jesus lhes não deu nada." Ora, a forma "acorde" (ou "accorde" como se lê no original, neste momento em que Sá-Carneiro ainda empregava várias consoantes duplas na sua ortografia), ainda que possível, parece menos natural que "accordam", na passagem em causa. E, de facto, em N50/6-99 há um rascunho destes versos que desfaz qualquer dúvida, já que indica: "Acordam de manhazinha | E perguntam a criada | Se Jezus lhe não deu nada" (veja-se o fac-símile desta página na nota final do poema). Assim, editou-se, naturalmente, a partir do caderno N50/1 — aquela que é a versão substantiva, passada a limpo, e corrigiu-se o acidental, a forma verbal, que parece uma gralha do autor. A versão final é, por conseguinte: "Perguntam logo á criada | Quando accordam de manhã | Se Jesus lhes não deu nada."

Estes breves exemplos visam apenas ilustrar o tipo de revisões que a edição efectua mesmo na juvenília: gralhas na transcrição de passagens que são, afinal, claras no original; passagens de leitura mais difícil; ou ainda passagens que resultam clarificadas apenas a partir do contraste com outros manuscritos, nomeadamente outros rascunhos.

Quanto aos textos da juventude conhecidos a partir de diferentes artigos académicos, procurou-se evidentemente ir às fontes originais neles mencionadas, tanto quanto possível, fossem elas manuscritos ou impressos. No que diz respeito aos manuscritos, destaque-se, por exemplo, o poema "O Estrume", que aqui foi transcrito a partir do testemunho na Biblioteca Pública Municipal do Porto, ou as "Quadras para a Desconhecida" e "A Um Suicida", cujos testemunhos manuscritos estão hoje na Fundação António Quadros (quanto às "Quadras", diga-se ainda que há também um rascunho parcial presente num livro que pertenceu a Sá-Carneiro e que está na Biblioteca da Universidade de Coimbra). Por conseguinte, esta edição privilegiou os manuscritos em detrimento dos artigos que os foram apresentando ao longo dos tempos.

Não são incluídos na juvenília os textos "Além" e "Bailado", de carácter bastante mais híbrido; desde logo porque Sá-Carneiro vem a integrá-los no final da narrativa "Asas", de *Céu em Fogo*, e porque utiliza passagens dos dois textos em vários dos poemas de *Dispersão* (uma genética que, contudo, se documenta nas notas finais dos poemas em causa). Assim, considerando que os poemas seguintes são já aqueles de *Dispersão*, o poema final desta secção da juvenília poética é "Simplesmente". Até porque, como se explica em detalhe na sua nota final, este é um poema que incorpora originalmente várias quadras devedoras do estilo de Cesário Verde, quadras essas que Sá-Carneiro, não obstante o seu desejo de publicar a composição, vem pouco depois a eliminar, quando transforma a segunda parte da composição em "Partida", o primeiro poema de *Dispersão*. É este processo de amadurecimento, patente numa maior exigência em relação aos seus próprios escritos, que aqui se assinala também, com a inclusão de "Simplesmente" a encerrar a secção.

Importa finalmente explicar o porquê então de haver uma terceira secção da juvenília poética, dedicada exclusivamente ao poema "A aula de physica da 3.ª e 4.ª turma do 4.º anno", publicado em *O Chinó – Jornal academico com pretenções a humoristico*, uma folha impressa datada de Dezembro de 1904, teria o autor 14 anos. Acontece que se trata de um poema não assinado e, portanto, com uma autoria que não deixa de ser conjectural, ainda que tudo indique ser de Mário de Sá-Carneiro, como se explica em detalhe na nota final.

*

A principal via pela qual esta edição cumpre o objectivo de aproximar o leitor da poesia de Sá-Carneiro é obviamente a apresentação de uma versão crítica dos poemas acompanhada das várias centenas de variantes do texto propriamente dito, que ilustram as opções tomadas pelo autor com implicações ao nível da evolução do sentido dos poemas. Mas esta edição opta também por reproduzir em fac-símile vários testemunhos dos manuscritos e impressos de Sá-Carneiro, grande parte dos quais nunca antes apresentada, ajudando assim a concretizar esse objectivo principal. Admitindo que se possa contribuir para restaurar a aura do manuscrito, a verdade é que os textos vivem além dos papéis onde estão grafados e, por isso, o objectivo é antes o de dar a conhecer idiossincrasias relacionadas com aspectos vários da fixação dos textos.

Destacam-se um conjunto de provas (inéditas) e de testemunhos autógrafos (quatro dos quais inéditos) de *Dispersão*, que estão hoje numa colecção particular, e por outro lado aquele que Sá-Carneiro designou como o "1.º Caderno" de *Indícios de Oiro*. Os dois documentos são descritos e analisados em detalhe antes dos respectivos fac-símiles, pelo que vale a pena apenas indicar alguns dos seus aspectos principais. O conjunto de provas tem o interesse de evidenciar características do processo editorial de *Dispersão*, e os manuscritos que com ele foram encadernados, em particular, correspondem a testemunhos que demonstram ainda aspectos da evolução da fixação dos textos e da própria variação ortográfica de Sá-Carneiro. Como se descreve em maior detalhe na apresentação do documento, é possível verificar que o impresso de *Dispersão* é frequentemente mais próximo, no seu conteúdo, dos testemunhos enviados a Pessoa, sobretudo no que ao vocabulário e à pontuação diz respeito; porém, alguns dos testemunhos presentes no caderno parecem evidenciar uma ortografia e uma acentuação mais próximas do que vem a ser a versão impressa (caso dos manuscritos de "Estátua Falsa", "Quasi", "Como Eu não Possuo" e "Alem-Tédio"). Os últimos dois testemunhos manuscritos neste conjunto, as cópias autógrafas de "Rodopio" e "A Queda", têm afinidades físicas com os manuscritos remetidos a Pessoa e parecem datar da mesma ocasião. Nem por isso deixam de ter uma maior afinidade com o que vem a ser impresso em alguns elementos da pontuação e da própria ortografia: por exemplo, em "Rodopio" no uso do ditongo "ai" em palavras como "punhais", "bacanais", "esponsais", em vez do "ae" (comum no testemunho enviado a Pessoa). Teria Sá-Carneiro optado por enviar a Pessoa uma ortografia mais conservadora? É difícil dizê-lo, e trata-se provavelmente de uma casualidade. A verdade é que, no impresso, o ditongo aparece com "i", forma que será sempre mais habitual em Sá-Carneiro, com a passagem do tempo. Em todo o caso, vemos que no impresso as palavras "herois" e "farois" surgem grafadas com o ditongo "i", mas tanto no testemunho enviado a Pessoa como naquele que pertenceu a António Cobeira, e que aqui se reproduz, o ditongo era ainda "oe". Provavelmente pela vontade de distinguir o plural de "sol" de uma formal verbal, no impresso grafa-se um acento... que contudo aparece sobre o "i" ("soís"). Pura gralha? Na verdade, a palavra há-de sair na *Ilustração Portugueza* grafada também com este acento, e Sá-Carneiro chegou a dizer que viu provas do poema na revista.

A variedade dos manuscritos, mesmo se por vezes parece perpetuar *ad infinitum* as possibilidades de edição, de facto é útil no sentido de esclarecer aspectos vários da fixação do texto, permitindo corrigir o que deverão ser gralhas do impresso, em todo o

MÁRIO DE SÁ-CARNEIRO

caso excepcionais. Um exemplo flagrante é o verso 24 de "Rodo-pio", quarto verso da quinta estrofe. Habituámo-nos a vê-lo terminado com um ponto final, a partir do impresso de *Dispersão*. Contudo, nos dois testemunhos manuscritos — o segundo dos quais, tanto quanto se pôde verificar, aqui se apresenta pela primeira vez e se reproduz em fac-símile —, o verso termina com uma vírgula, o que faz mais sentido se atendermos ao ritmo do poema. De facto, cada uma das 11 quintilhas que constituem o poema apenas recebe um ponto final no último verso, pautando-se as estrofes por um ritmo enumerativo em que cada verso é concluído com vírgulas, reticências ou travessões. A pausa principal é mesmo aquela no final de cada estrofe. Os testemunhos manuscritos permitem neste caso a opção de substituir esse ponto final pela vírgula que neles consta. Nesse sentido, a apresentação do fac-símile é um contributo mais para aproximar o leitor do texto, e inclusive da sua própria variação.

Também o "1.º Caderno" de *Indícios de Oiro* é apresentado em detalhe antes do seu fac-símile, que contribui para conhecer melhor os textos, sobretudo na sua relação com outras versões, tais como aquelas publicadas em *Orpheu*. Lembre-se aqui, contudo, que este documento tinha para Sá-Carneiro uma importância que se poderia mesmo considerar *vital*. Não porque dela dependesse a vida do cidadão Mário de Sá-Carneiro, já que nunca foi o caso. Mas antes porque do caderno — bem assim como das cópias avulsas dos poemas — dependia a vida póstuma da sua obra, a única na qual a partir de determinada altura manteve qualquer esperança. Realmente não há nesta afirmação exagero; basta ler as referências de Sá-Carneiro a respeito do caderno que permeiam anúncios do seu futuro suicídio, para se perceber a relevância do documento para o autor. A 18 de Abril de 1916, por exemplo, Sá-Carneiro parece mesmo demonstrar alguma resignação com a ideia do suicídio, reservando a maior apreensão para o... caderno. Por isso diz a Pessoa: "Veja o meu horoscopo. É agora, mais do que nunca, o momento. Diga. Não tenha medo. Estou com cuidado no meu caderno de versos" (2015, p. 494). Obviamente que a importância dita *vital* do conjunto manuscrito é relativizada pelo próprio autor, quando afirma que, se o caderno não chegar ao destino, "não faz grande diferença", pois Pessoa já tinha todos os versos nas cartas (2005, p. 487). Mas nem por isso Mário de Sá-Carneiro deixou de querer que o caderno realmente chegasse às mãos de Pessoa, seu futuro editor, mesmo sem ter dinheiro para o garantir, e portanto enviando-o até "sem selos" (2015, p. 487). Em certa medida, este caderno é um outro tipo de bilhete de despedida de Mário de Sá-Carneiro; concretamente, uma despedida simbólica da sua própria atividade de escritor. E o seu envio, sem selos, além de ser um testemunho da condição extrema a que o autor chegara e que veio a ser determinante no seu suicídio, simboliza a própria transmissão da sua literatura aos leitores futuros. Perceba-se que não é a reprodução fac-similada do caderno que faz com que o seu conteúdo chegue ao destino; é, antes, a leitura dos poemas do caderno e a sua interpretação, que ao longo dos últimos cem anos tem vindo a ser feita por gerações de críticos e leitores, que vêm a proporcioná-la. Mais do que qualquer fetichismo, é o desejo de propor aos leitores um estudo mais próximo do documento que está na base da sua reprodução impressa fac--similada. A sua consulta, além de tudo, permitirá ao leitor ter uma noção mais clara do caderno como um projecto em desenvolvimento, ao longo de um ano e meio (e em vários locais), com transcrições que foram feitas de forma faseada.

Um terceiro núcleo de fac-símiles diz respeito a cópias autógrafas e impressos vários, muitos dos quais nunca reproduzidos ou menos conhecidos, que são estudados no volume e que permitem ao leitor acompanhar a evolução da escrita de Sá-Carneiro. Estes integram, entre outros, páginas dos cadernos de infância e juventude, folhas avulsas com poemas passados a limpo, o jornal académico de juventude *O Chinó*, as cópias dos poemas "Partida" e "Dispersão" que Sá-Carneiro passou a José Pacheco para que este se baseasse neles ao desenhar a capa de *Dispersão*, folhas de provas do poema "Quasi" com várias emendas, os testemunhos dos poemas "Sugestão" e "Taciturno" enviados a Alfredo Pedro Guisado, ou os testemunhos de "Desquite", "Caranguejola" e "Ápice" enviados a Pessoa, por exemplo. Incluem-se ainda fac-símiles de outros documentos, não da autoria de Sá-Carneiro, como a belíssima "Glosa" de Fernando Pessoa a um verso do "Último Soneto", de Mário de Sá-Carneiro, ou uma das cartas inéditas de Carlos Ferreira a Fernando Pessoa, pela morte do seu amigo em Paris. A consulta e a reprodução deste precioso núcleo de documentos dos três conjuntos de fac-símiles não teriam sido possíveis sem a amável gentileza dos vários arquivos e coleccionadores na sua posse, a quem desde já agradecemos.

*

Refira-se ainda o contributo importante dos anexos a esta edição. São apresentados no primeiro conjunto de anexos dois "Testemunhos sobre Poesia Portuguesa Impressos em Vida", que contribuem para contextualizar a visão de Mário de Sá-Carneiro sobre a poesia nacional justamente anterior a *Orpheu*. Os anexos seguintes ajudam-nos a compreender, por outro lado, a relação do autor com os fenómenos das vanguardas literárias europeias. E, finalmente, o terceiro, bastante importante, aliás, consiste em correspondência inédita enviada a Fernando Pessoa, que apresenta novas evidências sobre os poemas de Sá--Carneiro encontrados no seu quarto após a morte do escritor, autógrafos que, como agora se revela ao público, nunca terão entrado na mala de Mário de Sá-Carneiro em que se acreditava geralmente terem sido guardados todos os seus documentos.

Os "Testemunhos sobre Poesia Portuguesa Impressos em Vida" são breves depoimentos de Sá-Carneiro sobre os poetas da geração que o precede. Destaquem-se as menções a algumas obras e escritores. Num depoimento de 1914, a obra primordial dos 30 anos anteriores é, para Sá-Carneiro, um livro então inexistente "que reunisse os poemas inéditos de Camilo Pessanha, o grande ritmista" (Anexo 1). Entre os poetas que servem de referência a Sá-Carneiro e que eram reconhecidos pelo público em geral, estão, em contrapartida, António Nobre e Cesário Verde. António Nobre vem, aliás, a ser homenageado por Sá-Carneiro com a inclusão nos *Indícios de Oiro* do poema "Anto", em que se usam imagens alusivas à poética daquele escritor, imagens essas de facto muito próximas da linguagem do depoimento de Sá--Carneiro ao jornal *República*. Quanto a Cesário Verde, Mário de Sá-Carneiro chega a designá-lo como "futurista", no breve depoimento. Por conseguinte, ainda em Abril de 1914 e antes de se familiarizar mais directamente com os trabalhos dos futuristas italianos, o que viria a acontecer já em 1915, Sá-Carneiro invoca a respeito de Cesário este adjectivo, *futurista*, que na época se utilizava com recorrência de forma imprecisa a respeito de todos os escritores mais próximos de uma temática moderna em linha com a vanguarda europeia. Não por acaso, já em 1916, em vários dos obituários dedicados ao próprio Mário de Sá-Carneiro, o escritor é, também ele, apelidado de *futurista*, umas vezes de forma mais satírica em relação a esse conceito, outras de forma mais sincera[a]. Futurismos à parte, contudo, não havia

---

a    Num destes textos, afirma-se: "O futurismo perde no pobre e desvairado moço, que é sepultado hoje no cemitério de Pantin, o seu mais tenaz e audacioso evangelista." E equaciona-se mesmo futurismo com paulismo, perguntando-se, a respeito de Sá-Carneiro: "Quem lhe sucederá no principado fantástico dos Paúlicos?" (*República*, 29 de Abril de 1916, p. 2). Note-se que, dias depois, Guilherme de Santa-Rita negaria nesse mesmo jornal que Sá-Carneiro tivesse sido futurista, apesar de indicar ter comunicado a morte do escritor "para Milão, séde do Futurismo" (*República*, 4 de Maio de 1916, p. 3).

dúvida para Mário de Sá-Carneiro de que o *Livro de Cesário Verde* era um volume "intenso de Europa", para citar as suas palavras, e o facto é que Cesário influenciou a sua juvenília, nomeadamente em poemas como "Estrume", ou "Simplesmente".

Nos anexos incluem-se dois postais enviados a Fernando Pessoa em que Mário de Sá-Carneiro parodia a escrita caligramática de Guillaume Apollinaire, postais aqui reproduzidos a partir dos seus originais na Biblioteca Nacional de Portugal e numa colecção particular. Estes textos evidenciam o contacto directo de Mário de Sá-Carneiro com algumas das linguagens de vanguarda e demonstram a ambiguidade com que com elas se relacionou. Na verdade, ainda que satirizando o caligrama, o facto é que Sá--Carneiro conhece a revista *Soirées de Paris* (embora talvez mal, já que cita erradamente o seu nome) e é ele quem a faz circular pelos amigos em Lisboa. Diga-se a respeito destes postais, contudo, que Mário de Sá-Carneiro parece desvalorizar o sentido implícito na dimensão visual dos caligramas. Se em *Case d'armons*, de Apollinaire, por exemplo, a dimensão visual do texto frequentemente vai ao encontro do sentido das palavras, já nestes postais o arrumo gráfico do texto parece desprovido de qualquer sentido adicional, senão essencialmente o de ser apenas uma caricatura da linguagem poética do caligrama (Apollinaire, 2014).

Quanto à referência aos caligramas como "os pederastismos do Apollinaire", desde logo não é absolutamente inequívoco se o termo *pederastismos* é usado especificamente apenas por Sá-Carneiro, ou se o escritor está a ecoar um diálogo prévio com Pessoa ou até Augusto de Santa Rita em que o termo fosse recorrente. Em todo o caso, a designação alude a certa percepção das estéticas da decadência que imediatamente se associava ao espaço parisiense, e que também por isso entrava nos discursos mais vanguardistas portugueses. Em *A Confissão de Lúcio*, o personagem Gervásio Vila-Nova diz sentir "tantas afinidades com" um círculo boémio como também "com os pederastas… com as prostitutas…", algo que aliás diz ser "terrivel" (Sá-Carneiro, 1914, p. 33). E o discurso poético português, em alguns dos seus momentos de mais explícito vanguardismo, opta por ecoar o conceito de pederastia. Na sua "Saudação a Walt Whitman", Álvaro de Campos, por exemplo, evoca esse escritor vinculando a pederastia a uma experiência sensorial que é ao mesmo tempo representada de forma tipicamente sensacionista: "Grande pederasta roçando-te contra a diversidade das cousas, | Sexualisado pelas pedras, pelas arvores, pelas pessoas, pelas profissões" (Pessoa, 2014, p. 106). Por sua vez, Almada Negreiros, na primeira versão conhecida de "A Scena do Ódio", aquela que consta das provas tipográficas de *Orpheu*, vincula de algum modo a reacção social à pederastia com a reacção à *performance* artística de vanguarda, clamando, logo na abertura do poema: "Ergo-Me Pederasta apupado d'imbecis, | divinizo--Me Meretriz, ex-libris do Peccado" (*Orpheu*, p. 196)[a]. De facto, "pederastismos" e "pederasta" eram conceitos que, por evocarem um comportamento extravagante e a rejeição social, eram particularmente instrumentais à retórica vanguardista, como se vê nas passagens, incluindo na referência de Sá-Carneiro aos caligramas. Assim, mais do que estritas caricaturas da escrita poética mais experimental de Apollinaire, estes postais são a demonstração do vínculo de Sá-Carneiro à experiência do momento futurista, segundo a conceptualização de Marjorie Perloff (2003, p. xxiii), que contrasta o conceito de *momento futurista* com o de *movimento*, precisamente porque *momento* permite de forma mais precisa englobar vários tipos de experiência da vanguarda artística e literária, incluindo as mais ambíguas em relação às propostas mais radicais.

a    Sobre a figura do pederasta no meio cultural da época de *Orpheu*, veja-se Curopos, 2016, pp. 222-231.

Revela-se ainda um núcleo de correspondência para Fernando Pessoa de Carlos Ferreira e José Araújo[a], os dois portugueses que, estando próximos de Mário de Sá-Carneiro em Paris, trataram dos procedimentos relativos ao seu funeral e à organização dos seus haveres. Estas cartas, hoje numa colecção particular, são subsequentes àquelas dos mesmos remetentes que estão na BNP e que foram já publicadas no livro *Em Ouro e Alma — Correspondência com Fernando Pessoa*, algumas das quais inéditas até então. Nesse volume publicou-se a correspondência de Carlos Ferreira de 24/11/1915, 13/4/1916 (portanto, ainda anterior à morte de Sá-Carneiro a 26 de Abril de 1916), 27/4/1916 e 28/4/1916, e a correspondência de Araújo de 27/4/1916 e 10/5/1916. Essa correspondência é aquela que mais imediatamente se reporta ao período precedente ao suicídio, no caso das primeiras duas datas, e que narra de forma pungente o contexto da morte e os passos subsequentes. As novas cartas que aqui se publicam continuam o diálogo, parecendo seguir imediatamente as cartas anteriores, apresentam mais detalhes sobre os trâmites subsequentes à morte (com ecos que se perpetuam meses depois) e, por outro lado, reiteram a visão negativa da mulher com quem Sá-Carneiro manteve uma relação íntima nos últimos meses de vida. Mas, mais relevante para o estudo da obra de Mário de Sá-Carneiro, e desde logo para este volume, a correspondência oferece várias revelações sobre alguns dos escritos de Mário de Sá-Carneiro encontrados no seu quarto, após o suicídio.

Façam-se duas notas prévias sobre a própria opção de divulgar estes textos, até porque na primeira carta Carlos Ferreira pede a Pessoa confidencialidade sobre o facto de ter conseguido "guardar os melhores inéditos quase todos" (Anexo 5), e porque, por

---

[a]    Apesar de o próprio cartão de apresentação indicar a forma "d'Araujo", opta-se aqui por não usar a preposição, tal como o próprio fazia na sua assinatura.

outro lado, na correspondência de José Araújo se percebe um tom recriminatório quanto à família de Mário de Sá-Carneiro. Desde logo, há que dizer que estas são apenas visões parcelares, que não explicam todos os ângulos das questões debatidas na época, nem o que aconteceria anos depois, e não dão cabalmente conta do que terá sido a acção da família Sá Carneiro. Mas, acima de tudo, lembre-se que se passaram já cem anos desde a morte do escritor, e por isso não se trata aqui de deixar no ar qualquer libelo em relação a pessoas que manifestamente quiseram apenas honrar Mário de Sá-Carneiro e a sua memória e dar a conhecer a sua obra, fossem elas amigos ou família.

A informação trazida pelas cartas, quando não é taxativa no esclarecimento de dúvidas, tem pelo menos a enorme virtude de levantar dúvidas muito pertinentes quanto aos escritos de Sá-Carneiro. É conhecida a versão segundo a qual os textos de Mário de Sá-Carneiro, bem como a correspondência de Pessoa, foram guardados na mala do escritor, que serviu de garantia de pagamento da dívida ao Hôtel de Nice. Ainda segundo essa versão, anos mais tarde a mala teria sido resgatada pelo pai, o qual alegadamente não encontrou quaisquer papéis no seu interior. Como não poderia deixar de ser, esta correspondência tece alguns comentários em relação às cartas de Pessoa. Carlos Ferreira refere-se-lhe, numa carta aparentemente de 6 de Maio de 1916, quando diz: "Encontrei os teus postaes. Podes estar tranquillo que os papeis que não estão em meu poder se encontram na mala e esta será entregue a quem a familia determinar" (Anexo 6). Já na carta de 20 de Maio de 1916, Carlos Ferreira acrescenta: "Não se pode tocar na mala do Mario sem que venha ordem da familia. Ora ninguem melhor do que tu o poderá conseguir. Como vês trata-se d'uma questão de escrupulo e o Avô com uma penada pode resolver o problema. N'este caso mandar-te-hia toda a papelada e tu ahi escolherias o que entendesses. Quanto ás tuas cartas seguirão

breve *com segurança* e guarda as minhas que ahi tens" (Anexo 7).
Carlos Ferreira parece referir-se às cartas de Pessoa para Sá-Car-
neiro, na hipótese de que o avô autorizasse a abertura da mala.
Não é de excluir, contudo, que as cartas a que Carlos Ferreira se
refere nesta frase especificamente — as "tuas" e as "minhas" —
fossem afinal simplesmente aquelas que Ferreira e Pessoa haviam
trocado entretanto.

A correspondência agora apresentada refere-se ainda aos
manuscritos de prosa de Sá-Carneiro. Vemo-lo descrever sucin-
tamente a Fernando Pessoa o enredo de "Mundo Interior", na
carta de 27 de Julho de 1914 (2015, pp. 248-249). A 10 de Agosto
de 1915, já depois de ter voltado para Lisboa, com o começo da Pri-
meira Guerra Mundial, e de ter entretanto regressado a Paris após
a comoção suscitada por *Orpheu*, Sá-Carneiro afirma: "De prosa
sinto-me pouco disposto a escrever agora o "Mundo Interior„
visto ser uma novela interessante mas "igual„ a outras minhas"
(p. 348). O escritor acrescenta uma ressalva relativa ao número 3
de *Orpheu*, nesta altura ainda considerado como possível: "Se você
acha duma conveniencia capital o meu "Mundo Interior„ p[ar]a o
III n[umer]o, diga — que o escreverei" (p. 349). A 31 de Agosto de
1915, quando Sá-Carneiro envia a Pessoa um plano para *Orpheu* 3,
afirma já: "A este respeito proceda você como entender. A minha
colaboração será definitivamente os meus versos — pois não
vou agora escrever o "Mundo Interior„ de afogadilho" (p. 370).
Dezoito anos mais tarde, Fernando Pessoa declara abertamente a
João Gaspar Simões não ter perdido "de todo a esperança de que
algures, na posse não sei de quem, possa existir o original do pri-
meiro capitulo do *Mundo Interior*, maravilhoso trecho de prosa que
o Sá-Carneiro me leu aqui em Lisboa e de que sei que não houve
continuação" (Pessoa, 1998, p. 211). Já na Tábua Bibliográfica de
Sá-Carneiro publicada na *Presença*, em 1928, Pessoa começava
a lista das obras que deveriam ser publicadas com "o capitulo

de MUNDO INTERIOR, se apparecer" (Sá-Carneiro, 2015, p. 521). A suposição de Pessoa de que o texto estava na mala de Sá-Carneiro está patente no facto de ter escrito uma carta ao gerente do Hôtel de Nice, pedindo-lhe que permitisse que se fizesse uma cópia do "manuscrit auquel je m'intéresse le plus", que diz compor-se "de quelques pages (huit ou dix, tout au plus) avec le titre portugais "MUNDO INTERIOR""[a]. É muito possível, por conseguinte, ser sobre este texto que vemos Carlos Ferreira dizer, nas cartas aqui apresentadas: "Acerca da nouvella o Mario só escreveu um pedaço muito pequeno por signal. Está na mala" (Anexo 6). Mas não é de excluir que Carlos Ferreira se referisse a um esboço da "Novela Romântica", que Sá-Carneiro mencionou por várias vezes a Pessoa ao longo dos seus últimos meses de vida. Sá-Carneiro referiu-se-lhe, dizendo que o protagonista seria: "um Lucio, um Inacio de Gouveia — emfim um dos meus personagens-padrões — lançado em pleno periodo romantico, vivendo um enredo ultra--romantico: um Antony interseccionista, numa palavra" (2015, p. 355). Mais tarde, Sá-Carneiro chegou mesmo a pedir ao amigo que lhe devolvesse uma carta com referências ao projecto, tendo Pessoa remetido de Lisboa uma cópia dactilografada, que chega a Paris a 4 de Fevereiro de 1916. A referirem-se os comentários de Carlos Ferreira a este texto, a maior preocupação subsequente de Pessoa com o eventual aparecimento de "Mundo Interior" dever--se-ia até ao facto de Pessoa ter percebido que da "Novela Românitica" pouco teria sido escrito.

Mas seguramente o aspecto mais notável destas cartas é a revelação da existência de um conjunto de testemunhos de poemas

---

[a]    Veja-se Sá-Carneiro 2015, p. 537. No poema que abre com o desconcertante verso "Se te queres matar, porque não te queres matar?", alegadamente escrito no décimo aniversário da morte de Sá-Carneiro, Álvaro de Campos pergunta: "De que te serve o teu mundo interior que desconheces?"; a passagem foi associada ao texto de Sá-Carneiro, há já várias décadas, por Hubert Jennings, biógrafo de Pessoa (cf. Vasconcelos, 2015b).

de Mário de Sá-Carneiro que não chegaram a entrar na mala do poeta, já que foram separados por Carlos Ferreira, com vista a uma futura edição, como o mesmo anuncia a 2 de Maio de 1916: "Consegui uma coisa, para nós, importantissima sem que ninguem desse por ella: guardar os melhores ineditos quasi todos. Desprezei apenas as notas ligeiras. Ninguem viu. Ora é preciso que me digas os titulos de tudo quanto ahi tens, porque elle mandava-te copias, a fim de que eu possa fornecer-te o que desconheces. Ahi vae já alguma: Canções (48 quadras) — Soneto errado — Ultimo soneto — El-Rei (soneto) — Aquele outro (soneto — fevereiro 1916) —Abrigo (9 quadras) —Presumpção (1 quadra) —Serradura (12 quadras) — Festa Galante (6 quadras) — Sôno (22 quadras) — Alem-tedio (6 quadras) — Sonho — Desquite (6 quadras) etc etc etc. Ha muita preciosidade e duas quadras deliciosas sobre o que elle queria quando morresse. Conheces tudo isto?" (Anexo 5).

Consideremos assim os títulos não imediatamente reconhecíveis, de entre estes testemunhos que parecem ser rascunhos — até se pensarmos que Sá-Carneiro diz a Pessoa que este já teria recebido pelo correio todos os seus poemas (2015, p. 487).

Lembre-se que "Sono" é o título que Sá-Carneiro pensou atribuir a "Dispersão", na primeira quinzena de Maio de 1913 (veja-se a nota final do poema). É plausível que "Sonho", por sua vez, fosse um título preliminar de "Inter-Sonho", também publicado em *Dispersão*, ainda que disso não haja qualquer certeza. As "Canções" referidas seriam seguramente as "Sete Canções de Declínio", que correspondem de facto a 48 estrofes. Mas fica por saber a que poemas se reportam os outros títulos não reconhecíveis. Seria "Presumpção" um dos poucos poemas de uma quadra conhecidos hoje sob outro título, casos de "Pajem" (sempre com um "g" no original), "Campainhada" ("Campaïnhada" no original), ou até "7"? O título não esclarece, de todo. Que poema seria "Festa Galante", a ser algum que conhecemos? De entre os poemas com "6 quadras" não referidos sob outro título na lista de Ferreira, poder-se-ia pensar em "Álcool", que no entanto foi intitulado previamente de "Bebedeira", pelo que parece improvável; ou ainda em "Ângulo". Mas, de entre os poemas de seis quadras que talvez tenham alguma afinidade com o título, talvez o mais plausível seja mesmo "Taciturno". Nada garante, contudo, que se tratasse sequer de um poema que hoje conhecemos e que não fosse um outro que o autor tivesse descartado. E qual seria o "Soneto Errado"? Um dos muitos sonetos a que mais tarde Sá--Carneiro atribuísse outro título? De "Escavação", por exemplo, disse o autor que sentia haver uma incoerência material entre ele e o restante conjunto de *Dispersão* (veja-se a nota final); mas seria essa razão suficiente para lhe chamar *errado*? Obviamente que não podemos saber, e seria muitíssimo apreciado que alguém viesse demonstrar as falhas nestas conjecturas relativamente a "Presumpção", "Festa Galante" e "Soneto Errado", se isto significasse que se conhecessem novos testemunhos de poemas inéditos de Mário de Sá-Carneiro com estes títulos. Isto, ainda que Sá-Carneiro, tanto quanto sabemos, não os tivesse valorizado o suficiente para sequer os enviar a Pessoa.

Diga-se que a passagem da carta de Carlos Ferreira citada é particularmente valiosa também pela sua referência às "duas quadras deliciosas sobre o que elle [Sá-Carneiro] queria quando morresse". Ora é evidente que Carlos Ferreira se refere ao poema que viemos entretanto a conhecer por "Fim", desde a sua apresentação na *Athena*, pela mão de Fernando Pessoa (Sá-Carneiro, 1924). Desde logo, as palavras de Carlos Ferreira sugerem que o texto que tinha em mãos não apresentava qualquer título, já que é de supor que Ferreira o indicasse, tal como fez com os outros, e até considerando a atenção que lhe dedicou e o desejo evidente de suscitar a curiosidade de Fernando Pessoa para a composição em causa. Mais à frente na mesma carta, Carlos Ferreira volta a referir-se ao poema como as "duas quadras da morte", sem um título. O único testemunho hoje conhecido, um manuscrito — não este referido por Ferreira, cujo paradeiro se desconhece —, é aquele enviado na carta de Sá-Carneiro de 16 de Fevereiro de 1916, onde aparece também sem título. E lembre-se ainda que já perto da sua morte Sá-Carneiro recorda a Pessoa, quando lhe pede que disponha dos seus poemas: "Deve juntar aquela quadra: "Quando eu morrer batam em latas„ etc." (2015, p. 486). O próprio Fernando Pessoa, em carta a João Gaspar Simões de 2 de Abril de 1933, se refere ao poema apenas como "versos finaes" e uma "especie de pre-epitaphio" (Pessoa, 1998, p. 216), num contexto em que se reporta aos outros poemas finais pelos seus títulos. A passagem da carta de Carlos Ferreira ajuda, portanto, a vincar a ideia de que o título "Fim" deverá ter sido uma opção de Pessoa.

Este é até um momento útil para salientar, mais uma vez, a indissociabilidade de crítica textual e crítica literária. Isto porque a dedução de que o título é provavelmente da mão de Pessoa, que em parte resulta da análise da descrição de um testemunho entretanto perdido — aquele que Carlos Ferreira separou —, deve levar--nos a tirar conclusões quanto ao sentido literário. A que "Fim" se refere Pessoa, a ter sido da sua mão este título, como aqui se crê? A escolha deste título para as quadras em questão vincula ainda mais fortemente a vida e a obra de Mário de Sá-Carneiro, de algum modo estabelecendo um paralelo entre o fim da vida, fim este que foi deliberado, e um encerramento da obra literária que assim aparece também como hipoteticamente mais planeado. Note-se que este é de facto o mais tardio dos poemas que Sá-Carneiro indica a Pessoa serem para publicação. Já depois deste poema, Sá-Carneiro mostra-se entusiasmado com "Femenina" (*sic*), por exemplo, como se com esse poema a sua escrita recobrasse novo entusiasmo, mas de facto não o vemos pedir a Pessoa que o inclua na publicação. Em todo o caso a escolha do título "Fim", aparentemente por

Pessoa, é um passo que reforça um sentido de conclusão do conjunto da obra que o próprio Sá-Carneiro nunca chegou a dar. Não estamos seguramente diante de um caso de um *editore, traditore*, mas tudo indica que a tentação de incluir um "Fim" terá sido excessivamente forte para que Pessoa lhe pudesse resistir, respaldado na carta-branca que Sá-Carneiro lhe havia dado, e de algum modo no facto de Sá-Carneiro por regra dar títulos aos seus poemas. Este "Fim" é talvez ainda a cicatriz de que precisava o próprio Pessoa — editor e executor literário — e que terá sentido que Sá-Carneiro buscou quando lhe lembrou que devia incluir o poema na publicação dos seus trabalhos. Em todo o caso, a adição do título torna o poema ainda mais pungente. E não seria abusivo dizer que destaca ainda mais a morte propriamente dita do que os "palhaços e acrobatas" e o "burro" mencionados nos versos, os componentes mais desconcertantes do poema, e nesse sentido aqueles que mais se destacam.

Voltemos, ainda, à dimensão mais imediatamente de crítica textual, para atentarmos no segundo verso desse poema. No testemunho enviado a Pessoa em carta, lê-se claramente o apelo para que "Rompam aos berros e aos pinotes —"; porém, na versão publicada na *Athena* pela mão de Fernando Pessoa, pode ler-se "Rompam aos saltos e aos pinotes," (Sá-Carneiro, 1924, p. 46). A organização desta edição, ainda que não vise documentar em particular a fixação do texto por Pessoa, demonstra que este escritor foi normalmente muitíssimo escrupuloso na reprodução dos originais. De facto, várias alterações no texto que foram introduzidas na primeira edição de *Indícios de Oiro* na Presença não resultam da transcrição dactiloscrita que Pessoa preparou e que o editor consultou na colecção particular onde está integrada actualmente. Por isso podemos perguntar-nos se a dissonância no segundo verso, que é afinal bastante significativa, se deveu a este testemunho de paradeiro desconhecido que Ferreira diz ter conservado, e que possa ter passado a Pessoa, ou se se deveu a um outro motivo. As conjecturas podem ser muitas; em todo o caso, mesmo aceitando como bastante plausível que Pessoa tivesse visto o testemunho autógrafo que Ferreira encontrou e separou, e considerando ainda que Pessoa chegou a mencionar o desafio que era encontrar os poemas que estavam disseminados na correspondência, opta-se naturalmente por copiar o testemunho na correspondência. Não só porque é o único que se conhece de facto, mas porque é provavelmente mais acabado que os testemunhos conservados por Sá-Carneiro e que Carlos Ferreira encontrou, que como vimos incluíam rascunhos vários. De facto, os *saltos* e *pinotes* da versão *Athena*, aqui preterida (mas apresentada em nota), são sinónimos, enquanto os *berros* e *pinotes* enviados na carta a Pessoa, pelos quais o editor opta, não o são, e trazem por isso maior informação ao texto, parecendo até por isso mais plausível que resultassem de uma versão revista pelo autor.

É ainda digno de nota o facto de Sá-Carneiro trazer consigo rascunhos ou cópias autógrafas preliminares de poemas que haviam já sido impressos em *Dispersão*, até sob novo título, como percebemos da lista de Carlos Ferreira. Nomeadamente se pensarmos que depois da impressão de *Dispersão*, terminada em Lisboa a 26 de Novembro de 1913, Sá-Carneiro viajou para Paris, regressou a Lisboa, com passagem por Barcelona, e voltou novamente à capital francesa.

A correspondência apresentada traz ainda outros motivos de interesse. O tema da mulher com quem Sá-Carneiro manteve uma relação nos últimos meses de vida é central às cartas de Carlos Ferreira, como o leitor verificará. Vale a pena, a este respeito, notar a indicação de que existiam uma ou duas cartas para Pessoa que Sá-Carneiro "não deitou ao correio não sei porque, datadas de Fevereiro", que descreveriam a "historia (começo) dos amôres que o mataram" (Anexo 5). Ora os sobrescritos em que aparentemente foram enviadas todas as cartas deste mês conhecidas e publicadas apresentam os respectivos carimbos de Paris e Lisboaᵃ. Assim, esta(s) carta(s) de Fevereiro, a existir(em), estará(ão) noutro lugar que não no arquivo da BNP.

Quanto ao projecto de livro que Carlos Ferreira propõe fazer com Pessoa, este último parece ter tido uma visão distinta desde o início, que passaria talvez pela publicação avulsa e gradual de poemas, levando mesmo Ferreira a dizer que tinha uma ideia "outra muito differente", que não envolveria o grupo de *Orpheu* (Anexo 7). Mais de oito anos depois, a 30 de Setembro de 1924, o *Diário de Lisboa* anunciava a publicação não de um mas de "dois livros, um de poemas, todos os poemas inéditos e publicados do poeta, e outro de prosa, subordinado ao título *Mario de Sa Carneiro em Paris*, onde ficara [*sic*] a historia da sua vida e onde ficarão reveladas, para a posteridade, as causas do seu suicidio" (p. 5). De acordo com a notícia, se a poesia seria editada por Fernando Pessoa, citado na coluna, o livro *Mario de Sa Carneiro em Paris* seria apresentado "depois, entre dezembro e janeiro, pelo nosso distinto colaborador Carlos Alberto Ferreira, que está de posse de documentos verdadeiramente interessantes para a biografia exacta do poeta". Segundo o artigo, este livro incluiria ainda um "estudo critico" por Pessoa.

No que diz respeito ao túmulo projectado e mais ainda à acção da família, que de algum modo acaba por ser censurada, pode citar-se apenas a carta que o pai de Mário de Sá-Carneiro dirigiu ao *Diário de Lisboa*, a 11 de Novembro de 1921, em resposta a um artigo de tom algo acusatório do dia anterior, da autoria de Carlos Ferreira. Nessa carta, Carlos de Sá Carneiro diz, a propósito da campa e do escritor, que o "seu melhor amigo, seu pai, dentro do

ᵃ   Os envelopes e postais da correspondência de Sá-Carneiro para Pessoa estão disponíveis, ordenados por ano, no *website* "Mário de Sá-Carneiro Online": http://sacarneiro.sdsu.edu/

prazo marcado requereu e foi-lhe concedida a renovação em 28 de Junho deste ano até 1927, da sepultura" (p. 8). A sepultura só viria a desaparecer em 1949 (Dias, 1988, p. 215).

São, portanto, muitos os motivos que legitimam a publicação desta correspondência, que traz bastante informação sobre os vários temas tratados e, quando não oferece respostas, permite levantar várias perguntas pertinentes. E, indo mais longe, são por isso muitos os motivos também para que se revisite a obra poética de Mário de Sá-Carneiro com renovado fôlego e nova atenção, como com esta edição se procura fazer.

*

A edição da *Poesia Completa* baseia-se em todos os manuscritos de Sá-Carneiro conhecidos — alguns deles aqui reflectidos pela primeira vez — e nos impressos em vida do escritor, ou que resultaram aparentemente de uma cópia autógrafa, confrontando-se as diferentes versões com vista a estabelecer leituras mais acabadas dos poemas.

Para além de publicar vários dos seus poemas na imprensa periódica da época, e de publicar *Dispersão*, Mário de Sá-Carneiro fez circular grande parte da sua poesia entre os seus amigos e correligionários. Conhecemos hoje os testemunhos enviados a Fernando Pessoa — praticamente toda a obra adulta —, mas também a outros amigos e conhecidos, tais como José Pacheco, António Ferro, Alfredo Pedro Guisado, Gilberto Rola Pereira do Nascimento, ou Milton de Aguiar. Esta circulação de testemunhos deveu-se essencialmente à partilha dos textos literários com amigos próximos e, por outro lado, a envios com vista à publicação na imprensa (veja-se o índice dos poemas publicados em vida). Num caso como no outro, trata-se sempre de cópias autógrafas bastante cuidadas. Diga-se que a circulação de manuscritos continuou ainda durante a escrita de *Indícios de Oiro*, mas, no que diz respeito a outros correspondentes além de Fernando Pessoa, diminuiu visivelmente no último ano de vida de Sá-Carneiro, aproximadamente no período pós-*Orpheu*, e sobretudo quando o escritor está já em Paris, onde morre a 26 de Abril de 1916.

A proliferação de testemunhos manuscritos e/ou impressos resulta numa elevadíssima quantidade de variantes, que se apresentam na sua totalidade no aparato final, e que por isso importa caracterizar de forma genérica. Existem claramente variantes que representam evoluções mais substanciais, com implicações profundas ao nível do sentido, devido, por exemplo, à modificação de uma palavra, de versos inteiros, ou por vezes de estrofes completas. Esse tipo de variação resulta muitas vezes da evolução de um rascunho ou até uma versão que o autor considerou já fixada, e o seu registo é possível quase sempre devido ao diálogo de Sá-Carneiro com Fernando Pessoa, mas também com outros amigos. Esporadicamente, as variantes correspondem a alterações que são efectuadas entre as versões manuscritas e aquelas que foram posteriormente impressas, por exemplo em *Orpheu*.

Em contrapartida, se atentarmos à ortografia, à acentuação e à pontuação, encontrar-se-ão centenas de variantes. Na acentuação e na ortografia, elas decorrem tanto de uma evolução que se percebe que Sá-Carneiro experienciou, como sobretudo de alguma inconsistência, com grafias diferentes usadas num mesmo período de tempo.

Quanto às variantes relativas à pontuação dos versos, são igualmente em elevadíssimo número e não se poderão atribuir exclusivamente a distracção do autor. Ora, de acordo com Pessoa, Sá-Carneiro dava "uma grande importancia" à pontuação. Conta Pessoa, em carta a Gaspar Simões: "Varias vezes eu repontei com elle por causa de traços onde conviria pôr virgulas, ou ponto-e--virgulas, etc. Mas ele, apesar de prompto a annuir em outras coisas, nesta nunca annuia. Concordava muitas vezes commigo, mas tinha amor a essa pontuação especial" (1998, p. 216). Há um testemunho valioso, na medida em que indicia uma das formas como Sá-Carneiro pontuava os seus versos. Trata-se de uma cópia autógrafa de "Aquele Outro", em que é possível verificar que o autor deixou vários espaços em branco para inserir apenas posteriormente alguns sinais de pontuação. Este documento, bem assim como a proliferação de variantes, sugerem que o autor tanto atentava às possibilidades expressivas da pontuação como partia primordialmente das imagens construídas e dos ritmos e pausas específicas de cada poema, que poderiam ser representados com sinais de pontuação diferentes, mesmo implicando sentidos por vezes ligeiramente diferenciados também. Talvez por esse motivo, quando preparava novas cópias, acabava por ir substituindo, por exemplo, um travessão por dois-pontos ou um ponto-e-vírgula, ou ainda por trocar reticências por pontos finais, como que em busca da pontuação mais expressiva.

Seja como for, o facto é que existem imensas variantes com alterações mínimas na pontuação. E casos há que sugerem que talvez o autor escrevesse de cor algumas das cópias autógrafas — tipicamente situações com pelo menos três testemunhos, em que dois testemunhos tardios e próximos no tempo se aproximam ortograficamente mas diferem substancialmente na pontuação, ao mesmo tempo que um deles é já distante na ortografia mas permanece afim na pontuação relativamente ao que se crê ser o mais antigo.

Ainda que Sá-Carneiro não os tenha transcrito de modo uniforme e, portanto, além de qualquer dúvida, nos diferentes testemunhos, os poemas da obra adulta não deixam de ser tratados pelo autor como concluídos. Tirando aqueles poemas enviados a Pessoa com um estatuto expresso de rascunho, o poeta parece sempre considerar cada uma das cópias passadas a limpo como versões estabelecidas, ainda que haja entre elas variação ortográfica, especificamente de acentuação e de pontuação.

No que diz respeito à poesia adulta, são raros os testemunhos correspondentes, declaradamente, a rascunhos, num sentido estrito de composições que o autor encetou e enviou mas considerou à partida como ainda não concluídas. Os poemas em causa (nesta edição, incluídos nos "Poemas Dispersos"), que apresentam um menor grau de completude, são quase sempre versos transcritos no corpo de texto de cartas a Pessoa. Mesmo nestes textos, a questão do grau de "finalização" é discutível, já que o autor parece querer aproveitar os versos específicos, ainda que não tenha concluído uma composição mais ampla onde enquadrá-los, podendo dizer-se que o envio dos poemas a Pessoa determina um grau de conclusão intermédio. Este grau intermediário de acabamento é visível em aspectos como a não atribuição de um título, por exemplo, ou no facto de Mário de Sá-Carneiro não os transcrever para o caderno de *Indícios de Oiro*, no caso dos versos de entre 1913 e 1915, mas é visível também no facto de Sá-Carneiro os enviar a Pessoa no corpo de texto das cartas e não em cópias passadas a limpo, datadas e assinadas, já que a assinatura consiste quase sempre no certificado último de conclusão, com este autor. É o caso de poemas como "Le trône d'or de moi-perdu", sobre o qual diz ser "uma poesia talvez, mas por emquanto incompleta" (2015, p. 213); "Ah, que te esquecesses sempre das horas", também uma "poesia [que] ficou incompleta" (2015, p. 491); "De repente a minha vida", "duas quadras" encontradas entre "versos soltos de poesias incompletas" (2015, p. 427), e "Feminina", o último poema no qual Sá-Carneiro diz estar a trabalhar, e cujos versos seriam enviados a Pessoa apenas como um "Pâno de amostra" (2015, p. 471). Uma meia excepção a esta regra é "A minh'alma fugiu pela Torre Eiffel acima", que Sá-Carneiro nunca chega a designar como incompleto, mas que apelida de ""mimoso„ poema" (2015, p. 373) e não transcreve para o seu caderno, apesar de escrito em Agosto de 1915. Ainda assim, é possível dizer que estes versos têm um estatuto de alguma completude, já que o autor os considera relevantes o suficiente para os remeter a Pessoa, para acerca deles ouvir uma opinião, contrariamente a esses outros "versos soltos de poesias incompletas" (2015, p. 427) que diz existirem e que não envia, e por isso não conhecemos.

Assim, esta edição crítica confronta testemunhos que contêm uma dimensão estável, por serem quase sempre cópias autógrafas passadas a limpo cuidadosamente e assinadas, e que ao mesmo tempo mutuamente se confirmam e instabilizam, pelo simples facto de variarem amplamente entre si. Assinale-se desde logo que no aparato da *Poesia Completa* se incluem todas as variantes dos textos. De facto, o leitor tem disponível toda a multiplicidade de opções pensadas por Sá-Carneiro com que o editor deparou. Em certo sentido, esta edição crítica poderia ser, por exemplo, aquela em que Mário de Sá-Carneiro se baseasse para confrontar as suas múltiplas opções, no aparato crítico, mas nem por isso se roga o papel de fazer a escolha definitiva que o autor nem sempre chegou a fazer, ainda que naturalmente tenha de estabelecer uma versão dos diferentes poemas. Quanto à opção de incluir todas as variantes junto do próprio poema, ela seria praticamente impossível, como demonstram eloquentemente as cerca de cem páginas do aparato. Convida-se por isso o leitor, especializado ou não, a valorizar e a consultar essas notas finais, já que a sua análise pode tornar bastante mais rica a experiência de leitura.

Em "Serradura", por exemplo, vemos que o sujeito poético diz a respeito da sua alma, numa primeira versão do verso 27, "E fuma — o estuporinho", mas que por influência de Pessoa ("emendei a quadra que lhe desagrada"), acaba por alterar o verso para "E fuma o seu cigarrinho". Já em "Caranguejola", o verso 7, fixado como "Façam apenas com que eu tenha sempre a meu lado," teve ainda uma versão diferente na correspondência com Fernando Pessoa, onde Sá-Carneiro se perguntava se não seria melhor a forma "Cuidem apenas de que eu tenha sempre a meu lado," (veja-se o fac-símile, apresentado pela primeira vez nesta edição). Uma vez que para Sá-Carneiro a questão poderá ter ficado em aberto, manteve-se a forma que o escritor deixou no seu caderno. Em "Crise Lamentável", para dar um exemplo da evolução do próprio texto, o leitor poderá verificar que no verso 5, ainda antes de o sujeito do poema se pensar como um "bôbo presunçoso", pensou-se ainda mais grotescamente como um "bôbo gorduroso". Um termo não muito distante do "reimoso" (que Sá-Carneiro sempre escreveu "raimoso") do verso 12 do mesmo poema, e talvez por isso mesmo evitado. As notas desse poema mostram que os versos 27 e 28, no testemunho enviado a Pessoa, eram ainda de maior irreverência do que aqueles que acabaram por ser preferidos: ""Ideia,, mesmo, o meu ir á retréte | Que me leva uma hora bem puxada..." Em "Ápice", o verso 20, "Tanto segrêdo no destino duma vida...", foi anteriormente pensado como "Tanto misterio no destino duma vida...", tendo talvez a substituição ocorrido para evitar a repetir a palavra "misterio", que já aparece no verso 13. A leitura do aparato pode assim iluminar a própria oficina do poeta.

Esta edição da *Poesia Completa* segue, portanto, critérios genéricos mas flexíveis o suficiente para acomodar, caso a caso, a grande variedade de situações, levando em conta os nexos de sentido estabelecidos entre diferentes testemunhos. Em regra, segue-se a última versão conhecida de cada poema, seja ela impressa ou manuscrita. Sempre que um impresso apresenta uma versão diferente dos manuscritos na substância, por exemplo no que diz respeito ao vocabulário empregue, prefere-se essa versão impressa, tipicamente a mais tardia. Entre cópias manuscritas em que não é possível verificar uma sequência cronológica óbvia, adoptam-se aqueles elementos ortográficos e de pontuação mais significativos. Normalmente, verifica-se que a pontuação é mais cuidada nos impressos — e nomeadamente em *Dispersão* e *Orpheu* —, motivo também para os seguir, tendencialmente. Quanto a aspectos da ortografia e da acentuação, em caso de dúvida, seguem-se as formas mais consistentes nos testemunhos manuscritos, e portanto menos sujeitos a intervenção externa.

Os poemas são apresentados na sequência em que os dispôs o próprio autor, e que nem sempre é a cronológica, seja em *Dispersão*, seja em *Indícios de Oiro*. No caso de *Dispersão*, essa organização pelo autor foi plenamente intencional, mas em *Indícios de Oiro* tem algo de contingente, já que o autor incluiu no seu caderno, numa data tardia, poemas escritos meses antes. A opção de os manter segundo a ordem do caderno acaba por pôr em evidência que houve essa mesma hesitação quanto ao seu aproveitamento, como se explica no aparato.

A respeito da ortografia seguida nesta edição, faça-se uma nota prévia para lembrar que a noção moderna de uma ortografia estável e altamente padronizada não era exactamente uma realidade quando Sá-Carneiro escreveu a sua obra, muito pelo contrário. E a escrita de Sá-Carneiro é disso demonstração, na sua evolução ao longo do tempo, e na própria diversidade de formas que apresenta por vezes num só texto. O *Diário do Governo* de 12 de Setembro de 1911 (n.º 213) apresenta publicamente o "Relatório" da comissão nomeada para definir as bases da ortografia portuguesa, com vista à sua adopção na escola. Nele se sugere, por exemplo, em termos que expressam alguma frustração com a confusão sentida à época, que era altura de se "desterrarem por uma vez da escrita portuguesa [...] os símbolos *ph*, *th*, *rh*, e *y*, por *f*, *t*, *r*, *i* e o *ch* com valor de *k*, o qual ficará substituído por *qu* antes de *e*, *i*, e por *c* em qualquer outra situação". Diz-se ainda que "a Comissão sugere como absolutamente necessária" a "abolição de consoantes dobradas, as quais ficam reduzidas, como em castelhano, a simples, com excepção de *rr*, *ss*, *mm*, *nn* mediais, quando acusem diferença de pronunciação, o que se dá, por exemplo, nos vocábulos *cassa*, *carro*, *emmalar*, *ennovelar*, comparados a *casa*, *caro*, *emanar*, *enervar*". Neste texto chama-se a essas características "dois dos maiores tropeços com que se encontra estorvada a escrita nacional". Regulariza-se, de igual modo, a acentuação das palavras esdrúxulas, havendo contudo espaço para facultatividade: embora a Comissão "a não preceitue já como obrigatória em todos os casos em que seria necessária, aconselha-a e fixa-lhe as regras" (p. 3846).

Ora, na *Poesia Completa*, vemos como a ortografia de Sá-Carneiro é influenciada por algumas destas evoluções. As consoantes duplas usadas na juvenília vão desaparecendo, ainda antes da obra adulta, e na verdade ainda antes deste "Relatório", que materializava algumas propostas já correntes nos anos anteriores. Se na juvenília mais precoce vemos com frequência a forma "elle", por exemplo, em *Azulejos* o pronome já aparece grafado como "êle" (pela mão de Sá-Carneiro ou de outrem). Quanto aos acentos nas palavras esdrúxulas, veremos Sá-Carneiro hesitar frequentemente ao longo da sua obra adulta, sendo mais consistente nos testemunhos impressos, por exemplo em *Orpheu*. E a grafia do próprio título da revista é sintomática da menor importância que o autor atribuía à questão das mudanças ortográficas, ou talvez até da menor segurança que em relação a elas sentia: isto porque, apesar de ter financiado a publicação, e de ela ter sido publicada com "ph" no seu título, Sá-Carneiro sempre escreveu *Orfeu*, com "f".

Deste modo, opta-se na *Poesia Completa* por manter a ortografia do autor, evidenciando a sua fluidez e diversidade. Essa manutenção permite, por exemplo, que os leitores menos familiarizados percebam que "Quasi" não termina com um "i" por uma excepção arbitrária, mas antes por regra; alterar a grafia implicaria uma mudança fonética relevante. Não se procura uniformizar formas que autor grafou diferentemente ao longo de toda a sua escrita (*asul* e *azul*, por exemplo). Corrigem-se apenas esporadicamente aquelas formas sem suporte etimológico e/ou que se poderiam tornar um maior obstáculo à compreensão do texto — casos mais típicos da juvenília. Algumas grafias poderão surpreender o leitor, mas o "s" em "setim", que talvez tenha chegado a Sá-Carneiro pelo francês "*satin*", ou pelo mesmo "s" usado noutras línguas, era vulgar o suficiente, à época, para ser já dicionarizado com remissão para "cetim". Ao contrário do "pagem" de Sá-Carneiro, possivelmente também por influência do francês, mas que há séculos se escrevia com "j". De igual modo dicionarizado à época era "burnir", enquanto registo dito popular de "brunir". Neste caso, por exemplo, optou-se por não corrigir o registo alegadamente popular, que é afinal aquele usado pelo autor no único testemunho manuscrito de "Cinco Horas" que se conhece. O uso mais subjectivo de maiúsculas, sempre respeitado, é bastante mais característico da poesia dita "adulta" e não tanto da juvenília. Neste volume, todos os galicismos são mantidos na forma como o autor os grafou, isto é, quase sempre sem qualquer destaque, e muito esporadicamente com uma forma de destaque (sublinhado, aqui convertido a itálico, ou aspas). Há uma grande variação, em Sá-Carneiro, entre minúsculas ou maiúsculas, no que diz respeito à grafia dos meses; são todos passados a minúsculas, a forma mais habitual, e elimina-se o ponto final que por vezes aparece no fim das datas. Quanto à acentuação, procura-se seguir as versões mais cuidadas e uniformes; e note-se que *Orpheu* é mais modernizador a respeito das esdrúxulas. Quando há testemunhos contraditórios na acentuação de um mesmo poema, tenta definir-se o padrão mais óbvio. Naquelas situações em que o impresso não transcreve uma elisão que está na maioria dos testemunhos manuscritos do mesmo verso, opta-se pela forma dos manuscritos, já que é mais próxima de como o autor pensaria intuitivamente o poema; caso, por exemplo, do v. 15 de "Álcool", "Um disco d'ouro surge a voltear...".

Nos casos em que se intervém no texto — até mesmo no desdobramento de abreviaturas, indesejáveis na mancha de texto do poema —, estas intervenções nunca são silenciosas, dando-se delas conta nas notas finais no aparato. Por fim, diga-se que os versos divididos em duas linhas mas nos quais há uma clara unidade métrica regular (redondilha, decassílabo, dodecassílabo, etc.) são contados como apenas um verso na numeração à margem, como se contam como verso os pontilhados indicativos de um silêncio (mas não os separadores entre partes de poemas).

Esta edição beneficia naturalmente do trabalho de anteriores edições críticas parciais da poesia de Mário de Sá-Carneiro ou de outras com características distintas. Para além, obviamente, do trabalho pioneiro de Pessoa e das primeiras edições, cumpre destacar nas últimas décadas o labor editorial e crítico de François Castex, Fernanda Toriello e Giorgio de Marchis. Fernanda Toriello edita criticamente a obra adulta de Sá-Carneiro (1992b), privilegiando os textos que o autor publicou em vida ou indicou a Fernando Pessoa serem para publicação. Nessa edição seguem-se ainda alguns dos princípios editoriais determinados por Pessoa, dentro da liberdade que Sá-Carneiro conferira ao seu editor e amigo, e apresenta-se um completo aparato crítico. Giorgio de Marchis, por sua vez, publicou uma edição crítico-genética de *Dispersão* (Marchis, 2007), precedida de um valioso estudo prévio sobre a obra poética do escritor. Entretanto, Castex publicara já pela primeira vez parte substancial da juvenília poética de Mário de Sá-Carneiro (1986). Para além destas edições, foram consultadas várias outras que, não sendo edições críticas nem apresentando inéditos, contribuíram para o entendimento desta poesia através de decisões editoriais pertinentes, como sejam as de António Quadros ou Fernando Cabral Martins. Da influência das opções mais marcantes por diferentes editores de Mário de Sá-Carneiro se dá conta rigorosamente no aparato crítico deste volume.

*

É sempre com algum pudor que qualquer editor pode agradecer os apoios ao seu trabalho, já que a obra publicada não é sua, evidentemente. Mas é justíssimo reconhecer a contribuição de várias pessoas e instituições para a *Poesia Completa*. Parte do trabalho de pesquisa para esta edição foi feita em residência na Biblioteca Nacional de Portugal, com uma bolsa de investigação de curta duração patrocinada pela Fundação Luso-Americana para o Desenvolvimento; agradeço assim a estas instituições pelo seu apoio, que foi indispensável à consecução do projecto. É fundamental reconhecer também a cooperação oferecida pela Biblioteca da Universidade de Coimbra, a Biblioteca Pública Municipal do Porto, o Centro Nacional de Cultura e a Fundação António Quadros. Finalmente, destaco o apoio da Fundação Calouste Gulbenkian, cujo patrocínio à edição permitiu torná-la substancialmente mais rica, mantendo-a acessível ao público leitor.

Várias pessoas contribuíram de formas diferentes para a preparação deste livro; quero agradecer particularmente a Paulo Aschmann, Elizabeth Becerra, José Augusto Bernardes, Inês Cordeiro, Ricardo Guimarães, Carlos Pitella Leite, Inês Moreira Lima, Jorge Meireles, Manuela Rêgo, Sofia Rodrigues, Alexandra Henriques da Silva e José Bernardo Távora.

Por outro lado, a colaboração próxima de algumas pessoas permitiu não só que este livro viesse a ter o formato desejado pelo editor desde o início, mas também e sobretudo para que a ideia inicial fosse bastante melhorada. Assinalo o trabalho de Natalie Pacheco, que "iluminou" todos os documentos reproduzidos graficamente neste volume. Devo ainda uma palavra especial a Rita Almeida Simões, pela qualidade e pela dedicação da sua revisão. E destaco o profissionalismo e a amabilidade da equipa editorial da Tinta-da-china, nomeadamente Madalena Alfaia, Rute Dias, Pedro Serpa e Vera Tavares. A Bárbara Bulhosa, agradeço a coragem de apoiar edições como esta, que visam alcançar um público amplo não *apesar* da crítica textual, mas sobretudo *através* dela. O sucesso destas edições salienta que elas não se destinam apenas a especialistas, mas ao público em geral, que as tem valorizado. Agradeço ainda ao Jerónimo Pizarro, interlocutor constante ao longo da produção deste livro. E, finalmente, *obrigado* à Lauren Applegate, pelo diálogo e pelo estímulo constantes.

San Diego, Califórnia, Março de 2017

# OBRA POÉTICA

(1913-1916)

1

*DISPERSÃO*

# PARTIDA

Ao ver escoar-se a vida humanamente
Em suas aguas certas, eu hesito,
E detenho-me ás vezes na torrente
Das coisas geniais em que medito.

5 Afronta-me um desejo de fugir
Ao misterio que é meu e me seduz.
Mas logo me triunfo. A sua luz
Nao ha muitos que a saibam reflectir.

A minh'alma nostalgica de alem,
10 Cheia de orgulho, ensombra-se entretanto,
Aos meus olhos ungidos sobe um pranto
Que tenho a força de sumir tambem.

Porque eu reajo. A vida, a natureza,
Que são para o artista? Coisa alguma.
15 O que devemos é saltar na bruma,
Correr no asul á busca da beleza.

É subir, é subir alem dos ceus
Que as nossas almas só acumularam,
E prostrados resar, em sonho, ao Deus
20 Que as nossas mãos d'aureola lá douraram.

É partir sem temor contra a montanha
Cingidos de quimera e d'irreal;
Brandir a espada fulva e medieval,
A cada hora acastelando em Espanha.

25 É suscitar côres endoidecidas,
Ser garra imperial enclavinhada,
E numa extrema-unção d'alma ampliada,
Viajar outros sentidos, outras vidas.

Ser coluna de fumo, astro perdido,
30 Forçar os turbilhões aladamente,
Ser ramo de palmeira, agua nascente
E arco d'ouro e chama distendido...

Asa longinqua a sacudir loucura,
Nuvem precoce de subtil vapor,
35 Ansia revolta de misterio e olor,
Sombra, vertigem, ascensão — Altura!

E eu dou-me todo neste fim de tarde
Á espira aerea que me eleva aos cumes.
Doido de esfinges o horizonte arde,
40 Mas fico ileso entre clarões e gumes!...

Miragem rôxa de nimbado encanto —
Sinto os meus olhos a volver-se em espaço.
Alastro, venço, chego e ultrapasso;
Sou labirinto, sou licorne e acanto.

45 Sei a Distancia, compreendo o Ar;
Sou chuva d'ouro e sou espasmo de luz;

Sou taça de cristal lançada ao mar,
Diadema e timbre, elmo real e cruz...

...............................................
50 ...............................................

O bando das quimeras longe assoma...
Que apoteose imensa pelos ceus!
A côr ja não é côr — é som e aroma!
Vem-me saudades de ter sido Deus...

*

*   *

55 Ao triunfo maior, avante pois!
O meu destino é outro — é alto e é raro.
Unicamente custa muito caro:
A tristeza de nunca sermos dois...

*Paris — fevereiro de 1913*

## 2 ESCAVAÇÃO

Numa ansia de ter alguma cousa,
Divago por mim mesmo a procurar,
Desço-me todo, em vão, sem nada achar,
E a minh'alma perdida não repousa.

5 Nada tendo, decido-me a criar:
Brando a espada: sou luz harmoniosa
E chama genial que tudo ousa
Unicamente á força de sonhar...

Mas a vitoria fulva esvai-se logo...
10 E cinzas, cinzas só, em vez do fogo...
— Onde existo que não existo em mim?

............................................................
............................................................

Um cemiterio falso sem ossadas,
15 Noites d'amor sem bôcas esmagadas —
Tudo outro espasmo que principio ou fim...

*Paris 1913 — maio 3*

Numa incerta melodia
Toda a minh'alma se esconde.
Reminiscencias de Aonde
Perturbam-me em nostalgia...

5 Manhã d'armas! Manhã d'armas!
Romaria! Romaria!

..............................................

Tacteio... dobro... resvalo...

..............................................

10 Princesas de fantasia
Desencantam-se das flores...

..............................................

Que pesadelo tão bom...

..............................................

15 Pressinto um grande intervalo,
Deliro todas as côres,
Vivo em roxo e morro em som...

*Paris 1913 — maio 6*

## 4  ALCOOL

Guilhotinas, pelouros e castelos
Resvalam longemente em procissão;
Volteiam-me crepusculos amarelos,
Mordidos, doentios de roxidão.

5 Batem asas d'aureola aos meus ouvidos,
Grifam-me sons de côr e de perfumes,
Ferem-me os olhos turbilhões de gumes,
Desce-me a alma, sangram-me os sentidos.

Respiro-me no ar que ao longe vem,
10 Da luz que me ilumina participo;
Quero reunir-me, e todo me dissipo —
Luto, estrebucho... Em vão! Silvo pra alem...

Corro em volta de mim sem me encontrar...
Tudo oscila e se abate como espuma...
15 Um disco d'ouro surge a voltear...
Fecho os meus olhos com pavor da bruma...

Que droga foi a que me inoculei?
Ópio d'inferno em vez de paraiso?...
Que sortilegio a mim proprio lancei?
20 Como é que em dôr genial eu me eteriso?

Nem ópio nem morfina. O que me ardeu,
Foi alcool mais raro e penetrante:
É só de mim que eu ando delirante —
Manhã tão forte que me anoiteceu.

*Paris 1913 — maio 4*

## VONTADE DE DORMIR

Fios d'ouro puxam por mim
A soerguer-me na poeira —
Cada um para o seu fim,
Cada um para o seu norte...

5 ..............................................

— Ai que saudades da morte...

..............................................

Quero dormir... ancorar...

..............................................

10 Arranquem-me esta grandeza!
— Pra que me sonha a beleza,
Se a não posso transmigrar?...

*Paris 1913 — maio 6*

## 6 DISPERSÃO

Perdi-me dentro de mim
Porque eu era labirinto,
E hoje, quando me sinto,
É com saudades de mim.

5 Passei pela minha vida
Um astro doido a sonhar.
Na ansia de ultrapassar,
Nem dei pela minha vida...

Para mim é sempre ontem,
10 Não tenho amanhã nem hoje:
O tempo que aos outros foge
Cai sobre mim feito ontem.

(O Domingo de Paris
Lembra-me o desaparecido
15 Que sentia comovido
Os Domingos de Paris:

Porque um Domingo é familia,
É bem-estar, é singeleza,
E os que olham a beleza
20 Não tem bem-estar nem familia).

O pobre moço das ansias...
Tu, sim, tu eras alguem!
E foi por isso tambem
Que te abismaste nas ansias.

<sub>25</sub> A grande ave dourada
Bateu asas para os ceus,
Mas fechou-as saciada
Ao ver que ganhava os ceus.

Como se chora um amante,
<sub>30</sub> Assim me choro a mim mesmo:
Eu fui amante inconstante
Que se traiu a si mesmo.

Não sinto o espaço que encerro
Nem as linhas que projecto:
<sub>35</sub> Se me olho a um espelho, érro —
Não me acho no que projecto.

Regresso dentro de mim,
Mas nada me fala, nada!
Tenho a alma amortalhada,
<sub>40</sub> Sequinha, dentro de mim.

Não perdi a minha alma,
Fiquei com ela, perdida.
Assim eu choro, da vida,
A morte da minha alma.

<sub>45</sub> Saudosamente recordo
Uma gentil companheira
Que na minha vida inteira
Eu nunca vi... Mas recordo

A sua bôca doirada
<sub>50</sub> E o seu corpo esmaecido,

Em um halito perdido
Que vem na tarde doirada.

(As minhas grandes saudades
São do que nunca enlacei.
55 Ai, como eu tenho saudades
Dos sonhos que não sonhei!...)

E sinto que a minha morte —
Minha dispersão total —
Existe lá longe, ao norte,
60 Numa grande capital.

Vejo o meu ultimo dia
Pintado em rôlos de fumo,
E todo asul-de-agonia
Em sombra e alem me sumo.

65 Ternura feita saudade,
Eu beijo as minhas mãos brancas...
Sou amor e piedade
Em face dessas mãos brancas...

Tristes mãos longas e lindas
70 Que eram feitas pra se dar...
Ninguem mas quis apertar...
Tristes mãos longas e lindas...

E tenho pena de mim,
Pobre menino ideal...
75 Que me faltou afinal?
Um élo? Um rastro?... Ai de mim!...

Desceu-me n'alma o crepusculo;
Eu fui alguem que passou.
Serei, mas já não me sou;
80  Não vivo, durmo o crepusculo.

Alcool dum sôno outonal
Me penetrou vagamente
A difundir-me dormente
Em uma bruma outonal.

85  Perdi a morte e a vida,
E, louco, não enlouqueço...
A hora foge vivida,
Eu sigo-a, mas permaneço...

..........................................
90  ..........................................

Castelos desmantelados,
Leões alados sem juba...
..........................................
..........................................

*Paris — maio de 1913*

## 7 ESTÁTUA FALSA

Só d'ouro falso os meus olhos se douram;
Sou esfinge sem misterio no poente.
A tristeza das coisas que não foram
Na minh'alma desceu veladamente.

5 Na minha dôr quebram-se espadas d'ansia,
Gomos de luz em treva se misturam.
As sombras que eu dimano não perduram,
Como Ontem, para mim, Hoje é distancia.

Já não estremeço em face do segredo;
10 Nada me aloira já, nada me aterra:
A vida corre sobre mim em guerra,
E nem sequer um arrepio de medo!

Sou estrela ébria que perdeu os ceus,
Sereia louca que deixou o mar;
15 Sou templo prestes a ruir sem deus,
Estátua falsa ainda erguida ao ar...

*Paris 1913 — maio 5*

# QUASI

Um pouco mais de sol — eu era brasa,
Um pouco mais de asul — eu era alem.
Para atingir, faltou-me um golpe d'asa...
Se ao menos eu permanecesse aquem...

5 Assombro ou paz? Em vão... Tudo esvaído
Num baixo mar enganador d'espuma;
E o grande sonho despertado em bruma,
O grande sonho — ó dôr! — quasi vivido...

Quasi o amor, quasi o triunfo e a chama,
10 Quasi o principio e o fim — quasi a expansão...
Mas na minh'alma tudo se derrama...
Emtanto nada foi só ilusão!

De tudo houve um começo... e tudo errou...
— Ai a dôr de ser-quasi, dôr sem fim... —
15 Eu falhei-me entre os mais, falhei em mim,
Asa que se elançou mas não voou...

Momentos d'alma que desbaratei...
Templos aonde nunca pus um altar...
Rios que perdi sem os levar ao mar...
20 Ansias que foram mas que não fixei...

Se me vagueio, encontro só indicios...
Ogivas para o sol — vejo-as cerradas;
E mãos d'heroi, sem fé, acobardadas,
Puseram grades sobre os precipicios...

<sup>25</sup> Num impeto difuso de quebranto,
Tudo encetei e nada possuí...
Hoje, de mim, só resta o desencanto
Das coisas que beijei mas não vivi...

...........................................................
<sup>30</sup> ...........................................................

Um pouco mais de sol — e fôra brasa,
Um pouco mais de asul — e fôra alem.
Para atingir, faltou-me um golpe d'asa...
Se ao menos eu permanecesse aquem...

*Paris 1913 — maio 13*

# COMO EU NÃO POSSUO

Olho em volta de mim. Todos possuem —
Um afecto, um sorriso ou um abraço.
Só para mim as ansias se diluem
E não possuo mesmo quando enlaço.

5  Roça por mim, em longe, a teoria
Dos espasmos golfados ruivamente;
São extases da côr que eu fremiria,
Mas a minh'alma pára e não os sente!

Quero sentir. Não sei... perco-me todo...
10 Não posso afeiçoar-me nem ser eu:
Falta-me egoismo pra ascender ao ceu,
Falta-me unção pra me afundar no lodo.

Não sou amigo de ninguem. Pra o ser
Forçoso me era antes possuir
15 Quem eu estimasse — ou homem ou mulher,
E eu não logro nunca possuir!...

Castrado d'alma e sem saber fixar-me,
Tarde a tarde na minha dôr me afundo...
— Serei um emigrado doutro mundo
20 Que nem na minha dôr posso encontrar-me?...

                    *

            *       *


Como eu desejo a que ali vai na rua,
Tão agil, tão agreste, tão de amor...

Como eu quisera emmaranha-la nua,
Bebê-la em espasmos d'harmonia e côr!...

25 Desejo errado... Se a tivera um dia,
Toda sem véus, a carne estilisada
Sob o meu corpo arfando transbordada,
Nem mesmo assim — ó ansia! — eu a teria...

Eu vibraria só agonisante
30 Sobre o seu corpo d'extases dourados,
Se fosse aqueles seios transtornados,
Se fosse aquele sexo aglutinante...

De embate ao meu amor todo me rúo,
E vejo-me em destroço até vencendo:
35 É que eu teria só, sentindo e sendo
Aquilo que estrebucho e não possuo.

*Paris — maio 1913*

Nada me expira já, nada me vive —
Nem a tristeza nem as horas belas.
De as não ter e de nunca vir a tê-las,
Fartam-me até as coisas que não tive.

5 Como eu quisera, emfim d'alma esquecida,
Dormir em paz num leito d'hospital...
Cansei dentro de mim, cansei a vida
De tanto a divagar em luz irreal.

Outróra imaginei escalar os ceus
10 Á força de ambição e nostalgia,
E doente-de-Novo, fui-me Deus
No grande rastro fulvo que me ardia.

Parti. Mas logo regressei á dôr,
Pois tudo me ruiu... Tudo era igual:
15 A quimera, cingida, era real,
A propria maravilha tinha côr!

Ecoando-me em silencio, a noite escura
Baixou-me assim na queda sem remedio;
Eu proprio me traguei na profundura,
20 Me sequei todo, endureci de tedio.

E só me resta hoje uma alegria:
É que, de tão iguais e tão vazios,
Os instantes me esvoam dia a dia
Cada vez mais velozes, mais esguios...

*Paris 1913 — maio 15.*

Volteiam dentro de mim,
Em rodopio, em novelos,
Milagres, uivos, castelos,
Forcas de luz, pesadelos,
5   Altas torres de marfim.

Ascendem helices, rastros...
Mais longe coam-me sois;
Ha promontorios, farois,
Upam-se estatuas d'herois,
10   Ondeiam lanças e mastros.

Zebram-se armadas de côr,
Singram cortejos de luz,
Ruem-se braços de cruz,
E um espelho reproduz,
15   Em treva, todo o esplendor...

Cristais retinem de medo,
Precipitam-se estilhaços,
Chovem garras, manchas, laços...
Planos, quebras e espaços
20   Vertiginam em segredo.

Luas d'oiro se embebedam,
Rainhas desfolham lirios;
Contorcionam-se cirios,
Enclavinham-se delirios,
25   Listas de som enveredam...

Virgulam-se aspas em vozes,
Letras de fogo e punhais;
Ha missas e bacanais,
Execuções capitais,
30 Regressos, apoteoses.

Silvam madeixas ondeantes,
Pungem labios esmagados,
Ha corpos emmaranhados,
Seios mordidos, golfados,
35 Sexos mortos d'anseantes...

(Ha incenso de esponsais,
Ha mãos brancas e sagradas,
Ha velhas cartas rasgadas,
Ha pobres coisas guardadas —
40 Um lenço, fitas, dedais...)

Ha elmos, troféus, mortalhas,
Emanações fugidias,
Referencias, nostalgias,
Ruinas de melodias,
45 Vertigens, erros e falhas.

Ha vislumbres de não-ser,
Rangem, de vago, neblinas;
Fulcram-se poços e minas,
Meandros, pauis, ravinas
50 Que não ouso percorrer...

Ha vácuos, ha bolhas d'ar,
Perfumes de longes ilhas,

Amarras, lemes e quilhas —
Tantas, tantas maravilhas
55 Que se não podem sonhar!...

*Paris — 7 maio 1913*

E eu que sou o rei de toda esta incoerencia,
Eu proprio turbilhão, anseio por fixa-la
E giro até partir... Mas tudo me resvala
Em bruma e sonolencia.

5 Se acaso em minhas mãos fica um pedaço d'ouro,
Volve-se logo falso... ao longe o arremesso...
Eu morro de desdem em frente dum tesouro,
Morro á mingua, de excesso.

Alteio-me na côr á força de quebranto,
10 Estendo os braços d'alma — e nem um espasmo venço!...
Peneiro-me na sombra — em nada me condenso...
Agonias de luz eu vibro ainda emtanto.

Não me pude vencer, mas posso-me esmagar,
— Vencer ás vezes é o mesmo que tombar —
15 E como inda sou luz, num grande retrocesso,
Em raivas ideais, ascendo até ao fim:
Olho do alto o gelo, ao gelo me arremesso...
...................................................................
Tombei...
20          E fico só esmagado sobre mim!...

*Paris 1913 — maio 8.*

# 2

## INDÍCIOS DE OIRO

A sala do castelo é deserta e espelhada.

Tenho medo de Mim. Quem sou? Donde cheguei?...
Aqui, tudo já foi... Em sombra estilisada,
A côr morreu — e até o ar é uma ruina...
Vem d'Outro tempo a luz que me ilumina —
Um som opaco me dilue em Rei...

## NOSSA SENHORA DE PARIS

Listas de som avançam para mim a fustigar-me
Em luz.
Todo a vibrar, quero fugir... Onde acoitar-me?...
Os braços duma cruz
5 Anseiam-se-me, e eu fujo tambem ao luar...

Um cheiro a maresia
Vem-me refrescar,
Longinqua melodia
Toda saudosa a Mar...
10 Mirtos e tamarindos
Odoram a lonjura;
Resvalam sonhos lindos...
Mas o Oiro não perdura,
E a noite cresce agora a desabar catedrais...

15 Fico sepulto sob cirios —
Escureço-me em delirios,
Mas ressurjo de Ideais...

— Os meus sentidos a escoarem-se...
Altares e velas...
20 Orgulho... Estrelas...
Vitrais! Vitrais!

Flores de Liz...

Manchas de côr a ogivarem-se...
As grandes naves a sagrarem-se...
25 — Nossa Senhora de Paris!...

*Paris 1913 — junho 15*

# SALOMÉ

Insónia rôxa. A luz a virgular-se em medo,
Luz morta de luar, mais Alma do que a lua...
Ela dança, ela range. A carne, alcool de nua,
Alastra-se pra mim num espasmo de segredo...

5  Tudo é capricho ao seu redór, em sombras fátuas...
O arôma endoideceu, upou-se em côr, quebrou...
Tenho frio... Alabastro!... A minh'Alma parou...
E o seu corpo resvala a projectar estátuas...

Ela chama-me em Iris. Nimba-se a perder-me,
10 Golfa-me os seios nus, ecôa-me em quebranto...
Timbres, elmos, punhais... A doida quer morrer-me:

Mordoura-se a chorar — ha sexos no seu pranto...
Ergo-me em som, oscilo, e parto, e vou arder-me
Na bôca imperial que humanisou um Santo...

*Lisboa 1913 — novembro 3*

## 15 NÃO

Longes se aglomeram
Em torno aos meus sentidos,
Nos quais prevejo erguidos
Paços reais de mistérios.

5 Cinjo-me de côr,
E parto a demandar.
Tudo é Oiro em meu rastro —
Poeira de amor...

Adivinho alabastro...
10 Detenho-me em luar...

Lá se ergue o castelo
Amarelo do medo
Que eu tinha previsto:
As portas abertas,
15 Lacaios parados,
As luzes, desertas —
Janelas incertas,
Torreões sepulcrados...

Vitória! Vitória!
20 Mistério é riquesa —
E o medo é Mistério!...

Ó Paços reais encantados
Dos meus sentidos doirados,
Minha glória, minha beleza!

25 (— Se tudo quanto é dourado
Fosse sempre um cemitério?...)

Heraldico de Mim,
Transponho liturgias...

Arrojo-me a entrar
30 Nos Paços que alteei,
Quero depôr o Rei
Para lá me coroar.

Ninguem me veda a entrada,
Ascendo a Escadaria —
35 Tudo é sombra parada,
Silencio, luz fria...

Ruiva, a sala do trôno
Ecôa rôxa aos meus passos.
Sonho os degraus do trôno —
40 E o trôno cai feito em pedaços...

Deixo a sala imperial,
Corro nas galerias,
Debruço-me ás gelosias —
Nenhuma deita pra jardins...

45 Os espelhos são cisternas —
Os candelabros
Estão todos quebrados...

Vagueio o Palácio inteiro,
Chego ao fim dos salões...

<sup>50</sup> Emfim, oscilo alguem!
Encontro uma Rainha,
Velha, entrevadinha,
A que vigiam Dragões...

E acórdo...
<sup>55</sup> Chóro por mim... Como fui louco...
Afinal
Neste Palácio Real
Que os meus sentidos ergueram,
Ai, as côres nunca viveram...
<sup>60</sup> Morre só uma rainha,
Entrevada, sequinha,
Embora a guardem Dragões...

..........................................................
..........................................................

<sup>65</sup> — A Rainha velha é a minh'Alma — exangue...
— O Paço Real o meu genio...
— E os Dragões são o meu sangue...

(Se a minha alma fosse uma Princesa nua
E debochada e linda...)

*Lisboa 1913 — dezembro 14*

Esquivo sortilégio o dessa voz, opiada
Em sons côr de amaranto, ás noites de incerteza,
Que eu lembro não sei d'Onde — a voz duma Princesa
Bailando meia nua entre clarões de Espada.

5   Leonina, ela arremessa a carne arroxeada;
E bebada de Si, arfante de Beleza,
Acera os seios nus, descobre o sexo... Reza
O espasmo que a estrebucha em Alma copulada...

Emtanto nunca a vi, mesmo em visão. Sómente
10  A sua voz a fulcra ao meu lembrar-me. Assim
Não lhe desejo a carne — a carne inexistente...

É só de voz-em-cio a bailadeira astral —
E nessa voz-Estátua, ah! nessa voz-total,
É que eu sonho esvair-me em vicios de marfim...

*Lisboa 1914 — janeiro 31*

Eu não sou eu nem sou o outro,
Sou qualquer coisa de intermédio:
Pilar da ponte de tédio
Que vai de mim para o Outro.

*Lisboa — fevereiro de 1914*

Esta inconstancia de mim proprio em vibração
É que me ha de transpôr ás zonas intermédias,
E seguirei entre cristais de inquietação,
A retinir, a ondular... Soltas as redeas,
5  Meus sonhos, leões de fogo e pasmo domados a tirar
A tôrre d'Ouro que era o carro da minh'Alma,
Transviarão pelo deserto, moribundos de Luar —
E eu só me lembrarei num baloiçar de palma...
Nos oasis, depois, hão de se abismar gumes,
10  A atmosfera ha de ser outra, noutros planos:
As rãs hão de coaxar-me em roucos tons humanos
Vomitando a minha carne que comeram entre estrumes...

*

Ha sempre um grande Arco ao fundo dos meus olhos...
A cada passo a minha alma é outra cruz,
15  E o meu coração gira: é uma roda de côres...
Não sei aonde vou, nem vejo o que persigo...
Já não é o meu rastro o rastro d'oiro que ainda sigo...
Resvalo em pontes de gelatina e de bolôres...
Hoje, a luz para mim é sempre meia-luz...

20  ..............................................................
..............................................................

As mesas do Café endoideceram feitas Ar...
Caiu-me agora um braço... Olha, lá vai êle a valsar,
Vestido de casaca, nos salões do Vice-Rei...

<sub>25</sub> (Subo por mim acima como por uma escada de corda,
E a minha Ansia é um trapézio escangalhado...)

*Lisboa, maio de 1914*

Mastros quebrados, singro num mar d'Ouro
Dormindo fôgo, incerto, longemente...
Tudo se me igualou num sonho rente,
E em metade de mim hoje só móro...

5 São tristezas de bronze as que inda chóro —
Pilastras mortas, marmores ao Poente...
Lagearam-se-me as Ansias brancamente
Por claustros falsos onde nunca óro...

Desci de Mim. Dobrei o manto d'Astro,
10 Quebrei a taça de cristal e espanto,
Talhei em sombra o Oiro do meu rastro...

Findei... Horas-platina... Olor-brocado...
Luar-ansia... Luz-perdão... Orquideas-pranto...

.......................................................

15 — Ó pantanos de Mim — jardim estagnado...

*Paris 1914 — junho 28*

Num sonho d'Iris, morto a ouro e brasa,
Vem-me lembranças doutro Tempo azul
Que me oscilava entre véus de tule —
Um tempo esguio e leve, um tempo-Asa.

5   Então os meus sentidos eram côres,
Nasciam num jardim as minhas Ansias,
Havia na minh'alma Outras Distancias —
Distancias que o segui-las era flôres...

Caía Ouro se pensava Estrelas,
10   O luar batia sobre o meu alhear-me...
— Noites-lagôas, como éreis belas
Sob terraços-liz de recordar-Me!...

Idade acorde d'Inter-sonho e Lua,
Onde as horas corriam sempre jade,
15   Onde a neblina era uma saudade,
E a luz — anseios de Princesa nua...

Balaústres de som, arcos de Amar,
Pontes de brilho, ogivas de perfume...
Dominio inexprimivel d'Ópio e lume
20   Que nunca mais, em côr, hei de habitar...

Tapetes doutras Persias mais Oriente...
Cortinados de Chinas mais marfim...
Aureos Templos de ritos de setim...
Fontes correndo sombra, mansamente...

25  Zimbórios-panthéons de nostalgias...
    Catedrais de Ser-Eu por sobre o mar...
    Escadas de honra, escadas só, ao ar...
    Novas Byzancios-Alma, outras Turquias...

    Lembranças fluidas... cinza de brocado...
30  Irrealidade anil que em mim ondeia...
    — Ao meu redór eu sou Rei exilado,
    Vagabundo dum sonho de sereia...

                        *Paris 1914 — junho 30*

## 21   SUGESTÃO

As companheiras que não tive,
Sinto-as chorar por mim, veladas,
Ao pôr do sol, pelos jardins…
Na sua mágoa asul revive
5   A minha dôr de mãos finadas
Sobre setins…

*Paris — agosto de 1914*

# TACITURNO

Ha Oiro marchetado em mim, a pedras raras,
Oiro sinistro em sons de bronzes medievais —
Joia profunda a minha Alma a luzes caras,
Cibório triangular de ritos infernais.

5 No meu mundo interior cerraram-se armaduras,
Capacetes de ferro esmagaram Princesas.
Toda uma estirpe real de herois d'Outras bravuras
Em Mim se despojou dos seus brazões e presas.

Heraldicas-luar sobre impetos de rubro,
10 Humilhações a liz, desforços de brocado;
Bazilicas de tédio, arnezes de crispado,
Insignias de Ilusão, troféus de jaspe e Outubro...

A ponte levadiça e baça de Eu-ter-sido
Enferrujou — embalde a tentarão descer...
15 Sobre fossos de Vago, ameias de inda-querer —
Manhãs de armas ainda em arraiais de olvido...

Percorro-me em salões sem janelas nem portas,
Longas salas de trôno a espessas densidades,
Onde os pânos de Arrás são esgarçadas saudades,
20 E os divans, em redór, ansias lassas, absortas...

Ha rôxos fins d'Imperio em meu renunciar —
Caprichos de setim do meu desdem Astral...
Ha exéquias de herois na minha dôr feudal —
E os meus remorsos são terraços sobre o Mar...

*Paris — agosto de 1914*

A ultima ilusão foi partir os espelhos —
E nas salas ducais, os frisos de esculturas
Desfizeram-se em pó... Todas as bordaduras
Caíram de repente aos reposteiros velhos.

5  Atónito, parei na grande escadaria
Olhando as destroçadas, imp'riais riquesas...
Dos lustres de cristal — as velas d'ouro, acesas,
Quebravam-se tambem sobre a tapeçaria...

Rasgavam-se setins, abatiam-se escudos;
10 Estalavam de côr os grifos dos ornatos.
Pelas molduras d'honra, os lendarios retratos
Sumiam-se de medo, a roçagar veludos...

Doido! Trazer ali os meus desdens crispados!...
Tectos e frescos, pouco a pouco, ennegreciam;
15 Pânos de Arrás do que não-Fui emurcheciam —
Velavam-se brazões, subitamente errados...

Então, eu mesmo fui trancar todas as portas;
Fechei-me a Bronze eterno em meus salões ruidos...
— Se arranho o meu despeito entre vidros partidos,
20 Estilisei em Mim as douraduras mortas!

*Camarate — Quinta da Vitoria*
*Outubro 1914*

A horas flébeis, outonais —
Por magoados fins de dia —
A minha Alma é água fria
Em ânforas d'Ouro... entre cristais...

*Camarate — Quinta da Vitória*
*Outubro 1914*

Enroscam-se-lhe ao tronco as serpentes douradas
Que, Cesar, mandei vir dos meus viveiros d'Africa.
Mima a luxuria a nua — Salomé asiática...
Em volta, carne a arder — virgens supliciadas...

5 Mitrado d'oiro e lua, em meu trono de Esfinges —
Dentes rangendo, olhar d'insónia e maldição —
Os teus coleios vis, nas infamias que finges,
Alastram-se-me em febre e em garras de leão.

Sibilam os reptis... Rojas-te de joelhos...
10 Sangue te escorre já da bôca profanada...
Como bailas o vicio, ó torpe, ó debochada —
Densos sabbats de cio teus frenesis vermelhos...

Mas ergues-te num espasmo — e ás serpentes domas
Dando-lhes a trincar teu sexo nu, aberto...
15 As tranças desprendeste... O teu cabelo, incerto,
Inflama agora um halo a crispações e aromas...

Embalde mando arder as mirras consagradas:
O ar apodreceu da tua perversão...
Tenho medo de ti num calafrio de espadas —
20 A minha carne sôa a bronzes de prisão...

Arqueia-me o delirio — e sufoco, esbracejo...
A luz enrigeceu zebrada em planos d'aço...
A sangue, se virgula e se desdobra o espaço...
Tudo é loucura já quanto em redor alvejo!...

25 Traço o manto e, num salto, entre uma luz que corta,
Caio sobre a maldita... apunhalo-a em estertor...

...............................................................
...............................................................

— Não sei quem tenho aos pés: se a dançarina morta,
30 Ou a minh'Alma só, que me explodiu de côr...

*Camarate — Quinta da Vitória*
*Outubro 1914*

Aonde irei neste sem-fim perdido,
Neste mar ôco de certezas mortas? —
Fingidas, afinal, todas as portas
Que no dique julguei ter construido...

5 — Barcaças dos meus impetos tigrados,
Que oceano vos dormiram de Segredo?
Partiste-vos, transportes encantados,
De embate, em alma ao rôxo, a que rochedo?...

— Ó nau de festa, ó ruiva de aventura
10 Onde, em Champanhe, a minha ansia ia,
Quebraste-vos tambem ou, porventura,
Fundeaste a Ouro em portos d'alquimia?...

............................................................
............................................................

15 Chegaram á baía os galeões
Com as séte Princesas que morreram.
Regatas de luar não se correram...
As bandeiras velaram-se, orações...

Detive-me na ponte, debruçado,
20 Mas a ponte era falsa — e derradeira.
Segui no cais. O cais era abaulado,
Cais fingido sem mar á sua beira...

— Por sôbre o que Eu não sou ha grandes pontes
Que um outro, só metade, quer passar

₂₅ Em miragens de falsos horizontes —
Um Outro que eu não posso acorrentar...

*Barcelona — setembro 1914*

Caprichos de lilaz, febres esguias,
Enlevos de Ópio — Iris-abandono...
Saudades de luar, timbre de Outono,
Cristal de essencias langues, fugidias...

5 O pajem débil das ternuras de setim,
O friorento das caricias magoadas;
O principe das Ilhas transtornadas —
Senhor feudal das Tôrres de marfim...

*Lisboa 1915 — fevereiro 14*

Ai, como eu te queria toda de violetas
E flébil de setim...
Teus dedos longos, de marfim,
Que os sombreassem joias pretas...

5  E tao febril e delicada
Que não pudesses dar um passo —
Sonhando estrelas, transtornada,
Com estampas de côr no regaço...

Queria-te nua e friorenta,
10  Aconchegando-te em zibelinas —
Sonolenta,
Ruiva de éteres e morfinas...

Ah! que as tuas nostalgias fossem guisos de prata —
Teus frenesis, lantejoulas;
15  E os ócios em que estiolas,
Luar que se desbarata...

..............................................................
..............................................................

Teus beijos, queria-os de tule,
20  Transparecendo carmim —
Os teus espasmos, de sêda...

— Água fria e clara numa noite azul,
Água, devia ser o teu amor por mim...

*Lisboa 1915 — fevereiro 16*

Minha presença de setim,
Toda bordada a côr-de-rosa,
Que foste sempre um adeus em mim
Por uma tarde silenciosa...

5   Ó dedos longos que toquei,
Mas se os toquei, desapareceram...
Ó minhas bôcas que esperei
E nunca mais se me estenderam...

Meus Boulevards d'Europa e beijos
10   Onde fui só um espectador...
— Que sôno lasso, o meu amor;
— Que poeira d'ouro, os meus desejos...

Ha mãos pendidas de amuradas
No meu anseio a divagar...
15   Em mim findou todo o luar
Da lua dum conto de fadas...

Eu fui alguem que se enganou
E achou mais belo ter errado...
Mantenho o trôno mascarado
20   Aonde me sagrei Pierrot.

Minhas tristezas de cristal,
Meus débeis arrependimentos,
São hoje os velhos paramentos
Duma pesada Catedral.

<sub>25</sub> Pobres enleios de carmim
Que reservara pra algum dia...
A sombra loira, fugidia,
Jamais se abeirará de mim...

— Ó minhas cartas nunca escritas,
<sub>30</sub> E os meus retratos que rasguei...
As orações que não rezei...
Madeixas falsas, flôres e fitas...

O "petit-bleu„ que não chegou...
As horas vagas do jardim...
<sub>35</sub> O anel de beijos e marfim
Que os seus dedos nunca anelou...

Convalescença afectuosa
Num hospital branco de paz...
A dôr magoada e duvidosa
<sub>40</sub> Dum outro tempo mais lilaz...

Um braço que nos acalenta...
Livros de côr á cabeceira...
Minha ternura friorenta —
Ter amas pela vida inteira...

<sub>45</sub> Ó grande Hotel universal
Dos meus frenéticos enganos,
Com aquecimento central,
Escrocs, cocottes, tziganos...

Ó meus Cafés de grande vida
<sub>50</sub> Com dançarinas multicolores...

— Ai, não são mais as minhas dôres
Que a sua dança interrompida...

*Lisboa — março de 1915*

MÁRIO DE SÁ-CARNEIRO

Oh! regressar a mim profundamente
E ser o que já fui no meu delirio...
— Vá, que se abra de novo o grande lirio,
Tombem miosótis em cristal e Oriente!

5 Cinja-me de novo a grande esperança,
E de novo me timbre a grande Lua!
Eia! que empunhe como outróra a lança
E a espada de Astros — ilusória e nua.

Rompa a fanfarra atrás do funeral!
10 Que se abra o pôço de marfim e jade!
— Vamos! é tempo de partir a Grade!
Corra o palácio inteiro o vendaval!

Nem portas nem janelas, como dantes:
A chuva, o vento, o sol — e eu, A Estátua!
15 Que me nimbe de novo a aureola fátua —
Tirano medieval d'Oiros distantes.

E o Principe sonambulo do Sul,
O Doge de Venezas escondidas,
O chaveiro das Tôrres poluidas,
20 O mitico Rajá de Indias de tule —

Me erga imperial, em pasmo e arrogancia,
Toldado de luar — scintil de arfejos:
Imaginário de carmim e beijos,
Pierrot de fôgo a cabriolar Distancia.

<sup>25</sup> Num entardecer a esfinges d'Ouro e mágoa
Que se prolongue o Cais de me scismar —
Que ressurja o terraço á beira-mar
De me iludir em Rei de Pérsias d'agua.

É tempo ainda de realçar-me a espelhos,
<sup>30</sup> Travar misterios, influir Destaque.
Vamos! por terra os reposteiros velhos —
Novos brocados para o novo ataque!

Torne-se a abrir o Harem em festival,
(Harem de gaze — e as odaliscas, sêda)...
<sup>35</sup> Que se embandeire em mim o Arraial,
Haja bailes de Mim pela alamêda!...

Rufem tambores, colem-se os cartazes —
Gire a tombola, o carroussel comece!
Vou de novo lançar-me na kermesse:
<sup>40</sup> — Saltimbanco! que a feira toda arrases!...

Eh-lá! mistura os sons com os perfumes,
Disparata de côr, guincha de luz!
Amontôa no palco os corpos nus,
Tudo alvoróça em malabares de lumes!

<sup>45</sup> Recama-te de Anil e destempero,
Tem coragem — em mira o grande salto!
Ascende! Tomba! Que te importa? Falto
Eu, acaso?... — Animo! Lá te espero.

Que nada mais te importe. Ah! segue em frente
<sup>50</sup> Ó meu Rei-lua o teu destino dubio:

E sê o timbre, sê o oiro, o efluvio,
O arco, a zona — o Sinal de Oriente!

*Paris — julho de 1915*

## 1.

Um vago tom de opala debelou
Prolixos funerais de luto d'Astro —
E pelo espaço, a Oiro se enfolou
O estandarte real — livre, sem mastro.

5  Fantastica bandeira sem suporte,
Incerta, nevoenta, recamada —
A desdobrar-se como a minha Sorte
Predita por ciganos numa estrada...

## 2.

Atapetemos a vida
Contra nós e contra o mundo.
— Desçamos pânos de fundo
A cada hora vivida.

5  Desfiles, danças — embora
Mal sejam uma ilusão...
— Scenarios de mutação
Pela minha vida fóra!

Quero ser Eu plenamente:
10  Eu, o possesso do Pasmo.
— Todo o meu entusiasmo,
Ah! que seja o meu Oriente!

O grande doido, o varrido,
O perdulario do Instante —
15  O amante sem amante,
Ora amado, ora traído...

Lançar as barcas ao Mar —
De nevoa, em rumo de incerto...
— Pra mim o longe é mais perto
20  Do que o presente lugar.

... E as minhas unhas polidas —
Ideia de olhos pintados...
Meus sentidos maquilados
A tintas desconhecidas...

25  Misterio duma incerteza
Que nunca se ha de fixar...
Sonhador em frente ao mar
Duma olvidada riqueza...

— Num programa de teatro
30  Suceda-se a minha vida:
Escada de Oiro descida
Aos pinotes, quatro a quatro!...


3.

— Embora num funeral
Desfraldemos as bandeiras:
Só as Côres são verdadeiras —
Siga sempre o festival!

Kermesse — eia! — e ruido!
Louça quebrada! Tropel!
(Defronte do carroussel,
Eu, em ternura esquecido...).

Fitas de côr, vozearia —
10 Os automóveis repletos:
Seus chauffeurs — os meus afectos
Com librés de fantasia!

Ser bom... Gostaria tanto
De o ser... Mas como? Afinal
15 Só se me fizesse mal
Eu fruiria esse encanto.

—Afectos?... Divagações...
Amigo dos meus amigos...
Amizades são castigos,
20 Não me embaraço em prisões!

Fiz dêles os meus criados,
Com muita pena — decerto.
— Mas quero o Salão aberto,
E os meus braços repousados.


4.

As grandes Horas! — vivê-las
A preço mesmo dum crime!
Só a beleza redime —
Sacrificios são novelas.

<sup>5</sup> "Ganhar o pão do seu dia
Com o suor do seu rosto„...
— Mas não ha maior desgosto
Nem ha maior vilania!

E quem fôr Grande não venha
<sup>10</sup> Dizer-me que passa fome:
Nada ha que se não dome
Quando a Estrela fôr tamanha!

Nem receios nem temores,
Mesmo que sofra por nós
<sup>15</sup> Quem nos faz bem. Esses dós
Impeçam os inferiores.

Os Grandes, partam — dominem
Sua sorte em suas mãos:
Toldados, inuteis, vãos,
<sup>20</sup> Que o seu Destino imaginem!

Nada nos pode deter:
O nosso caminho é d'Astro!
Luto — embora! — o nosso rastro,
Se pra nós Oiro ha de ser!...


5.

Vaga lenda facetada
A imprevisto e miragens —
Um grande livro de imagens,
Uma toalha bordada...

<sup>5</sup> Um baile russo a mil côres,
Um Domingo de Paris —
Cofre de Imperatriz
Roubado por malfeitores...

Antiga quinta deserta
<sup>10</sup> Em que os donos faleceram —
Porta de cristal aberta
Sôbre sonhos que esqueceram...

Um lago á luz do luar
Com um barquinho de corda...
<sup>15</sup> Saudade que não recorda —
Bola de tennis no ar...

Um leque que se rasgou —
Anel perdido no parque —
Lenço que acenou no embarque
<sup>20</sup> D'Aquela que não voltou...

Praia de banhos do sul
Com meninos a brincar
Descalços, á beira-mar,
Em tardes de ceu azul...

<sup>25</sup> Viagem circulatoria
Num expresso de wagons-leitos —
Balão aceso — defeitos
De instalação provisoria...

Palace cosmopolita
<sup>30</sup> De rastaquouères e cocottes —

Audaciosos decotes
Duma francesa bonita...

Confusão de music-hall,
Aplausos e brou-ha-há —
35  Interminavel sofá
Dum estofo profundo e mole...

Pinturas a "ripolin„,
Anuncios pelos telhados —
O barulho dos teclados
40  Das Linotyp' do "Matin„...

Manchette de sensação
Transmitida a todo o mundo —
Famoso artigo de fundo
Que acende uma revol'ção...

45  Um sobrescrito lacrado
Que transviou no correio,
E nos chega sujo — cheio
De carimbos, lado a lado...

Nobre ponte citadina
50  De intranquila capital —
A humidade outonal
Duma manhã de neblina...

Uma bebida gelada —
Presentes todos os dias...
55  Champanhe em taças esguias
Ou água ao sol entornada...

Uma gaveta secreta
Com segredos de adulterios...
Porta falsa de misterios —
60 Toda uma estante repleta:

Seja emfim a minha vida
Tarada de ócios e Lua:
Vida de Café e rua,
Dolorosa, suspendida —

65 Ah! mas de enlevo tão grande
Que outra nem sonho ou prevejo...
— A eterna mágoa dum beijo,
Essa mesma, ela me expande...


6.

Um frenesi hialino arrepiou
Pra sempre a minha carne e a minha vida...
Fui um barco de vela que parou
Em subita baía adormecida...

5 Baía embandeirada de miragem,
Dormente d'Ópio, de cristal e anil,
Na ideia dum país de gaze e Abril,
Em duvidosa e tremulante imagem...

Parou ali a barca — e, ou fôsse encanto,
10 Ou preguiça, ou delirio, ou esquecimento,
Não mais aparelhou... — ou fôsse o vento
Propicio que faltasse: ágil e santo...

... Frente ao porto esboçara-se a cidade,
Descendo enlanguescida e preciosa:
15 As cupulas de sombra côr de rosa,
As tôrres de platina e de saudade.

Avenidas de sêda deslisando,
Praças d'honra libertas sôbre o mar —
Jardins onde as flôres fôssem luar;
20 Lagos — carícias de ambar flutuando...

Os palacios a rendas e escumalha,
De filigrana e cinza as Catedrais —
Sôbre a cidade, a luz — esquiva poalha
Tingindo-se através longos vitrais...

25 Vitrais de sonho a debrua-la em volta,
A isola-la em lenda marchetada:
Uma Veneza de capricho — solta,
Instavel, dubia, pressentida, alada...

Exilio branco — a sua atmosfera,
30 Murmúrio d'aplausos — seu brou-ha-há...
E na Praça mais larga, em frágil cera,
Eu — a estátua que "nunca tombará„...


7.

Meu alvoroço d'oiro e Lua
Tinha por fim que transbordar...
— Caiu-me a Alma ao meio da rua,
E não a posso ir apanhar!

*Paris — julho e agosto 1915*

Paris da minha ternura
Onde estava a minha Obra —
Minha Lua e minha Cobra,
Timbre da minha aventura.

5 Ó meu Paris, meu menino,
Meu inefavel brinquedo...
— Paris do lindo segrêdo
Ausente no meu destino.

Regaço de namorada,
10 Meu enleio apetecido —
Meu vinho d'Oiro bebido
Por taça logo quebrada...

Minha febre e minha calma —
Ponte sôbre o meu revez:
15 Consolo da viuvez
Sempre noiva da minh'Alma...

Ó fita benta de côr,
Compressa das minhas feridas...
— Ó minhas unhas polidas,
20 — Meu cristal de toucador...

Meu eterno dia de ânos,
Minha festa de veludo...
Paris: derradeiro escudo,
Silencio dos meus enganos.

<sub>25</sub> Milagroso carroussel
Em feira de fantasia —
Meu orgão de Barbaria,
Meu teatro de papel...

Minha cidade-figura,
<sub>30</sub> Minha cidade com rosto...
— Ai, meu acerado gosto,
Minha fruta mal madura...

Mancenilha e bem-me-quer,
Paris — meu lobo e amigo...
<sub>35</sub> — Quisera dormir contigo,
Ser todo a tua mulher!...

*Paris — setembro 1915*

Minha mesa no Café,
Quero-lhe tanto... A garrida
Toda de pedra burnida
Que linda e que fresca é!

5 Um sifão verde no meio
E, ao seu lado, a fosforeira
Diante ao meu copo cheio
Duma bebida ligeira.

(Eu bani sempre os licores
10 Que acho pouco ornamentais:
Os xaropes têm côres
Mais vivas e mais brutais).

Sôbre ela posso escrever
Os meus versos prateados,
15 Com estranheza dos criados
Que me olham sem perceber...

Sôbre ela descanso os braços
Numa atitude alheada,
Buscando pelo ar os traços
20 Da minha vida passada.

Ou acendendo cigarros,
— Pois ha um âno que fumo —
Imaginario presumo
Os meus enredos bizarros.

<sub>25</sub> (E se acaso em minha frente
Uma linda mulher brilha,
O fumo da cigarrilha
Vai beija-la, claramente...).

Um novo freguez que entra
<sub>30</sub> É novo actor no tablado,
Que o meu olhar fatigado
Nêle outro enredo concentra.

E o carmim daquela bôca
Que ao fundo descubro, triste,
<sub>35</sub> Na minha ideia persiste
E nunca mais se desloca.

Cinge tais futilidades
A minha recordação,
E destes vislumbres são
<sub>40</sub> As minhas maiores saudades...

(Que história d'Oiro tão bela
Na minha vida abortou:
Eu fui heroi de novela
Que autor nenhum empregou...).

<sub>45</sub> Nos Cafés espero a vida
Que nunca vem ter comigo:
— Não me faz nenhum castigo,
Que o tempo passa em corrida.

Passar tempo é o meu fito,
<sub>50</sub> Ideal que só me resta:

Pra mim não ha melhor festa,
Nem mais nada acho bonito.

— Cafés da minha preguiça,
Sois hoje — que galardão! —
55  Todo o meu campo de acção
E toda a minha cobiça.

*Paris — setembro 1915*

A minha vida sentou-se
E não ha quem a levante,
Que desde o Poente ao Levante
A minha vida fartou-se.

5 E ei-la, a môna, lá está,
Estendida, a perna traçada,
No infindavel sofá
Da minha Alma estofada.

Pois é assim: a minh'Alma
10 Outróra a sonhar de Russias,
Espapaçou-se de calma,
E hoje sonha só pelucias.

Vai aos Cafés, pede um bock,
Lê o "Matin„ de castigo,
15 E não ha nenhum remoque
Que a regresse ao Oiro antigo!

Dentro de mim é um fardo
Que não pesa, mas que maça:
O zumbido dum moscardo,
20 Ou comichão que não passa.

Folhetim da "Capital„
Pelo nosso Julio Dantas —
Ou qualquer coisa entre tantas
Duma antipatia igual…

<sub>25</sub> O raio já bebe vinho,
Coisa que nunca fazia,
E fuma o seu cigarrinho
Em plena burocracia!...

Qualquer dia, pela certa,
<sub>30</sub> Quando eu mal me precate,
É capaz dum disparate,
Se encontra uma porta aberta...

Isto assim não pode ser...
Mas como achar um remedio?
<sub>35</sub> — Pra acabar este intermedio
Lembrei-me de endoidecer:

O que era facil — partindo
Os móveis do meu hotel,
Ou para a rua saindo
<sub>40</sub> De barrête de papel

A gritar: "viva a Alemanha„...
Mas a minh'Alma, em verdade,
Não merece tal façanha,
Tal prova de lealdade.

<sub>45</sub> Vou deixa-la — decidido —
No lavabo dum Café,
Como um anel esquecido.
É um fim mais "rafinné„.

*Paris — setembro 1915*

## O LORD

Lord que eu fui de Escócias doutra vida
Hoje arrasta por esta a sua decadencia,
Sem brilho e equipagens.
Milord reduzido a viver de imagens,
5   Pára ás montras de joias de opulencia
Num desejo brumoso — em dúvida iludida.
(— Por isso a minha raiva mal contida,
— Por isso a minha eterna impaciencia!)

Olha as Praças, rodeia-as...
10  Quem sabe se êle outróra
Teve Praças, como esta, a palacios e colunas —
Longas terras, quintas cheias,
Hiates pelo mar fóra,
Montanhas e lagos, florestas e dunas...

15  (— Por isso a sensação em mim fincada ha tanto
Dum grande património algures haver perdido;
Por isso o meu desejo astral de luxo desmedido —
E a Côr na minha Obra o que restou do encanto...)

*Paris — setembro 1915*

Na minh'Alma ha um balouço
Que está sempre a balouçar —
Balouço á beira dum pôço,
Bem dificil de montar...

5 — E um menino de bibe
Sôbre êle sempre a brincar...

Se a corda se parte um dia,
(E já vai estando esgarçada),
Era uma vez a folia:
10 Morre a criança afogada...

— Cá por mim não mudo a corda
Seria grande estopada...

Se o indez morre, deixa-lo...
Mais vale morrer de bibe
15 Que de casaca... Deixa-lo
Balouçar-se emquanto vive...

— Mudar a corda era fácil...
Tal ideia nunca tive...

*Paris — outubro 1915*

A tombola anda depressa,
Nem sei quando irá parar —
Aonde, pouco me importa;
O importante é que pare...
5  — A minha vida não cessa
De ser sempre a mesma porta
Eternamente a abanar...

Abriu-se agora o salão
Onde ha gente a conversar.
10 Entrei sem hesitação —
Sómente o que se vai dar?
A meio da reunião,
Pela certa disparato,
Volvo a mim a todo o pâno:
15 Ás cambalhotas desato,
E salto sôbre o piâno...
— Vai ser bonita a função!
Esfrangalho as partituras,
Quebro toda a caqueirada,
20 Arrebento á gargalhada,
E fujo pelo saguão...

Meses depois, as gazetas
Darão criticas completas,
Indecentes e patetas,
25 Da minha ultima obra...
E eu — prá cama outra vez,
Curtindo febre e revez,
Tocado de Estrela e Cobra...

*Paris — novembro 1915*

Lá anda a minha Dôr ás cambalhotas
No salão de vermelho atapetado —
Meu setim de ternura engordurado,
Rendas da minha ansia todas rôtas...

5 O Erro sempre a rir-me em destrambelho —
Falso misterio, mas que não se abrange...
De antigo armario que agoirento range,
Minh'alma actual o esverdinhado espelho...

Chóra em mim um palhaço ás piruetas;
10 O meu castelo em Espanha, ei-lo vendido —
E, entretanto, foram de violetas,

Deram-me beijos sem os ter pedido...
Mas como sempre, ao fim — bandeiras pretas,
Tombolas falsas, carroussel partido...

*Paris — novembro 1915*

Sózinho de brancura, eu vago — Asa
De rendas que entre cardos só flutua...
— Triste de Mim, que vim de Alma prá rua,
E nunca a poderei deixar em casa...

*Paris — novembro 1915*

## 40 CAMPAINHADA

As duas ou três vezes que me abriram
A porta do salão onde está gente,
Eu entrei, triste de mim, contente —
E á entrada sempre me sorriram...

*Paris — outubro 1915*

# ÁPICE

O raio de sol da tarde
Que uma janela perdida
Reflectiu
Num instante indiferente —
5 Arde,
Numa lembrança esvaída,
Á minha memória de hoje
Subitamente...

Seu efémero arrepio
10 Zig-zaguea, ondula, foge,
Pela minha retentiva...
— E não poder adivinhar
Por que misterio se me evóca
Esta ideia fugitiva,
15 Tão débil que mal me toca!...

— Ah, não sei porquê, mas certamente
Aquêle raio cadente
Alguma coisa foi na minha sorte
Que a sua projecção atravessou...

20 Tanto segrêdo no destino duma vida...

— É como a ideia de Norte,
Preconcebida,
Que sempre me acompanhou...

*Paris — agosto 1915*

Dispam-me o Oiro e o Luar,
Rasguem as minhas togas de astros —
Quebrem os onix e alabastros
Do meu não me querer igualar.

5 — Que faço só na grande Praça
Que o meu orgulho rodeou —
Estátua, ascensão do que não sou,
Perfil prolixo de que ameaça?...

... E o sol... ah! o sol do ocaso,
10 Perturbação de fôsco e Império —
A solidão dum ermitério
Na impaciencia dum atrazo...

O cavaleiro que partiu,
E não voltou nem deu noticias —
15 Tão belas foram as primicias,
Depois só luto o Anel cingiu...

A grande festa anunciada
A galas e elmos principescos,
Apenas foi executada
20 A guinchos e esgares simiescos...

Ansia de Rosa e braços nus,
Findou de enleios ou d'enjôos...
— Que desbaratos os meus vôos;
Ai, que espantalho a minha cruz...

*Paris —julho 1915*

— Ah, que me metam entre cobertores,
E não me façam mais nada...
Que a porta do meu quarto fique para sempre fechada,
Que não se abra mesmo para ti se tu la fôres.

5 Lã vermelha, leito fôfo. Tudo bem calafetado...
Nenhum livro, nenhum livro á cabeceira —
Façam apenas com que eu tenha sempre a meu lado,
Bôlos de ovos e uma garrafa de Madeira.

Não, não estou para mais — não quero mesmo brinquedos.
10 Pra quê? Até se mos déssem não saberia brincar...
— Que querem fazer de mim com estes enleios e medos?
Não fui feito pra festas. Larguem-me! Deixem-me sossegar...

Noite sempre plo meu quarto. As cortinas corridas,
E eu aninhado a dormir, bem quentinho — que amor...
15 Sim: ficar sempre na cama, nunca mexer, criar bolor —
Plo menos era o sossego completo... Historia! era a melhor das vidas...

Se me doem os pés e não sei andar direito,
Pra que hei de teimar em ir para as salas, de Lord?
— Vamos, que a minha vida por uma vez se acorde
20 Com o meu corpo — e se resigne a não ter geito...

De que me vale sair, se me constipo logo?
E quem posso eu esperar, com a minha delicadesa?...
Deixa-te de ilusões, Mario. Bom édredon, bom fogo —
E não penses no resto. É já bastante, com franqueza...

25 Desistamos. A nenhuma parte a minha ansia me levará.
Pra que hei de então andar aos tombos, numa inutil correria?
Tenham dó de mim. Co'a breca! levem-me prá enfermaria —
Isto é: pra um quarto particular que o meu Pai pagará.

Justo. Um quarto de hospital — higiénico, todo branco, moderno
e tranquilo;
30 Em Paris, é preferivel — por causa da legenda...
Daqui a vinte anos a minha literatura talvez se entenda —
E depois estar maluquinho em Paris, fica bem, tem certo estilo...

— Quanto a ti, meu amor, podes vir ás quintas-feiras,
Se quiseres ser gentil, perguntar como eu estou.
35 Agora no meu quarto é que tu não entras, mesmo com as
melhores maneiras:
Nada a fazer, minha rica. O menino dorme. Tudo o mais acabou.

*Paris — novembro 1915*

Que rosas fugitivas foste ali:
Requeriam-te os tapetes — e vieste...
— Se me doi hoje o bem que me fizeste,
É justo, porque muito te devi.

5 Em que sêda de afagos me envolvi
Quando entraste, nas tardes que apareceste —
Como fui de percal quando me déste
Tua bôca a beijar, que remordi...

Pensei que fôsse o meu o teu cansaço —
10 Que seria entre nós um longo abraço
O tédio que, tão esbelta, te curvava...

E fugiste... Que importa? Se deixaste
A lembrança violeta que animaste,
Onde a minha saudade a Côr se trava?...

*Paris — dezembro 1915*

ÚLTIMOS POEMAS
(1916)

Gostava tanto de mexer na vida,
De ser quem sou — mas de poder tocar-lhe...
E não ha forma: cada vez perdida
Mais a destreza de saber pegar-lhe...

5   Viver em casa como toda a gente —
Não ter juizo nos meus livros — mas
Chegar ao fim do mês sempre com as
Despesas pagas religiosamente...

Não ter receio de seguir pequenas
10  E convida-las para me pôr nelas —
Á minha Tôrre eburnea abrir janelas,
Numa palavra, e não fazer mais scenas.

Ter força um dia pra quebrar as roscas
Desta engrenagem que empenando vai:
15  — Não mandar telegramas ao meu Pai,
— Não andar por Paris, como ando, ás moscas.

Levantar-me e sair — não precisar
De hora e meia antes de vir prá rua.
— Pôr termo a isto de viver na lua,
20  — Perder a "frousse„ das correntes de ar.

Não estar sempre a bulir, a quebrar coisas
Por casa dos amigos que frequento —
Não me embrenhar por historias melindrosas
Que em fantasia apenas argumento...

25 Que tudo em mim é fantasia alada,
Um crime ou bem que nunca se comete:
E sempre o Oiro em chumbo se derrete
Por meu Azar ou minha Zoina suada...

*Paris —janeiro 1916*

O que farei na vida — o Emigrado
Astral após que fantasiada guerra —
Quando este Oiro por fim cair por terra,
Que ainda é oiro, embora esverdinhado?

5 (De que Revolta ou que país fadado?...)
Pobre lisonja a gaze que me encerra...
— Imaginária e pertinaz, desferra
Que força mágica o meu pasmo aguado?...

A escada é suspeita e é perigosa:
10 Alastra-se uma nódoa duvidosa
Pela alcatifa — os corrimãos partidos...

— Taparam com rodilhas o meu norte,
— As formigas cobriram minha Sorte,
— Morreram-me meninos nos sentidos...

*Paris 21 janeiro 1916*

Quando chego — o piano estala agoiro,
E medem-se os convivas logo inquietos...
Recuam as paredes, sobem tectos —
Paira um luxo de Adaga em mão de Moiro.

5 Meu intento, porém, é todo loiro
E a côr de rosa, insinuando afectos.
Mas ninguem se me expande... Os meus dilectos
Frenesis ninguem brilha! Excesso de Oiro.

Meu Dislate a conventos longos orça.
10 Pra correr minha Zoina, aquém e além,
Só mitica, de alada, esguia corça...

— Quem me convida mesmo, não faz bem:
Intruso ainda — quando, á viva força,
A sua casa me levasse alguem...

*Paris 30 janeiro 1916*

O dúbio mascarado — o mentiroso
Afinal, que passou na vida incógnito.
O Rei-lua postiço, o falso atónito —
Bem no fundo, o cobarde rigoroso.

5 Em vez de Pajem, bôbo presunçoso.
Sua Alma de neve, asco dum vómito —
Seu ânimo, cantado como indómito,
Um lacaio invertido e pressuroso.

O sem nervos nem Ansia — o pápa-açorda,
10 (Seu coração talvez movido a corda...)
Apesar de seus berros ao Ideal.

O reimoso, o corrido, o desleal —
O balôfo arrotando Imperio astral:
O mago sem condão — o Esfinge gorda...

*Paris fevereiro 1916*

**49**  Quando eu morrer batam em latas,
Rompam aos berros e aos pinotes —
Façam estalar no ar chicotes,
Chamem palhaços e acrobatas.

5  Que o meu caixão vá sobre um burro
Ajaesado á andalusa:
A um morto nada se recusa,
E eu quero por força ir de burro...

...................................................
10  ...................................................

*[Paris, Fevereiro de 1916?]*

**3**

POEMAS DISPERSOS

Le trône d'Or de Moi-perdu,                                    **50**
S'est écroulé.
Mais le vainqueur est disparu
Dans le Palais...

5  En vain je cherche son armure,
Ses oriflammes...
(Je ne Me suis plus aux dorures:
—Ai-je égorgé mes aigles d'Âme?...)

Tout s'est terni autour de moi
10  Dans la gloire.
—Ailleurs, sanglant, mon émoi
Etait d'Ivoire.

Tous les échos vibraient Couleur
Dans mon Silence,
15  Et comme un astre qui s'élance
Je montais —Aile de ma douleur...

J'étais la coupe de l'Empereur,
J'étais le poignard de la Reine...

.................................................
20  .................................................

Je me rêvais aux heures brodées
Avec des tendresses de Page.
J'étais le roux d'Autres mirages
Pendant mes fièvres affilées…

25 ................................................
................................................
................................................

Na sensação de estar polindo as minhas unhas,
Subita sensação inexplicavel de ternura,
Todo me incluo em Mim — piedosamente.
Emtanto eis-me sózinho no Café:
5  De manhã, como sempre, em bocejos amarelos.
De volta, as mesas apenas — ingratas
E duras, esquinadas na sua desgraciosidade
Boçal, quadrangular e livre-pensadora...
Fóra: dia de Maio em luz
10  E sol — dia brutal, provinciano e democrático
Que os meus olhos delicados, refinados, esguios e citadinos
Não podem tolerar — e apenas forçados
Suportam em nauseas. Toda a minha sensibilidade
Se ofende com este dia que ha de ter cantores
15  Entre os amigos com quem ando ás vezes —
Trigueiros, naturais, de bigodes fartos —
Que escrevem, mas têem partido politico
E assistem a congressos republicanos,
Vão ás mulheres, gostam de vinho tinto,
20  De peros ou de sardinhas fritas...

E eu sempre na sensação de polir as minhas unhas
E de as pintar com um verniz parisiense,
Vou-me mais e mais enternecendo
Até chorar por Mim...
25  Mil côres no Ar, mil vibrações latejantes,
Brumosos planos desviados
Abatendo flexas, listas volúveis, discos flexiveis,
Chegam tenuemente a perfilar-me
Toda a ternura que eu pudera ter vivido,

Toda a grandeza que eu pudera ter sentido,
Todos os scenarios que entretanto Fui...
Eis como, pouco a pouco, se me fóca
A obsessão débil dum sorriso
Que espelhos vagos reflectiram...
Leve inflexão a sinusar...
Fino arrepio cristalisado...
Inatingivel deslocamento...
Veloz faúlha atmosférica...

E tudo, tudo assim me é conduzido no espaço
Por innumeras intersecções de planos
Multiplos, livres, resvalantes.

É lá, no grande Espelho de fantasmas
Que ondula e se entregolfa todo o meu passado,
Se desmorona o meu presente,
E o meu futuro é já poeira...

.................................................................

Deponho então as minhas limas,
As minhas tesouras, os meus godets de verniz,
Os polidores da minha sensação —
E solto meus olhos a enlouquecerem de Ar!
Oh! poder exaurir tudo quanto nêle se incrusta,
Varar a sua Beleza — sem suporte, emfim! —
Cantar o que êle revolve, e amolda, impregna,
Alastra e expande em vibrações:
Subtilisado, sucessivo — perpétuo ao Infinito!...
Que calótes suspensas entre ogivas de ruínas,
Que triangulos sólidos pelas naves partidos!
Que hélices atrás dum vôo vertical!

Que esferas graciosas sucedendo a uma bola de ténnis! —
60 Que loiras oscilações se ri a bôca da jogadora...
Que grinaldas vermelhas, que léques, se a dançarina russa,
Meia-nua, agita as mãos pintadas da Salomé
Num grande palco a Ouro!
— Que rendas outros bailados!

65 Ah! mas que inflexões de precipicio, estridentes, cegantes,
Que vertices brutais a divergir, a ranger,
Se facas de apache se entrecruzam
Altas madrugadas frias...

E pelas estações e cais de embarque,
70 Os grandes caixotes acumulados,
As malas, os fardos — pêle-mêle...
Tudo inserto em Ar,
Afeiçoado por êle, separado por êle
Em multiplos intersticios
75 Por onde eu sinto a minh'Alma a divagar!...

— Ó beleza futurista das mercadorias!

— Sarapilheira dos fardos,
Como eu quisera togar-me de Ti!
— Madeira dos caixotes,
80 Como eu anseara cravar os dentes em Ti!
E os pregos, as cordas, os aros... —
Mas, acima de tudo, como bailam faiscantes
A meus olhos audazes de beleza,
As inscrições de todos esses fardos —
85 Negras, vermelhas, azuis ou verdes —
Gritos de actual e Comercio & Industria

Em transito cosmopolita:

## FRAGIL! FRAGIL!

## 843—AG LISBON

90

## 492—WR MADRID

Ávido, em sucessão da nova Beleza atmosferica,
O meu olhar coleia sempre em frenesis de absorvê-la
Á minha volta. E a que mágicas, em verdade, tudo baldeado
Pelo grande fluido insidioso,
95 Se volve, de grotesco — célere,
Imponderável, esbelto, leviano...
— Olha as mesas... Eia! Eia!
Lá vão todas no Ar ás cabriolas,
Em séries instantaneas de quadrados
100 Ali — mas já, mais longe, em lozangos desviados...
E entregolfam-se as filas indestrinçavelmente,
E misturam se ás mesas as insinuações berrantes
Das bancadas de veludo vermelho
Que, ladeando-o, correm todo o Café...
105 E, mais alto, em planos obliquos,
Simbolismos aereos de heraldicas ténues
Deslumbram os xadrezes dos fundos de palhinha
Das cadeiras que, estremunhadas em seu sôno horisontal,
Vá lá, se erguem tambem na sarabanda...

110 Meus olhos ungidos de Novo,
Sim! — meus olhos futuristas, meus olhos cubistas, meus olhos
    interseccionistas,
Não param de fremir, de sorver e faiscar
Toda a beleza espectral, transferida, sucedânea,
Toda essa Beleza-sem-Suporte,
115 Desconjuntada, emersa, variavel sempre
E livre — em mutações continuas,
Em insondáveis divergencias...

— Quanto á minha chávena banal de porcelana?

Ah, essa esgota-se em curvas gregas de anfora,
120 Ascende num vértice de espiras
Que o seu rebordo frisado a ouro emite...

É no ar que ondeia tudo! É lá que tudo existe!...

... Dos longos vidros polidos que deitam sôbre a rua,
Agora, chegam teorias de vértices hialinos
125 A latejar cristalisações nevoadas e difusas.
Como um raio de sol atravessa a vitrine maior,
Bailam no espaço a tingi-lo em fantasias,
Laços, grifos, setas, azes — na poeira multicolor —.

APOTEOSE.

130 ........................................................................

Junto de mim ressoa um timbre:
Laivos sonoros!

Era o que faltava na paisagem...
As ondas acusticas ainda mais a subtilisam:
135 Lá vão! Lá vão! Lá correm ágeis,
Lá se esgueiram gentis, franzinas côrsas d'Alma...

Pede uma voz um numero ao telefone:
Norte — 2, 0, 5, 7...
E no Ar eis que se cravam moldes de algarismos:

140                 ASSUNÇÃO DA BELEZA NUMÉRICA!

Mais longe um criado deixa cair uma bandeja...
Não tem fim a maravilha!
Um novo turbilhão de ondas prateadas
145 Se alarga em écos circulares, rútilos, farfalhantes
Como água fria a salpicar e a refrescar o ambiente...

— Meus olhos extenuaram de Beleza!

Inefavel devaneio penumbroso —
Descem-me as palpebras vislumbradamente...

150 ............................................................................

... Começam-me a lembrar aneis de jade
De certas mãos que um dia possuí —
E ei-los, de sortilégio, já enroscando o Ar...

Lembram-me beijos — e sobem
155 Marchetações a carmim...

Divergem hélices lantejoulares...
Abrem-se cristas, fendem-se gumes...
Pequenos timbres d'ouro se enclavinham...
Alçam-se espiras, travam-se cruzetas...
160 Quebram-se estrelas, sossobram plumas...

Dorido, para roubar meus olhos á riqueza,
Fincadamente os cerro...

Embalde! Não ha defesa:
Zurzem-se planos a meus ouvidos, em catadupas,
165 Durante a escuridão —
Planos, intervalos, quebras, saltos, declives...

— Ó mágica teatral da atmosfera,
— Ó mágica contemporanea — pois só nós,
Os de Hoje, te dobrámos e fremimos!

170 .....................................................................

Eia! Eia!
Singra o tropel das vibrações
Como nunca a exgotar-se em ritmos iriados!
Eu proprio sinto-me ir transmitido pelo ar, aos novelos!
175 Eia! Eia! Eia!...

(Como tudo é diferente
Irrealisado a gás:
De livres pensadoras, as mesas fluidicas,

Diluidas,
180 São já como eu catolicas, e são como eu monarquicas!...)

..............................................................................
..............................................................................

Sereno. Em minha face assenta-se um estrangeiro
185 Que desdobra o "Matin".
Meus olhos, já tranquilos de espaço,
Ei-los que, ao entrever de longe os caracteres,
Começam a vibrar
Toda a nova sensibilidade tipografica.

190 Eh-lá! grosso normando das manchettes em sensação!
Itálico afilado das crónicas diarias!
Corpo-12 romano, instalado, burguez e confortavel!
Góticos, cursivos, rondas, inglesas, capitais!
Tipo miudinho dos pequenos anuncios!
195 Meu elzevir de curvas pederastas!...
E os ornamentos tipograficos, as vinhetas,
As grossas tarjas negras,
Os "puzzle" frivolos da pontuação,
Os asteriscos — e as aspas... os acentos...
200 Eh-lá! Eh-lá! Eh-lá!...

—Abecedarios antigos e modernos,
205 Gregos, góticos,
Slavos, arabes, latinos —,
Eia-hô! Eia-hô! Eia-hô!...

(Hip! Hip-lá! nova simpatia onomatopaica,
Rescendente da beleza alfabetica pura:
210 Uu-um... kess-kresss... vliiim... tlin... blong... flong... flack...
Pâ-am-pam! Pam... pam... pum... pum... Hurrah!)

Mas o estrangeiro vira a página,
Lê os telegramas da Ultima-Hora,
Tão leve como a folha do jornal,
215 Num rodopio de letras,
Todo o mundo repousa em suas mãos!

—Hurrah! por vós, industria tipografica!
—Hurrah! por vós, empresas jornalisticas!

**MARINONI LINOTYPE**

220 **O SECULO** BERLINER TAGEBLATT

**LE JOURNAL LA PRENSA**

**CORRIERE DELLA SERA** THE TIMES

NOVOÏÉ VREMIÁ

Por ultimo desdobra-se a folha dos anuncios...
225 — Ó emotividade zebrante do Reclamo,
Ó estética futurista — *up-to-date* das marcas comerciais,
Das firmas e das taboletas!...

LE BOUILLON KUB

VIN DÉSILES

PASTILLES VALDA

230 BELLE JARDINIÈRE

FONSECAS, SANTOS & VIANNA      HUNTLEY & PALMERS      "RODDY"

*Joseph Paquin, Bertholle & C.ie*

LES PARFUMS DE COTY

SOCIÉTÉ GÉNÉRALE

235 CRÉDIT LYONNAIS

BOOTH LINE      NORDDEUTSCHER LLOYD

COMPAGNIE INTERNATIONALE DES WAGONS LITS
ET DES GRANDS EXPRESS EUROPÉENS

E a esbelta singeleza das firmas, LIMITADA.

240 ........................................................................................................
........................................................................................................

Tudo isto, porêm, tudo isto, de novo eu refiro ao Ar
Pois toda esta Beleza ondeia lá tambem:
Numeros e letras, firmas e cartazes —
245 Altos-relêvos, ornamentação!... —
Palavras em liberdade, sons sem-fio,

MARINETTI + PICASSO = PARIS < SANTA RITA PIN-
TOR + FERNANDO PESSOA
ALVARO DE CAMPOS
250 ! ! ! !

Antes de me erguer lembra-me ainda,
A maravilha parisiense dos balcões de zinco,
Nos bares... não sei porquê...

— Un vermouth-cassis... Un Pernod à l'eau...
255 Un amer-citron... une grenadine...

........................................................................................................
........................................................................................................
........................................................................................................

Levanto-me...
260 — Derrota!
Ao fundo, em maior excesso, ha espelhos que reflectem
Tudo quanto oscila pelo Ar:

Mais belo através dêles,
A mais subtil destaque...
265 — Ó sonho desprendido, ó luar errado,
Nunca em meus versos poderei cantar,
Como anseara, até ao espasmo e ao Oiro,
Toda essa Beleza inatingivel,
Essa Beleza pura!

270 Rólo de mim por uma escada abaixo...
Minhas mãos aperreio,
Esqueço-me de todo da ideia de que as pintava...
E os dentes a ranger, os olhos desviados,
Sem chapéu, como um possesso:
275 Decido-me!

Corro então para a rua aos pinotes e aos gritos:

— Hilá! Hilá! Hilá-hô! Eh! Eh!...

Tum... tum... tum... tum tum tum tum...

VLIIIMIIIIM...

280 BRÁ-ÔH ... BRÁ-ÔH ... BRÁ-ÔH !...

FUTSCH ! FUTSCH !...

ZING-TANG ... ZING-TANG ...

# TANG… TANG… TANG…

# PRÁ Á K K!…

*Lisboa — maio de 1915*

52  Ah, que te esquecesses sempre das horas
    Polindo as unhas —
    A impaciente das morbidezas louras
    Emquanto ao espelho te compunhas...

    ...............................................................

5   A da pulseira duvidosa
    A dos aneis de jade e enganos —
    A dissoluta, a perigosa
    A desvirgada aos séte anos...

    O teu passado, sigilo morto,
10  Tu propria quasi o olvidaras —
    Em névoa absorto
    Tão espessamente o enredaras.

    A vagas horas, no entretanto,
    Certo sorriso te assomaria
15  Que em vez de encanto,
    Medo faria.

    E em teu pescoço —
    — Mel e alabastro —
    Sombrio punhal deixara rastro
20  Num traço grosso.

    A sonhadora arrependida
    De que passados maleficios —
    A mentirosa, a embebida
    Em mil feitiços...

                    *[Agosto de 1915]*

A minh'Alma fugiu pela Torre Eiffel acima,
— A verdade é esta, não nos criemos mais ilusões —
Fugiu, mas foi apanhada pela antena da T. S. F.
Que a transmitiu pelo infinito em ondas hertzianas...

5  (Em todo o caso que belo fim para a minha Alma!...)

*Paris, agosto 1915*

**54**    … De repente a minha vida
        Sumiu-se pela valeta…
        — Melhor deixa-la esquecida
        No fundo duma gaveta…

5    (— Se eu apagasse as lanternas
        Pra que ninguem mais me visse,
        E a minha vida fugisse
        Com o rabinho entre as pernas?…)

FEMININA55

Eu queria ser mulher pra me poder estender
Ao lado dos meus amigos, nas banquettes dos cafés.
Eu queria ser mulher para poder estender
Pó de arroz pelo meu rosto, diante de todos, nos cafés.

5   Eu queria ser mulher pra não ter que pensar na vida
E conhecer muitos velhos a quem pedisse dinheiro —
Eu queria ser mulher para passar o dia inteiro
A falar de modas e a fazer "potins„ — muito entretida.

Eu queria ser mulher para mexer nos meus seios
10  E aguça-los ao espelho, antes de me deitar —
Eu queria ser mulher pra que me fossem bem estes enleios,
Que num homem, francamente, não se podem desculpar.

Eu queria ser mulher para ter muitos amantes
E engana-los a todos — mesmo ao predilecto —
15  Como eu gostara de enganar o meu amante loiro, o mais esbelto,
Com um rapaz gordo e feio, de modos extravagantes...

Eu queria ser mulher para excitar quem me olhasse,
Eu queria ser mulher pra me poder recusar...
.........................................................................................

[*15 de Fevereiro de 1916*]

# JUVENÍLIA POÉTICA

(1902-1913)

1

# VERSOS DISPERSOS
# DE INFÂNCIA E JUVENTUDE
## (1902 E NÃO DATADOS)

## A CONQUISTA DE CEUTA

Aos 25 de julho de 1415
Grande alegria
No povo ia
Pela expedição contra Ceuta
5  Que partia n'esse dia.
Os sinos tocavam
As bombardas o ar atroavam,
Homens exclamavam:
"Com os perros vamos combater
10 "Tomar-lhes a cidade
"Vencer ou morrer"
Porem uma nuvem de desgosto
O ceu toldava
Pois morrera a rainha
15 Que o povo tanto amava

Se isto se passasse em nosso tempo
De cerimonias empestado
A expedição não partia
Senão d'ahi a muito dia

20 Mas elles homens resolutos
Que nada temiam
No dia marcado partiam

*

Lá vão a embarcar
Lá vão altivos e nobres
25 Ceuta tomar

Lá vão, lá vão
Para terra de mouros
Mas hão-de vir
Cobertos de louros

*

30 A Ceuta chegam
Um combate ha
Os mouros ficam vencidos
E na Africa
Dos portuguezes uma cidade ha

*

35 Passado algum tempo
Grande alegria
No povo ia
Pela expedição contra Ceuta
Que voltava n'esse dia.
40 Os sinos tocavam
As bombardas atroavam

*

Lá chega a nau lá vem ella
Que traz a expedição.
Já vêm armados cavaleiros
45 Os filhos de D. João

Vencemos! vencemos!
Clamam elles;
Ceuta foi tomada
Aos mouros conquistada.
50 Vencemos nós. Vencemos!
Aos perros uma cidade tomamos já.
Em Africa 'té que em fim
Uma bandeira portugueza ha.

Lá descem os bravos lá descem
55 Já pisam o caes já
Lá vêm para terra lá vêm
Suas familias abraçar
Que saudades d'ella não teriam
Quando andavam a batalhar

60 Que alegria em Lisboa vae!
Viva! el-rei D. João,
E mais os seus filhos, vivam!
Viva! toda a expedição
Viva! el-rei D. João.
65 Vem de luto, vem de luto
Vem de luto a expedição;
É pela rainha D. Fillippa
Que o povo tanto amava
E que antes da expedição partir
70 A morte arrebatava

*

Lá vão elles, lá vão elles,
Lá vão elles cheios de Fé
Ouvir a missa e dar graças á Virgem Santa
Nas abobadas da Sé

[1902]

Lisboa terra soberba
D. Alvaro n'ella está
Correndo ruas errantes
Pela sua sorte má

5 Dera-se o caso que um dia
De D. Alvaro, o fidalgo
A sua amada fugia

D. Alvaro bem sabia
Que era na capital
10 Que Paris, Helena escondia

Por isso o vemos andar
Pelas ruas errante
Não encontrando os infames
Mas dizendo sempre: avante!

15 Vem rompendo o sol claro e ardente
Lá da banda do oriente.
E n'um patio escuro
D. Alvaro conversa com uma velha junto a um muro

— Que novas Jozepha me daes,
20 Dos infames que procuraes?

— Sei que estão gosando o amor
N'uma casa em Cascaes.

Bem, os infames estão em Cascaes.
— Jozepha; eu vou escrever uma carta
25 E essa a D. Leonildo a entregaes.

*

— Senhor D. Leonildo d'Armamar,
Uma carta.
— De quem é essa, Martha?
— Não sei. Uma velha ma entregou
30 E me disse:
Ali abaixo, n'um instante vou
E a resposta depois venho buscar
— Nada mais sabes?
— Não, senhor D. Leonildo d'Armamar
35 — Está bem podes te retirar

Não sei que temor m'inspira a carta
Que me trouxe agora a Martha
Bem vou-a ler
E o que ella diz eu vou saber

40 "Senhor D. Villão
"Ouvi uma triste historia
"Que te vae contar o nobre fidalgo D. Alvaro d'Aguiar
"N'uma formoza e fresca aldeia
"Do tão lindo Portugal
45 "Vê-se a ella sobranceiro
"Um castelo altaneiro
        "Solar
        "De D. Alvaro d'Aguiar

"D'esse altaneiro castello
50 "Se avista bem o mar
"Era d'ahi que os antepassados
"Do nobre Alvaro d'Aguiar
"As frotas que iam par'a India
"Vinham alegres ver passar
55 "Depois d'esta descripção
"Vamos á historia D. Villão

"Um dia uma vistosa cavalgada
"Apeia-se ao portão, limpa de pó
"Sobe a escada e penetra no salão
60         "Onde está a descansar
        "D. Alvaro d'Aguiar

"Então um bello rapaz
"Se adiantou para Alvaro
"E lhe diz
65 "Senhor D. Alvaro d'Aguiar
"Saiba que somos seus parentes
"Que o vimos visitar"

"Vinha n'esse grupo uma mulher
"Loira e branca qual um anjo do ceu
70 "Que se fazia acompanhar d'um rapaz
"O qual dizia ser irmão de Esther

"Qual o homem que vendo Esther
"Não ficaria amando essa mulher?

"D. Alvaro ficou logo d'ella namorado
75 "Como era de prever

"E quando se separaram
"D. Alvaro lhe prometteu escrever

Assim aconteceu

"Algumas vezes ella o veio visitar
80   "Com esse seu falso irmão
"Que ereis vós D. Villão

"Cada vez a amava mais
"Parecendo-lhe ser correspondido
"N'esse tão cego amor

85   "Mas um dia recebe um bilhete
"Com os seguintes dizeres:
"Senhor D. Alvaro d'Aguiar
"Estou em Villa Flor
"Com o meu amante
90   "D. Leonildo d'Armamar
"Que não é outro senão
"O meu querido e falso irmão"

"D. Alvaro d'Aguiar, sou eu
"E vós D. Villão
95   "D. Leonildo d'Armamar

"Lembra-te sempre d'isto que te vou dizer:
"É que te perseguirei até morrer"

Depois que leu isto, D. Leonildo d'Armamar
Fugiu com grande medo
100   Deixando abandonada
A amada de D. Alvaro d'Aguiar

*

No outro dia veio Alvaro
E encontrando só a sua amada
Disparando-lhe um tiro,
105   Disse: Morre scelerada

E quando morta a viu
A toda a brida fugiu

*[1902]*

58  UM MEDICO OPTIMO

D. Antonio cahindo doente de cama
Um medico mandou chamar
Que tinha grande fama.
Veio d'ahi a 8 dias
5  O medico que D. Antonio chamar mandou.
Quando elle veio, D. Antonio limitou-se-lhe a dizer:
Eu estive doente mas já não estou.

*[1902]*

Que formoso castello!
As suas altas torres
Parece que no ceu entravam
Os seus donos muito d'elle gostavam

5 Um dia Ó! que infeliz dia
O castellão partiu
Para terras d'alem do mar
Para pela sua patria pelejar.

A castelã triste para a cidade partiu
10 Tal era a sua tristeza
Que deixou o castello amado
Por ella desabitado

Deixou a castelã encarregado do castello
Um velho rendeiro
15 Chamado Gaspar
Que parecia de seus amos gostar

Tendo muito dinheiro o velho Gaspar
No castello para seu dinheiro
Esconderijo foi achar

20 Tinha esse dinheiro sido
Aos seus amos roubado
Procurando ele sitio
Para o dinheiro guardar
No castello o foi achar
25 Escondeu muito bem escondido
E as portas do castello mandou-as fechar

..........................................................

Corria uma lenda que dizia:
Que quando um descendente
30  Do ultimo castellão chegasse
Logo os sinos do castelo repicariam

..........................................................

Tinha Gaspar feito correr
Que no castello almas do outro mundo havia
35  E que la dentro de noite
Luzes se viam

Fizera elle isto correr
Para que nunca se entrasse em o castello
Pois Gaspar pobremente vivia
40  Por ser o homem mais avaro que em Corneville havia

*
*    *

Passado algum tempo
Chega a Corneville
Um desconhecido
Que de muitos homens era seguido

45  Assim que eles a Corneville chegaram
Os sinos do castello logo repenicaram

Assim que elle a Corneville chegou
As portas do Castello logo repenicou

E elle Gastão de Corneville
50 Por uma das portas do castello entrou

Quando elles na salla principal
Do castello entraram
Estava o avaro Gaspar
Contando o seu thesouro
55 Então 3 homens o agarraram
E das mãos o thesouro lhe tiraram

Gaspar então endoideceu
E d'ahi creio que morreu

[1902]

60  UM AMIGO
(soneto)

Triste e pensativo na sua cabana
Tendo um cão comsigo
Antonio o que não tem um amigo
Dizendo isto a cabeça abana:

5 Levando o dia no labutar do campo
Eu desgraçado sem ter um amigo
Sentado n'este banco
Medito a minha triste sorte.

Ó quando é que virá a morte
10 Unica esperança que me resta?
Ó! quando é que virá esta?

Mas n'isto o cão que a seu lado estava
Principia a fazer-lhe festa
Como querendo dizer: não queiras morrer
        que no mundo um amigo que sou eu te resta.

*[1902]*

OS 7 PECADOS MORTAES[a]

(EM VERSO)

1.º A soberba

A soberba é vicio pior
Dos pecados mortais o maior
A soberba é vicio de horror
Quem tem soberba para ninguem tem amor

2.º A avaresa

Avaresa é ser-se agarrado ao dinheiro
Mas tambem não é bom ser-se gastador
Quem é avarento não da uma esmola
A avaresa é vicio d'horror.

3.º A luxuria

A luxuria é vicio d'horror
Quem tem luxuria é mui gastador
A luxuria repito é vicio d'horror
Quem tem luxuria só para o luxo tem amor

---

a    Na página 180 do caderno, Mário de Sá-Carneiro acrescenta: "Nos 7 Pecados Mortaes muitos dos leitores hão de não achar correta a repetição de *é vicio d'horror* mas se isto é assim foi porque o auctor a isto se subordinou pois cada pecado mortal não tem nada com os outros é por assim dizer uma obra á parte. | Portanto não é erro." (Emendaram-se as formas "subordinou" e "têm". Assinale-se a correcção autógrafa "‹C›/P\ecados".)

4.º A ira

Quem tem ira é muito zangado
Quem tem ira por ninguem é amado
A ira é vicio d'horror
E repito: quem tem ira de ninguem gosa amor


5.º A gula

Quem tem gula é mui comilão
A gula é vicio d'horror
Quem tem gula em comida é mui gastador
E repito a gula é vicio d'horror


6.º A inveja

A inveja é o 2.º pecado mortal
A inveja é a origem do mal
A inveja é vicio d'horror
Quem tem inveja para ninguem tem amor


7.º A preguiça

A preguiça é vicio d'horror
Quem tem preguiça para ninguem tem amor
E aqui findam os pecados mortaes
Vós leitores não sei se d'estas quadras gostaes

*[1902]*

Na velha aldeia tudo descansava
Só tia Maria fiava fiava.

Fiava, fiava para criar
Um ente que tinha e o sustentar.

5  O ente era bello.
Filho d'uma filha que tinha e de Antonio de Mello.

*[1903?]*

63 Ó patria, ó patria amada
Recebe os ossos meus
Á patria idolatrada
Para sempre digo adeus

5 O que eu te desejo ó patria
É não te succeda mal
E que geres muitos homens
Como o Marquez de Pombal[a]

Ó patria, ó patria amada
10 Recebe o meu caixão
Adeus patria, adeus patria
Patria do coração

~~~~

A patria a boa patria
Recebeu o seu caixão
15 E lastimou sua morte
Pois perdeu um Cidadão

a   A seguir a este verso há uma estrofe entretanto riscada, mas que aqui se transcreve, já que o
interesse na figura histórica dialoga com a menção ao Marquês de Pombal: "E que os reis por ti
eleitos | Ditem mui boas leis | Que sejam por assim dizer | Outros principes perfeitos".

O mar esse espaço vago
Horrivel, medonho e tenebrozo
Matou n'um instante
O ente que me causava maior gozo

5 Era bella entre as bellas a minha amada
E o mar esse mar horrendo
N'um instante a fez em nada
Mas tambem lhe votei odio tremendo

A minha querida Ester é morta
10 E eu meu Deus n'este mundo fiquei?
Matai-me que a morte não me importa
Seja pela agua ou pelo fogo não a terei

[I]

Eu sou jogador de porta[a]
Cá o meco é gazeteiro
Quem com elles não s'importa
É o eximio manteigueiro

5 Somos três tipos ladinos
    Três, três gajões
Somos três tipos mui finos
    Três, três tipões

Só depois da hora dar
10 Entro p'ra aula ligeiro
O meu costume é faltar
O meu... é ser manteigueiro

***

[II]

Fosquinhas á porta faço
Antes d'entrar muito arteiro
Eu cá falto e não me maço
Eu então... sou manteigueiro

5 Levo a água ao meu moinho
Tambem eu mas mais ronceiro
Seguindo um outro caminho
Faz o mesmo o manteigueiro

a    Na gíria escolar da época, "jogador de porta" era o estudante que chegava sempre depois da cha-
mada, e "manteigueiro" aquele que procurava lisonjear o professor para obter beneficio próprio.

Luizinha, a minha vida
Não tem nada que contar;
É uma vida perdida
Em que é melhor não fallar.

67   Amor, amor, o que é?
    Perguntou a Soledade
    Ao seu priminho José

    Não sabe?! Qu'ingenuidade!
5   Querida priminha, o amor
    É uma necessidade!

    Que diz, que diz o senhor!
    Necessidade porquê?
    Explique, por favor

10  Porquê, porquê? Ja se vê
    É como que... ir á pia... Fazer... fazer... não sei quê!

Amor é chama
Que arde e corroe
O coração
Mas que não doe
5   Que dá prazer
Que dá paixão
Que dá sofrer
Desiluzão

69   A Penca do Mariares
Aplicada ao Cabral
Faria lhe dar uns ares
De solio episcopal

Estalam as garrafas
Do bello, do bom Champagne
As rolhas saltam ao ar
E do vinho grande mar
5 Cahe par'os copos, espumozo
Todos o bebem alegres
Todos o bebem com goso
Erguera-se o moço conde
E fez um brinde á marqueza
10 Do outro lado da meza
Levanta-se o D. João
Á saude do barão
Á saude da duqueza
Á rainha da belleza
15 Façamos todos um brinde
E fizeram-no animados.

........................................

Eu era entre os criados
Quem mais ligeiro servia
20 E p'ra mim todos olhavam
'Té o bispo me elogia,
Mas bem sabeis por que era
E ver que a vingança
P'ra que eu tanto trabalhava
25 Chegara ja sem tardança
O noivo se levantou
E á noiva ja brindou
Quando eu me fiz ouvir
Vos sabeis meus senhores
30 Quem é esse scelerado
Um chefe de salteadores
Um bandido um malvado

Calai-vos la mizeravel
Disseram todos á uma
35 Não não dizei o resto
Interrompeu o condestavel
Pois bem senhores escutae
Então o que Eu *vou dizer
É para vingar me †
40 Que tu fizeste †
(e p'ra elle eu me voltava)
É p'ra vingar a que amava
Que tu fizeste soffrer.
Escutae bem esta historia
45 Senhores todos que aqui estão
E conhecereis então
Quem é esse scelerado
Que se acha assentado
Entre gente tão honrada
50 Esse que veio sujar
Esta bella morada
Tudo, tudo, me escutae
E eu assim principiava.

Leitor amigo se compraste o livro
Tenho a fazer-te uma observação
Tens de trocar o século presente
Pelo em que viveu o V João

5 Tens que trocar a tua casaca
Por capa e espada por calção e meia
Tens que chamar ao teu bello *jantar
Não o jantar mas a bella ceia

Tens que andar por escura viella
10 Hei-de entrar em bellos salões
Encontrarei o muito fidalgo
Como também muitos *ladrões

# 2

*POESIAS*
(1903-1913)

## O FIDALGO E O LAVRADOR

É meia noute. No baile
Folga tudo e tudo dança.
Á mesm' hora o lavrador
No seu casebre descansa.

5 Uma hora. No palacio
Agora vae-se almoçar.
Na choupana o lavrador
Já terminou de jantar!

Dorme o fidalgo num leito
10 De pennas, sobressaltado.
Em taboas o lavrador
Repousa, mas socegado!

*24 abril 1903*

A NOITE DE NATAL

Em a noite de Natal
Alegram-se os pequenitos;
Pois sabem que o bom Jesus
Costuma dar-lhes bonitos.

5 Vão se deitar os lindinhos
Mas nem dormem de contentes
E somente ás dez horas
Adormecem inocentes.

Perguntam logo á criada
10 Quando accordam de manhã
Se Jesus lhes não deu nada.

— Deu-lhes sim, muitos bonitos.
— Queremo-nos ja levantar
Respondem os pequenitos.

*25 abril 1903*

A tempestade é horrivel
Não ha nada mais medonho.
Parece mesmo impossivel
'Spectaculo tão tristonho.

5  A tempestade é do inferno
Pois no ceu não a póde haver,
Ella é do rei do Averno
Que de Deus não pode ser!

*1903*

A QUINTA DA VICTORIA

Existe em Camarate,
Terreola suburbana
Uma quinta que encanta
Toda a alma... sendo humana!

5 Ella é mesmo um paraiso!
Essa quinta que é minha
Chama-lhe a gente do sitio
Da Victoria ou Ribeirinha.

Em essa bella vivenda
10 Em a qual eu fui creado,
Existe tudo o que existe
D'esde a capella ao cerrado.

Querem vender essa terra
Porque faz muita despesa.
15 Mas quando se fala d'isto
Digo eu assim com asp'resa:

— Não vêem que essa quinta
Dá uma fructa tão bella?
Seus caturras d'uma figa
20 Sejam gratos p'ra com ella.

*30 julho 1903*

# O AMOR

### Mote

*Amor é chama que mata,*
*Sorriso que desfalece,*
*Madeixa que se desata,*
*Perfume que se esvaece.*

(Popular)

### Glosas

*Amor é chama que mata,*
Dizem todos com rasão,
É mal do coração
E com elle se endoudece.
5 O amor é um sorriso
*Sorriso que desfalece.*

*Madeixa que se desata*
Denominam-no tambem.
O amor não é um bem:
10 Quem ama sempre padece.
O amor é um perfume
*Perfume que se esvaece.*

*17 maio 1905*

A ROSA

Mote

*A rosa para ser rosa*
*Deve ser d'Alexandria.*

Glosa

*A rosa para ser rosa*
Deve ser muito cheirosa
Muito fresca e mui viçosa
Como tu linda Maria.
5 Seja branca ou encarnada
Amarella ou rosada
*Deve ser d'Alexandria.*

*1905*

do ex.° senr. Custodio Valente, professor do Lyceu

Um metro, se tanto, tem d'altura;
O peso da cabeça: meio gramma,
O do tronco é só d'um kilogramma
D'um milimetro é sua grossura.

5  Na cabeça que é bastante dura
Existe por fora muita lama,
Por dentro, algodão em rama
Formulas, theoremas, serradura!...
Dizem ser elle mui *valente*;
10 Será verdadeira esta asserção?
Pode ser pois vê-se muita gente,

Como o feroz Napoleão
Sendo pequenna, e não ingente
Ter mui valeroso o coração.

*1905*

O CLARIM

O ar está puro, a estrada é larga
O clarim toca: á carga,
Os Zuavos vão cantando.
Lá em cima na collina,
5 Na floresta que a domina
O inimigo está esperando.

O clarim é um valente
Quando a lucta é iminente
É um rude campeão.
10 A batalha, a sua querida
Fez-lhe mais do que uma ferida,
Nos pés, na fronte e na mão!

É elle que guia a festa
E a sua ampla testa
15 Coberta está de suor.
Elle segue, segue p'ra frente
E sua trombeta ardente
É vibrada com fervor.

E só por ella levado
20 O mais cobarde soldado
Com coragem sempre avança.
Sob o seu clangor ardente
Tudo se torna valente
Cheio de brio e de esperança.

25 Ainda mais avançaram
Os soldados e chegaram

Já ao cume da collina.
Defendem-se bem ligeiros
Os inimigos arteiros.
30  A refréga é ferina.

Logo á primeira descarga
O clarim tocando á carga
É ferido perigosamente.
Mas por um supremo esforço
35  Levanta elle o seu dorso
E toca mais fortemente.

O valente clarim
Minutos ficou assim
Mui soberbo e desdenhoso.
40  Mas vendo que os seus venceram
Que os inimigos morreram,
Depois de ter esse goso;

O nosso heroe se agita
E vendo a victoria grita
45  C'o as forças que poude ter:
Bravo! Bravo! Oh soldados!
Adeus oh filhos amados!...
E acabou de viver!...

(Traduzido do francez de Déroulède)

*31 março 1905*

## 80 FRAGMENTO D'UMA POESIA DE V. HUGO QUE TRATA DE NAPOLEÃO

......................................................
......................................................

E o heroe olhando para o ceu
Bradava: o futuro é meu!

5     Não, o futuro não pertence
Sire, no mundo, a ninguem.
O futuro o grande Deus
Guardado no ceu o tem.

Todas as cousas da terra
10    A riquesa e a gloria,
A felicidade na guerra,
Corôas reaes mui brilhantes,
Victorias bem celebradas
Ambições realisadas
15    Cahem nas nossas pousadas
Como raios fulminantes.

Não! quem quer que seja, ou rico ou pobre;
Um rei ou um pastor, nunca descobre
Essa cousa vã!
20  O futuro espectro mascarado
Que anda sempre, sempre ao nosso lado
Chama-se amanhã!

D'amanhã (novo mysterio)
Qual será a semente?

25    Amanhã é o futuro
E o futuro somente!

Um novo mundo encontrar-se,
Um traidor desmascarar-se,
Paris em Roma tornar-se;
30    Amanhã é isto tudo:
Um asperrimo caminho
Coberto de muito espinho,
Amanhã do throno o pinho
Hoje é o seu velludo.

35  Amanhã, amanhã (emaranhada tea)
É conquistador Moscou que s'incendea
Illuminando o ceu!
Amanhã, amanhã (a mutação na scena)
Elba, Waterloo e Santa Hellena...
40    Alfim o mausoleu!

(Trad.)

*13 junho 1905*

Á MORTE DE W. ...

Meu Deus, meu Deus; dizia ella a chorar
Porque matas tu este inocente?
Se tão lindo m'o quizeste dar
Para que m'o tiras novamente?

5 P'ra quê? P'ra quê? P'ra me castigar?
Eu nunca me portei maldosamente...
Não me queiras mais martyrisar
Oh! Deus, oh! Deus, sê clemente!

Mas pouco a pouco se ia definhando
10 E a negra morte ia-se apossando
Do seu pequenno corpo já formoso;

Mas não desesperes, não, oh Mãe!
Lembra-te dos outros que tambem
Faz soffrer o Deus tão poderoso!

*Agosto 1905*

Passando pelo Chiado
Uma senhora horrorosa
Um estudante delicado
Disse-lhe: — "É uma rosa

5  Fresca, pura, inebriante
Mui viçosa e perfumada:
Vossa Excelencia é estonteante!"
Ella toda espevitada

Respondeu ao g'lanteador:
10  — "O mesmo não lhe dizer
Penalisa-me senhor;
Mas não posso. Que fazer?"

O nosso heroe, o estudante,
Que p'ra respostas se pinta
15  Retorquiu no mesmo instante:
— "Oh! minha senhora minta

Como a Vossa Excelencia eu fiz
'Inda não ha boccadinho!..."
Ella ouvir-lhe mais não quiz
20  E seguiu o seu caminho!...

*1905*

Ao luar estavas sentada
Quando te amei e te vi
Cantavas um lindo canto
O qual canto eu bem ouvi.

5 Escutei-o uma vez só
Mas pude-o bem decorar
P'ra prova vou te dizer
O que estavas a cantar:

— "O meu coração está ferido
10 Pelas settas do amor
E por isso vou chamar
Para o sarar o doutor.

Que é um lindo rapaz
Mais bello do que uma rosa
15 Tem os olhos muito negros,
A bocca mui graciosa,

É alto, é elegante
E amo-o até ao extremo.
Eu só vivo para elle
20 E por elle tudo temo.

Vê-lo, vê-lo, falar-lhe
É p'ra mim o maior goso.
Só elle no mundo quero
E quererei p'ra meu esposo.

<sup>25</sup> O meu coração está ferido
Pelas settas do amor,
E por isso vou chamar
Para o sarar o doutor!"

E só d'ouvir d'este canto
<sup>30</sup> Pelos teus labios cantado
Fiquei por ti, oh! meu anjo
Loucamente enamorado.

*1905*

O CASTIGO DA CORTEZÃ

Vira a seus pes, ajoelhado
    Um principe até!...
Milhares de milhões tinha esbanjado
    Sem 'scrupulos, sem fé!...

5 Mais do que um jovem fascinado
    Pelo seu olhar
Havia-se sem esperança suicidado
    Depois de se arruinar!

Era soberba e má, era invejosa;
10      P'ros pobres nunca olhava.
Porem era ella tão formosa
    Que a todos encantava!

Levara a paes e maes os ais e o lucto,
    E nunca se ralara!
15 Mostrara sempre, sempre o rosto enxuto
    E jámais orara!

De dia no bosque ella ostentava
    Sua infernal belleza,
Á noute na opera se sentava
20      Como uma duqueza!

........................................................

Um dia porem como encontrasse
    Um misero pintor

E como o coração lhe palpitasse
25      Em grande amor;

Sentindo idolatrá-lo com paixão
        Louca delirante
Entregou-lhe para sempre o coração,
        Qui-lo para amante!...

30  Era esse artista um scelerado
        Que só presava o ouro,
    Que até seu pae teria assassinado
        Por um thesouro!

    Em extravagancias o pintor
35      De todo a arruinou,
    'Té que um triste dia (oh! horror)
        A apunhalou!

    Que teve um fim bem desgraçado
        Eu não desdigo.
40  Porem esse artista ter amado
        Foi o seu castigo!...

                    *1905*

Menina da trança d'ouro
Da cor da barba do milho...
(Popular)

Menina da trança d'ouro
Idolatro o seu cabello,
Amo, adoro esse thesouro
Vivo somente de vê-lo.

5  A sua trança é tão linda
Como o sol, como uma estrella;
Outra assim não vi ainda
Pois não ha nem pode havê-la.

Oh! quem me déra apertá-la
10  Inteira nas minhas mãos
E beijar esses cabellos
Que da aurora são irmãos.

D'esta maneira seria
Mais venturoso que Deus.
15  Oh! se isto succedesse
Ai! se isto accontecesse:
Sempre então eu viveria
Tão feliz como nos ceus!

Mas porem a minha sina
20  É sina bem desgraçada
Pois é má a minha amada
Por ser... por ser a menina.

Cruel e linda como é
Não me tem por certo amor
25 Enquanto que eu, oh! flôr
Sommente em si tenho fé!

É bem triste a minha sorte
Pois nem sequer co'a morte
Terminará o meu fado.
30 O meu amor é eterno
Nunca terá acabado
Embora vá p'ro inferno
Ou no ceu seja hospedado.

.....................................

35 Com amor mui nobre e santo
Eu a adoro meu thesouro.
E eis terminado este canto
*Menina da trança d'ouro!*

*Novembro 1905*

Amo-te, oh! formosa, oh! divinal mulher
Oh! sol, oh! fada, oh! estrella, oh! Estella minha!
Do meu coração és tu a unica rainha!

Por ti desafiava o proprio Lucifer,
5  Os santos, Deus, o mundo... até o rei!
Amo-te Estella como nunca amei!
Só em ti penso, quando enfraquecer-me sinto
No meio d'esta vida em que não tenho fé!
Por ti, por ti, não julgues que te minto,
10  Crê que matava a minha mãe até!

Amo-te Estella com amor profundo
E tu nem me conheces (oh! como é o mundo!
Vê-se uma mulher e pela vez primeira
Attenta-se n'ella ... é d'ella a nossa vida inteira!)

15  És uma celebre actriz por todos adorada,
Quando pisas o palco, Estella, fascinada
A platêa toda fica... e eu mais que ninguem.
Louco... louco sim d'amor... e de furor tambem
Porque te adoro muito (não com 'sperança)
20  Oh! formosa, oh! divinal, oh! gentil criança!

Vi-te no theatro, ha tempo, inebriante
Uma peça representares. No mesmo instante
Como todos, por ti, meu sol fui encantado!...
N'essa noute não dormi, em ti só eu pensei
25  E desde esse dia, Estella ouve:
                                        Amei!...

O meu coração tinhas, sem querer, tu conquistado...

..................................................................

O teu olhar de fogo foi quem isto fez.

Eu não deixei um dia sabes de te ver
30  Estella, meu anjo e luz então desde essa vez!
Amo-te, amar-te-hei, oh! querida até morrer
Mas nunca, nunca; escuta; tu conhecerás
Quem isto sente e diz e...
                              nunca o amarás!

*4 janeiro 1906*

## DUAS EXISTENCIAS

N'uma casa em que faltava
A luz o ar e pão
Entrara ella na vida
Tendo ao seu lado um caixão;

5 Pois no dia em que nascera
Morrera seu pae tambem!
Vira assim a luz do mundo
Sozinha com sua mãe!

———

N'um rico, claro aposento
10 Entre velludos e rendas
Onde as mais pequenas fendas
Para não entrar o frio,
Embora fosse no estio
Se tinham calafetado,
15 Onde tudo era alegria,
Onde tudo era cuidado
Tinha no mundo elle entrado
Em um esplendido dia!

———

Crescera só rodeada
20 Pela dôr, pela pobresa,
Pela fome, pelo frio,
Pela mizeria e tristeza.

———

Crescera elle ao contrario
Entre risos d'alegria
25  Entre abundancia, opulencia
E tendo tudo o que queria.

———

A mãe d'ella mui doente
Não podia trabalhar;
A linda e pobre Maria
30  Tinha pois que a sustentar.
Para isso noute e dia
Estava sempre a costurar!

———

Elle não, não trabalhava,
Alegre vida levava,
35  De cousa alguma cuidava,
Excepto dos seus prazeres.
Gastava dinheiro a rodos
Mas era celebre entre todos
Pelos seus trens e mulheres!

———

40  Maria como uma deuza
Era bella era formosa.
Olhos lindos, graciosa
A bocca, e as mãos de fada.

Alta não muito, elegante.
45 A tez do seu semblante
Mimosa mas descorada.
Tinha mui negro o cabello
E de tal maneira bello
Que qualquer pessoa ao vê-lo
50 Ficava extasiada!

———

Tambem elle era formoso,
O rosto branco e rosado,
O seu labio por um buço
Louro e fino assombreado.
55 Era em fim João um moço
Que devia ser amado.

———

———

Por grande fatalidade
Encontrara elle um dia
A linda e casta Maria
60 N'uma rua da cidade.

De ver tão grande belleza
Na mizeria, na pobresa
Ficara muito espantado.

De Maria o coração
65 Palpitara ao ver João!…

. . . . . . . . . . . . . . . . . . . . . . . . . . . . . . . . . .

Por ella foi elle amado!...
Com grande amor inocente.

Amou-a elle tambem
70 Porem... criminosamente!

. . . . . . . . . . . . . . . . . . . . . . . . . . . .
. . . . . . . . . . . . . . . . . . . . . . . . . . . .

Passou-se tempo e a pomba
Cahiu nas garras do abutre!

75 . . . . . . . . . . . . . . . . . . . . . . . . . . . . . . . . .

É bem certo que mui zomba
A providencia no mundo
Com um cynismo profundo
Pois em quanto que Maria
80 Donzella tão desgraçada
Vendo-se ludibriada
Viver mais tempo não queria
E co'a vida terminava;
Elle, o infame João
85 Continuava a viver
Rico, alegre e feliz
Numa vida de prazer!...

*Março 1906*

# 88

CANÇÃO DO REI DE THULE
(DE GOETHE)

Em Thule outr'óra reinou
Um rei fiel e constante
Ao qual moribunda a amante
Um copo d'ouro deixou.

5 Quando o rei n'elle bebia
Todos os dias á meza;
Cheio de dôr e tristeza
Em pranto se desfazia!

Ao sentir chegar a morte
10 Reuniu na mesma salla
Em um banquete de gala
Toda inteira a sua côrte.

Fôra n'esse mesmo dia
Que o seu herdeiro chamara,
15 O rei, ao qual deixara
Os bens, todos que havia.

Porem o copo adorado
D'amôr tão doce lembrança
Não fez parte da herança
20 Tinha-o elle separado!

O mar ficava fronteiro
Á sala em que se jantava.
Diante do rei lá estava
O seu fiel companheiro.

<sup>25</sup> De beber tendo accabado
Ergue o seu braço tremente...
E ao mar rapidamente
Por elle o copo é lançado!

Mas quando desapparecia
<sup>30</sup> Quando ja tocava o fundo
Deixava o bom rei o mundo,
Cerrando os olhos morria!

*7 março 1906*

LORELEI
(DE H. HEINE)

Num lindo dia de agosto
Corria bem manso o Rheno
O ceu estava sereno
O sol ja quasi posto,

5 Em um barco um pescador
Navegava lentamente
E levado p'la correntte
Cantava cantos d'amor.

De subito a sua vista
10 Demorou-se fascinada
Ao perceber que sentada
De um rochedo na crista

Penteava uma donzella
Formosa como uma fada
15 A sua trança dourada
Inda mais que o sol bella.

E cantando uma canção
Ao mesmo tempo ella ia
Cuja doce melodia
20 Comovia o coração.

O barqueiro allucinado
Não olhava p'ros escolhos

Pois pregados tinha os olhos
Na donzella; extasiado!...

25 E num instante (oh! horror)
O lindo barco abysmou-se.
Com elle junto afogou-se
O infeliz pescador.

O canto de Lorelei
30 É doce e é commovido.
Se por alguem é ouvido

Esse alguem por certo atrahe;

Outro assim como elle não ha,
A todos fascina, encanta
35 A sua harmonia é tanta...
Mas somente a morte dá!...

*16 março 1906*

I

A morte de mim já se approxima,
Vae terminar a vida e é somente
Um ultimo lampejo que me anima.

Morrer eu desejava ardentemente
5  Porque não mais padecerei,
Porque dormirei eternamente,

E com o meu martyrio accabarei!
Foi tão mizera, tão triste a minha sorte
Que no tumulo até, nunca a esquecerei!

10  Em fim vou ser feliz! Enquanto a morte
Porem 'inda me deixe ver... olhar,
Emquanto minh'alma ella não córte
A minha desventura quero recordar!

II

Oh! que formoso jardim!
15  Que bello lago no meio
D'agua limpida bem cheio
E peixinhos a nadar!
Que intenso arôma a jasmim
Embalsama o puro ar!

20  Que raios que o sol lança!
Que azul que está o ceu!

Com um carrinho de mão
Puxado pr'um meigo cão
Brinca ao longe uma criança...
25 Essa criança sou eu!...

Na relva se vê sentada
Um pouco mais para alem
Uma senhora bordando
Pela qual é vigiada
30 A criancita brincando...
A senhora é minha mãe!...

Oh! que existencia tão bella
Sem cuidados no porvir!
Que nuvem é que ha de vir
35 Esta aurora escurecer?!
É propicia a minha estrella
Mais feliz não posso ser!

Venturosos são tambem
Os meus adorados paes:
40 Meu pae ama minha mãe
E por ella é muito amado...
Viver tão abençoado
Houve no mundo jámais?...

Que alegres dias risonhos
45 Como eram bellos os sonhos
Que sempre sonhava então!
Mal havia de dizer
O que tinha que sofrer
No mundo sem compaixão!...

# III

<sub>50</sub> Era uma celebre actriz por todos adorada,
Quando pisava o palco, fascinada
Numa vibrante aclamação
Por certo a platea irrompia!
E toda inteira essa multidão
<sub>55</sub>    Só ella aplaudia!

Como uma deusa era formosa:
Olhos de fogo, bocca graciosa
Pés de Cendrillon, as mãos de fada,
Alta mas não muito e elegante.
<sub>60</sub> A cidade trazia embriagada,
    Era estonteante!

Quando nalguem seus olhos fixava
Em estatua de espanto esse alguem tornava,
Tal o fogo que tinha no olhar!
<sub>65</sub> E tão cetinico e lindo seu sorriso
Que ninguem depois de o suportar
    Ficava com juiso!

Personificava em fim a formosura
Essa inebriante creatura,
<sub>70</sub> Que todos a si acorrentava!
Se alguem tinha o arrojo de a fitar
Ella d'esse mizero se apossava...
    Fazia-o desgraçar!...

# IV

Tambem quiz admirar
75    A sua gentil figura
Que meio mundo encantara!
D'ahi partiu a minha desventura!
Feliz e descuidado
Eu no theatro entrara;
80    Mas apparece por fim sorridente, bella...
E por ella
Sou fascinado!

Amei-a...
Tambem disse amar-me...
85    Junto de mim chamei-a...
Nunca pensei que havia de matar-me!...

# V

Numa vivenda envolvida
Em bosques verdejantes
Dois ternos amantes
90    Levam feliz vida!

Que par tão bello!...
Faz gosto vê-lo!...
Como se amam!
São tão formosos
95    Todos os chamam:
Os Venturosos!

Na verdade isso era assim!
De manhã pelo jardim
Com ella eu passeava
100 E que bello era o passeio!...
Sempre d'alegria cheio!
Como eu... como eu a amava!

Se me zangava, claro
Que era sempre pouco e raro,
105 Sentava-se ella ao piano
E cantava uma canção
Que me enchia o coração
De prazer... ficava ufano!

Dizia assim a cantiga:

110 "Havia uma rapariga
"Que não cria no amor,
"Seu coração era livre
"Não tinha nenhum senhor!"

"Emquanto que as outras todas
115 "Queriam só... só namorar
"Ella que era a mais formosa
"Matava-se a trabalhar!"

"Mas um dia o deus Cupido
"Ao passar p'la sua terra
120 "Reparou nella e então
"Declarou-lhe logo guerra!"

"A tal dita rapariga
"Ama agora com fervor
"E acredita seriamente
125 "No amor... amor... amor!..."

Se ouvindo canção tão linda
Ficava arrufado ainda:

Recomeçava ao longe o cantador
Essa trova sentida
130 A minha trova querida;
"Amor... amor... amor!..."

E zanga logo accabava:
Os nossos labios se uniam
Mil beijos então se ouviam!...
135 Como eu... como eu a amava!...

VI

Passaram-se trez mezes
No decorrer do ultimo eu ás vezes
Não achava a mesma a minha amante:
Parecia detestar-me
140 Parecia não amar-me
Era porem sempre estonteante!

Um dia por força tive que sahir
E ao voltar não a vendo vir
Ao meu encontro como costumava:
145 Fico louco...

Espero um pouco...
Não vem!... Em vão eu a chamava!...

Sem dó, sem pena tinha-me deixado
Mas não desanimei e procurei-a!...
150     Achei-a
O seu coração por outro fora conquistado!...

Resolvi mata-lo... mata-la!... Não matei,
Amando-a muito eu queria a ver feliz!

Se nella só, eu a ventura achei
155 Por ella morrerei já que assim o quiz!

Tinha que ser triste a minha sorte!
O descanso eterno agora vou achar
O mundo p'ra sempre vou abandonar,
Venha pois a morte... a morte... a morte!...

160 E morro amando essa mulher fatal
A quem p'ra sempre eu entregara a vida
     E me pagou tão mal!
Adeus... adeus oh! doce amante querida!...

——

A voz expirou-lhe na garganta
165 O seu corpo todo estremeceu
A sua alma... a sua alma sancta
Descansou por fim... entrou no ceu!...

*Março-Abril 1906*

(DO FRANCÊS)[a]

Em Roma um gascão junto a um cardeal
Exaltava o seu Garona perseverante:
        "É um rio importante,
        "Um rio sem igual!"

5 Ao ouvir isto retorquiu Sua eminencia:
"Não nego do Garona a excelencia,
"Porem com o Tibre, em comparação,
"Crêa que não valle quasi nada."

        Responde-lhe o gascão
10        Soltando uma gargalhada:

"Não me falle no Tibre, que se tivesse ousado
"Passar p'lo meu castello, nem pensa o qu'eu faria,
        "Que fosse engarraffado!
        "Logo ordenaria."

                        *Camarate, 24 junho 1906*

---

a    Veja-se na nota final uma cópia do poema original em francês, da mão de Mário de Sá-
-Carneiro, que terá talvez servido de base à tradução.

CONSOLAÇÃO A UM AMIGO
PELA MORTE DA SUA AMANTE


Morreu a tua amante e a sua imagem linda
Alegre e buliçosa, julgas ver ainda!...
Unindo aos teus labios os labios seus trementes,
Julgas tambem vê-la e os osculos ardentes
5      Senti-los a queimar!...
Ainda a entrevês esvelta, graciosa,
Divinal, inebriante, como as flores viçosa
Sorrir e fascinar!...

Arrancando-lhe da vida a preciosa essencia
10 A negra morte sem dó determinou
     Findar-lhe a existencia!...

Mas ella era flôr... ora as flores se nascem
     É só para que passem
Na vida uma manhã. Se essa ella passou,
15 Se depois sorrindo ao mundo disse adeus
E abandonando a terra entrou nos ceus
     Não sei porque é que choras...
Por accaso já viste alguma rosa
Demorar-se no mundo muitas horas
20      Fresca e viçosa?...

     Decerto não. Cala pois
     O teu lastimoso pranto
     Que no ceu vela por ti
     Quem na terra te amou tanto.

<sup>25</sup> Ao veres o seu corpo exangue
Soffreste tu atrozmente,
Bem sei, faltava-te o ente
Que era mais do que o teu sangue.

'Té Deus amaldiçoaste,
<sup>30</sup> Oh! misero, vendo perdido
O teu thesouro mais querido...
Depois a morte imploraste!

Quer dizer: não a conheces
Pois é escusado pedir
<sup>35</sup> Á cruel quando alguem
Determinou possuir:

Os nossos gritos são vãos
Fecha os ouvidos aos ais
Que levantam, lancinantes,
<sup>40</sup> Amantes, filhos e paes!

Vendo-a sempre inanimada
Tu fallaste d'esta sorte:
"De mim, oh! Deus compadece-te,
Oh! faz-me mercê da morte!..."

<sup>45</sup> Não a peças porque ella
Tambem te virá buscar.
Julgas talvez que no mundo
Has-de p'ra sempre ficar?...

Subirás tambem aos ceus
<sup>50</sup> Onde a tua querida amante

Está esperando palpitante
Os ardentes beijos teus…

Serás então venturoso
D'ella não te apartarás
Sempre ao teu lado verás
O seu perfil gracioso!…

Coragem, não desesperes
Porque a morte ha de levar-te,
Quando tu menos esperes
Para o ceu arrebatar-te.

Allento, allento, coragem
Reage… tem paciencia!

Querer o mesmo que Deus quer
É a unica sciencia
Que dá eterno repouso!…

Amigo pois:
           *Paciencia!…*

Lx. 12-VII-06

(MONOLOGO COMICO)

*Typo: Rapaz novo, bem vestido, um pouco exagerado até, luvas e bengala; quando chega tira o chapeu, cumprimenta e começa recitando:*

Uma historia simples, commovente
Venho aqui narrar.
Não me farei impertinente
Vou principiar.

5  Era uma vez...

*(á parte, arrepelando-se)*

o quê não sei
Esqueceu-me a historia...

*(recomeça)*

Porem como dizia...

*(á parte, arrepelando-se)*

queijo não ceei
10  Mas falta-me a memoria!...

*(recomeça)*

Era uma vez...

*(á parte, para o ponto)*

o ponto está dormindo

E nada me recorda.
Estou fazendo um figurão bem lindo
E o homem não accorda!...

15

*(bate-lhe com a bengala; não o vendo mexer-se diz)*

O quê mas não se mexe? O demo tonto
Me valha aqui!...

*(abaixa-se, ajoelha, examinando o ponto, depois levanta-se como
espavorido e diz para dentro)*

Depressa accudam que está morto
O ponto alli!

*(vêm tres homens que auxiliados pelo actor que está recitando trans-
portam o ponto em braços, sem accordo, para dentro, depois de alguns
instantes, o actor volta limpando as lagrimas e dirigindo-se triste-
mente ao publico diz:)*

20        Senhores era commovente
O que eu ia contar
Porem a morte num repente
O ponto quiz matar

Não posso prosseguir, o dever meu
25        É mandar que o espectaculo seja terminado
Por isso me despeço.

*(retira-se, volta porem logo correndo esbaforido, e tremendo)*

Jesus, mas que vi eu
O ponto não morreu... O ponto está tachado!...

*(vae-se para retirar, mas volta-se para o publico dizendo noutro tom como que envergonhado)*

E eu agora declaro
30 Não posso accabar a historia
Por um motivo impreciso
Porque... me falta a memoria.

Com o sôr ponto eu contava,
Não a tinha decorado
35 Mas o ponto nada disse
Pois se elle está tachado.

Nao posso continuar
Mas oh! senhores pelas almas
Que lá têm deem palmas
40 Que senão vou-me matar
Isto é tal como o ponto
Num prompto
Se as não dão vou-me tachar.

*(sahe furioso)*

*27 agosto 1906*

A tua tão negra trança
Desata anjo formoso
Que quero tomar um banho
No teu cabello sedoso.

5   A chamma do teu olhar
Quando incide no meu rosto
Sinto que queima inda mais
Que o sol do mez d'agosto.

Esvaece os meus sentidos
10  Teu sorriso encantador;
A minh'alma desfalece
Ao contemplar-te flôr.

Se eu tivera uma madeixa
Do teu cabello sedoso
15  Passaria a vida inteira
Beijando-a cheio de goso.

~~~~~~~~~~~

Os teus lindos olhos negros
Dardejam fogo sagrado
Que chega perfeitamente
20  P'ra fazer um bello assado.

Amor é chama que mata
Ouvi dizer a alguem
Pois eu com essa tal chama
Tenho me dado mui bem.

25 Perfume que se esvaece
Dizem tambem do amor
Se ella cheirar a suor
Não é perfume é fedor.

É mais facil com uma mão
30 Matar quarenta elephantes
Do que teres tu num só dia
Menos do que vinte amantes.

Eu quizera que o amor
Se conhecesse por fora
35 P'ra ver quantos a menina
Hoje em dia namora.

Se houvesse um instrumento
Que medisse quanto eu quero
A ti adorado anjo
40 Marcava... marcava Zero!...

Eu amo-te doidamente
Por ti... assassinaria...
Uma galinha bem gorda
Que comtigo comeria!

*Agosto 1906*

És formosa
Como a rosa
De manhã,
Graciosa,
5    Caprichosa
Mui louçã.

Repito tu és mui linda
Fascinante
Estonteante
10 Como outra não vi ainda.

Nutro por ti paixão viva
Só a ti no mundo adoro
Porem choro
Pois vejo que és mais esquiva
15 E oh! sim mas muito mais
Que a semiviva!
E por isso solto ais
Lancinantes
Penetrantes.

20 Mas que tu oh! má não ouves
Ou finges não attender.
Com elles não te comoves
E sem dó vês-me soffrer.

Pois saiba minha flor
25 Se o meu amor não quizer
Minh'alma viver não quer...

Eu morrerei. Oh! horror
Então de tal desventura
        A culpada
30  Serás tu oh! minha amada
Donzella tão linda e pura!

Serás ente criminoso
Indigno de compaixão
Farás um crime horroroso
35  Esphacelarás um coração!

E não será tão cruel
O mais cruel assassino
De instinto mais tigrino
Como tu pomba sem fel!

A BONECA

(NARRATIVA D'UM SALTEADOR)

Sabeis, tenho matado muita gente
E jamais tremi ao tal fazer.
Quando assassino a minh'alma sente
Até com isso um infernal prazer.

5 Ao enterrar nalguem o meu punhal
Sinto-me feliz, porquê não sei,
É possível que só por fazer mal...
Houve uma vez porem em que hesitei:

Ha mais de dez annos, numa estrada
10 Eu e outros companheiros assaltámos
Um viajante ao qual roubámos
Tudo o que trazia... quasi nada...

Depois matamo-l'o e eu então notei
Que uma testemunha houvera da proeza:
15 Uma criancita que avistei
Não longe, sózinha, sem defeza.

Cheia de pavor ella estreitava
Uma boneca ao peito e a soluçar
Cobrindo-a de caricias, a beijava
20 Como que para a socegar!...

Deixar viva a criança era impossivel
Saber-se-hia tudo e de tal sorte,
Iriamos á forca, á forca horrivel
Onde nos dariam a merecida morte!...

<sub>25</sub> Corri pois p'ra criança sem demora,
Agarrei-a, não gritou, descorou só
E disse-me: "—Senhor mate-me embora
Mas da minha boneca tenha dó!..."

Estremeci... É que nos olhos seus
<sub>30</sub> Havia uma tão grande e tal doçura
Que a minha alma, corrompida, impura
Pela vez primeira receou Deus!...

Desviei o meu olhar dos olhos d'ella
Peguei na faca p'ra lha enterrar,
<sub>35</sub> Mas vi-lhe no rosto uma expressão tão bella
Que a mão senti tremer e vacilar!...

Fiz então um esforço desesperado!...
Enterrei-lhe a faca em pleno coração!...
"—Não bata na Lili, tome cuidado!...",
<sub>40</sub> Gritou-me ella ao baquear no chão,

E docemente, sorrindo para mim, 'xpirou!
Ah!... rapazes nem sei o que senti!...
A febre do meu cerebro se appossou...
E chorei!... sim chorei!... Depois fugi!...

<sub>45</sub> ·····················································

A Lili, a boneca da innocente
É p'ra mim a reliquia mais sagrada.
Conserva-la-hei eternamente
Naquella gaveta bem guardada!...

*21 março 1907*

Eu conheço uns olhos negros
Que brilham como diamantes,
Cheguei-me para o pé d'elles
E fiquei tal como d'antes!...

5 Eu conheço uns olhos verdes
Que alumiam scintilando,
Já os tenho até beijado
Mas nunca os fiquei amando!...

Conheço uns olhos azues
10 Como outros 'inda não vi
Feroses, bellos... Por elles
Jámais amor eu senti!...

Tambem conheço uns castanhos
(Que são os teus minha amada)
15 Bem vulgares mas pelos quaes
Minh'alma anda apaixonada.

Conheço uns cabellos louros
Que são d'ouro precioso
Já lhes sorvi o perfume
20 Mas não frui nenhum goso!...

Conheço uns cabellos negros
De ebano o mais retinto...
Passo a minha mão por elles
Mas nada... mas nada sinto!...

<sup>25</sup> Tambem conheço uns vermelhos
Os quaes já alguem mataram.
Apesar d'isso os tyrannos
Nem sequer m'impressionaram.

Mas eu sei porem d'uns outros
<sup>30</sup> Do castanho mais vulgar
Cuja dona graciosa
Hei de sempre idolatrar.

Tão sedosos elles são,
Tão finos, tão abundantes
<sup>35</sup> Que no mundo não existem
Por certo outros semelhantes!...

Sei de muita mulher bella
Que não posso tolerar
Só a ti, a ti meu anjo
<sup>40</sup> É que eu hei de sempre amar!...

*21 março 1907*

A CORTEZÃ

O penteado muito espaventoso,
Os labios tintos com carmim,
Olheiras feitas a Nanquim,
O vestido justo e vaporoso

5 Para as formas bem lhe amoldar.
Ella anda assim, quasi que nua,
De noute e de dia pela rua,
P'ra traz e p'ra diante sem parar.

Entrega-se a qualquer pois necessita
10 Arranjar o preciso p'ra viver
Vende o seu corpo por não ter
Outra cousa que venda... coitadita!...

É infinitamente desgraçada
Esta mulher que quando ama,
15 Vê que coberta está de lama,
E que essa lama não pode ser tirada.

Compaixão devemos pois nutrir
Por essa tão mizera creatura
Que como as honnestas nasceu pura
20 Mas que depois veio a sucumbir!

Aquella que uma infancia rodeada,
Tiver nunca de bem, sempre de mal
Vem a cahir, isto é fatal
Nesta existencia negregada!...

*22 março 1907*

## I. O carro de Bois — O automovel

Um carro de bois p'r andar
Uma legua em estrada lisa
Sem carga muito pesada,
Mais que uma hora precisa!...

5 Um automovel p'ra fazer
Mais que tres na mesma estrada
Nem meia vem a gastar
Levando carga pesada!

## II. A mala-posta — O comboio

P'ra ir de Lisboa ao Porto
Seis dias em mala-posta
São precisos e que perigos
O que lá vae não arrosta!

5 P'ra fazer esse trajecto
Hoje em caminho de ferro,
Sem perigos, eu necessito
De seis horas, se não erro!

## III. O navio de vela — O paquete

Para ir ao Novo Mundo
Num navio de vela, eu

Se levar só quatro mezes
É já um favor do ceu!

5 Mas se tomar um paquete,
Dos maiores que hoje ha,
Apenas em cinco dias
Sou, por certo, posto lá.

## IV. O correio — O telegrapho

Uma nova da Australia
Que venha pelo correio
Gasta em chegar a Lisboa
Talvez mais que mez e meio!

5 Se porem pelo telegrapho
A mesma for enviada
Em menos que um segundo
Será ella cá chegada!...

## V. A cera — A luz electrica

Para bem illuminar
Um salão, mas só com velas,
Quantas desenas e centos
Necessitamos nós d'ellas?

5 Mas se for com luz electrica
Uns dez arcos chegarão,
E mais claro que o dia
Ficará esse salão!...

VI. A agulha — A machina de costura

P'ra fazer uma camisa
Com uma agulha, á mão,
A mais agil costureira
Gasta por certo um serão!

5 Mas a mesma se tiver
Uma machina de coser
Quatro em uma unica noute
P'lo menos deve fazer.

*22 março 1907*

(Para o programma do sarau promovido
em 15 de maio de 1907, a favor das
victimas sobreviventes do incendio da rua
da Magdalena, no theatro do Gymnasio pelos
alumnos do Lyceu de São Domingos.)


Caro leitor, eu pretendo
Que fique bem conhecendo
A historia inteira da festa
Que hoje vae presencear.
5   Faz favor? Atenção presta
Porque eu vou já começar.

O senhor Julio dos Santos
Tendo um dia a bella ideia
D'um sarau organisar
10  Só cá do nosso Lyceu,
Da lembrança parte deu
A alguns dos seus companheiros;
D'esses foram os primeiros
O Novaes, o Perez e eu.

15  Para isso era preciso
Eleger uma commissão.
Com tal fim organisou-se
Uma grande reunião.
O sôr Santos assumiu,
20  A convite, a presidencia
E com uma pose ultra-grande
Disse assim Sua Excellencia:

"—Amigos eu reuni-os
Porque lhes quero dizer
25 Que achava que este Lyceu,
Que estimo por ser o meu,
Uma grande e bella festa
Deveria organisar
Para mostrar que é unido,
30 Estudioso, exemplar;
P'ra se tornar conhecido,
P'ra se tornar afamado.
Não concordam?"
                    "—Apoiado!"
Gritou a assembleia em peso.
35 "—Bem agora só nos resta,
Prosseguiu o illustre Santos,
Eleger a commissão
Que de tudo tratará,
E eu propunha que p'ra tal
40 Fosse feita votação
Nominal."

Distribuiu-se papel
Á conspicua d'assistencia,
A qual os votos mettia
45 No chapeu da presidencia.

Apurada a votação,
Teve este resultado,
Para nós mui lisongeiro:
Presidente — Julio Santos,
50 Vogaes — Mello e Sá Carneiro.

Depois os três delib'rámos
Agregar mais dois vogaes
E para isso chamámos
O Maméde e o V. Pereira.

55  Constituida a commissão;
Sem barulhos e sem ralhos,
Esperançosa, unida, ordeira,
Iniciou os seus trabalhos.

Nas nossas reuniões
60  De varias questões tratámos;
té uma peça arranjámos,
Uma peça de valor,
E os actores escolhemos...
Mas chega a gréve maldita,
65  Todos os nossos trabalhos,
Forçados, interrompemos.

Porem nada dura sempre.
Passou tempo, terminou
A gréve e tudo voltou,
70  Como d'antes, ao normal.

Foi por esta occasião
Que houve o incendio terrivel
Na Rua da Magdalena,
Essa catastrophe horrivel
75  Que alarmou a capital.

Condoido por tal caso
Disse-nos um dia o Mello:

"—Um fim altruista e bello
Pode e deve ter agora
80  O sarau que pretendemos
Todos nós organisar:
O producto entregaremos
Áquelles que escaparam
Do incendio, mas que pobres
85  Por causa d'elle ficaram."

"—É ideia de primeira"
Grita tudo e tudo approva.
Nem um unico dos membros
Tal pensamento reprova.

90  E nós todos desde então
Trabalhámos a valer,
Com mais gosto e mais vontade,
Com coragem, com prazer!...

O pouco que conseguimos
95  Vae Vocencia avaliar,
Pois que toca a campainha,
P'ro 'spectaculo começar.

*[15 de Maio de 1907]*

A ELEGANTE

Ao longe:
    "—Bellos cabellos!
São de oiro fulgurante!
Que linda trança! Que abundante!
Sim senhor! Bellos cabellos!"

5 De perto:
    — "Ah! mas que vejo!
São postiços! Não são d'ella!
Bolas! p'ra trança bella,
Pois não é d'ella, bem vejo!

E assim como o cabelo;
10 A elegante d'hoje em dia,
Tudo o que traz, é postiço
Desde os pés 'té ao toutiço!

*6 de janeiro 1908*

# RECITATIVO DA GINGINHA[a]

## (PARA UMA REVISTA)

Co'a longa penca vermelha na ponta,
Aos bordos, mui tonta, a cambalear,
Ei-l'a aqui vem a bem lusa ginginha,
Sempre promptinha p'ra todos tachar!

5 Com meu sangue, que é sangue de Deus,
Sem escarceus, tristezas eu limpo;
Por velhos e novos sou pois adorada,
E até venerada, qual deuza do Olympo.

A pobres e ricos, alegro e aqueço,
10 A todos offerêço um lugar em meu seio:
Tachar todo o mundo! é minha missão,
Sublime pendão, que soberba, eu hasteio!

É beber-me oh! rapazes, que eu dou-vos alento,
Saber e talento, p'ra tudo apprender!
15 Fazei o que eu digo! bebei da ginginha,
Que mais depressinha haveis de apprender!

*Fevereiro 1908*

a    Nota do autor, após a data: "Nota: Este recitativo foi feito p[ar]a uma revista academica pla-
neada primeiro com a collaboração de R[ogerio] Perez, aggregando-se-lhe depois R[icardo] Tei-
xeira Duarte e Vergilio Silva.¹ R[ogerio] Perez e V[ergilio] Silva desistiram porem, ficando em lugar
d'elles, Thomaz Cabreira Junior que com R[icardo] Teixeira Duarte e commigo a concluiram², tendo
sido representada com o titulo de ? na noite de 24 d'abril de 1908 no Theatro do Gymnasio, na recita
promovida pelo Grupo Dramatico do lyceu de S. Domingos, sendo a musica coordenada (com³
alguns n[umer]os originaes) por Alfredo Mantua. Este recitativo porem foi cortado juntamente
com outros n[umer]os. Adiante vão alguns d'esses. Nota: Os n[umer]os em verso⁴ que escrevi
foram os seguintes (recitados): Monologo do ponto — Idem do Secretario da empresa — Versos do
relogio — (recitado⁵ com musica) —Recitativo⁶ de M.ᵐᵉ Dernier Cri — (cantados) Balancé dos con-
tinuos — *Trecetto*⁷ do Jogador de Porta, Manteigueiro e Gazeteiro — Fado d'Archimedes e côro final.
— Estes ultimos de collaboração com R[icardo] Teixeira Duarte." Quanto ao referido "*Trecetto*⁸ do
Jogador de Porta, Manteigueiro e Gazeteiro", veja-se o testemunho apresentado atrás nesta edição.

RETRATO DE BENTO FORMOZINHO

Tem cara de ratinho
E é bem intelligente
O mais novo Formozinho
E vivo como o mercurio
5   Traquina como um pardal
Descompõe, berra e grita
Mas a ninguém causa mal.
Prompto cheguei ao fim
Nada mais tenho a dizer
10   Andem! Virem a pagina
E continuem a ler.

a Rogerio Garcia Perez
a Alberto da Silva Barbosa

*Sugeito muito corretamente vestido — casaco ou "SMOKING", luvas
brancas. Maneiras afetadas, mesmo um pouco ridiculas.
(entrando)*

Boas noites! Como passam?
Muito bem, ao que parece...
O que querem que aqui faça?
Digam: que lhes apetece?...

5    Lindos versos, cançonetas,
Ou monol'gos engraçados?
Uma valsa, uma *"romanza"*
Ou fadinhos bem cantados?

Senhor's; é pedir por bôca,
10   De tudo, de tudo sei!
Uma vez até, sózinho,
Alguns tercêtos cantei.

*(Pausa, admirado por
não lhe pedirem nada)*

Mas ninguem me pede nada!?
Isto assim não pode ser!
15   Para que é que eu aqui vim?
Não foi para os entreter!?

*(Vendo que todos*
*continuam calados)*

E ficam todos calados!
Nesse caso, vou-me embora!...

*(a uma senhora)*

Vossa Exc'lencia que pretende?
20 Diga lá, minha senhora!

Deseja talvez que eu cante
A aria da Tosca?... Não?...
E qualquer trecho da Aida,
Da Fedora ou Dom João?

*(vendo que éla não responde)*

25 Tirana! fica calada!
Coisa nenhuma me diz!
Oh! não pode imaginar
Como me torna infeliz...

*(a um cavalheiro)*

Julgo porem, que Vocencia
30 'Stá disposto a responder...

*(desesperado por êle*
*não responder)*

Da mesma forma calado!
Isto é para endoidecer!!

*(passeia, arrepelando-se:
depois, em grandes gestos)*

Mas ó senhores, eu até —
Se quizerem — represento
Sem mais actores uma peça!
P'ra que é que serve o talento!?

*(a um cavalheiro)*

Por isso, se o cavalheiro
Desejar uma comedia,
É só pedir... a não ser
Que prefira uma tragedia...

*(vendo que êle não responde)*

Tambem nada me responde!

*(a uma senhora)*

E Vocencia, bella dama,
O que escolhe? Uma operêta,
Um *"vaudeville"*, ou um drama?

*(vendo que não responde)*

Idem... na mesma data!
Fica muda como um peixe!...

*(batendo na testa)*

Ah! finalmente já sei!
O que querem é que os deixe!...

(*pausadamente*)

Muito bem, vou retirar-me
Sem demora, sem tardar...
Mas antes de me ir embora,
Uma coisa hão de notar:

Apezar de nada quererem,
Numa esparréla cairam!...

(*numa reverencia*)

Meus senhores, minhas senhoras:
"*Um monol'go, sempre ouviram!*"

MARIO DE SIRCOANERA
*[24 de Agosto de 1908]*

*Quem me déra, meu amor,*
*Essa bocca pequenina.*


### Glosa


*Quem me dera, meu amor,*
Comtigo deixar a vida,
Que é tanta esp'rança perdida,
Que é tanta mizeria e dôr!
5 Deixar o mundo malvado
E repouzar a teu lado —
Oh! minha amante divina! —
Na mesma cova esquecida,
Tendo á minha bocca unida
10 *Essa boca pequenina!...*

SIRCOANERA
*[5 de Dezembro de 1908]*

*Senhora dos olhos lindos*
*Dae-me a esmola de um olhar.*

## Glosa

*Senhora dos olhos lindos,*
Porque é que sois tão cruel?
As pombas não têem fel,
E vós sois pomba, senhora...
5 Tormentos varios, infindos,
Sem dó, me fazeis soffrer...
Morto, vós me qu'reis vêr,
Não é verdade, traidora?
Respondei! Ficaes calada!?...
10 Nesse caso, adivinhei...
Pois muito bem! morrerei;
Morrerei, sem ter pezar!...
Minha vida amargurada
Eu vos vou dar, deusa qu'rida...
15 Antes porem da "partida„
*Dae-me a esmola d'um olhar!...*

SIRCOANERA
*[19 de Dezembro de 1908]*

*Eu quero ser criminoso,*
*Se ter amor é um crime.*

Glosa

Se p'ra me qu'reres é forçoso
Que um crime por ti commetta,
Acredita, ó Henriqueta,
*Eu quero ser criminoso!*
5 Por ti... assassinarei!...
Sim, matarei, ó queridinha,
Por exemplo... uma gallinha
Que comtigo comerei!...
Embora me desanime
10 Teu sorriso desdenhoso,
Eu vou ser um criminoso,
*Se ter amor é um crime!...*

SIRCOANERA
*[2 de Janeiro de 1909]*

*Lindo amor, que me matais,*
*Com tão grande ingratidão.*

Glosa

Por que razão desdenhais
Deste amor que vos of'rêço?
Por que é que me despresais,
Quando eu, por vós, enlouqueço?...
5  *Lindo amor, que me matais!...*
Dou-vos, alma e coração,
Por vós, da vida desisto...
Desisto, sim, mas em vão:
Vós pagais-me tudo isto
10  *Com tão grande ingratidão!...*

SIRCOANERA
*[9 de Janeiro de 1909]*

*(imitação dum soneto
de Emilio Bergerat publicado no
jornal francês* Comœdia*)*

Sobre o porto de Messina,
onde tudo são destroços, apenas
se vê de pé a estatua de Neptuno,
construida no seculo xvi.
(Dos jornaes)

Em vão procuraes hoje, ó viandante,
Aquela qu'inda ha pouco era Messina:
Um cataclismo horrivel, que alucina,
Tragou-a inteiramente, n'um instante!

5 Sobre as ruinas, a morte triumfante
Pairando 'stá, qual ave de rapina;
A carne pôdre, os vivos contamina,
O ar que se respira é sufocante!

Palacios e casebres abateram,
10 Até mesmo as igrejas não puderam
Resistir ao embate gigantesco!

Tudo engoliu a terra!... Tudo, não!
Ficou Neptuno, o velho deus pagão;
É êle o guarda d'esse cáos dantesco!...

*[23 de Janeiro de 1909]*

Curtes aí no leito a mais aborrecida[a]
Doença que ha na vida:
A "grippe" maçadora:
A penca a pingar, dorida, inflamada;
5 Rubra a garganta, a cabeça pesada,
Espilros e tosse esfaceladora.

Deves porem sofrer tudo isso alegremente,
Seres feliz na dôr.
Porque tu, Milton, és incontestavelmente,
10 No meio do defluxo, a VITIMA DO AMOR!

Do amor da arte divina,
Da arte suprema e bela
Que nada pode igualar...
És a vitima da TINA,
15 Sómente por causa dela
Estás aí a espilrar!...

Não deves pois sofrer, gozar deves até.
Não se "sofre" por uma mulher linda,
Assim como essa é.
20 A dôr que ela nos causa, uma ventura infinda
Á nossa alma dá:
É um sofrer delicioso,
É um sofrer voluptuoso
Como no mundo outro não ha!...

25 Não te lamento, invejo-te — acredita —.
Não vou saber de ti, p'ra não te despertar

a    Poema enviado a Milton de Aguiar; veja-se a nota final.

Do sonho em que tu vês essa mulher bendita
Que te fez constipar.

Sem nada mais dizer, desculpa se te maço
30 Com esta versalhada.
Adeus até breve. Isso não é nada.
Aceita um grande abraço.

*Lisboa, 9 maio 1909*

Tradução da poesia de Schiller,
"Der Handschuh"


P'ra gozo e aprazimento
Duma corte alemã de medievescas eras,
Travado ia ser com todo o luzimento
Um combate de feras.

5  O rei Francisco estava já sentado
Num dossel magestoso,
Pelos grandes do reino rodeado.
Formando um ramalhete gracioso
De perfumadas rosas,
10 Viam-se num balcão, sorridentes e belas,
As damas mais formosas,
As mais linhas donzelas.

Ao toque dum clarim, abre-se então
A larga, a vasta arêna. O rei faz um sinal;
15 Aparece um leão. O soberbo animal
Olha em redór de si e deita-se no chão
Dando um urro tremendo,
A juba sacudindo, os membros estendendo.

Novo sinal do rei. Rapidamente,
20 Outra jaula se abre e dela um tigre sae
Saltando ferozmente.
Ao ver o leão, estaca: arreganha-lhe o dente...
Junto a êle porem deitar-se vae.

Mais um sinal do rei e dois leopardos entram.
25 Em rapida carreira
Percorrem toda a pista e mal no tigre atentam,
Com furia carniceira,
Com impeto feroz,
Avançam contra êle, as fauces espumantes,
30 Os olhos faiscantes,
Qual o mais audaz, qual o mais veloz.

Envolve-se tambem na luta gigantesca
O rei dos animaes a quem sangue apetéce:
No amfiteatro então tudo emudece
35 E segue emocionado a cena barbaresca.

O combate prossegue até que finalmente,
Cobertos de poeira, ensanguentados,
Se deitam novamente extenuados
Uns ao lado dos outros.

                              De repente,
40 Junto das feras cae da beira do balcão
Uma luva da branca e linda mão
Da mais linda donzela.
Por ironia, então
A certo cavaleiro diz aquela:

45 "—Se é tão ardente como asseguraes
"Esse amor que dizeis por mim nutrir
"Porque não apanhaes,
"Senhor, a luva que deixei cair?"

Sem hezitar sequer um só momento,
50 Ao recinto terrivel,
Dirige-se impassivel
O jovem cavaleiro.
Os fidalgos com'spanto, as damas sem alento,
Vêem-no caminhar...
                    Abaixa-se ligeiro
55 Em frente do leão,
Apanha então a luva e sempre imperturbavel
Sereno e admiravel,
Impune sae da pista e entra no balcão!

Acerca-se da linda creatura
60 Que lhe fez praticar
Essa louca bravura,
E, com um terno olhar —
Olhar que lhe anuncia a proxima ventura —
Por ela é recebido. Embora reconheça,
65 Embora sinta bem,
Que o seu amor ganhou com arriscar a vida,
Ao rosto o cavalheiro a luva lhe arremessa,
Volta-lhe as costas e, com o maior desdem,
Retira-se em seguida.

*Lisboa junho de 1909*

*Ó pobre estrume, como tu compões*
*Estes pampanos doces como affagos!*
Cesario Verde — "Nós"

Eu sinto na minh'alma um singular prazer,
Sempre que te revolvo, ó mal-cheiroso estrume!
Em vez de me enojar, teu fétido perfume
Inebriar me faz e faz-me reviver!

5    Em ti aspiro a vida, a vida vegetal,
A vida venturosa, honesta, santa e pura
Qu'expande flôres no ar, raizes na fundura,
Que é bem melhor, emfim, do que a vida animal.

Homens nela não ha. Toda a vegetação
10   Dum rei é desprovida. Ah! entre os vegetaes
Podeis bem procurar; não achareis jámais
"Um ente sup'rior, dotado de razão"!

Sem conhecer o crime, o vicio desconhece;
Não luta pela vida assassinando os seus;
15   Nenhuma ambição tem, não inventou um Deus;
Estrume e agua e terra, é só do que carece.

O lixo que não presta é pelo solo cúpido
Tragado, elaborado; é ele que o sustenta:
Uma seára nasce, altiva, suculenta,
20   Dum monte d'excremento ou dum cadáver pútrido!

Eis como sae da morte a vida exuberante!
Transmigração bizarra! A carne do animal,
Morrendo, faz nascer a fibra vegetal
E ressuscita assim, mais forte, mais possante.

25 Entrae num cemiterio e vêde como as flôres
Rebentam por ali: São verdes, são viçosas
Tál como as dum jardim. Os cravos e as rosas
Cheiram melhor até, têm mais vivas côres.

O "humus" animal é esterco precioso,
30 É entre as podridões a mais vivificante:
Por isso cresceu mais, é mais luxuriante
O prado que brotou num prado de repouso.

////

A terra é nossa mãi? Parece-me que não:
Nós não vivemos nela, apenas "sobre ela";
35 Para vivermos nós nem precisamos tê-la,
Vivemos muito bem nas tabuas dum salão...

Dos vegetaes é mãi, não ha que duvidar:
É ela quem os pare, é quem os alimenta,
É quem por eles sofre, é quem os aguenta,
40 Nem uma ervazinha a pode dispensar.

Como todas as mãis — a Virgem, excluida
Por ordem dos cristãos — a terra é fecundada.
O grão ou a semente a ela confiada,
No seu ventre germina, em breve está nascida.

<sub>45</sub> O estrume é para ela o orgão fecundante:
De espermen a inunda, erecto, monstruoso!
Fazendo-a palpitar, o phallus vigoroso
Inoculou-lhe a vida: é Mater-triunfante!

Ela recebe tudo e nada ela regeita:
<sub>50</sub> A horta e o pomar, o milho, o batatal,
O prado e a floresta, a vinha, o olival,
A terra cria tudo, é mãi que não engeita!

E quem ha de dizer ao ver uma estrumeira,
Ao ver esse montão heterogeneo, imundo,
<sub>55</sub> Que a todo o fruto e flôr que nasce neste mundo
De sustento serviu, serviu de creadeira?

Só isto indica bem a estreita ligação
Da morte com a vida e prova, concludente,
Que tudo quanto existe é feito unicamente
<sub>60</sub> Da mesma lama vil, sempre em transformação!

...............................................................

...............................................................

Eu sinto na minh'alma um singular prazer,
Se a revolver me ponho o mal-cheiroso estrume.
<sub>65</sub> Em vez de me enojar, seu fétido perfume
Inebriar me faz e faz-me reviver!

*Camarate, setembro 1909*

BEIJOS
Monologo

"Beijar!" linda palavra!... Um verbo regular
    Que é muito irregular
    Nos tempos e nos modos...

Conheço tanto beijo e tão dif'rentes todos!...

5  Um beijo pode ser amor ou amisade
    Ou mera cortezia,
E muita vez até, dize-lo é crueldade
    É só hipocrisia.

    O doce beijo de mãe
10    É o mais nobre dos beijos,
    Não é beijo de desejos,
    Valor maior êle tem:
    É beijo cuja fragrancia
    Nos faz secar na infancia
15    Muita lagrima... feliz;
    Na vida esse beijo puro
    É o refugio seguro
    Onde é f'liz o infeliz.

Entre as damas o beijo é praxe estab'lecida,
20  Cumprimento banal — ridiculos da vida! —:

      (*imitando o encontro de 2 senhoras na rua*)

— Como passou, está bem ? (Um beijo) O seu marido?
(Mais beijos) — De saude. E o seu Dona Mafalda?

—Agora menos mal. Faz um calor que escalda,
Não acha? —Ai Jesus! que tempo aborrecido!...

25 Beijos dados assim, já um poeta o disse,
       Beijos perdidos são.
         (Perder beijos! que tolice!
       Porque é que a mim os não dão?)

    O *osculum pacis* dos cardeaes
30  É outro beijo de civ'lidade;
    Beijos paternos ou fraternaes
    São castos beijos, só amisade.

       As flôres tambem se beijam
       Em beijos incandescidos,
35     Muito embora se não vejam
       Os ternos beijos das flôres.

       Ha outros beijos perdidos:
           Aqui mesmo,
       Ha aquêles que os actores
40            Dão a esmo,
       Dao a esmo e a granel...
       Porque lhes marca o papel.

    —Mas o beijo d'amor?
       Socegue o espectador,
45     Não fica no tinteiro;
    Guardei-o para o fim por ser o "verdadeiro".

       Com êle agora arremeto
       E como é o principal,

Vae apanhar um soneto
*Magistral:*

Um beijo d'amor é delicioso instante
Que vale muito mais do que um milhão de vidas,
É balsamo que sára as mais crueis feridas,
É turbilhão de fogo, é espasmo delirante!

Não é um beijo puro. É beijo estonteante,
Pecado que abre o céu ás almas doloridas.
Ah! Como é bom pecar co'as bôcas confundidas
Num desejo brutal da carne palpitante!

Os labios sensuaes duma mulher amada
Dão vida e dão calor. É vida desgraçada
A do *feliz* que nunca um beijo nêles deu;

É vida venturosa a vida de tortura
Daquêle que co'a bôca unida á boca impura
Da sua amante qu'rida, amou, penou, morreu.

(*Pausa. Mudando de tom*)

Desejava terminar
A beijar a minha amada,
Mas como não tenho amada,
(*a uma espectadora*)
Vossencia é que vae pagar...
Não se zangue. A sua face
Consinta que eu vá beijar...
........................ (*atira-lhe um beijo*)
*Um beijo pede-se e dá-se,*
Nao vale a pêna corar...

*Fevereiro de 1910*

Er'alto, muito alto. Outr'ora, verdejante,
Viveu num pinheiral; foi um pinheiro. Tinha
No tronco erguido ao ár, ramagem, muita pinha,
E a seiva percorria o côrpo do gigante.

5 Se o rapazío da vila, a chilrear, trepava
Pelos seus ramos, êle — avô bonacheirão —
Em vez de se zangar, até os ajudava,
De forma que nenhum vinha parar ao chão.

Em suma era feliz. Robusto, resistia
10 Ao vento, ao sol, á chuva, á neve, á tempestade;
Mas como nunca é eterna a f'licidade,
A golpes de machado êle tombou um dia.

Hoje é um poste liso. É esguio, é feio e forte,
Não tem vida nem seiva. Imovel, está ali
15 Á beira dum trigal... Que triste a sua sorte!
A arvore tornou-se em um imenso *I*...

No tôpo êle sustenta os fios da longa meada
Que entrelaçando o mundo, ao mundo as novas leva:
"Paris 8, manhã: — Rostand doente. Neva.„
20 "Belgrado 22: — A Servia revoltada.„

As noticias banaes e as novas d'importancia;
Inventos, revol'ções, catastrofes e guerras;
Nos fios circula tudo. Os homens, numa ancia,
Informam-se e assim 'stão perto as longes terras.

25 ..........................................................

Humildes postes sois os fortes sustentáculos
Do aereo condutor da vida universal;
A cobra gigantesca, o polvo colossal
Que mesmo no deserto alastra os seus tentáculos.

30 Se para vós eu olho, esvae-se o horizonte,
A terra não tem fim... Caminho para a frente...
Um monte está ali... A vista salta o monte...
Percorro todo o mundo imaginariamente!...

Transporto-me a Paris. Passeio no boul'vard;
35 Num cabaret qualquer, pandégo com cocotes...
Em Petersburgo estou. Niilistas aos magotes,
Escoam-se na sombra e tramam contra o czar...

Aténas visitei... Nos ringues de Viêna,
Me pavoneo agora... A Roma chego já...
40 Mas a Europa a mim parece-me pequena...
Vou a Jerusalem... Diviso o Sahará...

Ah! como te agradêço; ó rede telegrafica!
Viájo sem vintem, graças a ti sòmente...
Em menos dum minuto e muito facilmente,
45 Eu sei-me transportar da Oceania á Africa!...

*
*    *

Os fios não servem só p'ra minha fantazia
Por êles encanada, absôrta viajar;

Tambem não servem só de noticiosa via:
Os passaros nos fios costumam descansar.

50 E então que belo quadro! Á luz do sol poente
Esfuma-se no ár uma fileira alada...
Num vôo lasso desce e ei-la empoleirada
Entoando num cicío um cantico dolente.

Na invenção genial, o que aprecio mais
55 Não é o que aproveita ao monstro "Humanidade„;
No socorro prestado a pobres animaes,
Só nisso, é que eu encontro alguma utilidade.

...................................................

O fio serve de poiso á ave fatigada,
60 E o poste com saudade e com melancolia,
Recorda o pinheiral: Na sua ramaria
Pousava muita vez então a passarada.

Começa a recordar... Recorda toda a vida:
A terra em que nasceu... o velho rachador...
65 A sua nètasinha, esperta e tão garrida...
O grande amor que teve a essa rosea flôr...

...................................................

... Por isso quando vejo em noites de luar,
No macadam da estrada, a esguia silhueta
70 Dum poste magrizela, eu sinto-me poeta
E dos meus versos bâno o chôcho verbo "amar„...

*Lisboa, julho 1910*

Se teve que sair, na rua toda a gente
Olhando para ela, esboça um sorrisinho...
Uma madama opina a outra em tom escarninho:
"—Sair p'rá rua assim, ái filha, acho indecente!"

5 Um peralvilho tôlo — um *bacharel-formado*,
De profissão cretino — os dentes arreganha:
"—Olha p'rá aquela gaja... Éna! como vae prenha!..."
P'ra outro néscio diz, julgando-se engraçado.

Por toda a parte o ventre informe é um motivo
10 De risos e chacota. Estúpida maldade!
Mas esse ventre enorme e duplamente vivo,
Ó súcia, reparai! é a Maternidade!

Sabeis vós por ventura o que isso é, malandro?
Sabeis o que é ser mãi, fedúcia viciosa?
15 Vós conheceis do amor os lúbricos meandros,
Mas não sabeis o que é ser mãi, mula asquerosa!...

Ser mãi — doce evangelho — é sentir palpitar
Dentro da sua carne, a carne doutro ente;
Fazer da sua alma, a alma desse ente,
20 Reconhecer que nem só Deus póde crear.

É cumprir a missão pela terra exigida,
É dar-lhe mais alguem que a aperfeiçoe e a amanhe.
É ter quem nos estime e quem nos acompanhe,
É morrer e deixar no mundo a sua vida.

25 Lá vai por isso a mãi; e sempre imperturbavel
Nem ouve os imbecis. Caminha vagarosa,
No rosto uma expressão enternecida, afável:
Pesa lhe a carga mas transporta-a jubilosa.

E se ouve os risos pensa: "É p'ra me acostumar
30 A padecer por êle..." Os risos, os gracejos,
As dôr's e tudo mais, êle ha-de-lhe pagar,
Ele ha-de-lhe pagar e com milhões... de beijos...

Ventre de mãi, fruto maduro,
Ventre de mãi, ventre orgulhoso,
35 Tu és um cofre precioso,
Tu és o cofre do Futuro!

*Lisboa, fevereiro de 1911*

Ó minha desconhecida
Que formosa deves ser...
Dava toda a minha vida
Só para te conhecer!

5 Mais fresca e mais perfumada
Do que as manhãs luminosas,
A tua carne dourada
Como ha de saber a rosas!

Da minha boca de amante
10 Será o manjar preferido
O teu corpo esmaecido
Todo nú e perturbante.

Que bem tu me has de beijar
Com os teus lábios viçosos!
15 Os teus seios capitosos
Como hão de saber amar!...

Os teus cabelos esparsos
Serão o manto da noite,
Um refúgio onde me acoite
20 Do sol dos teus olhos garços.

Olhos garços, côr do céu,
Cabelos de noite escura;
Será feita d'incoerencias
Toda a tua formosura...

25 Os dias que vou vivendo
Tão desolados e tristes
É na esp'rança de que existes
Que os vivo... e que vou sofrendo...

A UM SUICIDA

á memória de Tomás Cabreira Junior

Tu crias em ti mesmo e eras corajoso,
Tu tinhas ideaes e tinhas confiança.
Oh! quantas vezes eu, desesp'rançoso,
Não invejei a tua esp'rança!

5 Dizia para mim: — Aquêle ha de vencer,
Aquêle ha de colar a bôca sequiosa
Nuns lábios côr de rosa
Que eu nunca beijarei, que me farão morrer...

A nossa amante era a Glória
10 Que para ti — era a victória,
E para mim — asas partidas.
Tinhas esp'ranças, ambições...
As minhas pobres ilusões,
Essas estavam já perdidas...

15 Imersa no azul dos campos sideraes
Sorria para ti a grande encantadora,
A grande caprichosa, a grande amante loura
Em quem tinhamos posto os nossos ideaes.

Robusto caminheiro e forte lutador,
20 Havias de chegar ao fim da longa estrada
De corpo avigorado e de alma avigorada
Pelo triunfo e pelo amor.

Amor! Quem tem vinte ânos
Ha de por força amar.
25  Na idade dos enganos
Quem se não ha de enganar?

Emquanto tu vencerias
Na luta heroica da vida
E, sereno, esperarias
30  Aquela segunda vida
Dos bem-fadados da Glória,
Dos eternos vencedores
Que revivem na memória —
Sem triunfos, sem amores,
35  Eu teria adormecido
Espojado no caminho,
Preguiçoso, entorpecido,
Cheio de raiva, daninho...

*

*  *

Recordo com saudade as horas que passava
40  Quando ia a tua casa e tu, muito animado,
Me lias um trabalho ha pouco terminado,
Na sàlazinha verde em que tão bem se estava.

Diziamos ali sinceramente
As nossas ambições, os nossos ideaes:
45  Um livro impresso, um drama em scena, o nome nos jornaes...
Diziamos tudo isto, amigo, seriamente...

Ao pé de ti, voltava-me a coragem:
Queria a Glória... Ia partir!
Ia lançar-me na voragem!
50 Ia vencer ou sucumbir!...

..................................................................
..................................................................

Ai! mas um dia tu, o grande corajoso,
Tambem desfaleceste.
55 Não te espojaste, não. Tu eras mais brioso:
Tu, morreste.

Foste vencido? Não sei.
Morrer não é ser vencido,
Nem é tão pouco vencer.

60 Eu por mim, continuei
Espojado, adormecido,
A existir sem viver.

Foi triste, muito triste, amigo, a tua sorte —
Mais triste do que a minha e mal-aventurada.
65 ... Mas tu inda alcançaste alguma coisa: a morte,
E ha tantos como eu que não alcançam nada...

*30 de setembro e 1 de outubro de 1911 — Lisboa*

Em frente dos meus olhos, ela passa
Toda negra de crépes lutuosos.
Os seus passos são leves, vigorosos;
No seu perfil ha distinção, ha raça.

5   Paris. Inverno e sol. Tarde gentil.
Crianças chilreantes deslisando...
Eu perco o meu olhar de quando em quando,
Olhando o azul, sorvendo o ar de abril.

... Agora sigo a sua silhueta
10  Até desapar'cer no boulevard,
E eu que não sou nem nunca fui poeta,
Estes versos começo a meditar.

Perfil perdido... Imaginariamente,
Vou conhecendo a sua vida inteira.
15  Sei que é honesta, sã, trabalhadeira,
E que o pai lhe morreu recentemente.

(Ah! como nesse instante a invejei,
Olhando a minha vida deploravel —
A ela, que era energica e prestavel,
20  Eu, que até hoje nunca trabalhei!...)

A dôr foi muito, muito grande. Emtanto
Ela e a mãi souberam resistir.
Nunca devemos sucumbir ao pranto;
É preciso ter força e reagir.

²⁵ Ai daqueles — os fracos — que sentindo
Perdido o seu amparo, o seu amor,
Caem por terra, escravos duma dôr
Que é apenas o fim dum sonho lindo.

Elas trabalham. Têm confiança.
³⁰ Se ás vezes o seu pranto é mal retido,
Em breve seca, e volta-lhes a esp'rança
Com a alegria do dever cumprido.

Assim vou suscitando, em fantasia,
Uma existencia calma e santa e nobre.
³⁵ Toda a ventura duma vida pobre
Eu compreendo neste fim de dia:

Para um bairro longinquo e salutar,
Uma casa modesta e socegada;
Seis divisões (a renda é limitada),
⁴⁰ Mas que gentil salinha de jantar...

Alegre, confortavel e pequena;
Moveis uteis, sensatos e garridos...
Pela janela são jardins floridos
E a serpente aquatica do Sena.

⁴⁵ Respira-se um aroma a gentilesa
No jarro das flores, sobre o fogão.
Quem as dispôs em tanta devoção,
Foram dedos de noiva, com certeza.

Ai que bem estar, ai que serenidade...
⁵⁰ A fé robusta dispersou a dôr...

Naquela vida faz calor e amor,
E tudo nela é paz, simplicidade!

~~~~~

Sinto quasi desejos de fugir
Ao misterio que é meu e me seduz.
55 Contenho-me porem. A sua luz,
Não ha muitos que a saibam reflectir.

A minh'alma nostalgica de alem,
Cheia de orgulho, ensombra-se entretanto.
Aos meus olhos ungidos sobe um pranto
60 Que tenho a força de evitar tambem.

Sei reagir. A vida, a natureza,
Que valem p'ro artista? Coisa alguma.
O que devemos é saltar na bruma,
Correr no azul á busca da beleza.

65 É subir, é subir alem dos ceus
Que as nossas almas só acumularam,
E prostrados rezar, em sonho, ao Deus
Que as nossas mãos d'aureola lá douraram.

É partir sem temor contra a montanha,
70 Cingidos de quimera e d'irreal;
Brandir a espada fulva e medieval,
A cada aurora acastelando em Espanha.

É suscitar as côr's endoidecidas,
É ser garra imp'rial enclavinhada,

<sup>75</sup> E numa extrema-unção d'alma ampliada,
Viajar outros sentidos, outras vidas.

Ser coluna de fumo, astro perdido,
Forçar os turbilhões aladamente,
Ser ramo de palmeira, agua nascente,
<sup>80</sup> E arco d'ouro e chama distendido...

Asa longinqua a sacudir loucura,
Nuvem precoce de subtil vapor,
Ansia revôlta de misterio e olor,
Sombra, vertigem, ascenção — Altura!

<sup>85</sup> E eu dou-me todo neste fim de tarde
Á espira aerea que me ascende aos cumes.
Doido d'esfinges, o horizonte arde,
Mas fico ileso entre clarões e gumes!...

Miragem roxa de nimbado encanto —
<sup>90</sup> Sinto os meus olhos a volver-se em espaço!
Alastro, venço, chego e ultrapasso,
Sou labirinto, sou licorne e acanto!

Sei a Distancia, compreendo o ar;
Sou chuva d'ouro e sou espasmo de luz;
<sup>95</sup> Sou taça de cristal lançada ao mar,
Diadema e timbre, elmo real e cruz!...

...................................................
...................................................

O bando das quimeras longe assoma...
100 Que apoteose imensa pelos ceus!...
A côr já não é côr — é som e aroma!
Vem-me saudades de ter sido Deus...

~~~~~

Ao triunfo maior, àvante pois!
O meu destino é outro — é alto e é raro.
105 Unicamente custa muito caro:
A tristeza de nunca sermos dois...

*Paris — fevereiro de 1913*

**3**

# UM POEMA NO JORNAL
## *O CHINÓ*
(1904)

# A AULA DE PHYSICA DA 3.ᴬ E 4.ᴬ TURMA DO 4.º ANNO ᵃ

Foi regida esta cadeira
(Isto até é indecente)
Por tres, por tres professores,
Lopes, Loureiro e Valente

5  Era bem bom a valer
Dr. Lopes (o primeiro)
E não era nada mau
O bom do padre Loureiro

Mas depois vem (que desgraça)
10  Um tal senhor Valente
que não diz *une autre chose*
Senão: *empiricamente*
*Absissas, analiticos*
E outras coisas em *ente*

15  Faz uns calculos na pedra
Que ninguem os comprehende
E falla de tal maneira
Que nem um sabio o entende

---

ᵃ   Poema cuja autoria ou co-autoria aqui se atribui, conjecturalmente, a Mário de Sá-Carneiro
(veja-se a nota final).

*É verdade... tem razão...*
20 *Escreva... não é preciso...*
E outras coisinhas mais
Que só provocam o riso

São estas as palavras
Do tal *bom professor*,
25 Só emprega termos technicos
Que nos causam grande horror

Se queres ouvir o Valente
Ó leitor que isto lês
Então leva para a aula
30 Diccionario portuguez!

*[6 de Dezembro de 1904]*

# FAC-SÍMILES

1

CADERNO DE PROVAS
TIPOGRÁFICAS E AUTÓGRAFOS
DE *DISPERSÃO*

O primeiro livro de poesia de Mário de Sá-Carneiro, *Dispersão*, é escrito no primeiro semestre de 1913 e publicado já no final desse ano. Nessa ocasião, o livro surpreende até pela capa, desenhada por José Pacheco, capa esta de maiores dimensões do que o miolo do livro. A folha de rosto apresenta as inscrições "DISPERSÃO — 12 POESIAS POR MARIO DE SÁ-CARNEIRO" e "EM CASA DO AUTOR: 1, TRAVESSA DO CARMO — LISBOA 1914". Adiante, indica-se ainda: "Tiragem: 250 exemplares | Capa desenhada por JOSÉ PACHECO". No final do volume assinala-se que o livro foi "ACABADO DE IMPRIMIR | PARA O AUTOR | NOS PRELOS DA TIPOGRAFIA DO COMERCIO | AOS 26 DE NOVEMBRO DE 1913", e ainda que ele foi "Composto e impresso | NA | TIPOGRAFIA DO COMERCIO | R. da Oliveira, 10 (ao Carmo) — Lisboa | 1913".

Mário de Sá-Carneiro terá mandado fazer um "CORTA FOLHAS E SINAL" que anuncia o lançamento do livro: "ACABA DE APARECER | DISPERSÃO | 12 POESIAS | POR | MARIO DE SÁ-CARNEIRO | Edição de luxo em grande formato | Capa a ouro e carvão de JOSÉ PACHECO | preço $50". O verso publicita também o primeiro livro de ficção do escritor: "Publicado em Agosto de 1912 | PRINCÍPIO | NOVELAS POR MARIO DE SÁ-CARNEIRO | Um grosso volume de 348 paginas | EDIÇÃO DE LUXO em PAPEL COUCHÉ | PREÇO $70 | LIVRARIA FERREIRA | Rua Áurea — LISBOA".

*

Importa reconstituir o processo e o calendário de criação de *Dispersão*. Os poemas que integram *Dispersão* são trabalhados entre Fevereiro e Maio de 1913, com Mário de Sá-Carneiro em Paris. Esta preparação inclui a transformação do poema "Simplesmente" (que aqui se inclui, na sua versão original, a encerrar a juvenília poética) no poema "Partida", aquela que vem a ser a primeira composição do volume. Na escrita de *Dispersão*, Sá-Carneiro aproveita ainda passagens de "Além" e "Bailado", textos enviados na correspondência a Fernando Pessoa (vejam-se as cartas de 25 e 29 de Março de 1913), e que o seu autor dá como perdidos pouco depois do seu envio e das subsequentes críticas de Pessoa, mas os quais acabará por reaproveitar e publicar, mais tarde, no final de "Asas", em *Céu em Fogo*.

A troca de ideias na correspondência com Fernando Pessoa é fundamental para a criação de *Dispersão*. A 4 de Maio de 1913, Mário de Sá-Carneiro anuncia a Pessoa o plano de criar o volume de poesia, quase como uma surpresa entre a sua ficção: "entrevejo mesmo uma *plaquette* aonde, sob esse titulo, eles [os poemas] se reunam sem titulos; separados unicamente por numeros. É preciso notar q[ue] só farei essa publicação se o meu amigo me disser q[ue] effectivamente estes versos valem alguma coisa, não muita coisa — emtanto alguma coisa. Mesmo eu gostava muito de publicar um feixe de versos entre as m[inhas] prosas" (2015, p. 151). Após um diálogo intenso com Fernando Pessoa sobre a fixação dos poemas do volume, diálogo este que se desenvolve à medida que Sá-Carneiro os vai escrevendo — e que a presente edição detalha extensivamente nas notas finais de cada um deles —, na carta de 31 de Maio de 1913 o autor anuncia já que *Dispersão* "é obra completa agora" (p. 189).

Além do conteúdo de cada poema, no diálogo intenso entre Fernando Pessoa e Mário de Sá-Carneiro discute-se por exemplo se os poemas deverão ter títulos ou apenas números (p. 159), a sua melhor ordenação (p. 189) ou ainda o subtítulo do conjunto: "Outra pergunta: Na capa do livro q[ue] pôr abaixo de *Dispersão*: versos, poemas, poesias, 12 poemas de M[ario] de S[á]-C[arneiro], 12 poesias de M[ario] de S[á]-C[arneiro]? E se se fizesse isto: 344 versos de M[ario] de S[á-]C[arneiro] (344 ou o n[umer]o deles, quero dizer). Isto porem, que seria novidade, é talvez (quasi com certeza) de mau gosto. Indicar por fora q[ue] o livro é em verso, é forçoso pois eu sou conhecido como prosador. Ainda outro subtitulo: Serie em verso. Diga o q[ue] pensa sobre isto e q[ue] pouca importancia tem" (31 de Maio de 1913, p. 190).

Quando *Dispersão* é impresso no segundo semestre de 1913, Mário de Sá-Carneiro encontra-se já em Lisboa, motivo pelo qual temos menos registos da sua interacção com Fernando Pessoa. Sabemos, contudo, que a 30 de Outubro o autor pede a colaboração do seu interlocutor privilegiado, Fernando Pessoa: "Amanhã tenho provas dispersas da || *Dispersão* || que, se você lhe não vale, é claro, então positivamente se dimanará em gralhas tipograficas!" (p. 201). Mas sempre acrescenta: "Em todo o caso se lhe não fôr possivel aparecer... paciencia... Nem por isso perderá o ceu — que de ha muito, pelo que me tem feito, o ganhou, você, meu querido amigo" (p. 202).[a]

No dia seguinte, 31 de Outubro de 1913, Sá-Carneiro insta José Pacheco a concluir a capa de *Dispersão*: "A impressão da minha plaquette de versos vai até mais adiantada do que esperava. | Venho pois suplicar-lhe, *suplicar-lhe*, que não me falte com o seu desenho — já que me prometeu essa honra — e o mais depressa possível. | Seria dum grande transtorno para mim *se não pudessemos mandar fazer a gravura na 2.ª feira proxima.*" Sá-Carneiro diz mesmo esperar a gravura, "como Artista, alem de como "fabricante de livros„", até à segunda-feira seguinte de manhã, portanto o dia 3 de Novembro de 1913. A 18 de Novembro, Sá-Carneiro

a   As provas de que Sá-Carneiro falava nas cartas a Pessoa justamente anteriores diziam respeito ao livro *A Confissão de Lúcio*, que acabou de se imprimir a 1 de Novembro de 1913.

alerta José Pacheco para o facto de haver "provas da sua gravura" e pede-lhe um encontro para as analisarem e escolherem "o tipo"[a]. Como vimos, segundo a inscrição no próprio volume, a impressão de *Dispersão* terá sido concluída a 26 de Novembro de 1913. Porém, só vários dias depois, a 9 de Dezembro de 1913, o autor envia a *plaquette* a Pessoa, dizendo: "Como a *Dispersão* é de difícilimo transporte e tenho portador, em compensação facil (mesmo duma cajadada matando dois coelhos: Você e o engenheiro do Mario-Beirão-pior-do-que-o-Kant) aí lhe ficam juntamente os meus versos" (p. 202).

Nessa altura, o apreço de Sá-Carneiro por Pessoa é expressivo, como se percebe pelas palavras deixadas no volume que lhe ofereceu: "A Fernando Pessoa | ao grande espirito, ao admiravel Poeta | intensa admiração e funda amizade do | m[ui]to seu | Mario de Sá-Carneiro" (Nogueira, 2005, p. 150).

*

Aproveita-se esta edição para apresentar em fac-símile um conjunto de provas (inéditas) e de testemunhos autógrafos de poemas de *Dispersão* (quatro dos quais inéditos), hoje numa colecção particular. O conjunto, entretanto encadernado, inclui provas dos seis primeiros poemas ("Partida", "Escavação", "Inter-Sonho", "Álcool", "Vontade de Dormir" e "Dispersão"), e testemunhos manuscritos dos seis últimos ("Estátua Falsa", "Quasi", "Como Eu não Possuo", "Além-Tédio", "Rodopio" e "A Queda"). Quanto às provas, são apenas dos poemas propriamente ditos, e não das folhas de rosto de cada um deles que no impresso incluem a sua numeração latina e o título.

a    As cartas a José Pacheco são aqui citadas a partir do original no Centro Nacional de Cultura; foram publicadas também em *Pacheko, Almada e a "Contemporânea"*, 1993, p. 122; e antes disso na *Colóquio/Artes* 35, Nobre, 1977, p. 45.

Trata-se assim de 20 folhas de prova (com um salto na numeração na segunda folha de "Vontade de Dormir", que leva a que sejam contadas de 1 a 19), impressas num papel encorpado e mais rugoso. Cada folha, impressa apenas no rosto, apresenta no topo dois tipos de numeração. Ao centro aparece a numeração manuscrita relativa à sequência do conjunto das provas. Do lado direito ou esquerdo, consoante se trate de página ímpar ou par, surge a numeração que aparecerá no impresso final. Nestes casos, a numeração é já a tipográfica, excepto nas primeiras páginas de cada poema, onde aparece manuscrita, pois no impresso essas páginas não são numeradas.

Lembre-se que estas provas dos poemas podem ou não ser as primeiras, até considerando que só na página 10 é feita uma correcção: de "doraram" para "douraram". Este é aliás um erro seguramente devido à ortografia do próprio Sá-Carneiro no manuscrito que terá estado na base das provas, já que no testemunho do poema em causa ("Partida") enviado a Fernando Pessoa vemos que Sá-Carneiro escreve também "doraram" sem "o".

Ora, estas provas dos seis primeiros poemas de *Dispersão* são de algum modo complementadas com as do poema "Quasi", hoje na Fundação António Quadros, que adiante se reproduzem, no conjunto de fac-símiles avulsos. É possível verificar que as páginas de provas de "Quasi", em contrapartida, têm bastantes mais correcções, analisadas na nota final do respectivo poema.

A dispersão das folhas de provas, e nomeadamente a existência de provas de apenas um poema na Fundação António Quadros, provas estas que terão provavelmente pertencido a António Ferro, sugerem que Mário de Sá-Carneiro passaria estes documentos aos amigos, após a impressão. Fica por esclarecer que papel os diferentes amigos terão tido na preparação do impresso.

Quanto aos autógrafos neste caderno, Cruz Malpique apresentou já fac-símiles dos testemunhos de "Estátua Falsa" e

"Além-Tédio", dizendo que eles pertenciam então "— juntamente com outros do mesmo autor — à Exma Sr.ª D. Maria Beatriz Salema Barbosa Cobeira, viúva do poeta António Cobeira, que foi íntimo de Sá-Carneiro" (1963, s.p.). Não é absolutamente claro, desde logo, se esses "outros" autógrafos seriam aqueles nas folhas de papel pautadas que integram o caderno, ou todos os manuscritos integrantes deste conjunto, incluindo os dois últimos, em folhas de papel quadriculadas, ou até mesmo se as provas estariam também na posse de António Cobeira.

Reportando-nos aos poemas "Estátua Falsa", "Quasi", "Como Eu não Possuo" e "Alem-Tédio", diga-se aqui que estão escritos em folhas pautadas de um caderno, de aproximadamente 16 × 22,6 cm, com uma marca-d'água com a silhueta de um castelo e as letras "A.F.". Não são cópias assinadas, o que indicia que poderiam ser cópias pessoais do autor. No geral, os autógrafos destes quatro poemas parecem posteriores aos testemunhos enviados a Pessoa, que hoje estão nos arquivos da BNP. De facto, o impresso de *Dispersão* é genericamente mais próximo das versões enviadas a Pessoa, mas o impresso aproxima-se mais destes testemunhos que aqui se apresentam, em contrapartida, no que diz respeito a alguns aspectos da acentuação e da ortografia. Por exemplo, quanto ao v. 13 de "Como Eu não Possuo", no testemunho aqui fac-similado é visível que Sá-Carneiro usa a forma "Pra o ser", também usada no impresso. Ora na versão enviada a Pessoa, ainda antes, usava-se a grafia "Pró ser" que Sá-Carneiro rejeitou após o diálogo com Pessoa. O poema "Quasi" é também um exemplo do que parece ser uma maior proximidade no tempo destes testemunhos autógrafos em relação ao impresso — e necessariamente da maior proximidade ortográfica —, mas de uma maior afinidade entre o impresso e a versão enviada a Pessoa, ao nível da pontuação. Neste testemunho no caderno usa-se, por exemplo, o acento grave em formas como "àlem" e "àquem", que surgem no impresso, e que não estavam presentes no manuscrito enviado a Pessoa. São formas tardias, aliás, que as provas sugerem que nem estariam no testemunho usado para preparar a edição, já que só entram com a correcção de Sá-Carneiro (ver fac-símiles avulsos). A maior dissonância de pontuação destes quatro testemunhos no caderno em relação ao impresso e ao enviado a Pessoa pode até sugerir que estes testemunhos no caderno aqui reproduzidos fossem versões escritas de cor. A versão de "Além-Tédio" no caderno parece sugeri-lo, quando verificamos que se distancia na sua pontuação da versão enviada a Pessoa e da impressa, mas vai introduzindo alterações no uso de maiúsculas (vv. 15 e 16) e na pontuação. Não se pode, mesmo, descartar a hipótese de que estes manuscritos fossem até posteriores ao impresso.

Já os testemunhos dos poemas "Rodopio" e "A Queda" incluídos neste caderno estão escritos em duas folhas de papel quadriculadas de aproximadamente 13,3 × 20,8 cm que apresentam características em tudo idênticas àquelas enviadas a Pessoa na carta de 10 de Maio de 1913, nas quais as duas composições são transcritas ao longo de seis páginas (um bifólio quadriculado de 26,6 × 21,1 cm, e meia folha de 13,4 × 20,9 cm). As características do papel e dos testemunhos textuais indiciam que se trata de testemunhos próximos no tempo daqueles enviados a Pessoa. Desde logo têm muitas das idiossincrasias das cópias enviadas a Pessoa, que desaparecem já no impresso. No testemunho de "Rodopio" no caderno, por exemplo, vêem-se erros, como "torfeus", que estão também presentes no manuscrito enviado a Pessoa, ou ainda a ortografia *niblina* ou *explendor* (ainda que corrigida a tinta), também presente na cópia enviada a Pessoa (onde não é corrigida). No testemunho de "A Queda" encontram-se afinidades nas idiossincrasias ortográficas; como, por exemplo, na grafia "arremeço...". Quanto à ordem destes autógrafos em relação àqueles enviados a Pessoa, é interessante notar que no testemunho de "A Queda" no caderno não era "gelo" a palavra usada duas vezes, no v. 17, antes de Sá-Carneiro fazer uma alteração. Por conseguinte, ou este testemunho precedeu aquele enviado a Pessoa (onde já seguia "gelo", sem qualquer hesitação), ou Sá-Carneiro considerou alterar essa palavra a dada altura. No que diz respeito aos dois últimos poemas, "Rodopio" e "A Queda", é portanto plausível que estas fossem cópias pessoais de Sá-Carneiro próximas no tempo — e porventura anteriores — àquelas que enviou a Fernando Pessoa (e nesse caso a correcção de "niblina" e "explendor" poder-se-á dever a comentários do próprio Pessoa. Diga-se ainda que o testemunho de "Rodopio" neste caderno é mais próximo do impresso do que aquele enviado a Pessoa. Desde logo o autógrafo utiliza o ditongo "ai" (em "punhais", "bacanais", "esponsais"), que também é usado no impresso, em lugar da forma "ae", usada na versão enviada a Pessoa. É também mais próximo do impresso ao nível da pontuação. Acresce ainda que, apesar de escritos estes dois testemunhos em folhas de papel quadriculadas, mais típicas das cópias que tirava e enviava aos amigos, os testemunhos no caderno aqui fac-similado não apresentam hoje, visível, a assinatura normalmente incluída por Sá-Carneiro em cópias remetidas aos amigos — até como uma *performance* autoral —, o que confirma a sugestão de uma cópia pessoal.

Acima de tudo, reitere-se que, no que diz respeito a estes autógrafos, a cronologia e a derivação dos diferentes testemunhos não são completamente claras. As leituras aqui apresentadas devem ser interpretadas como chamadas de atenção para características dos documentos e interpretações plausíveis, mas não taxativas. Acima de tudo, estas possibilidades de entendimento salientam o relevo destes documentos que, com a excepção dos autógrafos de "Além-Tédio" e "Estátua Falsa", se apresentam pela primeira vez ao público. Sugere-se, por conseguinte, que o leitor consulte as notas finais dos poemas, onde se analisam detidamente as variantes e a evolução de cada poema.

$\mathcal{1}$

# PARTIDA

A o ver escoar-se a vida humanamente
Em suas aguas certas, eu hesito,
E detenho-me ás vezes na torrente
Das coisas geniais em que medito.

Afronta-me um desejo de fugir
Ao misterio que é meu e me seduz.
Mas logo me triunfo. A sua luz
Não ha muitos que a saibam reflectir.

ESTA PÁGINA E SEGUINTES: CONJUNTO DE PROVAS TIPOGRÁFICAS
E CÓPIAS AUTÓGRAFAS DE *DISPERSÃO*. [COLECÇÃO PARTICULAR]

A minh'alma nostalgica de àlem,
Cheia de orgulho, ensombra-se entretanto,
Aos meus olhos ungidos sobe um pranto
Que tenho a força de sumir tambem.

Porque eu reajo. A vida, a natureza,
Que são para o artista? Coisa alguma,
O que devemos é saltar na bruma,
Correr no asul á busca da beleza.

É subir, é subir àlem dos ceus
Que as nossas almas só acumularam,
E prostrados resar, em sonho, ao Deus
Que as nossas mãos de aureola lá doraram.

É partir sem temor contra a montanha
Cingidos de quimera e d'irreal;
Brandir a espada fulva e medieval,
A cada hora acastelando em Espanha.

É suscitar côres endoidecidas,
Ser garra imperial enclavinhada,
E numa extrema-unção d'alma ampliada,
Viajar outros sentidos, outras vidas.


Ser coluna de fumo, astro perdido,
Forçar os turbilhões aladamente,
Ser ramo de palmeira, agua nascente
E arco de ouro e chama distendido...


Asa longinqua a sacudir loucura,
Nuvem precoce de subtil vapor,
Ansia revolta de misterio e olor,
Sombra, vertigem, ascensão—Altura!


E eu dou-me todo neste fim de tarde
A' espira aerea que me eleva aos cumes,
Doido de esfinges o horizonte arde,
Mas fico ileso entre clarões e gumes!...

Miragem rôxa de nimbado encanto —
Sinto os meus olhos a volver-se em espaço!
Alastro, venço, chego e ultrapasso;
Sou labirinto, sou licorne e acanto.


Sei a Distancia, compreendo o Ar;
Sou chuva de ouro e sou espasmo de luz;
Sou taça de cristal lançada ao mar,
Diadema e timbre, elmo rial e cruz...


    . . . . . . . . . . . . . . . . . . . . . . .
    . . . . . . . . . . . . . . . . . . . . . . .


O bando das quimeras longe assoma...
Que apoteose imensa pelos ceus!
A côr já não é côr — é som e aroma!
Vem-me saudades de ter sido Deus...

. .

Ao triunfo maior, àvante pois!
O meu destino é outro — é alto e é raro.
Unicamente custa muito caro:
A tristeza de nunca sermos dois...

*Paris — fevereiro de 1913.*

# ESCAVAÇÃO

———

NUMA ansia de ter alguma cousa,
Divago por mim mesmo a procurar,
Desço-me todo, em vão, sem nada achar,
E a minh'alma perdida não repousa.


Nada tendo, decido-me a criar:
Brando a espada: sou luz harmoniosa
E chama genial que tudo ousa
Unicamente á força de sonhar...

Mas a vitória fulva esvai-se logo...
E cinzas, cinzas só, em vez do fogo...
—Onde existo que não existo em mim?

. . . . . . . . . . . . . . . . . . . . . . . . . . . . . .
. . . . . . . . . . . . . . . . . . . . . . . . . . . .

Um cemiterio falso sem ossadas,
Noites d'amor sem bôcas esmagadas —
Tudo outro espasmo que principio ou fim...

*Paris 1913 — Maio 3.*

# INTER-SONHO

—

NUMA incerta melodia
Toda a minh'alma se esconde.
Reminiscencias de Aonde
Perturbam-me em nostalgia...


Manhã d'armas! Manhã d'armas!
Romaria! Romaria!

. . . . . . . . . . . . .

Tacteio... dobro... resvalo...

. . . . . . . . . . . . . . . . . . .

Princesas de fantasia
Desencantam-se das flores...

. . . . . . . . . . . . . . . . .

Que pesadelo tão bom...

. . . . . . . . . . . . . . . . . .

Pressinto um grande intervalo,
Deliro todas as côres,
Vivo em roxo e morro em som...


*Paris 1913 -- maio* 6

# ALCOOL

UILHOTINAS, pelouros e castelos
Resvalam longemente em procissão;
Volteiam-me crepusclos amarelos,
Mordidos, doentios de roxidão.


Batem asas d'aureola aos meus ouvidos,
Grifam-me sons de côr e de perfumes,
Ferem-me os olhos turbilhões de gumes,
Desce-me a alma, sangram-me os sentidos.

Respiro-me no ar que ao longe vem,
Da luz que me ilumina participo;
Quero reunir-me, e todo me dissipo —
Luto, estrebucho... Em vão! Silvo pra álem...


Corro em volta de mim sem me encontrar...
Tudo oscila e se abate como espuma...
Um disco de ouro surge a voltear...
Fecho os meus olhos com pavor da bruma...


Que droga foi a que me inoculei?
Ópio d'inferno em vez de paraiso?...
Que sortilegio a mim proprio lancei?
Como é que em dôr genial eu me eteriso?


Nem ópio nem morfina. O que me ardeu,
Foi alcool mais raro e penetrante:
E' só de mim que eu ando delirante —
Manhã tão forte que me anoiteceu.

*Paris 1913—Maio 4.*

# VONTADE DE DORMIR

———

Rios d'ouro puxam por mim
A soërguer-me na poeira—
Cada um para o seu fim,
Cada um para o seu norte...

. . . . . . . . . . . . . . . . . .

—Ai que saudades da morte...!

╔ ╗ ╦ ╦ ╦ ╦ ╦ ╦ ▪ ▪ ▪ ▪ ▪ ▪

Quero dormir... ancorar...

╔ ╗ ╦ ╦ ╦ ▪ ▪ ╦ ▪ ╦ ▪ ▪ ▪ ▪ ▪ ▪

Arranquem-me esta grandeza!
—Pra que me sonha a beleza,
Se a não posso transmigrar?...

*Paris 1913 — Maio 6.*

*1 3*

# DISPERSÃO

———

PERDI-ME dentro de mim
Porque eu era labirinto,
E hoje, quando me sinto,
E' com saudades de mim.


Passei pela minha vida
Um astro doido a sonhar.
Na ansia de ultrapassar,
Nem dei pela minha vida...

Para mim é sempre ontem,
Não tenho amanhã nem hoje:
O tempo que aos outros foge
Cai sobre mim feito ontem.


(O Domingo de Paris
Lembra-me o desaparecido
Que sentia comovido
Os Domingos de Paris:


Porque um domingo é familia,
E' bem-estar, é singeleza,
E os que olham a beleza
Não tem bem-estar nem familia).


O pobre moço das ansias...
Tu, sim, tu eras alguem!
E foi por isso tambem
Que te abismaste nas ansias.

A grande ave dourada
Bateu asas para os ceus,
Mas fechou-as saciada
Ao ver que ganhava os ceus.


Como se chora um amante,
Assim me choro a mim mesmo:
Eu fui amante inconstante
Que se traíu a si mesmo.


Não sinto o espaço que encerro
Nem as linhas que projecto:
Se me olho a um espelho, érro —
Não me acho no que projecto.


Regresso dentro de mim,
Mas nada me fala, nada!
Tenho a alma amortalhada,
Sequinha, dentro de mim.

Não perdi a minha alma,
Fiquei com ela, perdida.
Assim eu choro, da vida,
A morte da minha alma.

Saudosamente recordo
Uma gentil companheira
Que na minha vida inteira
Eu nunca vi... Mas recordo

A sua bôca doirada
E o seu corpo esmaecido,
Em um halito perdido
Que vem na tarde doirada.

(As minhas grandes saudades
São do que nunca enlacei.
Ai, como eu tenho saudades
Dos sonhos que não sonhei!...)

E sinto que a minha morte—
Minha dispersão total—
Existe lá longe, ao norte,
Numa grande capital.


Vejo o meu ultimo dia
Pintado em rôlos de fumo,
E todo asul-de-agonia
Em sombra e àlem me sumo.


Ternura feita saudade,
Eu beijo as minhas mãos brancas...
Sou amor e piedade
Em face dessas mãos brancas...


Tristes mãos longas e lindas
Que eram feitas pra se dar...
Ninguem mas quís apertar...
Tristes mãos longas e lindas...

E tenho pena de mim,
Pobre menino ideal...
Que me faltou afinal?
Um élo? Um rastro?... Ai de mim!...


Desceu-me nalma o crepusculo;
Eu fui alguem que passou.
Serei, mas já não me sou;
Não vivo, durmo o crepusculo.


Alcool dum sôno outonal
Me penetrou vagamente
A difundir-me dormente
Em uma bruma outonal.


Perdi a morte e a vida,
E, louco, não enlouqueço...
A hora foge vivida,
Eu sigo-a, mas permaneço...

19

39

. . . . . . . . . . . . . .

. . . . . . . . . . . . .

Castelos desmantelados,
Leões alados sem juba...

. . . . . . . . . . . . .

. . . . . . . . . . . . .

*Paris — Maiô de 1913*

# — Estátua falsa —

Só d'ouro falso os meus olhos se douram;
Sou esfinge sem mistério, no poente.
A tristeza das coisas que não foram
Na minh'alma desceu veladamente.

Na minha dôr quebram-se espadas d'ânsia;
Formas de luz em treva se misturam.
As sombras que eu oureano não perduram,
Como outem, para mim Hoje é distância...

Já não estremeço em face do segredo;
Nada me aloira já, nada me aterra...
A vida corre sobre mim em guerra,
E nem sequer um arrepio de medo...

Só estrela ébria que perdeu os céus,
Sereia louca que deixou o mar;
Sou templo prestes a ruir sem deus,
Estátua falsa ainda erguida ao ar...

Paris — Maio de 1913

_ Quasi _

Um pouco mais de sol — eu era brasa,
Um pouco mais de azul — eu era além.
Para atingir faltou-me um golpe d'asa...
Se ao menos eu permanecesse aquém...

Assombro ou paz? Em vão... tudo esvaído
Num baixo mar enganador de espuma;
E o grande sonho despertado em bruma,
O grande sonho — ó dôr! — quasi vivido...

Quasi o amor, quasi o triunfo e a chama,
Quasi o princípio e o fim, quasi a expansão...
Mas na minh'alma tudo se derrama —
Entanto nada foi só ilusão...

De tudo houve um começo, e tudo errou...
— Ai a dôr de ser quasi, dôr sem fim... —
Eu falhei-me entre os mais, falhei em mim,
Asa que se elançou mas não voou...

Momentos d'alma que desbaratei...
Templos aonde nunca pus um altar...
Rios que perdi sem o levar ao mar...
Ansias que foram mas que não fixei...

Se me vagueio encontro só indicios —
Ogivas para o sol, vejo-as cerradas...
E mãos de heroi sem fé, acobardadas,
Poseram grades sobre os precipicios...

Num ímpeto difuso de quebranto,
Tudo encetei e nada possui:
Hoje, de mim, só resta o desencanto
Das coisas que beijei mas não vivi...

Um pouco mais de sol — e fôra brasa,
Um pouco mais de azul — e fôra além.
Para atingir faltou-me um golpe d'asa...
Se ao menos eu permanecesse aquém...

Paris — maio de 1913

— Como eu não possuo —

Olho em volta de mim: Todos possuem,
Um afecto, um sorriso ou um abraço.
Só para mim as ânsias e o silêncio,
E não possuo mesmo quando enlaço...

Roça por mim, em longe, a teoria
Dos espasmos ~~greços dos~~ juntamente:
São êxtases da côr que eu premira,
Mas a minh'alma pára, e não o sente...

Quero sentir. Não sei. Perco-me todo;
Não posso afeiçoar-me, nem ser eu...
Falta-me egoísmo pra ascender ao céu,
Falta-me unção pra me afundar no lodo...

Não sou amigo de ninguém. Pra o ser,
Forçoso me era antes possuir
Quem eu estimasse, ou homem ou mulher,
E eu não logro nunca possuir...

Castrado d'alma, e sem saber fixar-me
Tarde a tarde na minha dôr me afundo...
— Serei um emigrado d'outro mundo,
Que nem na minha dôr posso encontrar-me!

Como eu desejo a que ali vai na rua,
Tão ágil, tão agreste, tão de amor...
Como eu quizera emmaranhá-la nua,
Bebê-la em espasmos de harmonia e côr!

Desejo errado... Se a tivera um dia
Toda sem véus, a carne estilisada
Sob o meu corpo arfando transbordada,
Nem mesmo assim — ó ancia! — eu a teria

Eu vibraria só agonisante
Sobre o seu corpo d'extases tourado,
Se fosse aquêles seios transtornados,
Se fosse aquêle sexo aglutinante...

De embate ao meu amor, todo ao jeio,
E vejo-me em destroço até vencendo:
É que eu teria só, sentindo e sendo
Aquilo que estrebucho e não formo.

Paris — Maio de 1915

# = Além-Tédio =

Nada me expira já, nada me vive —
Nem a tristeza nem as horas belas.
De as não ter e de nunca vir a tê-las,
Faltam-me até as coisas que não tive.

Como eu quisera, enfim d'alma esquecida,
Dormir em paz num leito d'hospital.
Cansei dentro de mim, cansei a vida
De tanto a divagar em luz irreal...

Outrora imaginei escalar os céus
À força de ambição e nostalgia;
Eu, doente-de-Novo, fui-me deus
No grande rastro febril que me ardia.

Parti. Mas logo regressei à dôr,
Pois tudo me mentiu — tudo era igual:
A Quimera, cingida era real,
A própria Maravilha tinha côr...

E coando-me em silêncio, a noite escura
Baixou-me assim na queda sem remédio
Eu próprio me traquei na profundura,
Me seguei todo, endureci de tédio.

E só me resta hoje uma alegria:
É que, de tão iguais e tão vazios,
Os instantes me escoam dia a dia
Cada vez mais velozes, mais esguios...

Paris — Maio de 1913

# - Rodopis -

Volteiam dentro de mim,
Em rodopio, em novelos,
Milagres, nivos, cestolos,
Forças de luz, pesadelos,
Altas torres de marfim.

Ascendem belices, rastos...
Mais longe coam-me sóes;
Ha promontorios, faroes,
Upam-se estatuas d'heroes,
Ondeiam lanços e mastros.

Zebram-se armados de côr,
Singram cortejos de luz,
Riem-se braços de cruz,
E um espelho reproduz,
Em treva, todo esplendor...

Cristais retinem de modo,
Precipitam-se estilhaços,
Chovem garras, manchas, laços...
Planos, quebras e espaços
Vertiginam em segredo.

Luas d'oiro se embeleçam,
Rainhas desfolham lírios;
Contorcionam-se círios,
Endoidinham-se delírios,
Listas de som enredam...

Virgulam-se arpas em voos,
Letras de fogo e punhais;
Há missas e bacanais,
Execuções capitais,
Regressos, apoteoses.

Silvam madeixas ondeantes,
Pungem cálices enrugados,
Há corpos emmaranhados,
Seios mordidos, golfados,
Sexos mortos de arseantes...

= A Queda =

...Eu que sou o rei de toda esta incoerência,
Eu próprio turbilhão, anseio por fixá-la,
E giro até partir... Mas tudo me resvala
Em bruma e consciência.

Se acaso em minhas mãos fica um pedaço d'ouro,
Volve-se logo falso... ao longe o arremesso...
Eu morro de desdém em frente a esse tesouro
Choro à míngua, de excesso.

Alteio-me na cor já forque de quebranto,
Estendo os braços d'alma — e nem um espasmo vence!...
Penetro-me na sombra — eu nada me convenço...
A jorros de luz me vibro ainda sustento.

Não me pode vencer, mas posso-me esmagar —
Vencer às vezes é o menos que tombar —
E como ainda sou luz, num grande retrocesso,
Em nuvens ideais, ascendo até ao fim:
O céu do céu, o ~~pelo~~, ao ~~pelo~~ me arremesso...
. . . . . . . . . . . . . . . . . . . .
Tombei...
                    E fico esmagado sobre mim!...

                                Paris — 8 maio 1913

(Há cheiro de esponsais,
Há mãos brancas e sagradas,
Há velhas cartas rasgadas,
Há pobres avisos quebradas:
Um lenço, fotos, dedais...)

Há elmos, troféus, mortalhas;
Emanações fugidias,
Referências, metalgias,
Obsessões d'harmonias,
Vertigens, erros e faces.

Há vislumbres de não-ser,
Rangem, de vago, nebulosas:
Fizeram-se poços e minas,
Meandros, planos, ravinas
Que não ouso percorrer...

Há vãos, ha bolsas d'ar,
............ se longe richas,
Amuras, lemos e quilhas—
Tantas, tantas maravilhas
Que se não podem sonhar!...

## 2

VERSOS PARA OS
*INDÍCIOS DE OIRO*,
PRIMEIRO CADERNO
(1913-1915)

A 31 de Março de 1916, Sá-Carneiro anuncia a Fernando Pessoa: "Pelo mesmo correio (ou amanhã) registadamente enviarei o meu caderno de versos que você guardará e de que você pode dispôr p[ar]a todos os fins como se fosse seu. Pode fazer publicar os versos em volume, em revistas etc. Deve juntar aquela quadra: "Quando eu morrer batam em latas„ etc." (2015, p. 486). Três dias depois, a 3 de Abril, anuncia: "Adeus, meu Querido Fernando Pessoa. É hoje segunda-feira 3 que morro atirando-me p[ar]a debaixo do "metro„ (ou melhor do "Nord-Sud„) na estação de Pigalle. Mandei-lhe ontem o meu caderno de versos mas sem selos. Peço-lhe q[ue] faça o possivel por pagar a multa se êle aí chegar. Caso contrario, não faz grande diferença pois você tem todos os meus versos nas minhas cartas" (p. 487). A 17 de Abril, Sá-Carneiro pergunta a um Fernando Pessoa que conservava o seu silêncio: "O meu caderno chegou?" (p. 493). E no dia seguinte, 18 de Abril, portanto uma semana antes de se suicidar, reitera a sua apreensão a este respeito: "Veja o meu horoscopo. É agora, mais do que nunca, o momento. Diga. Não tenha medo. Estou com cuidado no meu caderno de versos" (p. 494). Em certo sentido, as últimas frases sugerem que Sá-Carneiro estava neste momento extremo tão ou mais preocupado com o seu caderno de versos do que com a sua própria vida, mesmo se anteriormente indicara a Fernando Pessoa que este já tinha todos os poemas do seu lado, de todas as maneiras.

Publicada mais de cem anos após a morte de Sá-Carneiro, esta edição visa, assim, oferecer aos seus leitores a oportunidade de se aproximarem um pouco mais deste documento, um dos mais importantes manuscritos da literatura portuguesa, que no último século ganhou uma dimensão quase mítica.

*

O documento BNP, E3/154 é um caderno de folhas de papel pautadas, de aproximadamente 21,5 × 17,5 cm, com lombada de tecido azul e uma capa turquesa-escura. É constituído por cadernos de 12 folhas, que incluem as folhas de guarda inicial e final. O caderno está completo, tendo portanto 68 folhas de papel pautadas e duas folhas de guarda, inicial e final. O interior da capa apresenta impresso o nome da livraria "E. Flammarion & A. Vaillant | 22, Rue de Vaugirard, 22 | et Galeries de l'Ódeon | — Paris —", e a folha de guarda inicial ostenta uma ilustração representando o "THEATRE NATIONAL DE L'ODÉON". A marca-d'água das folhas corresponde precisamente a um desenho do teatro Odeón e à inscrição "ODÉON F & V", alusiva à livraria. Todo o caderno é escrito a tinta negra, com as transcrições nas páginas ímpares. Exceptuam-se a epígrafe, na p. 6, que aparenta ter sido aí colocada por ter sido acrescentada já depois dos primeiros poemas e ser esse o espaço disponível, e a segunda das três páginas do "Sumario". Sá-Carneiro escreve na primeira página de texto: "1.º Caderno || Versos p[ar]a os "Indicios de Ouro„ || Mario de Sá-Carneiro = Paris 2 julho 1914." A indicação "1.º Caderno", que indicia que o livro continuaria num segundo, está escrita numa tinta de tom hoje ligeiramente diferente (mais sépia) do que aquela presente no resto do texto na página, e na verdade ao longo de todo o caderno, o que sugere que essa inscrição é provavelmente posterior. Isto faz tanto mais sentido quanto, como se demonstra nas notas finais dos poemas "Crise Lamentavel", "O Fantasma", "El-Rei" e "Aquele Outro", escritos já em 1916, existem testemunhos em folhas que foram claramente arrancadas ao mesmo tempo de um outro caderno, com dimensões diferentes e sem marcas-d'água (vejam-se as respectivas notas finais). No caderno E3/154, a inscrição "Epigrafe„, (p. 6) surge no topo da página e entre aspas, o que levou a que por vezes esse texto fosse considerado como um poema assim intitulado. Mas, para Sá-Carneiro, a epígrafe não teria esse estatuto de poema autónomo, já que o autor não a numerou no índice, como aliás foi já notado por Fernando Cabral Martins (Sá-Carneiro, 2005, p. 256). De facto, diga-se aqui que Sá-Carneiro também não a numerou na própria página onde aparece, e é naturalmente na página seguinte que surge o poema com o número "1", "Nossa Senhora de Paris".

Já na primeira página do "Sumário", em E3/154, constam as indicações "Indicios de Oiro || (1º Caderno) | = (1913-1915) = || Sumário || Mario de Sá-Carneiro". Reiteram-se as indicações na página de abertura, mas escreve-se "Oiro" com "i". Na lista presente neste "Sumario" (sem acento, na segunda folha) são indicados os 32 poemas, começando com "1 — Nossa Senhora de Paris" e terminando com "32 Ultimo Soneto". No número 18, pode ver-se que Sá-Carneiro fez uma correcção: "<A Inegualavel> Escala". Ao fundo da última página do "Sumario" pode ler-se a data "(Paris, 30 Dezembro 1915)".

O confronto de diferentes manuscritos dos mesmos poemas sugere que Sá-Carneiro algumas vezes fixava as versões dos seus poemas e a partir delas enviava cópias a Pessoa e outros amigos, e fazia a transcrição para este caderno, a partir dessa data inicial de 2 de Julho de 1914. A 27 de Novembro de 1915, Sá-Carneiro diz, a propósito de vários poemas enviados a Pessoa e acerca dos quais pedia uma opinião: "Antes de saber a sua opinião sobre quanto lhe pergunto — não escreverei os versos no meu caderno" (2015, p. 427). O mesmo terá sucedido mais vezes, sem que o dissesse, mas a frase simplesmente indicia que nem sempre era assim que ocorria, e que por vezes Sá-Carneiro fixava os textos no próprio caderno e só depois o copiava para Pessoa.

O que a caligrafia e a tinta, quer das transcrições quer do próprio "Sumario", indiciam é que as transcrições foram feitas faseadamente, por vezes copiando-se um só poema, mas normalmente, e segundo parece, vários em conjunto. É difícil delimitar esses momentos com rigor, mas podemos ensaiar uma aproximação. Exceptuando, como se disse, a "Epigrafe", é visível que há grande afinidade nas características do texto que vai da primeira página escrita até ao fim de "Distante Melodia" (#8, de 30 de Junho de 1914). Por conseguinte, logo que iniciou o caderno em Julho de 1914, Sá-Carneiro terá transcrito os poemas redigidos e seleccionados até então. "Sugestão" e "Taciturno" (#9 e #10), de Agosto de 1914, deverão ter sido copiados numa mesma fase subsequente. Os três poemas escritos na Quinta da Vitória, em Outubro de 1914, de "O Resgate" (#11) até "Bárbaro" (#13), são claramente transcritos já num terceiro momento, talvez próximo da data de escrita, mas não se descarta que tenham sido copiados apenas mais tarde. É possível que só entre Fevereiro e Março de 1915, ou até depois, tenha Sá-Carneiro resgatado para o caderno o poema "Angulo" (#14), que já escrevera em Setembro do ano anterior, em Barcelona. Isto porque a sua transcrição apresenta afinidades com os poemas subsequentes, até a "Elegia" (#17), que é escrita em Lisboa e datada desse mês de Março de 1915. "Escala" (#18), já de Paris e de Julho de 1915, diferencia-se dos poemas anteriores. A caligrafia é bastante distinta também daquela usada em seguida, na cópia das "Séte Canções de Declinio", canções cujas características gráficas são por sua vez afins às dos poemas que vão até "O Lord" (#23, datado de Setembro de 1915 e enviado a Pessoa nessa fase). Claramente, um outro momento é o da transcrição de "O Recreio" (#25), que em todo o caso terá andado próximo da cópia de "Torniquete" e de "Pied-de-nez", de "novembro 1915".

Estes poemas são, aliás, enviados a Pessoa no início na primeira quinzena desse mês. "Pagem" e "Campaïnhada" (27 e 28, de Novembro e Outubro de 1915) foram seguramente transcritos juntos. Finalmente, numa última fase, já em Dezembro de 1915, transcreveram-se "Ápice", "Desquite", "Caranguejola" e "Ultimo Soneto" (tal como aconteceu nas cópias manuscritas enviadas a Pessoa). De facto, a 27 de Novembro de 1915, Sá-Carneiro pede a Pessoa a "opinião sobre quanto lhe pergunto" (parecendo referir--se aos poemas "Caranguejola", "Desquite", "Ápice" e até às quadras que começam com o verso "... De repente a minha vida") e acrescenta, como vimos, que antes de ouvir essa resposta não transcreverá os poemas. A 10 de Dezembro de 1915, Sá-Carneiro ainda a espera, e dois dias depois envia ao seu interlocutor o "Ultimo Soneto".

As características da tinta e da caligrafia no "Sumario" não parecem desmentir a evolução destas fases, que com maior ou menor fluidez são também corroboradas pelas referências na correspondência com Fernando Pessoa. Não se tratando de momentos inequivocamente delimitáveis, são aqui vincados, no entanto, até para que os leitores mais facilmente compreendam este caderno no seu carácter de projecto em desenvolvimento. E se apercebam, afinal, do projeto em curso que era ainda *Indicios de Oiro*, até a julgar pela inscrição aparentemente tardia "*1.º Caderno*".

**E. FLAMMARION & A. VAILLANT**

22, Rue de Vaugirard, 22

et Galeries de l'Odéon

— PARIS —

O 50

ODÉON

MÁRIO DE SÁ-CARNEIRO

_Caderno

Versos p.ª os "Indícios de Ouro„

Mario de Sá-Carneiro = Paris 2 julho 1914

# "Epígrafe"

A sala do castelo é deserta e espelhada.

Tenho medo de Mim. Quem sou? Donde cheguei?...
Aqui, tudo já foi... Em sombra estilizada,
A côr morreu _ e até o ar é uma ruína...
Vem d'Outro tempo a luz que me ilumina.
Um som opaco me dilue 'em Rei...

1

## — Nossa Senhora de Paris —

Listas de som avançam para mim a fustigar-me
Em luz.
Tudo a vibrar, quero fugir... Onde acoitar-me?...
Os braços duma cruz
Anseiam-se-me e eu fujo Também ao luar...

Um cheiro a maresia
Vem-me refrescar,
Longínqua melodia
Toda sandora a Mar...
Mirtos e tamarindos
~~Respiram~~ Evoram a conjura;
Resvalam sonhos lindos...
Mas o Oiro não perdura
E a noite cresce agora a desabar catedrais...

Fico sepulto sob círios,
Escureço-me em delírios
Mas ressurjo d'Ideais...

Os meus sentidos a escurecem-se...
Altares e velas...
Orgulhos... Estrelas...
Vitrais! Vitrais!

Flores de liz...

Manchas de côr a ogivarem-se...
As grandes naves a sagrarem-se...
— Nossa Senhora de Paris!...


Paris 1913 — junho 15

MÁRIO DE SÁ-CARNEIRO

2.                    # Salomé.

Insónia rôxa. A luz a virgular-se em nodos,
Luz morta de luar, mais Alma do que a lua...
Ela dança, ela range. A carne, alcool de nua,
Alastra-e pra mim num espasmo de agredo...

Tudo o capricho ao seu redor, em sombras fáituas...
O aroma endoidece, upou-se em ar, quebrou...
Tenho frio... Alabastro! A minh'alma parou...
E o seu corpo resvala a projetar estátuas...

Ela chama-me em Iris. Nimbar-se a perder-me,
Solfa-me os seios nus, ecôa-me em quebranto...
Timbres, elmos, punhais... A dúvida quer morrer-me:

Mordoura-se a chorar — ha ueras no seu pranto...
Ergo-me em som, oceilo, e parto e vou arder-me
Na bôca imperial que humanisou um Santo...

                          Lisboa 1913 - Novembro 3

MÁRIO DE SÁ-CARNEIRO

# 3

# — Não —

Longes de aglomeram
Em torno aos meus sentidos,
Nos quais prevejo erguidos
Paços reais de mistérios.

Cinjo-me de côr,
E parto a demandar.
Tudo o' deixo em meu rastro —
Poeira de amor...

Adivinho alabastro...
Detenho-me em luar...

Lá se ergue o castelo
Amarelo do medo
Que eu tinha previsto:
As portas abertas,
Lacaios parados,
As luzes, desertas —
Janelas incertas,
Torreões sepulcrados...

MÁRIO DE SÁ-CARNEIRO

Vitória! Vitória!
Mistério é riqueza –
E o medo é Mistério !...

Ó Paços riais encantados
Dos meus sentidos doirados,
minha glória, minha beleza !

(Se tudo quanto é doirado
Fosse sempre um cemitério ?...)

Heráldico de Mim,
Transponho liturgias...

Arrojo-me a entrar
dos Paços que atravessei,
Quero depôr o Rei
Para eu me coroar.

Ninguém me veda a entrada,
Ascendo a Escadaria –
Tudo é sombra parada,
Silencio, luz fria...

MÁRIO DE SÁ-CARNEIRO

Anima, a sala do trono
Ecoa róxa aos meus passos.
Sonho os degraus do trono —
E o trono cai feito em pedaços...

Deixo a sala imperial,
Corro nas galerias,
Debruço-me às gelosias —
Nenhuma deita pra jardins...

Os espelhos são cisternas —
Os candelabros
Estão todos quebrados...

Vagueio o Palacio inteiro,
Chego ao fim dos salões...
Emfim, oiço alguem!
Encontro uma rainha,
Velha, entrevadinha,
A que vigiam dragões...

E acordo...
Choro por mim... Como fui louco...

MÁRIO DE SÁ-CARNEIRO

Afinal
Neste Palácio Real
Que os meus sentidos ergueram,
Ai, as côres nunca tiveram...
Morre só uma rainha,
Entrevada, sequinha,
Embora a guardem dragões...

. . . . . . . . . . . . . . . . . . . . . . . . . .
. . . . . . . . . . . . . . . . . . . . . . . . . .

— A rainha velha é a minh'Alma — exangue...
— O Paço Real o meu genio...
— E os dragões são o meu sangue...

(Se a minha alma fora uma Princesa nova
E debochada e linda...)

Lisboa 1913 — Dezembro 14

MÁRIO DE SÁ-CARNEIRO

4.

Certa voz na noite, ruivamente...


Esquivo sortilégio o dessa voz, opiada
Em tons côr de amaranto, ás noites de incerteza,
Que eu lembro não sei d'onde — a voz d'uma Princeza
Bailando meia núa entre clarões de Espada.

Leonina, ella arremessa a carne arroxeada;
E bebada de Si, arfante de Belleza,
Acera os seios nus, descobre o sexo... Reza
O espasmo que a estremeche em Alma copulada...

Entanto nunca a si mesmo em visão. Sómente
A sua voz a fulcra ao meu lembrar-me. Assim
Não lhe desejo a carne — a carne inexistente...

É só de voz-em-cio a bailadeira astral —
E nessa voz-Estátua, ah! nessa voz-total,
É que eu sonho esvair-me em vicios de morphina...


Lisboa 1914 — Janeiro 31.

MÁRIO DE SÁ-CARNEIRO

# 7

Eu não sou eu nem sou o outro,
Sou qualquer coisa de intermédio:
Pilar da ponte de tédio
Que vai de mim para o outro.

Lisboa, fevereiro de 1914.

MÁRIO DE SÁ-CARNEIRO

# 16.

Esta inconstancia de mim proprio em vibração
É que me ha de ~~transpôr~~ ás zonas intermédias,
E seguirei entre cristais de inquietação,
A retinir, a ondular... Soltas as redeas,
Meus sonhos, leões de fogo e pasmo domados a tirar
A torre d'ouro que era o carro da minh'Alma,
Transvirão pelo deserto, moribundos de Luar —
E eu só me lembrarei num baloiçar de palma...
Nos oasis depois hão de se abismar gumes,
A atmosfera ha de ser outra, n'outros planos;
As rãs hão de coaxar-me em vozes tons humanos
Vomitando a minha carne que coaram entre estrumes...

×

Ha sempre um grande Arco ao fundo dos meus olhos...
A cada passo a minha alma é outra cruz,
E o meu coração gira: é uma roda de côres...
Não sei aonde vou, nem vejo o que persigo...

Já não é o meu rastro o rasto d'oiro que ainda sigo...
Resvalo em pontes de gelatina e de dólares...
— Hoje a lua para mim é sempre meia-lua...

. . . . . . . . . . . . . . . . . . . . . . . . . . . . . . . . . . . .
. . . . . . . . . . . . . . . . . . . . . . . . . . . . . . .

As mesas do Café endoideceram feitas ar...
Caía-me agora um braço... Olha lá vai ele a valsar,
Vestido de casaca, nos salões do Vice-Rei...

Palpo por mim acima como por uma escada de corda,
E a minha Rússia é um trapézio encarnalhado...


                    Lisboa, maio de 1914

7.

= Apoteose =

Mastros quebrados, singro num mar d'Oiro
Dormindo fôgo, incerto, longamente...
Tudo se me egualou num sonho rente,
E em metal de mim hoje só móro...

São tristezas de bronze as que inda chóro —
Pilastras mortas, mármores ao Poente...
Lagearam-se-me as ânsias brancamente
Por claustros falsos onde nunca óro...

Desci de Mim. Dobrei o manto d'Astro,
Quebrei a taça de cristal em espanto,
Talhei em sombra o biso do meu rastro...

Findei... Horas-platina... Côr-brocado...
Luar-ânsia... Luz-perdão... Orquídeas-pranto...

. . . . . . . . . . . . . . . . . . . . . . . . . . . .

— O'pântanos de Mim — jardins estagnados...

Paris 1914 — junho 28

8.

# Distante melodia...

Num sonho d'Íris, morto a ouro e brasa,
Vem-me lembranças doutro Tempo azul
Que me oscilava entre véus de tule —
Um tempo esguio e leve, um tempo — Asa.

Então os meus sentidos eram côres,
Nasciam num jardim as minhas Ansias,
Havia na minh'Alma outras distancias —
Distancias que o segui-las era flôres...

Caia luao se pensava Estrelas,
A luar batia sobre o meu alhear-me...
— Noites-lagôas, como éreis belas
Sob terraços-luz de recordar-Me !...

Idade acorde d'Inter-sonho e Lua,
Onde as horas corriam sempre jáde,
Onde a neblina era uma saudade,
E a luz — deброches de Princesa núa...

MÁRIO DE SÁ-CARNEIRO

Balaústras de som, arcos de Amar,
Pontes de brilho, ogivas de perfume...
Domínio inexprimível d'Ópio e enme
Que nunca mais, em côr, hei-de habitar...

Tapetes d'outras Persias mais Oriente,
Cortinados de chinas mais marfins,
Aureos Templos de pitões de setim,
Fontes correndo sombra, mansamente...

Zimbórios-pantheons de Nostalgias,
Catedrais de Vêr-Eu por sobre o mar...
Escadas de honra, escadas só, ao ar...
Novos Byzancios-Alma, outras Turquias...

Lembranças fluidas... cinza de brocado...
Irrealidade anil que em mim ondeia...
—Ao meu redôr eu sou Rei exilado,
Vagabundo dum sonho de sereia...

                    Paris 1914 — junho 30.

MÁRIO DE SÁ-CARNEIRO

9.

## - Sugestão -

As companheiras que não tive,
Sinto-as chorar por mim, veladas,
Ao pôr do sol, pelos jardins...
Na sua mágoa azul revive
A minha dôr de mãos finadas
Sobre setins...

Paris — Agosto de 1914.

10.

- Taciturno -

Ha oiro marchetado em mim, a pedras raras,
oiro sinistro em sons de bronzes medievais—
Joia profunda a minha alma a luzes caras,
Cibório triangular de ritos infernais.

No meu mundo interior cerraram-se armaduras,
Capacetes de ferro esmagaram Princesas.
Toda uma estirpe real de heróis d'outras bravuras
Em Mim se despojou dos seus brazões e presas.

Heraldicas-luar sobre impérios de retiro,
Humilhações a liz, desforços de brocado;
Basilicas de tédio, arnezes de enjoado,
Insignias de Ilusão, troféus de jaspe e brutuliram.

A ponte levadiça e baça de Ter-sido
Enferrujou — embalde a tentarão descer...
Sobre fossos de Vago, ânsias de inda-querer—
Manhãs de armas ainda em arraiais de olvido...

Percorro-me em salões sem janelas nem portas,
Longas salas de trôno a espessas densidades,
Onde os panos de Arrás são esgarçadas saudades,
E os divans, em redôr, ânsias lassas, absortas...

Há roxos fins d'Império em meu renunciar —
Caprichos de setim do meu desdém Astral...
Há exéquias de heróis na minha dôr feudal —
E os meus remorsos são terraços sobre o Mar...

Paris — Agosto de 1914.

| MÁRIO DE SÁ-CARNEIRO

# 11

# — O Resgate —

A ultima ilusão foi partir os espelhos —
E nas salas ducais, os frisos de esculturas
Desfizeram-se em pó... Todas as bordaduras
Caíram de repente aos reposteiros velhos.

Atónito, parei na grande escadaria
Olhando as destroçadas, imperiais riquezas...
Dos lustres de cristal — as velas d'ouro, acesas,
Quebravam-se também sobre a tapeçaria...

Rasgavam-se setins, abatiam-se escudos;
Estalavam de cór os grifos dos ornatos.
Pelas molduras d'honra, os lendários retratos
Sumiam-se de mêdo, a roçagar veludos...

Doido! Trazer ali os meus desdens crispados!...
Tectos e frescos, pouco a pouco, ennegreciam;
Pânos de Arrás do que não-Fui emurcheciam —
Velavam-se brazões, subitamente errados...

Então, eu mesmo fui trancar todas as portas;
Fechei-me a Bronze eterno em meus salões rudos...
— Se arranho o meu Despeito entre vidros partidos,
Estilicei em Mim as douraduras mortas!

Camarate — Quinta da Vitoria
Outubro 1914.

12.

## — Vislumbre —

A horas flébeis, outonais —
Por magoados fins de dia —
A minha Alma é agua fria
Em anforas d'ouro... entre cristais...

Camarate — Quinta da Vitória
Outubro 1914.

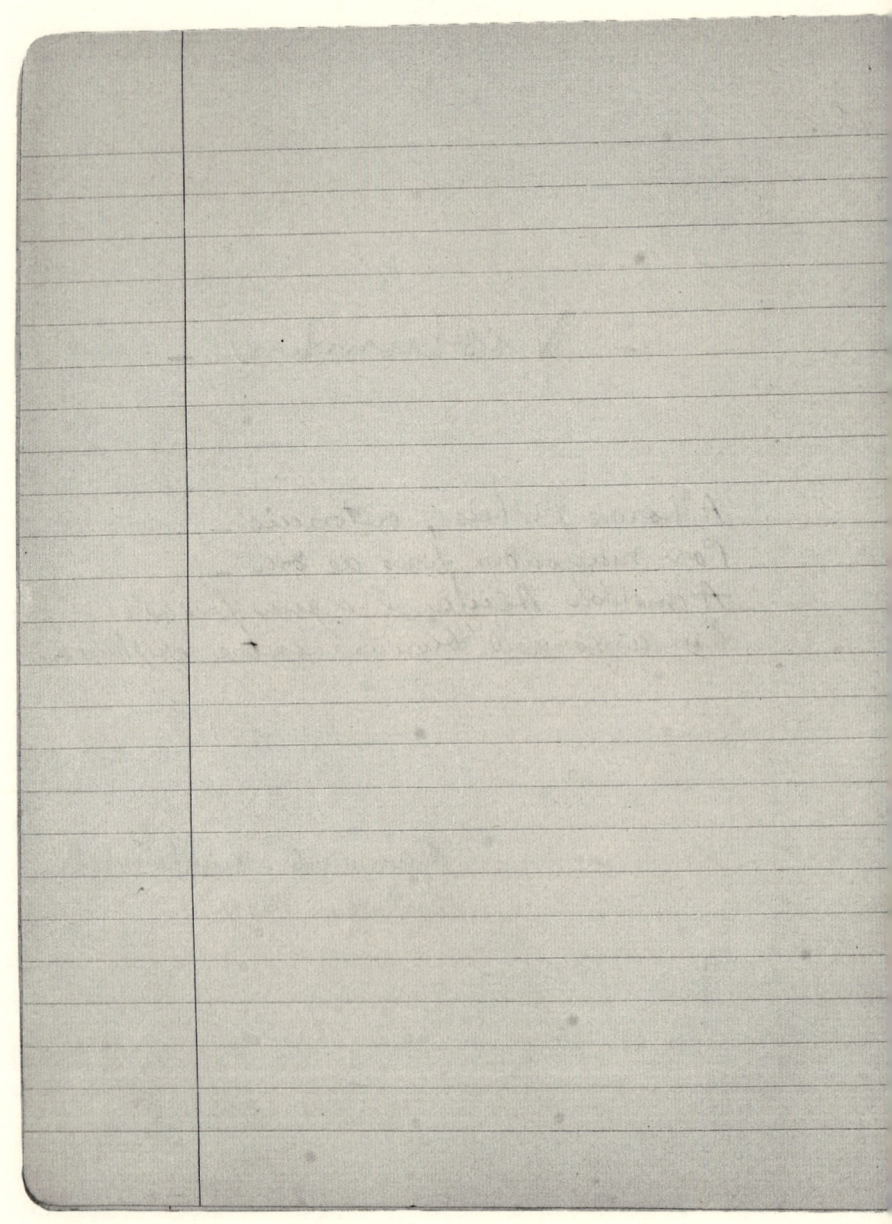

13.

# — Bárbaro. —

Enroscam-se-lhe ao tronco as serpentes douradas
Que, Cesar, mandei vir dos meus viveiros d'Africa.
Mima a luxuria a nua — Salomé asiática...
Em veta, carne a arder — virgens supliciadas...

Mitrado d'oiro e lua, em meu trono de esfinges —
Dentes rangendo, olhar d'insónia e maldição —
Os teus coelhos vis, nas infamias que finges,
Alastram-se-me em febre e em garras de leão.

Sibilam os reptis... Rojas-te de joelhos...
Sangue te escorre já da bôca profanada...
Como bailas o vicio, ó torpe, ó debochada —
Densos sabbats de cio teus frenesis vermelhos...

Mas ergues-te num espasmo — e ás serpentes domas
Dando-lhes a trincar teu sexo nu, aberto...
As tranças desprendeste... E teu cabelo, incerto,
Inflama agora um halo a crispações e aromas...

Em balde mando arder as mirras consagradas:
O ar apodreceu da tua perversão ...
Tenho medo de ti num calafrio de espadas—
A minha carne tôa a bronzes de prisão ...

Arqueia-me o delírio — e sufoco, estracejo ...
A luz enrigeceu zebrada em planos d'aço ...
A sangue, se vírgula e se desdobra o espaço...
Tudo é loucura já quanto em redor alvejo !...

Traço o manto e, num salto, entre uma luz que corta,
Caio sobre a maldita ... apunhala-a em estertor...

. . . . . . . . . . . . . . . . . . . . . . . . . . . . . .
. . . . . . . . . . . . . . . . . . . . . . . . . . . . . .

—Não sei quem tenho aos pés: se a dançarina morta
ou a minh'Alma só, que me explodeu de côr ...

Camarate - Quinta da Vitória.
Outubro 1914.

## – Angulo –

Aonde irei neste sem-fim perdido,
Neste mar ôco de certezas mortas? –
Fingidas, afinal, todas as portas
Que no dique julguei ter construido...

– Barcassas dos meus ímpetos ti-grados,
Que oceano vos dormiram de segrêdo?
Partiste-vos, transportes encantados,
De embate, em alma ao rôxo, a que rochedo?...

– E'nau de festa, ó prévia de aventura,
Onde, em Champanhe, a minha ansia ia,
Quebraste-vos também ou, porventura,
Fundeaste a ôuro em portos d'alquimia?...

. . . . . . . . . . . . . . . . . . . . . . . . . . . . . . . . . . . . . . . . . . . . . . . . . .
. . . . . . . . . . . . . . . . . . . . . . . . . . . . . . . . . . . . . . . . . . . . . . . . . .

Chegaram á baia os galeões
Com as sete Princesas que morreram.

Regatas de luar não se correram...
As bandeiras velaram-se g orações...

Detive-me na ponte, debruçado,
Mas a ponte era falsa — e derradeira.
Segui no cais. O cais era abaulado,
Cais fingido sem mar á sua beira...

Por sobre o que Eu não sonha grandes pontes
Que um outro, só metade, quer passar
Em miragens de falsos horizontes —
Um outro que eu não posso acorrentar...


                    Barcelona — Setembro 1914.

# 15

## – Anto. –

Caprichos de lilaz, febres esguias,
Enlevos de Ópio – Iris-abandono...
Saudades de luar, Timbre de Outono,
Cristal de essencias langues, fugidias...


O pagem debil das ternuras de setim,
O friorento das caricias magoadas;
O principe das Ilhas transtornadas –
Senhor feudal das Tôrres de Marfim...


Lisboa 1915 – fevereiro 14.

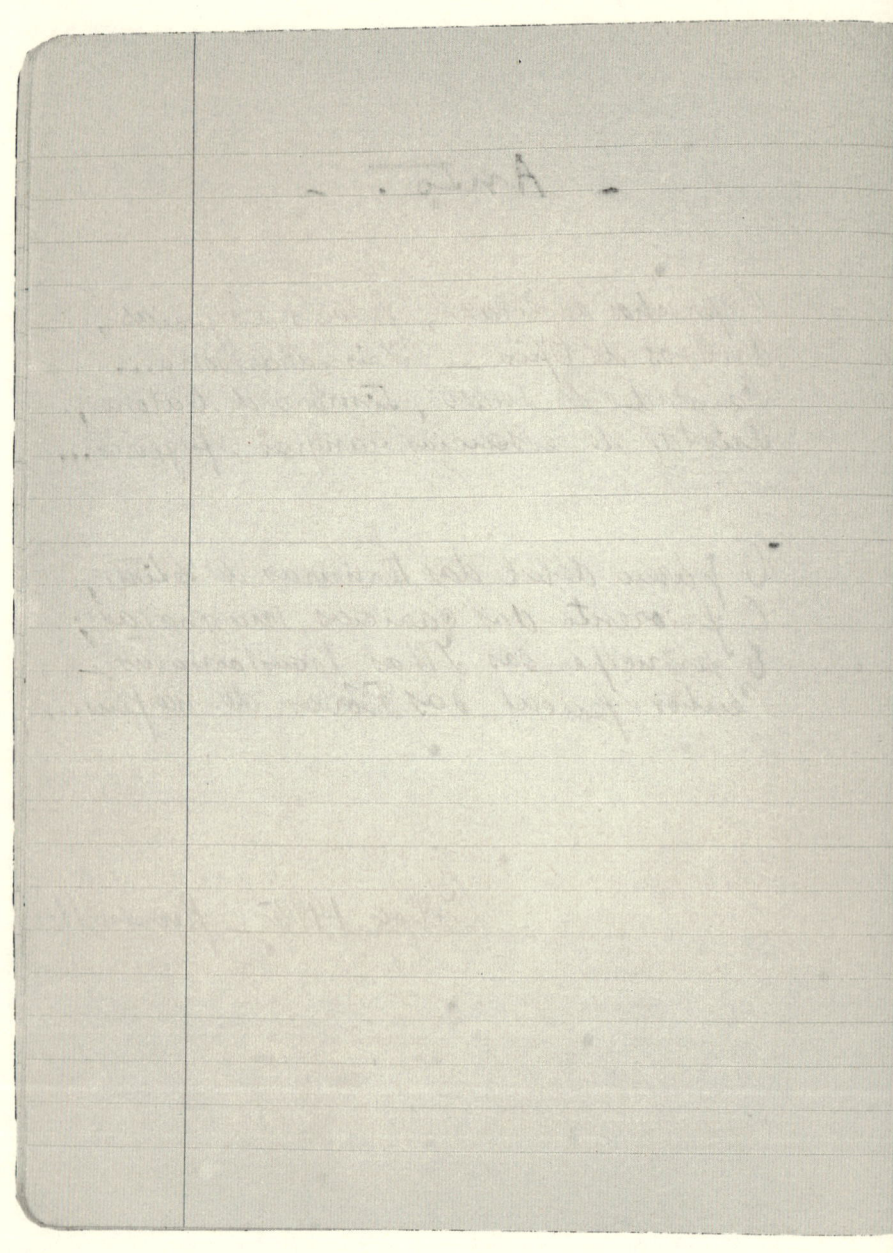

16.

## — A Inigualável. —

Ai, como eu te queria toda de violetas
E flóbil de setim...
Teus dedos, longos de marfim,
Que os sombreassem jóias pretas...

E tão febril e delicada
Que não podesses dar um passo —
Sonhando estrelas, transtornada,
Com estampas de côr no regaço...

Queria-te nua e friorenta,
Aconchegando-te em zibelinas —
Sonolenta,
Anira de éteres e morfinas...

Ah! que as tuas nostalgias fossem guisos de prata —
Teus frenesis, lantejoulas;
E os ócios em que estiólas,
Luar que se desbarata...

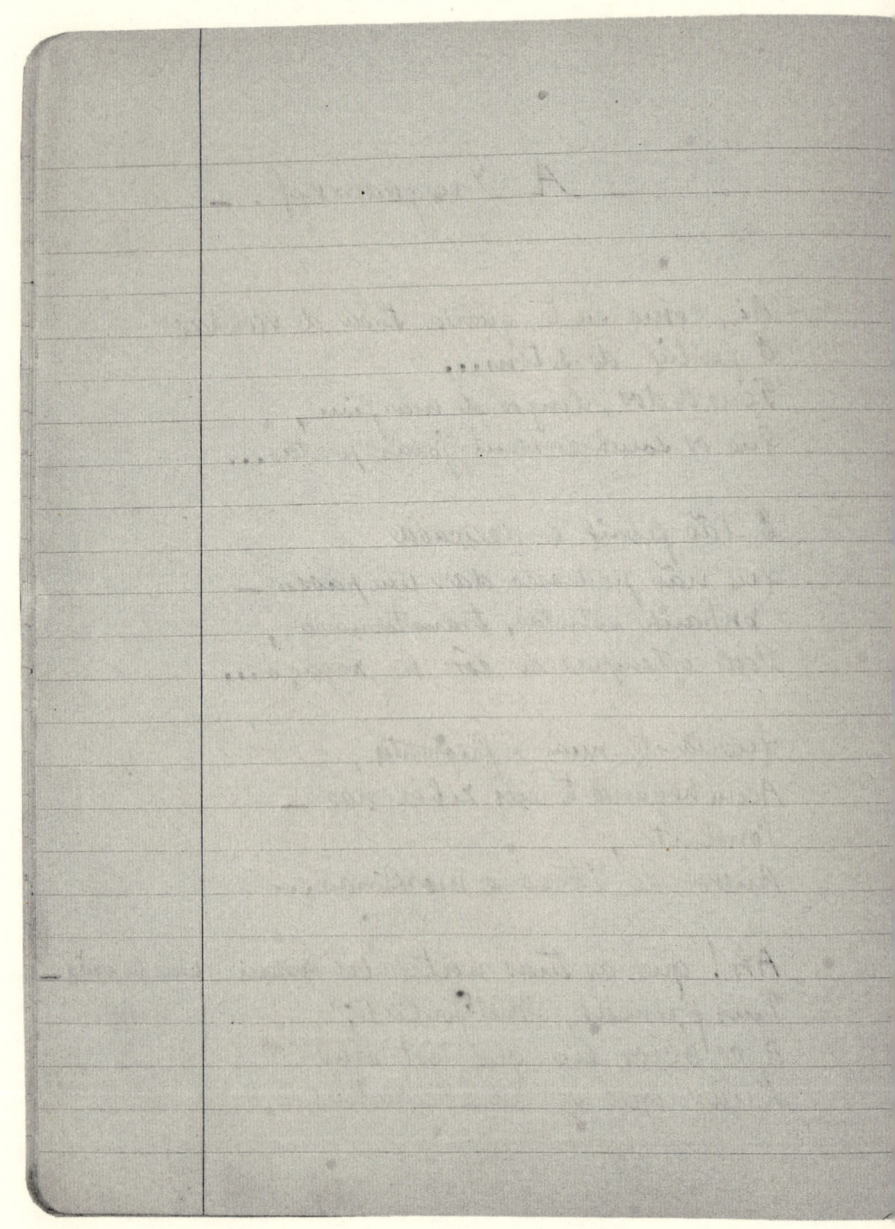

. . . . . . . . . . . . . . . . . . . . . . . . . . . . .
. . . . . . . . . . . . . . . . . . . . . . . . . . .

Teus beijos, queria-os de tule,
Transparecendo carmim —
Os teus espasmos de sêda . . .

— Água fria e clara numa noite azul,
Água, devia ser o teu amor por mim . . .

Lisboa 1915 — Fevereiro 16.

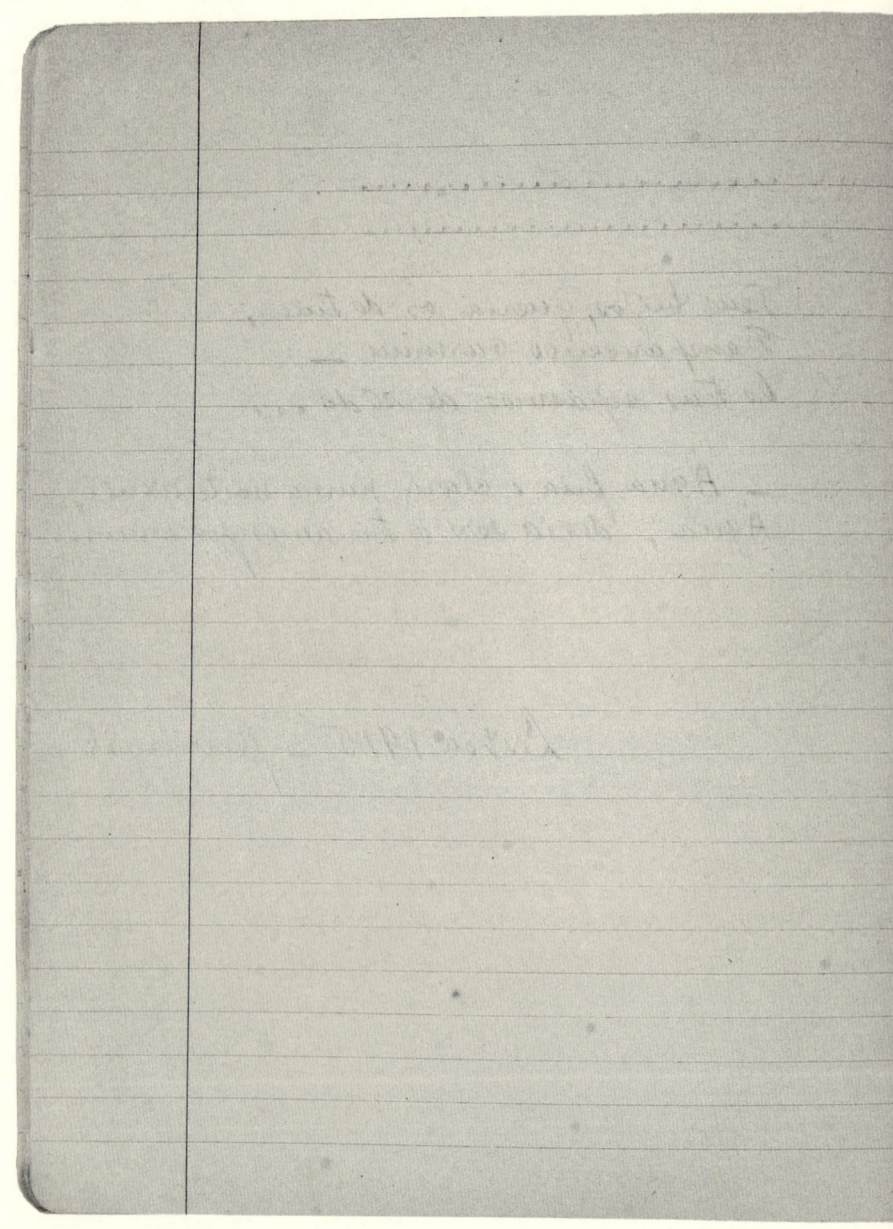

17.

## — Elegia. —

Minha presença de setim,
Toda bordada a côr-de-rosa,
Que fôste sempre um adeus em mim
Por uma tarde silenciosa...

Ó dedos longos que toquei,
Mas se os toquei, desapareceram...
Ó minhas bôcas que esperei
E nunca mais se me estenderam...

Meus Boulevards de Europa e Leifos
Onde fui só um espectador...
— Que sôno lasso, o meu amor;
Que poeira de ouro, os meus desejos...

Há mãos perdidas de amuradas
No meu anseio a vaguear...
Em mim findou todo o luar
Da lua dum conto de fadas.

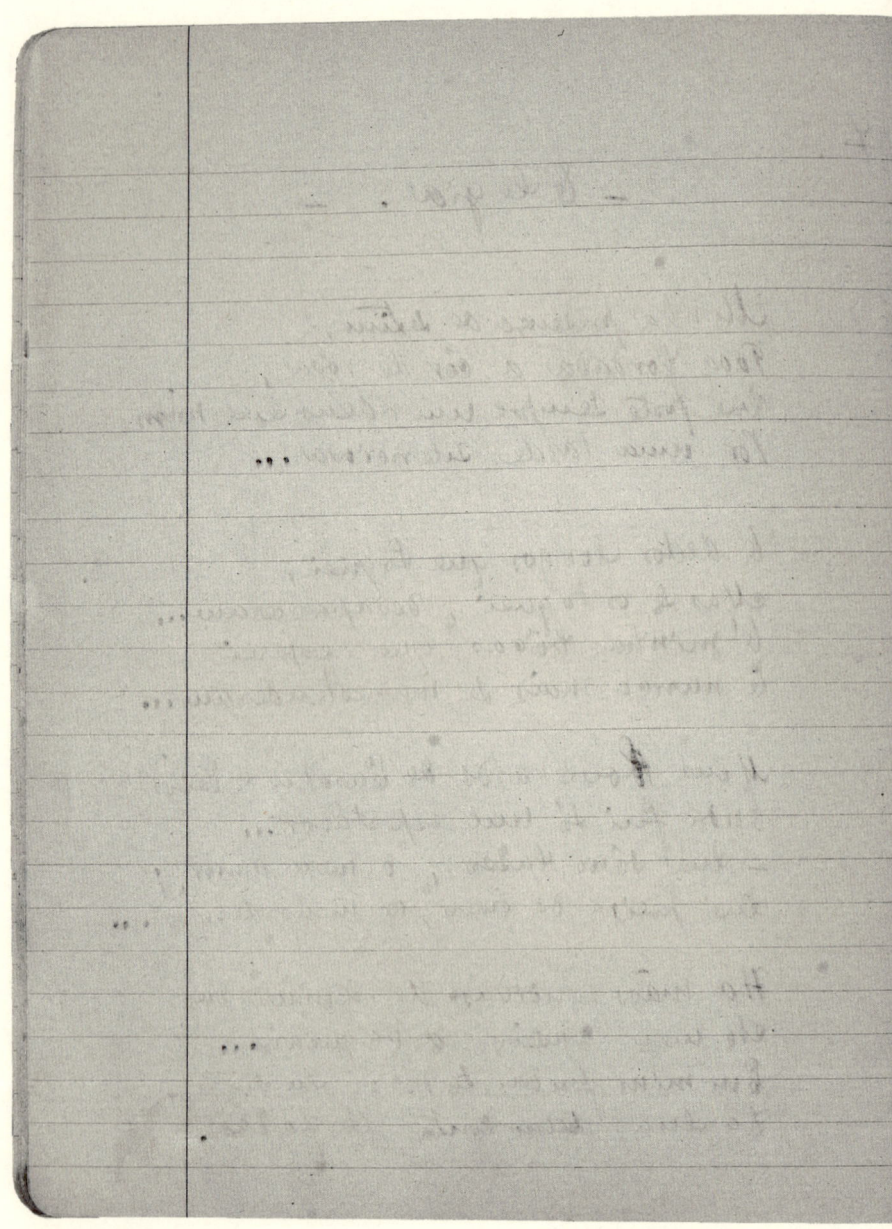

MÁRIO DE SÁ-CARNEIRO

Eu fui alguém que te enganou
E achou mais belo ter errado.
— Mantenho o trôno mascarado
Aonde me sagrei Pierrot.

Minhas histórias de cristal,
Meus dóceis arrependimentos,
São hoje os velhos paramentos
Duma pesada catedral.

Pobres enleios de carmim
Que reservara pra algum dia!
A sombra divina fugidia
Jamais se abeirará de mim...

Ó minhas cartas nunca escritas —
E os meus retratos que rasguei...
As orações que não rezei,
Madeixas falsas, flores e fitas...

O «petit-bleu» que não chegou...
As horas vagas do jardim...
O anel de beijos e marfim
Que os seus dedos nunca enrolou...

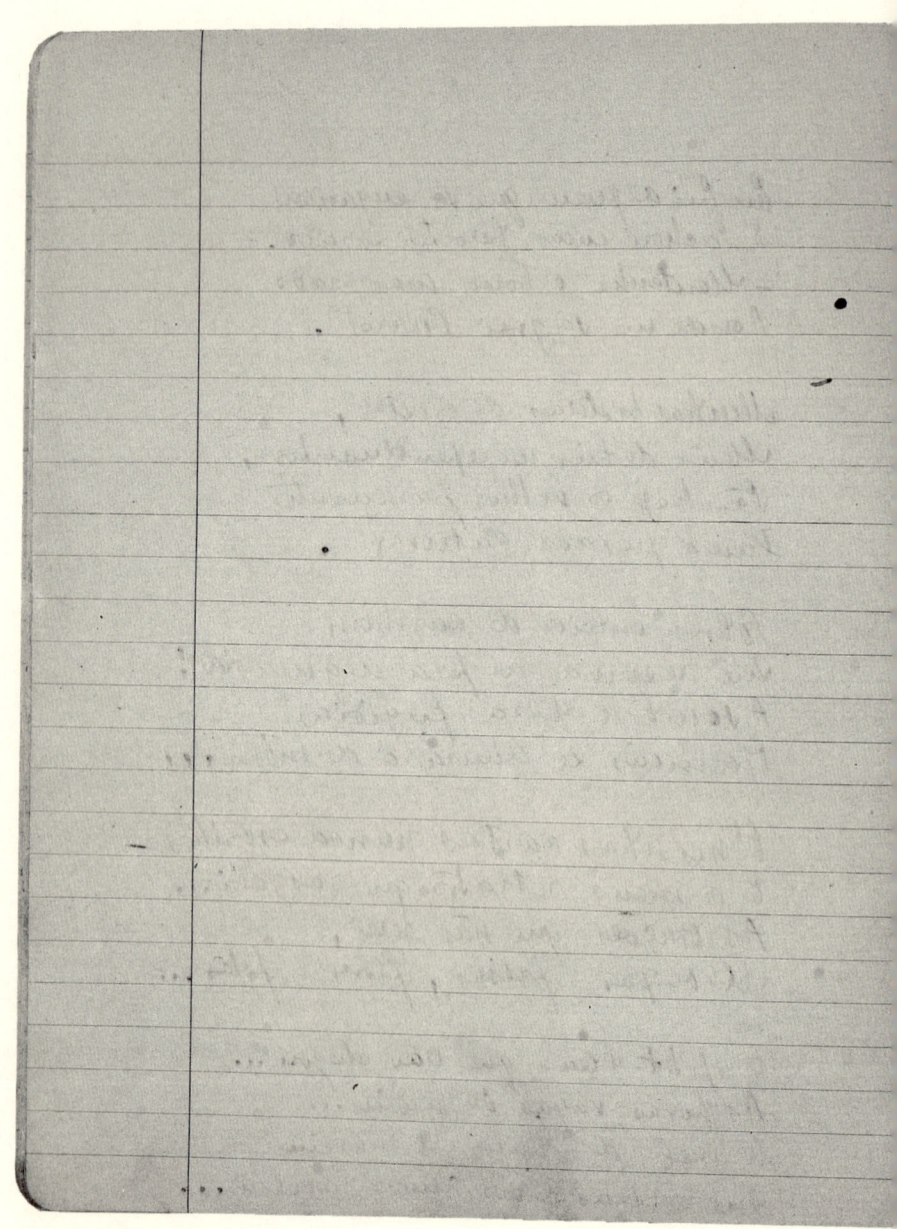

Convalescença afectuosa
Num hospital branco de paz...
A dôr magoada e duvidosa
Dum outro tempo mais lilaz...

Um braço que nos acalenta...
Livros de côr á cabeceira...
Minha ternura friorenta —
Ter amas pela vida inteira...

Ó grande hotel universal
Dos meus frenéticos enganos
Com aquecimento central,
Escravos, cocottes, ciganos...

Ó meus cafés de grande-vida
Com Dançarinas multicolores...
— Aí, não são mais as minhas dôres,
Que a sua dança interrompida...

                    Lisboa — Março de 1915

# 18

# _ Escala _

Oh! regressar a mim profundamente
E ser o que já fui no meu delírio...
_ Vá, que se abra de novo o grande lírio,
Também miósotis em cristal e Oriente!

Cinja-me de novo a grande esperança,
E de novo me timbre a grande Lua!
Eia! que empunhe como outrora a lança
E a espada de Astros _ ilusória e nua!

Rompa a fanfarra atrás do funeral!
Que se abra o pôço de marfim e jade!
_ Vamos! é tempo de partir a Grade!
Corra o palácio inteiro o vendaval!

Nem portas nem janelas, como dantes:
A chuva, o vento, o sol _ e eu, A Estátua!
Que me nimbe de novo a aureola fátua _
Tirano medieval d'êrros distantes.

E o Príncipe sonâmbulo do Sul,
O Doge de Venezas escondidas,
O chaveiro das Tôrres poluídas,
O mítico Rajá de Índias de tule —

Me erga imperial, em pasmo e arrogância,
Toldado de luar — scintil de arfejos:
Imaginário de carmim e beijos,
Pierrot de fôgo a cabriolar Distância.

Num entardecer a esfinges d'Ouro e mágoa
Que se prolongue o Cais de me scismar —
Que ressurja o terraço à beira-mar
De me iludir em Rei de Pérsias d'agua.

É tempo ainda de realçar-me a espelhos,
Travar mistérios, influir Destaque.
Vamos! por terra os reposteiros velhos —
Novos brocados para o novo ataque!

Torne-se a abrir o Harem em festival,
(Harem de gaze — e as odaliscas, sêda)...
Que se embandeire em mim o Arraial,
Haja bailes de Mim pela alameda!!...

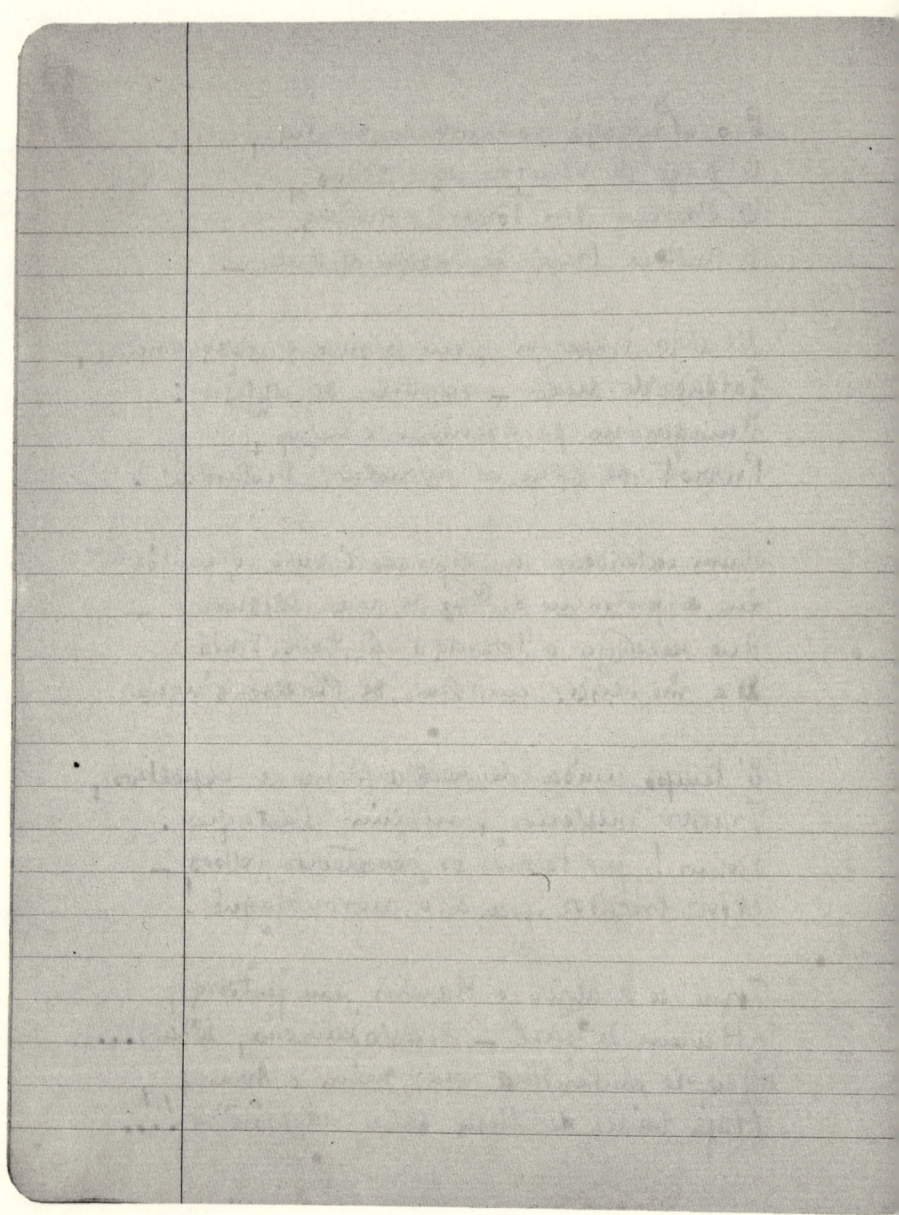

Rufem tambores, colem-se os cartazes —
Gire a tômbola, o carrousel comece!
Vou de novo lançar-me na Kermesse:
— Saltimbanco, que a feira toda arrases!

Eh-lá! mistura os sons com os perfumes,
Disparata de côr, guincha de luz!
Amontôa no palco os corpos nus,
Tudo alvoroça em malabares de lumes!

Recama-te de Anil e destempero,
Tem Coragem — em mira o grande salto!
Ascende! Tomba! Que te importa? Falto
Eu, acaso?... — Animo! Lá te espero.

Que nada mais te importe. Ah! segue em frente
Ó meu Rei-Lua o teu destino dubio:
E sê o timbre, se o vivo, o efluvio,
O arco, a zona — o Sinal de Oriente!

Paris — Julho de 1915

19.   = Séte Canções de Declinio . =

## 1.

Um vago tom de opala debelou
Prolixos funerais de luto d'Astro _
E pelo espaço, a Viro se enfolou
O estandarte rial _ livre, sem mastro.

Fantastica bandeira sem suporte,
Incerta, nevrenta, recamada _
A desdobrar-se como a minha Sorte
Predita por ciganos numa estrada ...

## 2.

Atapetemos a vida
Contra nós e contra o mundo.
– Desçamos pânos de fundo
A cada hora vivida.

Desfiles, danças _ embora
Mas sejam uma ilusão.
– Scenarios de mutação,
Pela minha vida fóra!

Quero ser Eu plenamente!
Eu, o possesso do Pasmo.
— Todo o meu entusiasmo,
Ah! que seja o meu Oriente!

O grande Doido, o varrido,
O perdulário do Instante —
O amante sem amante,
Ora amado ora traído...

Lançar as barcas ao Mar —
De nevoa, em rumo de incerto...
— Pra mim o longe é mais perto
Do que o presente lugar.

... E as minhas unhas polidas —
Ideia de olhos pintados...
Meus sentidos maquilados
A tintas desconhecidas...

Mistério duma incerteza
Que nunca se ha de fixar...
Sonhador em frente ao mar
Duma olvidada riqueza...

— Num programa de teatro
Suceda-se a minha vida:
Escada de ferro descida
Aos pinotes, quatro a quatro!...

### 3.

— Embora num funeral
Desfraldemos as bandeiras:
Só as Côres são verdadeiras —
Siga sempre o festival!

Kermesse — eia! — e ruído!
Louça quebrada! Tropel!
(Defronte do carroussel,
Eu, em ternura esquecido...).

Fitas de côr, vozearia —
Os automóveis reflectos:
Seus chauffeurs — os meus afectos
Com librés de fantasia!

Ser bom... Gostaria tanto
de o ser ... Mas como? Afinal
Só se me fizesse mal
Eu fruiria esse encanto.

— Afetos?... Divagações...
Amigo dos meus amigos...
Amizades são castigos,
Não me embaraço em prisões!

Fiz dêles os meus criados,
Com muita pena — Decerto.
Mas quero o Salão aberto
E os meus braços repousados.

4.

As grandes Horas! — vivê-las,
A preço mesmo dum crime!
Só a beleza redime —
Sacrifícios são novelas.

«Ganhar o pão do seu dia
Com o suor do seu rosto»...
— Mas não há maior desgosto
Nem há maior vilania!

E quem fôr Grande não venha
dizer-me que passa fome:
Nada há que se não dome
Quando a Estrela fôr tamanha!

Nem receios nem temores,
Mesmo que sofra por nós
Quem nos faz bem. Esses dós
Impeçam os inferiores.

Os Grandes, partam — dominem
Sua sorte em suas mãos:
— Soldados, inúteis, vãos,
Que o seu Destino imaginem!

Nada nos pode deter:
O nosso ~~caminho~~ é d'Astro!
Luto — embora! — o nosso rastro,
Se pra nós Dito há de ser!...

# 5.

Vaga lenda facetada
A imprevisto e miragens —
Um grande livro de imagens,
Uma toalha bordada...

Um baile russo a mil côres,
Um Domingo de Paris —
Cofre de Imperatriz
Roubado por malfeitores...

Antiga quinta deserta
Em que os donos faleceram —
Porta de cristal aberta
Sôbre sonhos que esqueceram...

Um lago á luz do luar
Com um barquinho de corda...
Saudade que não recorda —
Bola de tennis no ar...

Um leque que se rasgou —
Anel perdido no parque —
Lenço que acenou no embarque
D' Aquela que não voltou...

Praia de banhos do sul
Com meninos a brincar
Descalços, à beira-mar,
Em tardes de céu azul...

Viagem circulatória
Num expresso de wagons-leitos —
Balão aceso — defeitos
De instalação provisória...

Palace cosmopolita
De rastaquouères e cocotes —
Audaciosos decotes
Duma francesa bonita...

Confusão de music-hall,
Aplausos e brou-a-há' —
Interminavel sofá
Dum estofo profundo e mole...

Pinturas a «ripolin»,
Anuncios pelos telhados —
O barulho dos teclados
Das Linotyp' do «Matin»...

Manchette de sensação
Transmitida a todo o mundo —
Famoso artigo de fundo
Que acende 'uma 'revol'ção...

Um sobrescrito lacrado
Que transviou no correio,
E nos chega sujo — cheio
De carimbos, lado a lado...

Nobre ponte citadina
De intranquila capital —
A humidade outonal
D'uma manhã de nebrina...

Uma behida gelada —
Presentes todos os dias...
Champanhe em taças esguias
Ou água ao sol entornada...

Uma gaveta secreta
Com segredos de adultérios...
Porta falsa de mistérios —
Toda uma estante repleta!

Seja enfim a minha vida
Parada de ócios e Lua!
Vida de Café e rua,
Dolorosa, "suspendida" —

Ah! mas de enlevo tão grande
Que outra nem sonho ou prevejo...
— A eterna mágoa dum beijo,
Essa mesma, ela me expande...

## 6.

Um frenesi hialino arrepiou
Pra sempre a minha carne e a minha vida.
Fui um barco de vela que parou
Em súbita baía adormecida...

Baía embandeirada de miragem,
Dormente de ópio, de cristal e anil,
Na ideia dum país de gaze e Abril,
Em duvidosa e tremulante imagem...

Parou ali a barca — e, ou fosse encanto,
Ou preguiça, ou delírio, ou esquecimento,
Não mais aparelhou... — ou fosse o vento
Propício que faltasse: ágil e santo...

...Frente ao porto esboçara-se a cidade,
Descendo enlanguescida e preciosa:
As cúpulas de sombra côr de rosa,
As torres de platina e de saudade.

Avenidas de seda deslizando,
Praças d'honra libertas sôbre o mar —
Jardins onde as flores fossem luar;
Lagos — carícias de ambar flutuando...

Os palácios a rendas e escumalha,
De filigrana e cinza as Catedrais —
Sôbre a cidade, à luz — esquiva, poeja
Tingindo-se através longos vitrais...

Vitrais de sonho a delíroa-la em volta,
A isola-la em lenda marchetada:
Uma Vénus de capricho — solta,
Instável, dúbia, pressentida, alada...

Exílio branco — a sua atmosfera,
Murmúrio de aplausos — seu brou-u-há...
E na Praça mais larga, em frágil cera,
Eu — a estátua «que nunca tombará»...

7.

Meu alvoroço d'oiro e lua
Tinha por fim que transbordar...
— Caiu-me a Alma ao meio da rua,
E não a posso ir apanhar!

Paris — julho e agosto 1915.

20.                — Abrigo. —


Paris da minha ternura
Onde estava a minha Obra —
Minha Lua e minha Cobra,
Timbre da minha aventura.

Ó meu Paris, meu menino,
Meu inefável brinquedo...
— Paris do lindo segrêdo
Ausente no meu destino.

Regaço de namorada,
Meu enleio apetecido —
Meu vinho d'oiro bebido
Por taça logo quebrada...

Minha febre e minha calma —
Ponte sôbre o meu revez:
Consolo da viuvez
Sempre noiva da minh'Alma...

Ó fita benta de côr,
Compressa das minhas feridas...
— Ó minhas unhas polidas,
— Meu cristal de toucador...

Meu eterno dia de anos,
Minha festa de veludo...
Paris: derradeiro escudo,
Silêncio dos meus enganos.

Milagroso carroussel
Em feira de fantasia —
Meu orgão de Barbaria,
Meu teatro de papel...

Minha cidade-figura,
Minha cidade com rosto...
— Ai, meu acerado gosto,
Minha fruta mal madura...

Mancenilha e bem-me-quer,
Paris — meu lobo e amigo...
— Quisera dormir contigo,
Ser todo a tua mulher!...

Paris. setembro 1915

# — Cinco Horas —

Minha mesa no Café,
Quero-lhe tanto... A garrida
Toda de pedra burnida
Que linda e que fresca é'!

Um sifão verde no meio
E ao seu lado, a fosforeira
Diante ao meu copo cheio
Duma bebida ligeira.

(Eu hei sempre os licores
Que acho pouco ornamentais:
Os xaropes têm côres
Mais vivas e mais brutais).

Sôbre ela posso escrever
Os meus versos prateados,
Com estranheza dos criados
Que me olham sem perceber...

Sôbre ela descanso os braços
Numa atitude alheada,
Buscando pelo ar os traços
Da minha vida passada.

Ou acendendo cigarros,
— Pois ha um ano que fumo —
Ymaginario presumo
Os meus enredos bizarros.

( E se acaso em minha frente
Uma linda mulher brilha,
O fumo da cigarrilha
Vai beijá-la, claramente ... ).

Um novo freguez que entra
É novo actor no tablado,
Que o meu olhar fatigado
Nêle outro enredo concentra.

E o carmim daquela bôca
Que ao fundo descubro, triste,
Na minha ideia persiste
E nunca mais se desloca.

Cinge tais futilidades
A minha recordação,
E destes vislumbres vão
As minhas maiores saudades...

( Que história d'livro tão bela
Na minha vida abortou:
Eu fui heroi de novela
Que autor nenhum empregou... ).

Nos Cafés espero a vida
Que nunca vem ter comigo:
— Não me faz nenhum castigo,
Que o tempo passa em corrida.

Passar tempo é o meu fito,
Ideal que só me resta:
Pra mim não ha melhor festa,
Nem mais nada acho bonito.

— Cafés da minha preguiça,
Sois hoje — que galardão! —
Todo o meu campo de acção
E toda a minha cubiça.

                    Paris — Setembro 1915.

# — Serradura —

A minha vida sentou-se
E não ha quem a levante,
Que desde o Poente ao Levante
A minha vida fartou-se.

E ei-la, a môna, lá está,
Estendida, a perna traçada,
No infindavel sofá
Da minha Alma estofada.

Pois é assim: a minh'Alma
Outróra a sonhar de Russias,
Espapaçou-se de calma,
E hoje sonha só pelucias.

Vais aos Cafés, pede um boc,
Lê o "Matin" de castigo,
E não ha nenhum remoque
Que a regresse ao diro antigo !

Dentro de mim é um fardo
Que não pesa, mas que maça:
O zumbido dum moscardo,
Ou comichão que não passa.

Folhetim da "Capital",
Pelo nosso Júlio Dantas —
Ou qualquer coisa entre tantas
Duma antipatia igual...

O raio já bebe vinho,
Coisa que nunca faria,
E fuma o seu cigarrinho
Em plena burocracia!...

Qualquer dia, pela certa,
Quando eu mal me precato,
É capaz dum disparate,
Se encontra uma porta aberta...

Isto assim não pode ser...
Mas como achar um remédio?
– Pra acabar este intermédio
Lembrei-me de endoidecer:

O que era facil — partindo
Os móveis do meu hôtel,
Eu para a rua saindo
De barrête de papel

A gritar: «viva á Alemanha»...
Mas a minh'Alma, em verdade,
Não merece tão façanha,
Tal prova de lealdade.

Vou deixa-la — decidido —
No lavabo dum Café,
Como um anel esquecido.
É um fim mais raffiné.

Paris — setembro 1915.

22.

## — Ó Lord —

Lord que eu fui de Escócias doutra vida
Hoje arrasta por esta a sua decadência,
Sem brilho e equipagens.
Milord reduzido a viver de imagens,
Fara ás montras de jóias de opulência
Num desejo brumoso — sem direita ilucida...
(— Por isso a minha raiva incap contida ~~impaciências.~~
— Por isso a minha eterna ~~impaciência~~

Olha as Praças, rodeia-as...
Quem sabe se êle outróra
Teve Praças, como esta, a palácios e colunas —
Longas terras, quintas cheias,
Hiates pelo mar fóra,
Montanhas e lagos, florestas e dunas...

(— Por isso a sensação em mim fincada batante
dum grande património algures haver perdido;
Por isso o meu desejo astral de luxo desmedido —
E a Côr na minha Obra o que restou do encanto...

Paris - Setembro 1915.

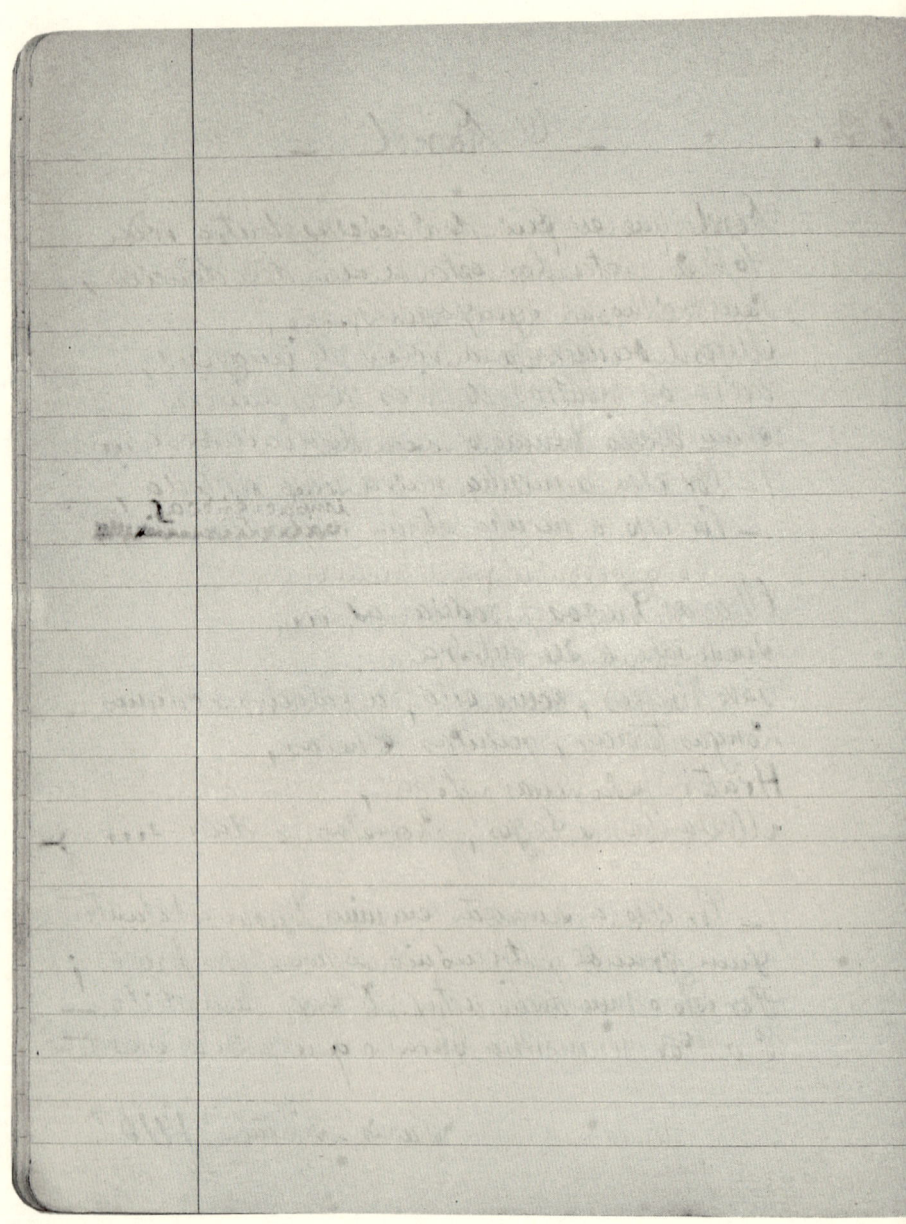

24.

## — O Recreio —

Na minh' Alma ha um baloiço
Que está sempre a baloiçar —
Baloiço á beira dum pôço,
Bem difícil de montar...

— E um menino de bibe
Sôbre êle sempre a brincar...

Se a corda se parte um dia,
(E já vai estando esgarçada),
Era uma vez a folia:
Morre a criança afogada...

— Cá por mim não mudo a corda
Seria grande estopada...

Se o índez morre, deixa-lo...
Mais vale morrer de bibe
Que de casaca... Deixa-lo
Baloiçar-se emquanto viver...

— Mudar a corda era fácil...
Tal ideia nunca tive...

Paris - outubro 1915.

25.

## — Torniquete —

A tômbola anda depressa,
Nem sei quando irá parar —
Aonde, pouco me importa;
O importante é que pare...
— A minha vida não cessa
De ser sempre a mesma porta
Eternamente a abanar...

Abriu-se agora o salão
Onde há gente a conversar.
Entrei sem hesitação —
Sómente o que se vai dar?
A meio da reunião,
Pela certa disparato,
Volvo a mim a todo o pano:
Às cambalhotas desato,
E salto sôbre o piano...
— Vai ser bonita a função!
Esfangalho as partituras,
Quebro toda a caqueirada,
Arrebento à gargalhada,
E fujo pelo saguão...

Meses depois, as garetas
Darão críticas completas,
Indecentes e patetas,
Da minha ultima Obra...
E eu — prá cama outra vez,
Cortindo febre e mever,
Tocado de Estrela e Cobra...

Paris — novembro 1915.

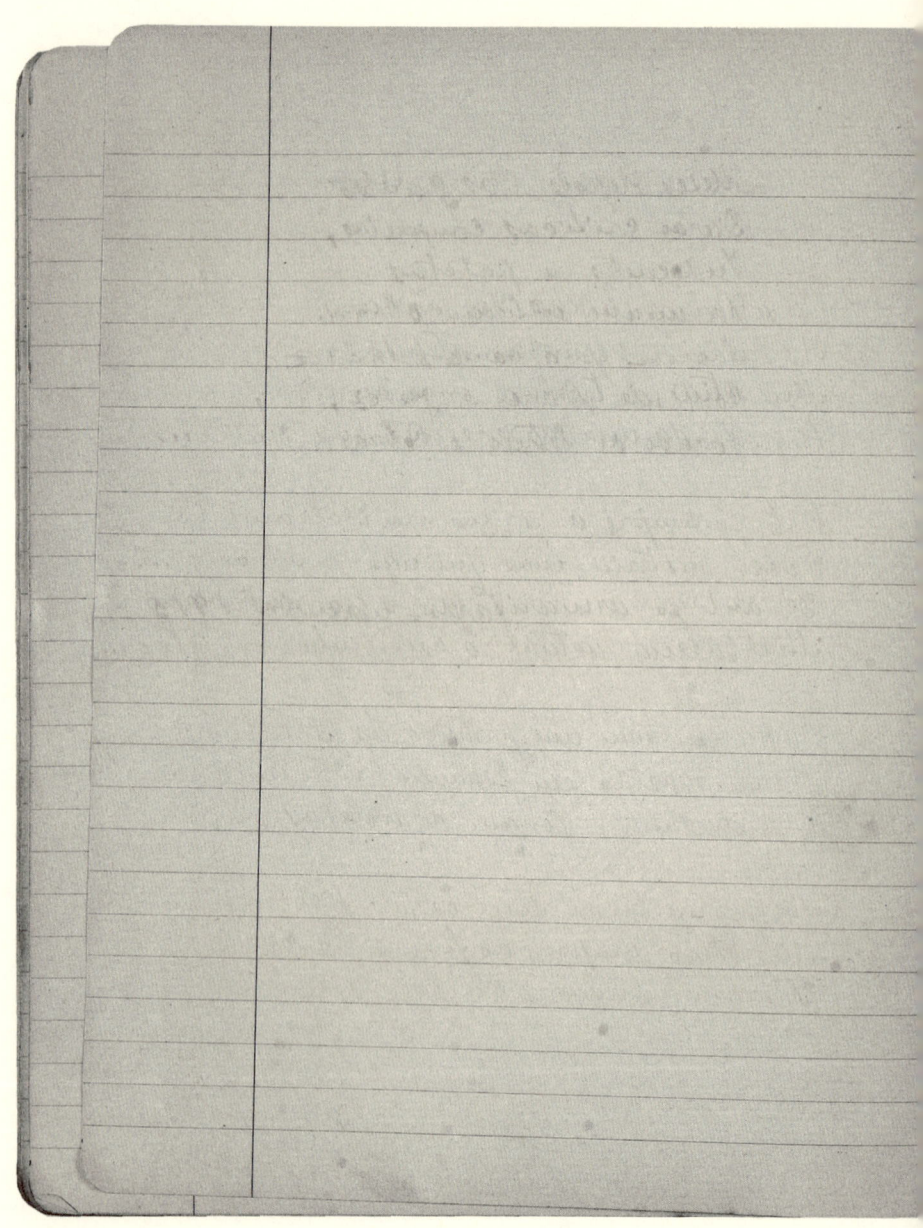

26.

# = Pied - de - ner =

Lá anda a minha dôr ás cambalhotas
No salão de vermelho atepetado _
Meu setim de ternura engordurado,
Rendas da minha ansia tôdas rôtas...

O Erro sempre a rir-me em destrambelho _
Falso misterio, mas que não se atrange...
De antigo armario que a goirento range
Minh'alma actual o esverdinhado espelho!..

Chóra em mim um palhaço ás piruetas;
O meu castelo em Espanha, ei-lo vendido _
E, entretanto, foram de violetas,

Deram-me beijos sem os ter pedido...
Mas como sempre, ao fim _ bandeiras pretas,
Tambolos falsos, carroussel partido...

Paris _ novembro 1915.

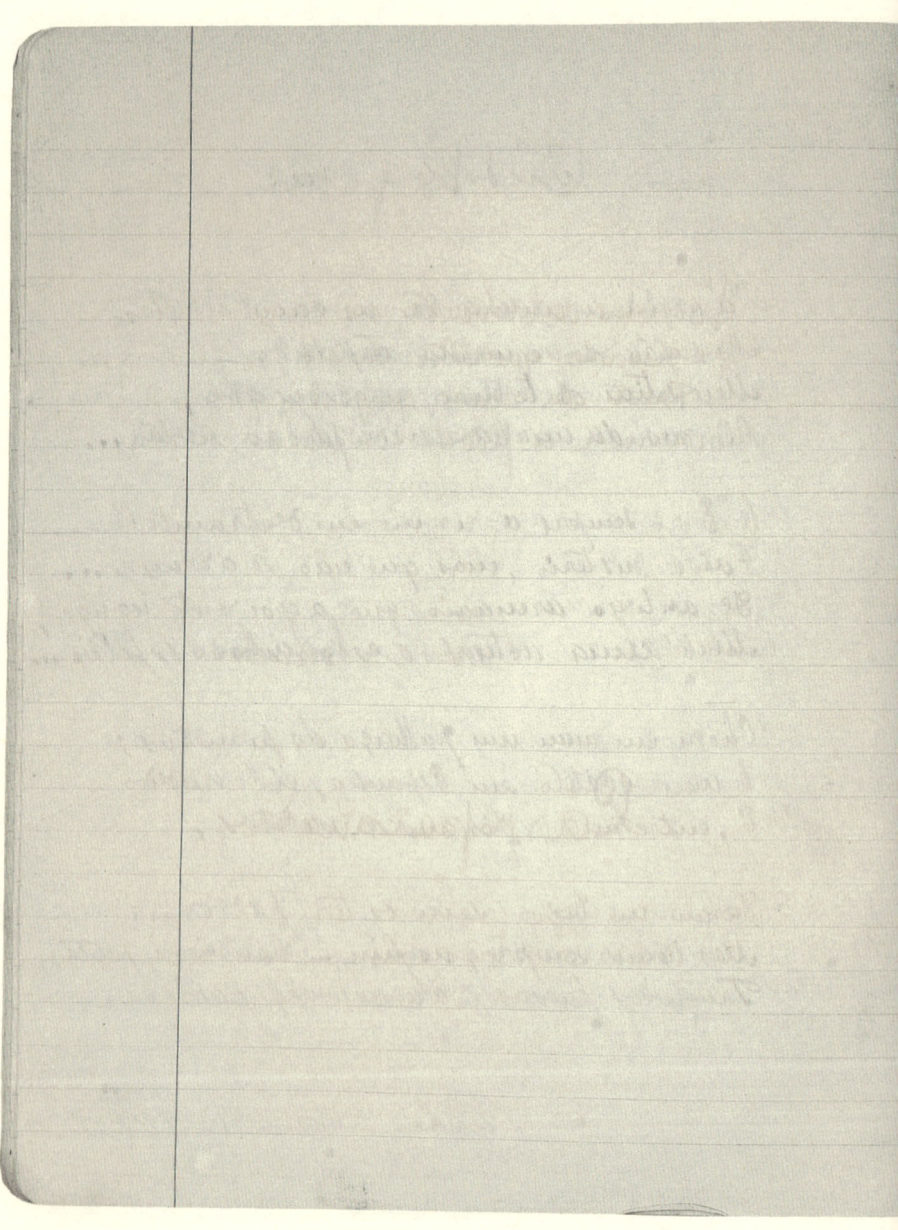

## – O Pagem –

Sózinho de brancura, eu vago – Asa
De rendas que entre cardos só flutua...
– Triste de Mim, que vim d'Alma prá rua,
E nunca a poderei deixar em casa...

Paris – Novembro 1915.

## – Campaïnhada –

As duas ou três vezes que me abriram
A porta do salão onde está gente,
Eu entrei, triste de mim, contente –
E à entrada sempre me sorriram...

Paris – Outubro 1915.

29

# − Ápice −

O raio de sol da tarde
Que uma janela perdida
Reflectiu
Num instante indiferente —
Arde,
Numa lembrança esvaída,
Á minha memória de hoje
Subitamente...

Seu efémero arrepio
Zig-zagueia, ondula, foge,
Pela minha retentiva...
— E não poder adivinhar
Porque mistério se me evoca
Esta ideia fugitiva,
Tão débil que mal me toca!...

— Ah, não sei porquê, mas certamente
Aquêle raio cadente
Alguma coisa foi na minha sorte
Que a sua projecção atravessou...

MÁRIO DE SÁ-CARNEIRO

Tanto segrêdo no destino duma vida...

É' como a ideia de Norte,
Preconcebida ,
Que sempre me acompanhou ...

Paris - Agosto 1915.

# — Desquite —

Despam-me o Oiro e o Luar,
Rasguem as minhas togas de astros —
Quebrem os onix e alabastros
Do meu não me querer igualar.

Que faço só na grande Praça
Que o meu orgulho rodeou —
Estátua, ascenção do que não sou,
Prefil prolixo de que ameaça?...

...E o sol...ah, o sol do ocaso,
Perturbação de fôscos e Imperios —
A solidão dum ermitério
Na impaciencia dum atraso...

O cavaleiro que partiu,
E não voltou nem deu notícias —
Tão belas foram as premícias,
Depois só ento o anel cingiu...

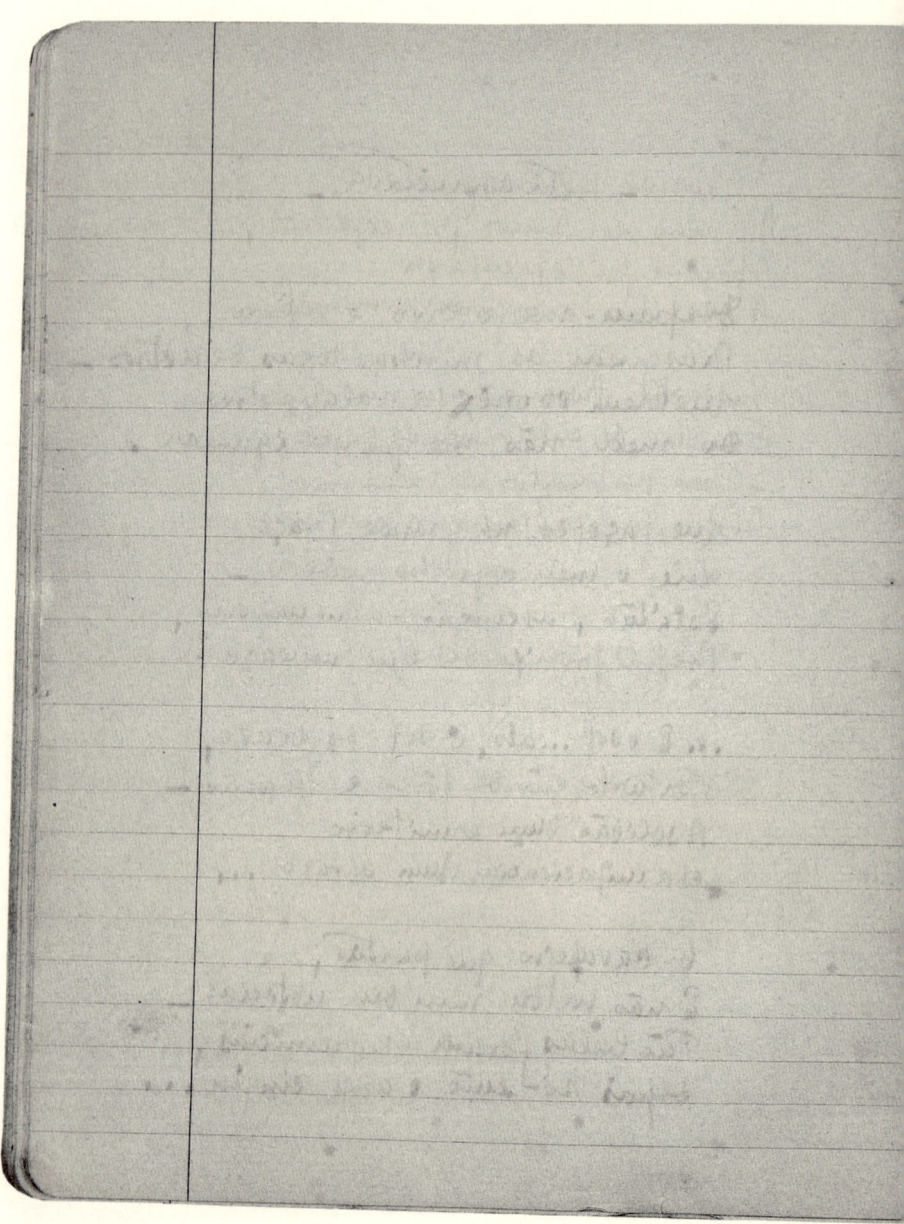

A grande festa anunciada
A galas e elmos principescos,
Apenas foi executada
A guinchos e esgares reimiescos...

Ausia de Rosa e braços nus,
Findou de enleios ou de enjôos...
— Que desbaratos os meus nós;
Ai, que espantalho a minha cruz...

Paris – Julho/1915.

31.                    — Caranguejola —

— Ah, que me metam entre cobertores,
E não me façam mais nada...
Que a porta do meu quarto fique para sempre fechada,
Que não se abra mesmo para ti se tu lá fôres.

Lã vermelha, leito fôfo. Tudo bem calafetado...
Nenhum livro, nenhum livro à cabeceira —
Façam apenas com que eu tenha sempre a meu lado,
Bôlos de ovos e uma garrafa de Madeira.

Não, não estou para mais — não quero mesmo
                                    brinquedos.
Praquê? Até se mos dessem não saberia brincar...
— Que querem fazer de mim com estes enleios e medos?
Não fui feito pra festas. Larguem-me! Deixem-
                                    me socegar...

Noite sempre plo meu quarto. As cortinas corridas,
E eu aninhado a dormir bem quentinho — que amor...
Sim: ficar sempre na cama, nunca mexer, criar bôlor —
Plo menos era o socêgo completo... História! era a
                                    melhor das vidas...

Se me doem os pés e não sei andar direito,
Pra que hei de teimar em ir para as salas de Lord?
— Vamos, que a minha vida por uma vez s'acorde
Com o meu corpo — e se resigne a não ter geito...

De que me vale sair, se me constipo logo?
E quem posso eu esperar, com a minha delicadeza?...
Deixa-te de ilusões, Mário. Bom é redor, bom fogo —
E não penses no resto. É já bastante, com franqueza...

Desertamos. A nenhuma parte a minha ansia me levará,
Pra que hei de então andar aos tombos, numa inutil correria?
Tenham dó de mim. Co' a breca! levem-me prá enfermaria —
Isto é: pra um quarto particular que o meu Pai pagará.

Justo. Um quarto de hospital — higiénico, todo branco, moderno e tranquilo;
Em Paris, é preferivel — por causa da legenda...
Daqui a vinte anos a minha literatura talvez se entenda —
E depois estar maluquinho em Paris, fica bem, tem certo estilo...

— Quanto a ti, meu amor, podes vir ás quintas-feiras,
Se quiseres ser gentil, perguntar como eu estou.
Agora no meu quarto é que tu não entras, mesmo com as melhores maneiras:
nada a fazer, minha rica. O menino dorme. Tudo o mais acabou.

Paris — Novembro 1915

**32.** — Ultimo soneto —

Que rosas fugitivas foste ali:
Requeriam-te os tapetes — e nêste...
— Se me dói hoje o bem que me fizeste,
É' justo, porque muito te devi.

Em que tédio de afagos me envolvi
Quando entraste, nas tardes que apareceste —
Como fui de percal quando me déste
Tua bôca a beijar, que remordi...

Pensei que fôsse o meu o teu cansaço —
Que seria entre nós um longo abraço
O tédio que, tão esbelta, te curvava ...

E fugiste ... Que importa? Se deixaste
A lembrança violeta que animaste,
Onde a minha saudade a côr estrava?...

Paris — Dezembro 1915

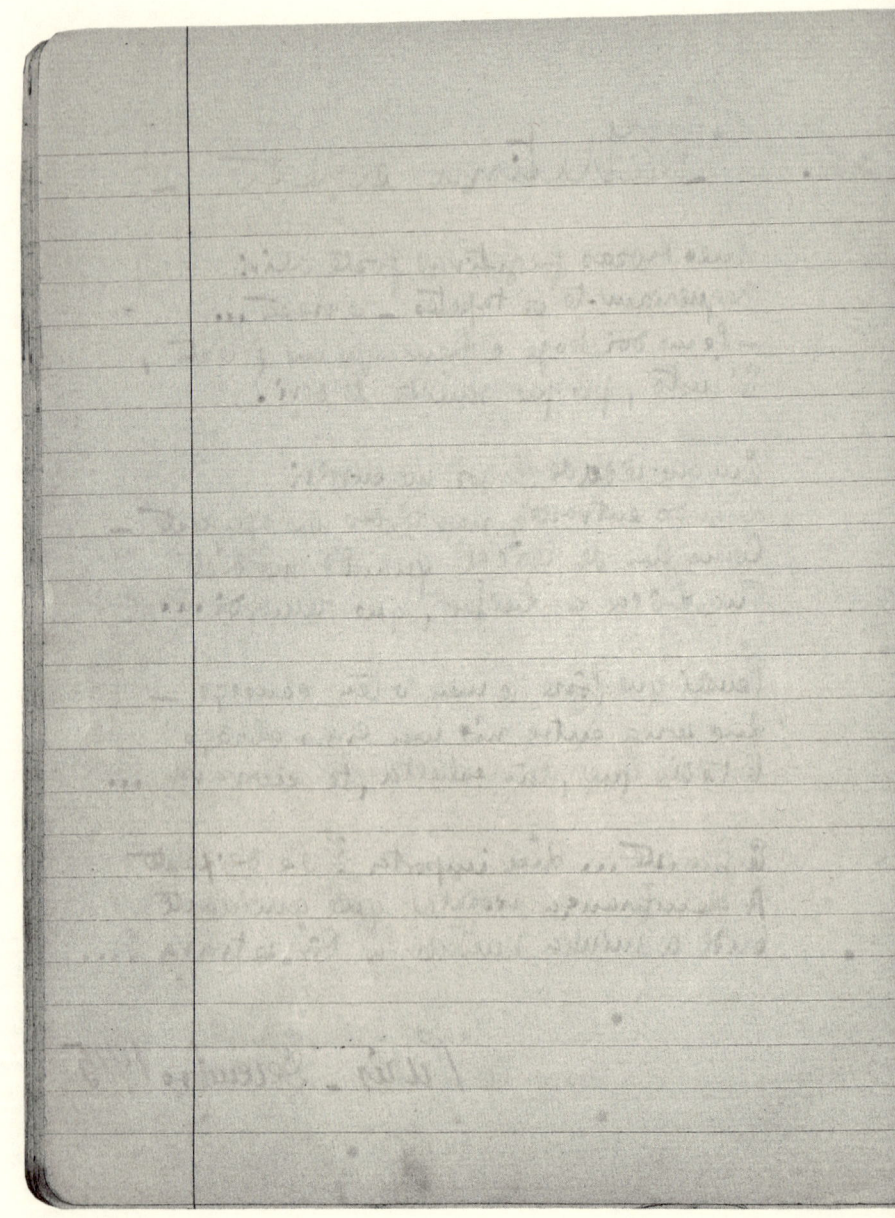

Indícios de Oiro

(1º Caderno)
(1913-1915)

Summário.

Mário de Sá-Carneiro

— Sumário —

| | |
|---|---|
| 21 | Cinco Horas. |
| 22 | Serradura. |
| 23 | O Lord. |
| 24 | O Recreio. |
| 25 | Torniquete. |
| 26 | Pied-de-nez. |
| 27 | O Pagem. |
| 28 | Campainhada. |
| 29 | Ápice. |
| 30 | Desquite. |
| 31 | Caranguejola. |
| 32 | Ultimo Soneto. |

(Paris, 30 Dezembro 1915).

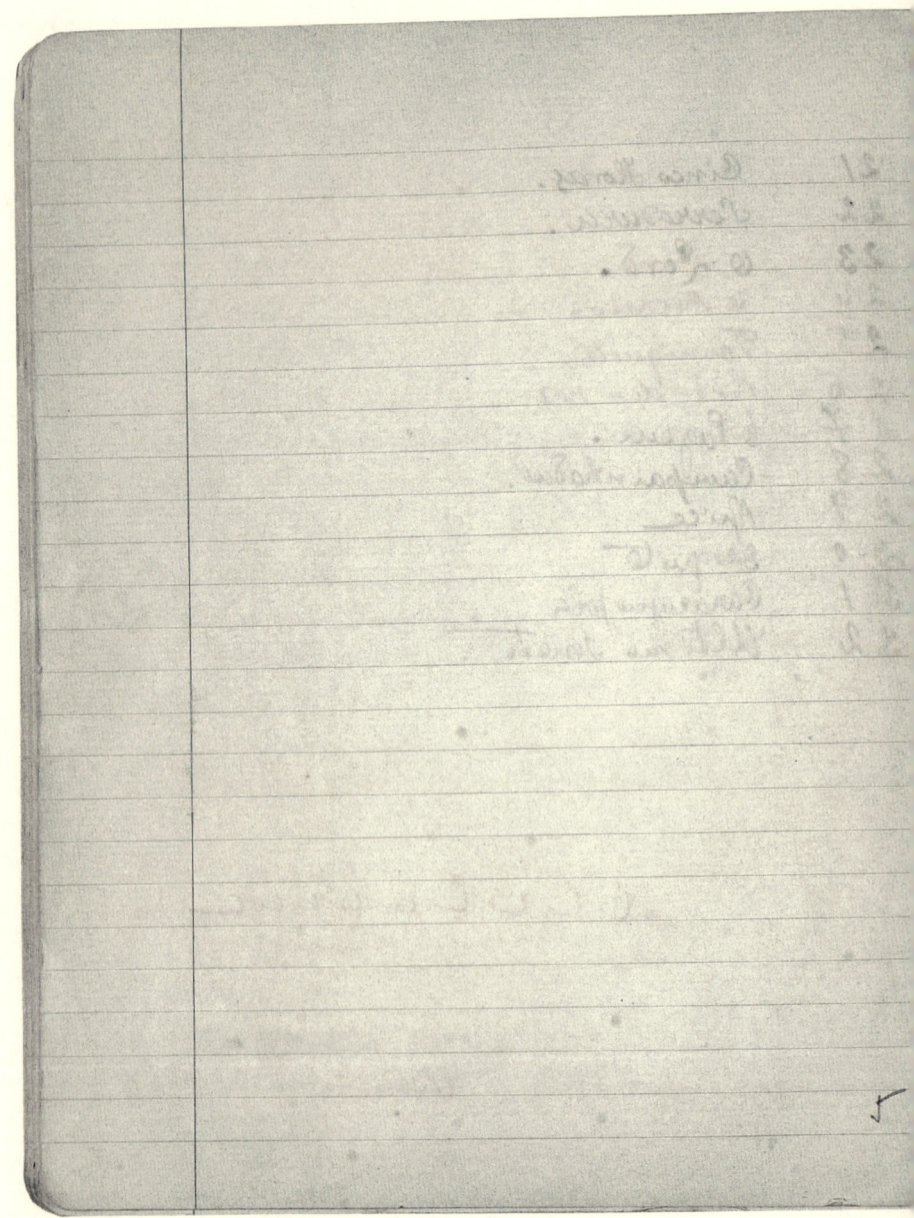

# 3

## CÓPIAS AUTÓGRAFAS E IMPRESSOS (*VARIA*)

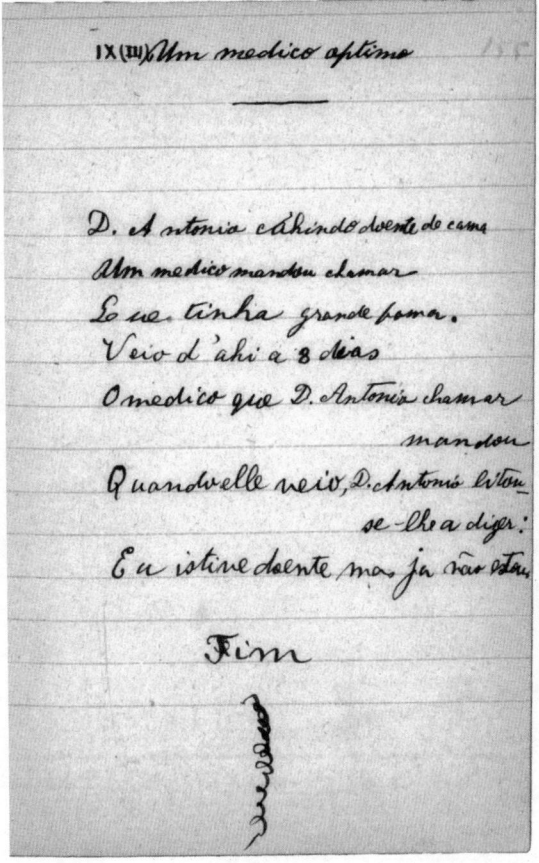

"UM MEDICO OPTIMO | EPIGRAMA" (1902) [BNP, N50/7]

(PP. SEGUINTES)
O CHINÓ — JORNAL ACADEMICO COM PRETENÇÕES A HUMORISTICO
(1904) [COLECÇÃO PARTICULAR]

## ATTENÇÃO

Acceitam-se artigos que não excitem o nosso pudor ou o do publico. Para os julgar cá está a Direcção com o lapis encarnado por fóra e azul por dentro.

## "O CHINO"

Encontra-se á venda nos seguintes locaes:

Kiosque largo do Carmo.

Tabacaria Barbosa, largo do Carmo n.º 24.

Preço 20 réis.

### Documentos humanos

DESMENTIDO

Os documentos humanos que atraz tratamos não eram humanos eram de gato.

...um abaixeiro ajustou com um pro-prietario abrir-lhe um poço em dez dias por um preço estipulado, mas ao 3.º dia o poço desabou-lhe, perdendo-se completamente o trabalho e o pobre homem ficou verdadeiramente assarapantado, pois tinha que trabalhar outros tres dias de graça, pois para evitar isso teve a seguinte ideia: escondeu-se, e como fossem horas de jantar foram-no chamar, mas como não vissem e deparando com o poço desabado julgaram o nosso homem soterrado immediatamente o mandaram abrir, ficando por tanto o cabouqueiro livre do trabalho.

Theramenes, philosopho, sendo condemnado á morte pelos trinta tyrannos de Athenas, na presença d'elles pegou no copo do veneno, que havia de beber e olhando para Cricio, (um dos tyrannos) que verdadeiramente tinha sido a causa da sua injusta condemnação, disse-lhe:—«*lá vae á tua saude.*» Dentro em breve tempo foi o mesmo Cricio condemnado á morte pelo crime, que imputava ao philosopho.

## ANNUNCIOS

### Carteiras

Vendem-se carteiras para collegios que se escangalham ao fim de um mez. Trata-se na 4.ª turma 4.ª classe.

### Companhia de Carros do Chóra

Esta companhia communica ao publico que vae pôr ao serviço dos alumnos do lyceu dois dos seus carros para os levarem áquella casa de ensino.

Precisam-se apparelhos de physica escangalhados só para vista trata-se no gabinete de physica do sr. Lavoisier no Lyceu Central de Lisboa.

### DESINTERIA

Vendem-se pillulas milagrosas contra a desinteria de Pereira. Pharmacia Estudo e Companhia, Lisboa.

Precisa-se um escarrador novo na aula da 4.ª turma do 4.º anno.

### PECHINCHA

A camara municipal de Lisboa tendo communicação de que no lyceu não se lavam os escarradores mandou-os limpar por oito homens capitaneados por um capataz.

### VENDEM-SE

As cannas dos foguetes deitados no 1.º de Dezembro na sociedade do dito.

### EXPLICADORES

Com longa pratica de ensino do primeiro anno, offerecem-se para ensinar o primeiro anno. Potte dos caloiros n.º 1

Anno de 1904          6 de Dezembro          Numero 1

# O Chinó

## Jornal academico com pretenções a humoristico

Toda a correspondencia deve ser dirigida a *Mario Sá Carneiro*, travessa do Carmo, 1, 2.º-D.

Typographia A PUBLICIDADE

147, R. DO DIARIO DE NOTICIAS, 151-LISÉOA

## LEITORES

—

N A verdade nós poderiamos dispensarmos de dedicar duas linhas ao publico visto a posição dos individuos que dirigem o presente jornal facil seria deduzir-se o assumpto de que tratará.

*O Chinó*, alheio á politica (o que seria ridiculo), será o primeiro a defender os collegas de qualquer oprobrio injusto como tambem a accusal-os quando não tenham razão.

Occupar-nos-hemos de questões que preoccupam o nosso mundo, a nossa esphera, isto é, o assumpto que gira pelos bancos das escolas.

Nós defendemos os interesses da classe se assim se póde chamar aos estudantes.

São estes os nossos fins.

A Direcção.

## A CILADA

E elle passando um braço em torno da cintura de Marietta conduzia-a ao fundo do bosque onde os passaros n'esse incansavel trinado, saltitavam de ramo em ramo, escondendo assim o seu debil corpito aos ardores do abrasador sol de Maio.

Sentaram-se num banco.

Em frente a cascata fazia ouvir o rumor da agua que saltando sobre as pedras, vinha formar um regato que ia beijar os pés dos ternos amantes e, ao longe sobre o extenso e dourado campo de searas, as borboletas brancas de primavera, ora pousava sobre uma papoula, ora se levantavam para ir de novo pousar sobre outra flôr campesina.

De repente Marietta rompeu o silencio dizendo:

—Não é, pois, certo, primo, achar-se hoje seu espirito mergulhado na mais profunda melancolia?

—Não Marietta... é que...

—Não tente illudir-me.

—E' que... Marietta... tenho-lhe tanta cousa a dizer que... não sei por onde começar.

E dizendo isto Oscar tomou-lhe uma das mãos.

—Sabe primo, murmurou Marietta tremendo, que o papá declarou-me hontem o nome do esposo que me é destinado.

—Que diz... Maria... é pois verdade...

—Que o meu coração já está dado.

—E ama-o muito? balbuciou Oscar fazendo-se subitamente pallido.

—Oh immenso. Se o primo o visse decerto gostaria d'elle. E' tão bondoso!

—Que tem! Incommodal-o-ia o som das minhas palavras?

—Pelo contrario, encantam-me. Mas é que... é que eu amava-a Marietta! Não antevia talvez nas minhas palavras todo o amor que lhe dedicava? Ah e agora veiu um miseravel lançar-se no meu caminho.

Eu saberia destruir o obstaculo que me impede de proseguir no caminho da minha felicidade.

E Oscar levantou-se e passeava agitadamente.

—Primo, esse obstaculo de que falla está destruido...

—Que diz!?

—Que me perdeu ter-lhe mentido.

—Marietta!

—Oscar!

E este, louco de alegria, embriagado pela felicidade, depôz nas faces rosadas de Marietta um beijo ardente... incendiado.

..............................................

O calôr abrasava. Os raios filtrando-se pela compacta ramagem das arvores frondosas iam dardejar seus raios na agua inquieta do riacho e ao longe as borboletas brancas paravam aqui e alem sobre as papoulas espalhadas pela seara.

---

## Phisicas

Os alumnos da 4.ª turma da 4.ª classe pedem em altos gritos que não lhe mudem mais os professores de Sciencias Naturaes pois se veem em risco de não chegarem ao meio da materia.

No principio do anno havia um professor que depois foi substituido por outro que depois de ter leccionado a cadeira de Phisica durante uma semana, pouco mais ou menos, se averiguou que tinha sahido chumbado no concurso.

Agora foi para reger essa cadeira outro que vae repetir em materia dada de modo que quando chegar ao fim do anno, como tem que dár a materia toda, o que é muitissimo vasta, chovem então as licções de dezoito pagina e mais. Vamos vêr ainda assim quanto tempo se demora este em nossa companhia.

---

## Achado

Encontrou-se hontem n'um dos corredores do Lyceu Central de Lisboa um bilhete contendo o seguinte:

«A phisica estudada empiricamente é muito mais empirica do que a empiricação empiricada do empirico».

Entrega-se a quem o requisitar.

## Russia e Japão

LONDRES, redacção d'*O Chinó*. Lisboa Telegrapham de Chefu para o *Daily Telegraph* que um destacamento de japonezes foi acampar no valla do Rheno e tendo comido uma couve lombarda (Quer dizer: couves plantadas pelos lombardos) foram assistir a uma aula de Sciencias Naturaes do Lyceu Central de Lisboa sahindo de lá admiradissimos de ouvirem fallar tão bem grego em Lisboa.—*(Havas)*.

---

## A aula de physica da 3.ª e 4.ª turma do 4.º anno

Foi regida esta cadeira
(Isto até é indecente)
Por tres, por tres professores,
Lopes, Loureiro e Valente

Era bem bom a valer
Dr. Lopes (o primeiro)
E não era nada mau
O bom do padre Loureiro

Mas depois vem (que desgraça)
Um tal senhor Valente
que não diz *une autre chose*
Senão: *empiricamente*
*Absissas, analiticos*
E outras coisas em *ente*

Faz uns calculos na pedra
Que ninguem os comprehende
E falla de tal maneira
Que nem um sabio o entende

E' verdade... tem razão...
Escreva... não é preciso...
E outras coisinhas mais
Que só provocam o riso

São estas as palavras
Do tal *bom professor*,
Só emprega termos technicos
Que nos causam grande horror

Se queres ouvir o Valente
O' leitor que isto lês
Então leva para a aula
Diccionario portuguez!

## O GAIATO
—

Consta-nos que este nosso collega do 5.º anno foi querellado por dizer que a Suissa se mudára para a peninsula Balsamica.

A nós não nos admira essa deliberação da Suissa. Não se achava bem perto dos Alpes e por consequencia como é inverno e estamos no fim do semestre mudou-se para mais quentes; foi por padiola e não como diz o collega por um furacão que ella foi mudada.

### Documentos humanos
—

N'um pateo interior do Lyceu Central de Lisboa teem apparecido varios documentos humanos. Nós que por alli passamos algumas vezes, perguntámos a alguem a causa do phenomeno e disseram-nos que a pastellaria e cervejaria do pateo do Lyceu, da firma Antonio & C.ª fôra transportada para alli.

Não sabemos a veracidade do boato.

### Viradeira
—

Communicam-nos que estudantes da 4.ª turma da 4.ª classe que fizeram as suas *boiadas* na aula de Sciencia, agora estão contra toda a especie de brincadeira.

Acerca d'isso houve uma grande questão no lyceu Central de Lisboa chegando ao ponto de quasi se pegarem dois estudantes.

Collegas! nós condemnamos o modo como alguns dos nossos companheiros se portam na aula de Sciencia; mas sermos cabeças de motim e depois condemnar os companheiros isso fica mal a quem o faz.

### Indecencias!
—

No dia 28 quando appareceu á janella uma senhora d'um dos predios do largo do Carmo diversos estudantes começaram a dizer improperios a essa pessoa.

Se por um lado essa senhora não se devia ter dado ao disfructo como se deu, os estudantes não pareciam estudantes mas sim homens sem educação.

## SECÇÃO ENYGMATICA

### EM PHRASE

Aqui esta teima foi por causa deste teimoso—1—2.

Ave.

Alem a bolla está no casaco—1—2.

Ave.

Cavallaria—3
—ter—
Escava—2

Chinó

## ANECDOTAS
#### COLLIGIDAS POR Ave

Num exame de Phisica?
O lente:
—O senhor sabe que ás vezes coisas bem simples são terriveis explosivos, póde citar-me algum.
O alumno commovido:
—O feijão.

\* \*

N'um comboio:
—O compadre veja lá que estação é esta?
O outro, enfiando a cabeça pelo postigo lê:
—Retrete!
—Então compadre, replicou o primeiro, vamos lá tomar alguma coisa.

\* \*

Um entalhador fôra chamado a casa da Viscondessa X... para entalhar duas figuras representando umas creanças na cabeceira d'uma cama. Concluido o trabalho mandou a conta ao marido dizendo:
Por fazer dois meninos á senhora, 20$000 réis.

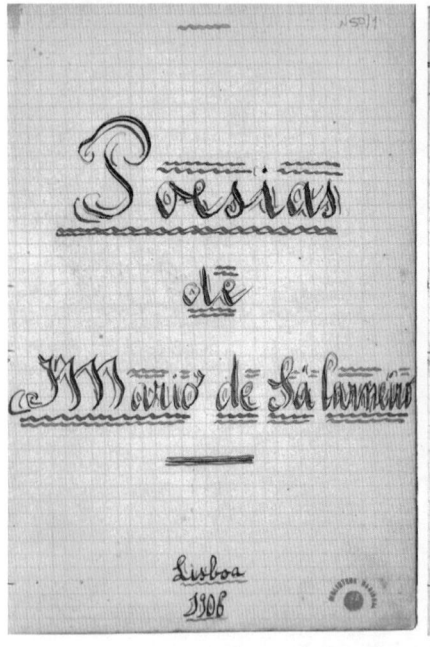

FOLHA DE ROSTO DO CADERNO DE "POESIAS" DE JUVENTUDE [BNP, N50/1]

TESTEMUNHO DE "O FIDALGO E O LAVRADOR", PRIMEIRO POEMA
DO CADERNO DE "POESIAS" DE JUVENTUDE [BNP, N50/1]

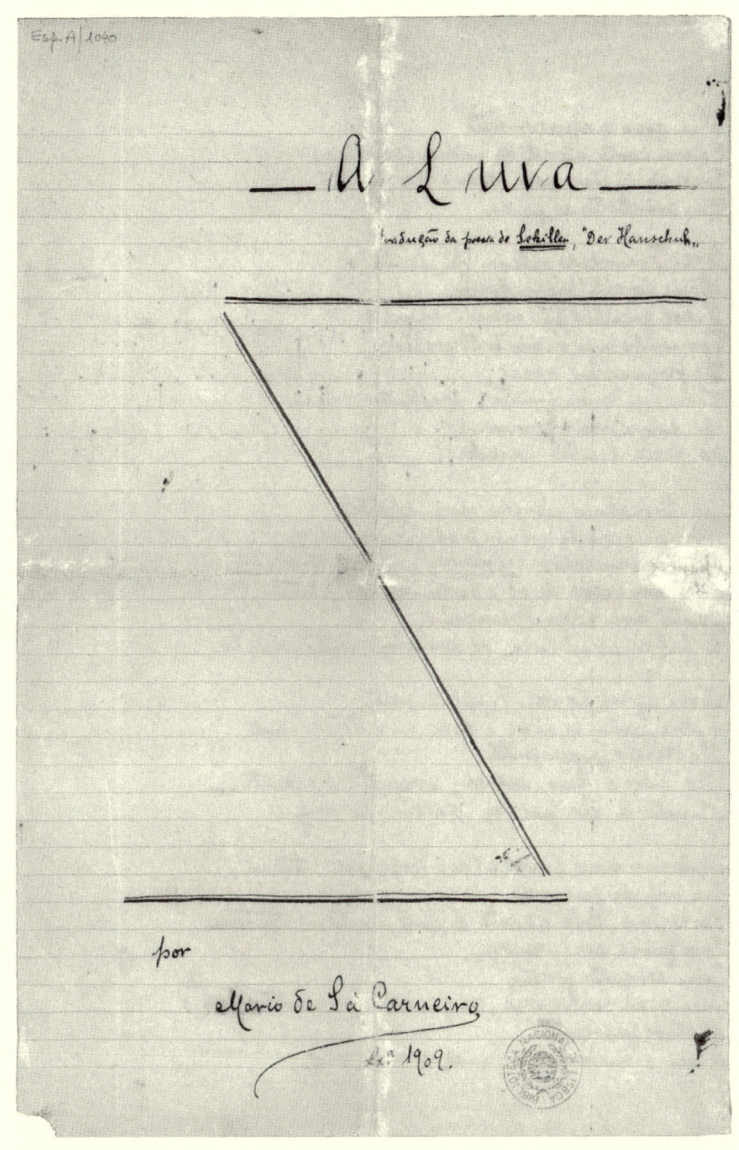

_ A Luva _

_tradução da prosa de Schiller, "Der Handschuh"_

por

Mario de Sá-Carneiro

Ez.º 1909.

TESTEMUNHO AUTÓGRAFO DA TRADUÇÃO DO POEMA "A LUVA",
DE SCHILLER (1909) [BNP, A/1040]

P'ra gozo e aprazimento
Duma corte alemã de medievescas eras,
Travado ia ser com todo o luzimento
Um combate de feras.

O rei Francisco estava já sentado
Num docel magestoso,
Pelos grandes do reino rodeado.
Formando um ramalhete gracioso
De perfumadas rosas,
Viam-se num balcão, sorridentes e belas,
As damas mais formosas,
As mais lindas donzelas.

Ao toque dum clarim, abra-se então
A larga, a vasta arena. O rei faz um sinal;
Aparece um leão. O soberbo animal
olha em redor de si e deita-se no chão
Dando um urro tremendo,
A juba sacudindo, os membros estendendo.

Novo sinal do rei. Rapidamente,
Outra jaula se abre e dela um tigre sae
Saltando ferozmente.
Ao ver o leão, estaca; arreganha-lhe o dente...
E junto a êle porem deitar-se vae.

Mais um sinal do rei e dois leopardos entram.
Em rapida carreira
Percorrem toda a pista e mal no tigre atentam,
Com furia carniceira,
Com impeto feroz,
Avançam contra êle, as fauces espumantes,
Os olhos faiscantes,
Qual o mais audaz, qual o mais veloz.

Envolve-se tambem na luta gigantesca
O rei dos animaes a quem sangue apetece:
No amfiteatro então tudo emudece
E segue emocionado a cena barbaresca.

O combate prosegue até que finalmente,
Cobertos de poeira, ensanguentados,
Se deitam novamente extenuados
Uns ao lado dos outros.

                                    De repente,
Junto das feras cae da beira do balcão
Uma luva da branca e linda mão
Da mais linda donzela.
Por ironia, então
A certo cavaleiro diz aquela:

a — Se é tão ardente como asseguraes
„Esse amor que dizeis por mim nutrir
„Porque não apanhaes,
„Senhor, a luva que deixei cair?„

Sem hesitar sequer um só momento,
Ao recinto terrivel,
Dirige-se impassivel
O jovem cavaleiro.
Os fidalgos com'spanto, as damas sem alento,
Vêem-no caminhar...
                                    Abaixa-se ligeiro
Em frente do leão,
Apanha então a luva e sempre imperturbavel,
Sereno e admiravel,
Impune sae da pista e entra no balcão!

Acerca-se da linda creatura

Quadras para a des=
Conhecida

Ó minha desconhecida
Que formosa deves ser...
Dava toda a minha vida
Só para te conhecer!

Mais fresca e mais perfumada
Do que as manhãs luminosas,
A tua carne dourada
Cuido há de saber a rosas!

Da minha boca de amante
Será o manjar preferido
O teu corpo esmaecido
Todo nú e perturbante.

Que bem tu me hás de beijar
Com os teus lábios viçosos!
Os teus seios capitosos
Como hão de saber amar!...

Os teus cabelos esparsos
Serão o manto da noite,
Um refúgio onde me acoite
Do sol dos teus olhos garços.

Olhos garços, côr do céu,
Cabelos de noite escura;
Será feita d'incoerências
Toda a tua formosura...

Os dias que vou vivendo
Tão desolados e tristes
É na esp'rança de que existes
Que os vivo... e que vou sofrendo...

Mario de Sá-Carneiro

TESTEMUNHO AUTÓGRAFO DO POEMA "QUADRAS PARA A DESCONHECIDA"
[FUNDAÇÃO ANTÓNIO QUADROS, 05/127]

TESTEMUNHO AUTÓGRAFO DO POEMA "A UM SUICIDA"
[FUNDAÇÃO ANTÓNIO QUADROS, 05/129]

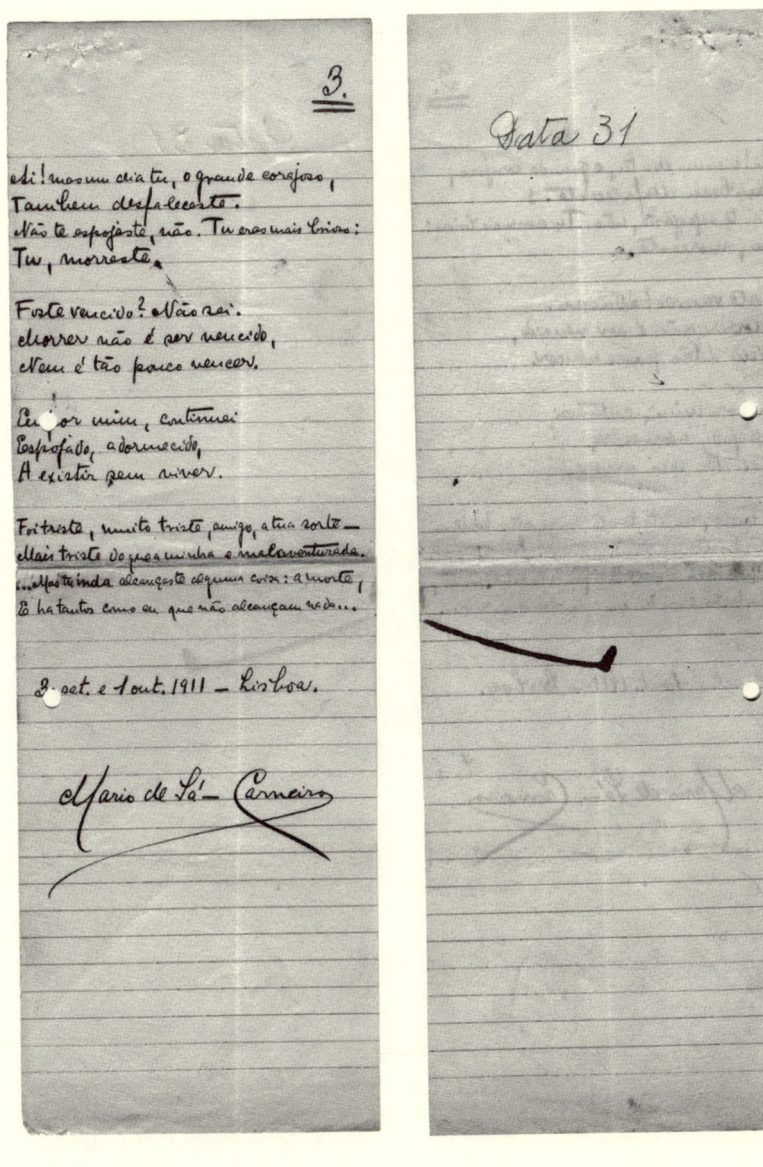

3.

Ai! mas um dia tu, o grande corajoso,
Também desfaleceste.
Não te espojaste, não. Tu eres mais brioso:
Tu, morreste.

Foste vencido? Não sei.
Morrer não é ser vencido,
Nem é tão pouco vencer.

Ce por mim, continuei
Espojado, adormecido,
A existir sem viver.

Foi triste, muito triste, amigo, a tua sorte —
Mais triste do que a minha e malaventurada.
...Mas tu ainda alcançaste alguma coisa: a morte,
E há tantos como eu que não alcançam nada...

2 set. e 1 out. 1911 — Lisboa.

Mário de Sá-Carneiro

Data 31

CAPA DE *DISPERSÃO*, DA AUTORIA DE JOSÉ PACHECO, COM UMA CITAÇÃO DO POEMA
HOMÓNIMO E VÁRIOS ELEMENTOS VISUAIS A ELE ALUSIVOS.

(PP. SEGUINTES) TESTEMUNHO AUTÓGRAFO DE "PARTIDA", ENVIADO
A JOSÉ PACHECO A 17 DE OUTUBRO DE 1913 [CENTRO NACIONAL DE CULTURA]

# = Partida =

Ao ver escoar-se a vida humanamente
Em suas aguas certas, eu hesito,
E detenho-me ás vezes na torrente
Das coisas geniais em que medito.

Afronta-me um desejo de fugir
Ao misterio que é meu, que me seduz;
Mas logo me triunfo: a sua luz,
Não ha muitos que a saibam reflectir.

A minha alma nostalgica d'Alem,
Cheia d'orgulho, ensombra-se entretanto:
Nos meus olhos ungidos sobe um pranto
Que tenho a força de sumir tambem.

Porque eu reajo. A vida, a natureza,
Que são para o artista? Coisa alguma.
O que devemos é saltar na bruma,
Correr no azul á busca da beleza.

É subir, é subir, além dos céus
Que as nossas almas só acumularam,
E prostrados rezar, em sonho, aos deus'
Que as nossas mãos d'auréola lá douraram.

É partir sem temor contra a montanha
Cingidos de quimera e d'irreal;
Brandir a espada pulsa e medieval!
A cada aurora acastelando em Espanha.

É suscitar côres endoidecidas,
Per garra imperial enclavinhada,
E numa extrema-unção d'alma ampliada,
Viajar outros sentidos, outras vidas.

Ser coluna de fumo, astro perdido,
Forçar os teus milhões alabaustre,
Ser ramo de palmeira, água nascente
E arco d'ouro e chama distendido.

Asa longínqua a sacudir loucura,
Nuvem precoce de subtil vapor,
Ânsia profeta de mistério e olor,
Sombra, vertigem, ascensão — Altura!

E eu dou-me todo neste fim de tarde
Á espira aérea que me eleva aos cimos.
Doido d'esfinge o horizonte arde,
Mas fico ileso entre clarões e guinos!...

Miragem roxa de nimbado encanto —
Sinto os meus olhos a volver-se em espaço!
Alastro, venço, chego e ultrapasso,
Sou labirinto, sou licorne e acanto!

Sei a **Distancia**, compreendo o ar;
Sou chuva d'ouro e sou espasmo de luz;
Sou taça de cristal lançada ao mar,
Diadema o Timbre, elmo rial e cruz!...

. . . . . . . . . . . . . . . . . . . . . . . . . . . . . . . . . . . .
. . . . . . . . . . . . . . . . . . . . . . . . . . . . . . . . . . . .

O bando das quimeras longe assoma...
Que apoteose imensa — pelos céus!...
A côr já não é côr — é som e aroma!
Vem-me saudades de ter sido Deus...

Ao triunfo maior, àvante pois!
O meu destino é outro — é alto e é raro.
Unicamente custa muito caro:
A tristeza de nunca sermos dois...

Paris — fevereiro de 1913.

Mário de Sá-Carneiro

= Dispersão =

Perdi-me dentro de mim
Porque eu era labirinto.
E hoje, quando me sinto,
É com saudades de mim.

Passei pela minha vida
Um astro doido a sonhar.
Na ânsia d'ultrapassar,
Nem dei pela minha vida.

Para mim é sempre ontem,
Não tenho amanhã nem hoje.
O tempo que aos outros foge,
Cai sobre mim feito ontem

TESTEMUNHO AUTÓGRAFO DE "DISPERSÃO", ENVIADO A JOSÉ PACHECO
A 17 DE OUTUBRO DE 1913 [CENTRO NACIONAL DE CULTURA]

O Domingo de Paris
Lembra-me o desaparecido
Que sentia comovido
Os domingos de Paris.

     Porque um Domingo é família,
     É bem-estar, é singeleza.
     E os que olham a beleza
     Não têm bem-estar nem família.

Ó pobre moço das ânsias...
Tu sim, tu eras alguém;
E foi por isso também
Que ? perdeste nas ânsias

A grande ave dourada
Bateu asas para os céus,
Mas fechou-as saciada
Ao ver que ganhava os céus.

　　Como se chora um amante,
　　Assim me chóro a mim mesmo.
　　Eu fui amante inconstante
　　Que se traim a si mesmo.

Não sinto o espaço que encerro
Nem as linhas que projecto.
Se me olho a espelho, erro:
Não me acho no que projecto

Regresso dentro de mim,
Mas nada me fala, nada.
Tenho a alma amortalhada,
Seguinha, dentro de mim.

Não perdi a minha alma,
Fiquei com ela, perdida.
Assim eu chóro da vida
A morte da minha alma.

Saudosamente recordo
Uma gentil companheira
Que na minha vida inteira
Eu nunca vi. Mas recordo

A sua bôca dourada
E o seu corpo esmaecido.
Em um hálito perdido
Que vem na tarde dourada.

As minhas grandes saudades
São do que nunca enlacei.
Ai, como eu tenho saudades
Dos sonhos que não sonhei...

E sinto que a minha morte,
Minha dispersão total,
Existe lá longe, ao norte,
Numa grande capital.

Vejo o meu último dia
Pintado em côr de fumo,
E todo azul de agonia
Em sombra e além no sumo.

Ternura feita sanda de
Eu beijo as minhas mãos brancas.
Sou amor e piedade
Em face dessas mãos brancas.

Tristes mãos longas e lindas
Que eram feitas pra se dar...
Ninguem mas quis apertar...
Tristes mãos longas e lindas...

E tenho pena de mim,
Pobre menino ideal;
Que me faltou afinal?
Um elo? um rastro?... Ri de mim...

    Descendo nalma o crepúsculo,
    Eu fui alguém que passou...
    Perei, mas já não me sou;
    Não vivo, durmo o crepúsculo.

Álcool dum sono outonal
Me penetrou brandamente
A difundir-me dormente
Em uma bruma outonal.

Perdi a morte e a vida,
E, louco, não enlouqueço,
A hora foge, vivida;
Eu sigo-a mas permaneço...

Castelos desmantelados,
Leões alados sem juba...
. . . . . . . . . . . . . . . . .
. . . . . . . . . . . . . . . . .

Paris - maio 1913

Mário de Sá-Carneiro

# QUASI

—

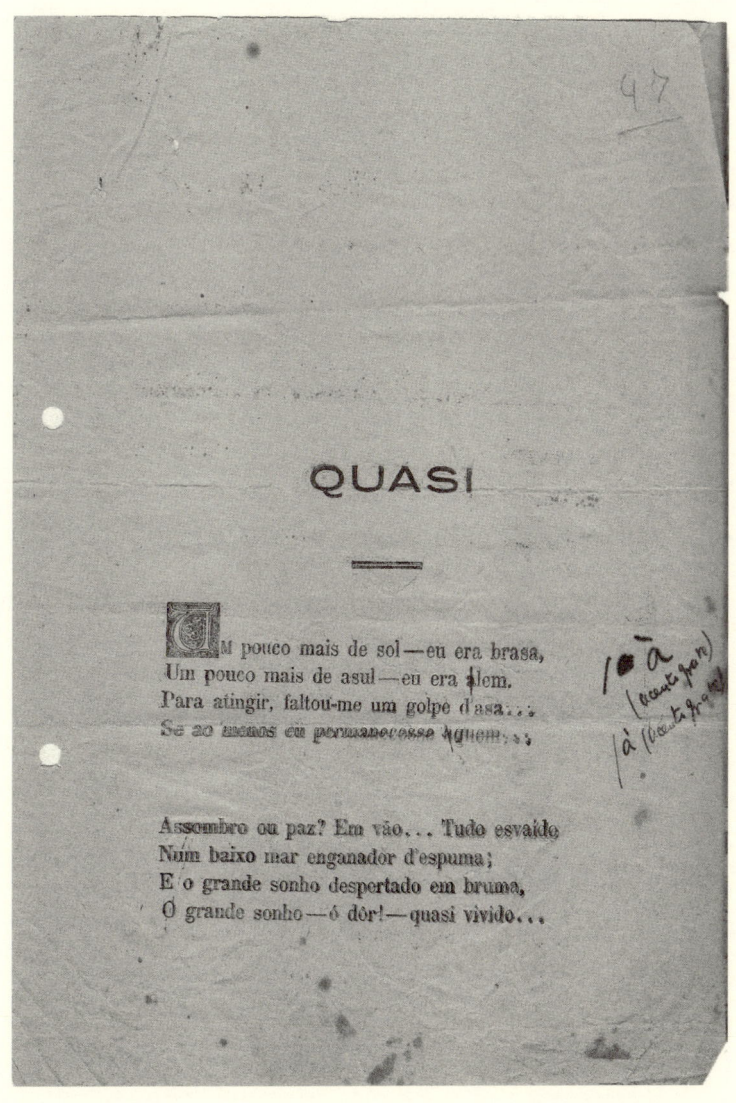

Um pouco mais de sol—eu era brasa,
Um pouco mais de asul—eu era álem.
Para atingir, faltou-me um golpe d'asa...
Se ao menos eu permanecesse áquem...

Assombro ou paz? Em vão... Tudo esvaíde
Num baixo mar enganadôr d'espuma;
E o grande sonho despertado em bruma,
O grande sonho—ó dôr!—quasi vivido...

Quasi o amor, quasi o triunfo e a chama,
Quasi o principio e o fim — quasi a expansão.
Mas na minh'alma tudo se derrama...
Entanto nada foi só ilusão!


De tudo houve um começo... e tudo errou...
— Ai a dôr de ser-quasi, dôr sem fim... —
Eu falhei-me entre os mais, falhei em mim,
Asa que se elançou mas não voôu...


Momentos d'alma que desbaratei...
Templos aonde nunca pus um altar...
Rios que perdi sem os levar ao mar...
Ansias que foram mas que não fixei...


Se me vagueio, encontro só indicios...
Ogivas para o sol — vejo-as cerradas;
E mãos d'heroi, sem fé, acobardadas
Poseram grades sobre os precipicios...

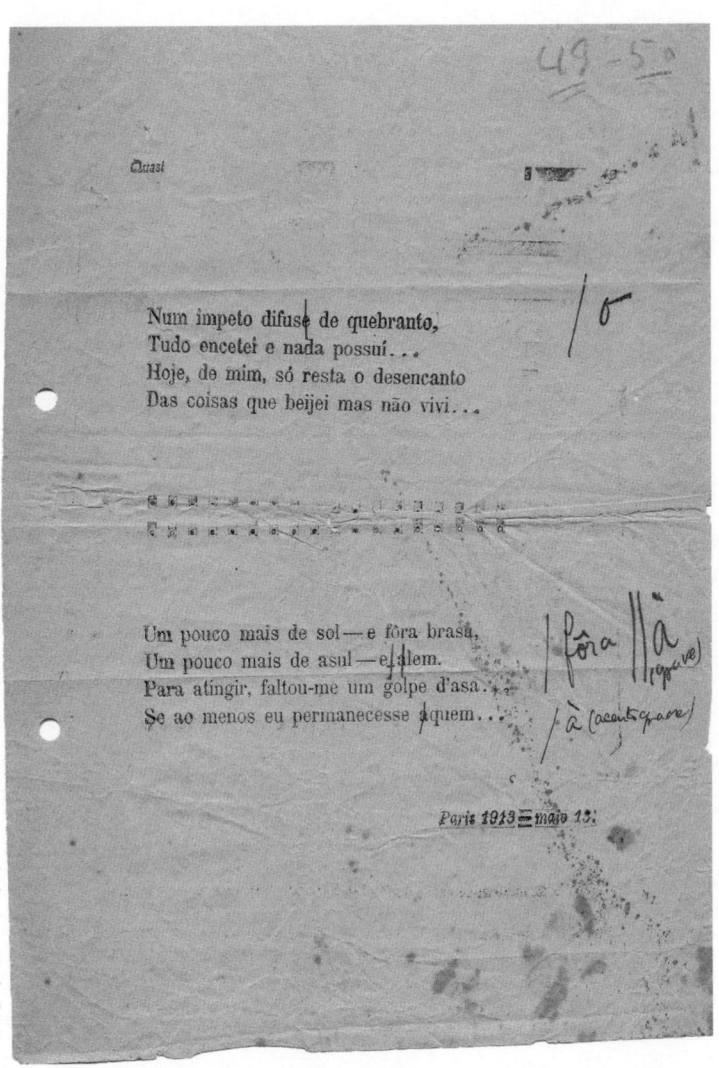

*Quasi*

Num impeto difuse de quebranto,
Tudo encetei e nada possuí...
Hoje, de mim, só resta o desencanto
Das coisas que beijei mas não vivi...

Um pouco mais de sol — e fôra brasa,
Um pouco mais de asul — e alem.
Para atingir, faltou-me um golpe d'asa...
Se ao menos eu permanecesse áquem...

Paris 1913 — maio 13.

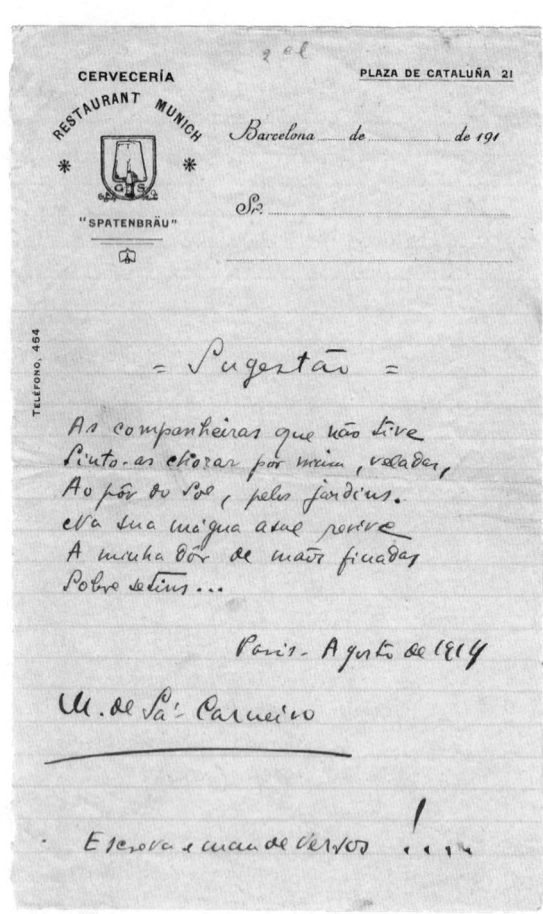

= Taciturno =                                                     1

Ha bronze marchetado em mim, a pedras raras,
bronze perdido em sons de bronzes medievais —
Jóia profunda a minha alma a luzes caras,
Cibório triangular de ritos infernais.

No meu mundo interior cerraram-se armaduras,
Capacetes de ferro esmagaram Princezas.
Toda uma estirpe real d'heróis d'outras bravuras
Em mim se despojou dos seus brazões e prezas.

Heráldicas-luar sobre imposto de rubro,
Humilhações a liz, desforços de brocado,
Basílicas de tédio, arnezes de crispado,
Insígnias de Ilusão, troféus de jaspe e butsbro...

                                                                  2

A ponte levadiça e baça de Eu-ter-sido
Enferrujou — embalde a tentarão descer...
Pobre fosso de vago, ancias d'inda-querer —
Veladas de armas ainda em arraiais d'olvido...

Percorro-me em salões sem janelas nem portas,
Longas salas do trono a espessas densidades,
Onde os panos de Arrás são esgarçadas saudades,
E os divans, em redôr, ancias lassas, absortas...

Ha roxos fins de Império em meu renunciar —
Crepúsculos de letém do meu desdem astral...
Ha exequias de herois na minha dôr feudal —
E os meus Remorsos são Terraços sobre o Mar...

Paris, agosto de 1914                    Mario de Sá-Carneiro

_- Desquite -_

Difam-me o Oiro e o Luar,
Rasguem as minhas togas de astros —
Quebrem os onix e alabastros
Do meu não me querer igualar.

— Que faço só na grande Praça
Que o meu orgulho rodeou —
E está lua, ascensão do que não sou,
Perfil prolixo de que ameaça?

... E o sol... ah! o sol do ocaso —
Perturbação de fósco e Imperio...
A solidão dum ermitério
Na impaciencia dum atraso...

O cavaleiro que partiu,
E não voltou nem deu notícias —
Tão belas foram as premícias,
Depois só êrto o Anel cingiu...

A grande festa anunciada
A galas e claros principescos,
Apenas foi executada
A guinchos e esgares dimiesios..

Anuvia de rosa e braços meus
Findou de enleios ou d'enjôos y.
Que desbaratei os meus vôos —
Ai, que espantalho a minha cruz.

Paris — Julho 1915

Mário de Sá-Carneiro

TESTEMUNHOS AUTÓGRAFOS DOS POEMAS "ÁPICE", "DESQUITE" E "CARANGUEJOLA",
ENVIADOS A FERNANDO PESSOA A 27 DE NOVEMBRO DE 1915 [COLECÇÃO PARTICULAR]

= Caranguejola =

— Ah! que me metam entre cobertores,
E não me façam mais nada...
Que a porta do meu quarto fique para sempre fechada,
Que não se abra mesmo para ti se tu lá fôres.

Lã vermelha, leito fôfo. Tudo bem calafetado.
Nenhum livro, nenhum livro à cabeceira...
— Cuidem apenas de que eu tenha sempre a meu lado,
Bolos de ovos e uma garrafa de Madeira.

Não, não estou pra mais — não quero mesmo brinquedos.
Pra quê? Até se mos dessem não saberia brincar...
— Que querem fazer de mim com estes enleios e medos?
Não fui feito pra festas. Larguem-me! Deixem-me
                                    sossegar...

Noite sempre plo meu quarto. As cortinas corridas,
E eu aninhado a dormir, bem quentinho — que amor...
Sim: ficar sempre na cama, nunca mexer, criar bolor —
Pelo menos era o sossego completo... Historia! Era a
                              melhor das vidas...

Se me doem os pés e não sei andar direito,
Pra que hei de teimar em ir para as salas, de Lord?
—Vamos, que a minha vida por uma vez se acorde
Com o meu corpo — e se resigne a não ter geito...

De que me vale sair, se me constipo logo?
E quem posso eu esperar, com a minha delicadeza?...
Deixa-te de ilusões, Mário. Bom é dredon, bom fôz —
E não penses no resto. É já bastante, com franqueza...

Desistamos. A nenhuma parte a minha ânsia me levará.
Pra que hei de então andar aos tombos, numa inútil correria?
Tenham dó de mim. Co'a breca! levem-me prá enfermaria —
Isto é, pra um quarto particular que o meu pai pagará.

Justo. Um quarto de hospital — higiénico, todo branco, moderno e tranquilo
Em Paris, é preferível — por causa da legenda...
Daqui a vinte anos a minha literatura talvez se entenda —
E, depois, estar maluquinho em Paris, fica bem, tem certo estilo...

—Quanto a ti, meu amor, podes vir às quintas-feiras,
Se quiseres ser gentil, perguntar como eu estou.
Agora no meu quarto é que tu não entras, mesmo com
          as melhores maneiras:
Nada a fazer, minha rica. O menino dorme, tudo o mais acabou.

M. de Sá-Carneiro          Paris - Novembro 1915

# Ápice

O raio de sol da tarde
Que numa janela perdida
Reflectiu
Num instante indiferente —
Arde,
Numa lembrança esvaída,
À minha memória de hoje,
Subitamente...

Seu efémero arrepio
Ziguezagueia, ondula, foge
Pela minha retentiva...
— E não poder adivinhar
Porque mistério se me evoca
Esta ideia fugitiva,
Tão de leve o que me toca!...

Ah, não sei porquê, mas certamente
Aquele raio cadente
Alguma coisa foi na minha sorte
Que a sua projecção atravessou...

Tanto mistério no destino d'uma vida...

— É como a ideia de Norte,
Preconcebida,
Que sempre a companhou...
                    Paris — Agosto 1915

1 - 4 - 1929

GLOSA

Quem me roubou a minha dor antiga,
E só a vida me deixou por dor?
Quem, entre o incendio da alma em que o
                                ser periga,
Me deixou só no fogo e no torpor?

Quem fez a fantasia minha amiga,
Negando o fructo e emmurchecendo a flor?
Ninguem ou o Fado, e a fantasia siga
A seu infiel e irreal sabor...

Quem me dispoz para o que não pudesse?
Quem me fadou para o que não conheço
Na teia do real que ninguem tece?

Quem me arrancou ao sonho que me odiava
E me deu só a vida em que me esqueço,
"Onde a minha saudade a dôr se trava".

"GLOSA" DE UM VERSO DE "ULTIMO SONETO", POR FERNANDO PESSOA
(1 DE ABRIL DE 1929) [BNP, E3/16-55]

CAFÉ — RESTAURANT *illfa* *Aud fra a te*
L. MOLLARD *man*
HOTEL ANGLO AMÉRICAIN
119-115-117, RUE SLIZERE
PARIS (VIII) *2 de Maio de 1916*

*[carta manuscrita — texto em grande parte ilegível]*

Caríssimo Fernando Pessôa

[...]

CARTA DE CARLOS FERREIRA A FERNANDO PESSOA PELA MORTE DE
SÁ-CARNEIRO (2 DE MAIO DE 1916) [COLECÇÃO PARTICULAR] (CF. P. 449)

CAFÉ - RESTAURANT idéal à lança a jor
L. MOLLARD
HOTEL ANGLO AMERICAIN
113-115-117, RUE SULFAYE...
PARIS (VIII°)

# ANEXOS

# 1

## TESTEMUNHOS SOBRE POESIA PORTUGUESA IMPRESSOS EM VIDA

# O MAIS BELO LIVRO

*OS ULTIMOS 30 ANOS FORMAM, BEM VISIVELMENTE, UMA "ÉTAPE" LITERÁRIA. POIS BEM: QUAL É, DE ENTRE AS OBRAS CRIADAS NESSE BRILHANTE CICLO, A MAIS BELA?*

*Acha a* República *que este inquérito será tanto mais interessante, quanto maior fôr o numero das pessoas que conseguir interessar nêle. Assim, as opiniões vão em cinco linhas — que, quanto mais curtas fôrem as respostas, mais numerosas poderão estas ser.*

MARIO DE SÁ CARNEIRO
*Escritor, poeta*

— Á minha vibração emocional, a melhor obra de Arte-escrita dos últimos trinta anos (que a Arte timbra-se para os nervos a vibrarem e não para a inteligência medi-la em lucidez) é um livro que não está publicado — seria com efeito aquele, imperial, que reunisse os poemas inéditos de Camilo Pessanha, o grande ritmista. Ouvindo pela primeira vez dos seus versos, fustigou-me sem duvida uma das impressões maiores, mais intensas a Ouro e gloriosas de Alma, da minha ancia de Artista. Rodopiantes de Novo, astrais de Subtilesa, os seus poemas engastam mágicas pedrarias que transmudam côres e musicas, estilizando-as em ritmos de sortilegio — cadencias misteriosas, leoninas de miragem, oscilantes de vago, incertas de

Iris. Pompa heraldica, sombra de cristal zebradamente roçagando setim...

No entretanto[1], para falar de obras impressas, citarei como preferidas o *Só* de António Nobre, nas suas ternuras de pagem[2], saudades de luar, febres esguias — e ainda, frisantemente, o livro do futurista Cesário Verde, ondulante de certo, intenso de Europa, zig-zagueante de Esforço.

*República*, 13 de Abril de 1914, p. 1.

Anexo 2    A QUADRA POPULAR

Melodias portuguezas, trigueiras de aventura — ceu limpo; fim de tarde...

— Ó ranchos de amorosos que eu não verei nunca... suavidade... suavidade...

.................................................................................

Rios dóceis, ao luar, de aguas cristalinas para lagoas azuis.

Clareiras relvadas nas florestas serenas...

Nostalgias e rezas — enleios, beijos perdidos, mãos dadas.

Cantares de ternura que o sol abençoa num enlevo acendrado, latejantes de roseos, transparentes em loiro...

18-IV-1914

*Publicado em* "Opinião d'alguns poetas portugueses sobre o *MISSAL DE TROVAS*", *secção intro- dutória do livro de Augusto Cunha e António Ferro (1914).*

# DOIS POSTAIS DE
# INSPIRAÇÃO CALIGRAMÁTICA

Nestes postais, Mário de Sá-Carneiro aborda em registo paródico uma das técnicas da vanguarda literária, o caligrama, demonstrando alguma familiaridade com a revista Les soirées de Paris, cujo editor, o escritor Guillaume Apollinaire (1880-1918), experimentava com esse formato. Exemplificando as relações de ambiguidade que vários artistas e escritores da época estabeleceram com as linguagens de vanguarda, o modernista português é testemunha do uso desta técnica, entra no diálogo sobre ela, experimenta-a satiricamente e, ao mesmo tempo que a classifica de "pederastismos", deixa patente não ter nesse momento apreendido cabalmente a componente de sentido visual nela implícita.

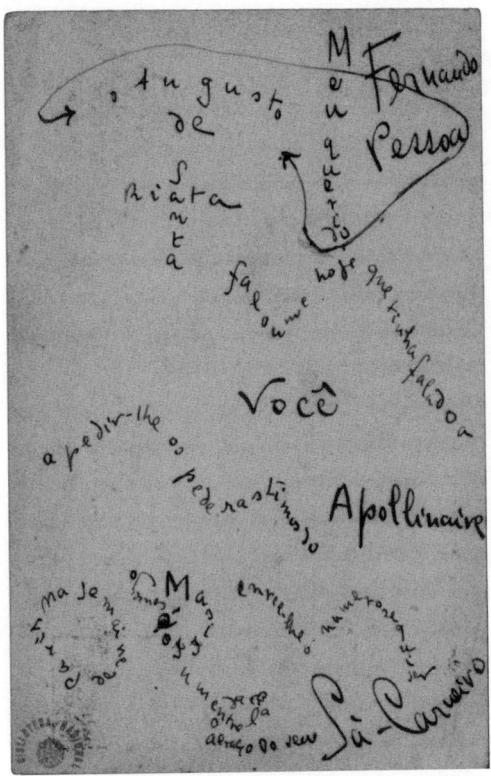

[Lisboa, 18 de Novembro de 1914]

Meu querido Fernando Pessoa o Augusto de Santa Riata[1] falou-
-me hoje que tinha falado a Você a pedir-lhe os pederastismos[2]
do Apollinaire na Semaine de Paris[a] envie-lhe o numero se quiser
Mas isso é consigo um entrelaçado abraço do seu

Sá-Carneiro

a    Como explicado por Arnaldo Saraiva, tratar-se-ia da revista *Les soirées de Paris* (Sá-Carneiro,
1980, p. 86).

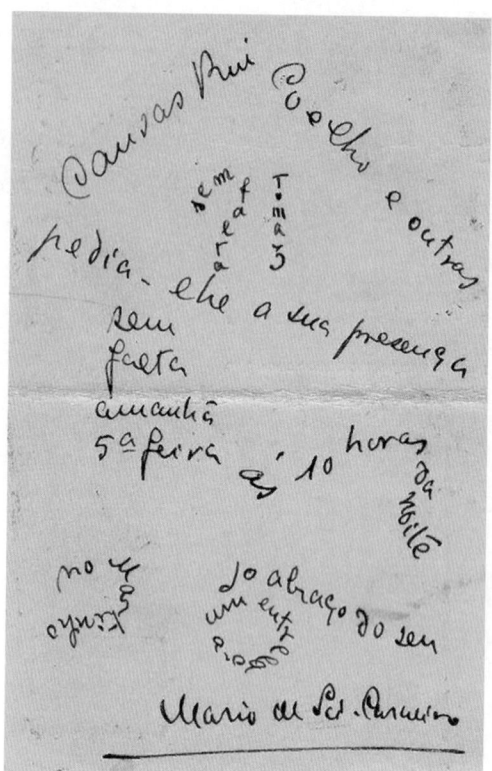

[Lisboa, 2 de Dezembro de 1914]

Causas Ruy[1] Coelho e outras pedia-lhe a sua presença sem falta
amanhã 5.ª feira ás 10 horas da noite no Martinho um entrelaçado
abraço do seu

> Mario de Sá-Carneiro
>> sem falta Tomaz[a]

---

[a]   Postal enviado a Fernando Pessoa. A inscrição "sem falta Tomaz" é, aparentemente, da mão
do próprio Tomás de Almeida.

3

CARTAS INÉDITAS
A FERNANDO PESSOA, SOBRE A MORTE
DE MÁRIO DE SÁ-CARNEIRO

*Estas cartas, até aqui inéditas, de Carlos Ferreira e José Araújo a Fernando Pessoa, tratam, entre outros assuntos, dos procedimentos relacionados com a publicação dos poemas inéditos e os bens de Mário de Sá-Carneiro. São cartas que complementam, assim, aquelas que até aqui se conheciam e que abordam o período final de Mário de Sá-Carneiro em Paris, nomeadamente as cartas de Carlos Ferreira e José Araújo datadas de 13, 27 e 28 de Abril, e de 10 de Maio (ver Sá-Carneiro, 2015, pp. 527-538).*

Presadissimo Fernando Pessôa

Regressei agora de Versailles para onde parti no sabbado — isolei--me. Volto ainda esta tarde e por lá passarei uns dias mais. Dormir no meu quarto de Paris d'onde via quasi a cama do Mario, é tentar um impossivel.

O meu estado moral não pode ser mais lamentavel e pergunto a mim mesmo qual terá sido o teu viver n'estes ultimos dias. Tenho felizmente uma amiga que tem procurado tranquilisar-me e res-suscitar em mim a alegria. Se elle, coitadinho, tivesse esbarrado n'uma mulher d'este quilate, ainda estava hoje entre nós.

Quereria dizer-te muito e muito, aquilo que nunca ninguem saberá. Mas como começar? Olha: faze-me perguntas para eu responder e assim será melhor. Porque eu preciso que tu conheças tudo. Para ti não ha segredos.

*Confidencial*

Procedi á embalagem dos haveres do Mario em companhia do José Araujo, de quem já te falei e que devias conhecer pelas cartas do autor da *Confissão de Lucio*[1]. Consegui uma coisa, para nós, importantissima sem que ninguem desse por ella: guardar os melhores ineditos quasi todos. Desprezei apenas as notas ligeiras. Ninguem viu. Ora é preciso que me digas os titulos de tudo quanto ahi tens, porque elle mandava-te copias, a fim[2] de que eu possa fornecer-te o que desconheces. Ahi vae já alguma:

Canções[3] (48 quadras) — Soneto errado — Ultimo soneto — El-Rei (soneto) — Aquele outro (soneto — fevereiro 1916) — Abrigo (9 quadras) — Presumpção[4] (1 quadra) — Serradura (12 quadras) — Festa Galante (6 quadras) — Sôno[5] (22 quadras) — Alem-tedio (6 quadras[6]) — Sonho — Desquite (6 quadras[7]) etc etc etc. Ha muita preciosidade e duas quadras deliciosas sobre o que elle queria[8] quando morresse. Conheces tudo isto? Ora eu escrevi já ao pae dizendo-lhe que tu e eu, vamos combinar a maneira de publicar todos os ineditos n'um volume e pedi-lhe verba para a edição que poderá ser feita ahi pelo editor do Mario. No volume serão incluídos dois artigos: um, teu, sobre tudo quanto entenderes que deve ser dito sobre o Mario. Só tu o podes fazer. O outro, meu, sobre o fim do Mario. Será uma especie de nouvella em que tenciono vincar tudo quanto sei e que posso dizer com o calor da minha amizade.

Tambem disse ao pae do Mario que a venda do livro (producto liquido)[9] reverterá para a compra do tumulo que lhe será levantado e portanto se elle pagasse a edicção será tudo beneficio. Creio que o fará e peço-te que lhe escrevas já n'este mesmo sentido. Citei bem o teu nome para tudo, sem te consultar, pois sei que posso contar comtigo sem condições[10].

Para o tumulo abriu-se já uma subscrição que te enviarei logo que todos aqui tenham assignado. Podes fallar n'ella na *Ideia Nacional*[11] que a iniciativa foi d'um grupo de amigos (só minha mas não quero que se diga — amo o incognito) e que os amigos e admiradores de Lisboa adherem a ella etc etc, como entenderes. Encaminha tudo. Tambem podes dizer que, por nós ambos, serão publicados os ineditos e que será dado um exemplar aos subscriptores de 1000 reis para cima. Estás pois comprehendendo como preparo tudo?!...[12] Dá também uma ideia e lança-a por tua conta. Espero que poderemos fazer um bom livro reproduzindo alguns autographos, photographia (tenho aqui bastantes), etc.

O projecto do tumulo será feito pelo amigo Ferreira da Costa e em harmonia com a psicologia do Mario que ele conhecerá regularmente.

Quanto ao que vae ser inscripto, tens tu a palavra. Sei que farás uma dedicatória bem á Mario. Trata-se pois d'uma offerta só dos amigos e admiradores, nota bem; a dedicatória[13] será feita em francez. Discordas? Dize franco. N'uma das lapides inscreveremos os titulos dos livros que publicou e n'outra as duas quadras da morte se te parecerem bem. Ora como já se trabalha no projecto e o tumulo talvez seja ahi feito se fôr mais barato e mesmo para que todos o vejam, preciso as tuas palavras para serem inscriptas no referido projecto.

Claro que se o pae o quizesse em Lisbôa eu apresentava[14] argumentos para combater a ideia, pois elle — Sei, positivamente — podendo fallar, diria: Deixem-me ficar em Paris. E esta declaração, tenho-a escripta. Agora outra coisa: encontrei entre a papelada uma carta para ti (duas cartas creio) que elle não deitou ao correio não sei porque, datadas de Fevereiro. Li-as. Sabes o que contam? A historia (começo) dos amôres que o mataram. É phantastico! Não ha uma linha que não seja verdadeira. Essas cartas, creio que as deves amar e estão ás tuas ordens. Pertencem-te e são optimas para publicar.

O unico dinheiro que lhe foi encontrado consta de duas moedas de 10 centimos. São para ti. Vou mandar-t'as e quando fallares com o pae mostra-lh'as pedindo-lhe licença para ficares com ellas. O mesmo tenciono fazer com a caneta que tenho em meu poder. Espero que m'a dê. O resto, foi tudo religiosamente guardado.

Peço-te que, em meu nome, digas ao avô que lhe não escrevi ainda porque desconheço a morada. Se deseja alguma coisa, estou ao dispôr.

Escrevi ao Homem Christo offerecendo-lhe um artigo sobre o Mario (ultimos dias). Se o mesmo quizerem publicar enviar-t'o-hei e o original meu é para ti.

Escreve-me e dize-me o que se conta por ahi onde não ha com certeza muitos detalhes. Das coisas intimas peço-te segredo, claro. Ineditos, não publiques nem um.

Vae á Rua Maria Andrade 43 r/c e pergunta[15] por minha mãe Maria Augusta da Costa Lopes. Que vaes da minha parte: que me desculpem de eu não escrever por dias. Não posso escrever-te senão a ti. Estou meio perdido em Versailles. Que a crise ha-de passar. Se ella tem possibilidade de retirar da caixa que ahi deixei os livros do Sá-Carneiro. Isto caso seja facil. N'este caso que m'os prepare para quando os pedir. São 4: *Dispersão — A Confissão de Lucio — Principio — Ceu em fogo* — e ainda a peça *Amizade*. Tudo tem autographo.

Um grande abraço do teu

Carlos Ferreira

[P.S.] Esta carta tem uma pessima redacção. Desculpa. Ando fora de mim.[16]

Anexo 6 [Paris, 6 de Maio de 1916?]

Meu caro Fernando Pessoa

Vim agora a Paris. Junto encontrarás uma carta que por esqueci-mento ficou sobre a meza do meu quarto e da qual me lembrei só no comboio. Encontrei os teus postaes. Podes estar tranquillo que os papeis que não estão em meu poder se encontram na mala e esta será entregue a quem a familia determinar.

Entendo que devias fallar já com o avô para que elle telegraphe ao Consul ou antes ao proprietario do hotel para que este me auto-rise a tomar conta de toda a papelada; creio que elle será o primeiro a reconhecer a importancia do facto e é lamentavel que o seu pae ahi não esteja. Portanto faze ahi tudo quanto deve ser feito n'este sentido.

Na minha carta junta verás algumas ideias geraes que não são más. Entendo porem que a publicação dos ineditos[1] só deve ser feita em volume e não soltos. Peço-te que penses bem. Tudo quanto ahi está são[2] copias dos originaes. Ha coisas deliciosas. Tinha conhecimento de que havia partido para ahi o livro de versos.

Acerca da nouvella o Mario só escreveu um pedaço muito pequeno por signal. Está na mala. Tenho conhecimento de varias coisas interessantes sobre o ponto de vista literario.

Creio que ambos poderiamos fazer cada um o seu artigo encaminhado em determinado ponto de vista.[3]

Para o monumento ao Mario ha uma coisa que se impõe: Saber se fica aqui, conforme elle queria ou se será trasladado para Lisboa. Não creio. Seria infame.

Desde já te garanto que tu virás a Paris em tempo opportuno para o que te ajudarei com o meu bolso de amigo.

É preciso que se mande pagar com urgencia o dinheiro avançado pelo Araujo para as despezas não chega a duzentos francos e que ao mesmo tempo se diga aquelle cavalheiro para á ordem da familia, ou ás autoridades portuguezas será melhor, para me entregarem tudo e poderes para tratar do que diga respeito ao corpo. Consegue isto e deixa o resto por minha conta.

As dividas não chegam, em total a 600 francos mas o urgente é pagar ao rapaz. Questão de se telegraphar d'ahi ao pae para que se dirija telegraphicamente ao Consul com os detalhes necessarios.[4]

Adeus, vou para Versailles d'onde regresso segunda feira.[5]

Um abraço do teu

Carlos

[P.S.] Estava escrevendo a primeira carta com a caneta do Mario — caneta adorada por elle. Seccou a tinta como seccou a vida d'elle.[6]

Carlos Ferreira

Paris 20 de Maio de 1916

Meu querido Fernando Pessôa

Respondo immediatamente á tua carta com data de 16 do corrente e começarei por te dizer que estou em perfeito accordo com algumas das tuas considerações que reproduzem fielmente o que diria o Mario se elle ainda pudesse[1] dizer alguma coisa.

Tencionava escrever-te hoje para te dizer que fui hontem a Pantin deixar um pobre ramo de flôres. Como sabes o Mario fazia 26 annos e na sua ultima carta pediu-me para não me esquecer de o visitar no dia de hontem. Foi o ultimo rendez-vous que me marcou. Pois lá estive ás 9 horas da manhã e deus sabe como. Não ha maneira de me conformar. Sinto-me positivamente só! E hontem mesmo encontrei no maldito café Cyranno *A grande sombra* a mulher maldita que grita aos ventos "o meu amigo suicidou-se por minha causa" e a quem o Mario passou um documento de divida de 1750 francos. Se tu pudesses lêr a carta de despedida que elle lhe escreveu e que ella me mostrou sem difficuldade e lê a toda a canalha. Que carta, que carta! Mas eu, fazendo do coração uma pedra, hei-de obter pelo menos a copia embora me seja preciso representar. N'essa carta está a chave de tudo.

Infelizmente os jornaes d'ahi publicaram asneiras sobre asneiras a avaliar por aqueles que recebi. Resolvi não dizer palavra, esconder-me, e eis porque não reclamei para esmagar a mentira.

Vamos para á tua carta:

*Tumulo e Ferreira da Costa*. Tens razão. Conheço a opinião do Mario. Nada lhe encomendei, foi elle Ferreira da Costa quem se offereceu para fazer um projecto. Não podia recusar, por delicadeza, e disse-lhe[2] que seria enviado para Lisbôa onde o grupo do *Orpheu*[3] resolveria o assumpto. Foi tudo quanto se passou até agora. Para teu governo devo porem dar-te alguns esclarecimentos importantes. É preciso que o tumulo seja muito simples para não sahir caro pois será preciso comprar o terreno *a perpetuité* e isto custará cerca de 1000 francos. Portanto que se não enthusiasmem com coisa cara porque ha aquela despeza importante. Deixa-me mesmo que te diga que ella é mesmo um pouco urgente porque o Mario não pode ficar onde está agora caso se lhe queira levantar um tumulo ou comprar um terreno. Terá que ser transferido pois isto aqui obedece tudo a grandes regras e esta transferencia quanto mais depressa se puder[4] fazer melhor. Portanto tu encaminharás ahi as coisas como entenderes pois tenho a impressão de que o pae estará bem d'acordo comtigo. Quero que vejas que da minha parte tem havido e haverá sempre a preocupação de fazer qualquer coisa digna d'um amigo e quando escrevi para Lourenço Marques foi debaixo d'uma impressão que deves calcular, creio que desculpavel.

Infelizmente não posso estar d'accordo comtigo no que diz respeito a edicção dos ineditos. A minha ideia era outra muito differente. Publicar tudo sim n'um volume (edicção de luxo, edicção á Sá-Carneiro, elle que tanto gostava dos livros elegantes)[5]. Ilustrar com o retrato do auctor, um bom retrato pois não faltam aqui, e alguns autographos fac-simile[6]. Quanto á capa, esquisita mas não escandalosa. Trata-se d'uma homenagem. Mas meu caro Fernando Pessôa: nada de discordia entre nós, sobretudo eu que nada represento no grupo futurista e que nada quero com semelhante gente, pondo[7] de parte a tua pessoa, clarissimo, a unica que respeito, admiro, perante quem me curvo e a unica que tinha peso na opinião do Mario. Eis a grande verdade. Tu sabes bem qual era a estima do Mario pelo Santa Rita e se não sabes eu empresto-te alguns documentos; tu sabes bem como procederam para com elle alguns dos cavalheiros do *Orpheu*[8]! Vamos, vamos... Esse tal Santa Rita forçou mesmo o Mario a escrever uma carta muito seria ao editor em virtude d'uma projectada canalhice. Recorda bem os factos, recorda por favor. E a prova é que o Mario que tanto e tanto reflectiu na morte não escreveu uma linha de adeus a nenhum d'esses cavalheiros. Deixou-me um abraço para o Negreiros — o unico do *Orpheu*[9].

Em conclusão é isto: desinteresso-me em absoluto de tudo quanto diga respeito á publicação dos autographos uma vez que não és só tu a creatura que intervem no assumpto, reservando porem o direito de publicar um pequenino livro[10] que se chamará *M[ario] de Sá-Carneiro*, depois d'esse volume apparecer. Apesar de não ser rico ainda tenho uns francos para cobrir todas as despezas com a edicção.

*Autographos*: claro que estou prompto a mandar os que ahi não tiveres e que eu tenha em meu poder; são aquelles que consegui guardar e como prova de consideração para comtigo tambem te envio os que elle me havia dado para guardar e que recebi com a grande carta. Ha porem duas quadras que creio bem que as desconheces mas cuja publicação não farás e muito menos a leitura. Envio-te a copia se quizeres tomar o compromisso formal de respeitar a minha vontade. Interessam-me particularmente para o meu livro e referem-se á morte.

Não poderias tu fornecer-me a lista dos ineditos que ahi tens e aquelles sem nome dizer o primeiro verso da primeira quadra? Assim fariamos trabalho mais asseado.

Espero que não interpretes mal a minha carta e que te não offendas com a minha maneira de sêr. Se tens argumentos para me combater apresenta-os porque isso me dá enorme prazer.

Não se pode[11] tocar na mala do Mario sem que venha ordem da familia. Ora ninguem melhor do que tu o poderá conseguir. Como vês trata-se d'uma questão de escrupulo e o Avô com uma penada pode resolver o problema. N'este caso mandar-te-hia toda a papelada e tu ahi escolherias o que entendesses. Quanto ás tuas cartas seguirão breve *com segurança* e guarda as minhas que ahi tens.

Alto: chegou o Carlos Franco. Fico por aqui.

Saudades do teu intimo e dedicado

Carlos Ferreira

Logo que tenha um portador mando-te as moedas. Considero-as uma recordação importante: representam todo o dinheiro do Mario. São para ti e ninguem melhor do que tu as estimará. Eu, tenho apenas a caneta. Caso queiras, posso dar-te um pedacinho de cabelo pois guardei algum.

Chegou do *front* o Carlos Franco que ficou como doido porque nada sabia. Aqui estará 6 dias e apresenta-te cumprimentos.[12]

Peço-te que digas ao Editor que me mande 2 exemplares do numero 2 do *Orpheu*[13] em pacote registado e, dentro d'um, a nota de custo e despeza do correio para eu mandar pelo Guimarães C.ª. Não esqueces esta fineza? Sabes onde móra o Dr. Rita Martins[a]? Gostava tanto de lhe escrever!...

***

*Um grande abraço do seu*
*Carlos Franco*[b]

a Escritor que publica em 1915 *O Contágio*, cuja recensão no jornal *A Capital* de 13 de Maio de 1915 é acompanhada de uma caricatura da autoria de Almada Negreiros.

b *Post scriptum* da mão do próprio Carlos Franco.

Caro Amigo e Snr. Pessoa

Recebi seu postal de 17 que muito[1] agradeço.

Fui chamado hoje ao consulado para dar umas explicações, pois receberam um telegrama do Pae de Sá Carneiro dizendo o seguinte. — Père Carneiro prie caveau séparé son fils envoyer lui dépense. — Em vista d'isto eu peço ao meu amigo para me enviar todos os papeis e a carta, pois como não tenho aqui outro documento para mostrar ao Snr. consul que não é pessoa lá muito delicada (segundo o que consta).

Ha aqui uma grande trapalhada com tudo isto pois o comissario devia ter avisado o consulado e não o fez. Deus queira que ainda eu não tenha alguma sensaboria com os esquecimentos dos outros. O consul já me perguntou se elle tinha deixado ficar alguns objectos, a que respondi afirmativamente, no entanto vou por uns sellos de lacre nas malas para assim evitar mais buscas.

Peço-lhe mil desculpas com todos estes incomodos.

Creia-me seu muito[2] amigo

José Araujo

PS. É favor mandar os papeis em carta registada.

José Antonio B. d'Araujo
R. du Faubourg Montmartre 42

Meu caro Amigo e Snr. Pessoa

Recebi hoje sua carta com toda a papelada e com ella fui ao consulado, ali me esperava mais uma desilusão. Imagine o meu amigo que o consul agora já não quer pagar nada e disse-me então para enviar todas as cartas para o Sr. Carlos de Sá Carneiro em Lourenço Marques, emfim uma grande trapalhada. Este senhor consul mais tarde é capaz de ter a ousadia de enviar ao pae de Sá Carneiro uma nota com as despezas feitas por elle, e sellos, e emolumentos, e outras poucas vergonhas, o que elle soube dizer logo é que eu precizo por sellos nas mallas. Eu só tenho pena de não ter aqui dinheiro bastante pois a primeira couza que fazia era mandar pagar a conta no hotel e enviar as mallas para Lisboa, assim ao menos teria a satisfação de não lhe dar nenhum trabalho, e assim não dar motivo a emolumentos etc.

Na 2.ª feira vou escrever ao pae de Mario enviando-lhe copia de todos os papeis, mas estou numa situação estupida não conheço o Snr. Carlos de Sá Carneiro como não conheço ninguem da familia.[1] Ora elle pode muito bem julgar que eu sou algum intrujão. Tudo[2] isto se podia arranjar muito bem se não fosse um *Casmurro* para não dizer outra couza, d'um consul, que sabendo que os parentes do falecido[3] estão certamente dispostos a pagar a importante quantia de 400 ou 500 francos, ainda está fazendo chicana...

Carlos Ferreira não é mais que um grande trapalhão não se zangue o amigo por eu dizer uma verdade, é um homem, que diz, que faz, e que acontece, mas tudo não passa de palavras, quasi todos são assim infelizmente. Horas depois de Mario morrer já elle andava a pensar n'uma lapide em marmore negro com letras douradas e não sei quantos mil disparates mais, tudo isto ficou em palavras pelo menos não ouvi[4] fallar mais em tal, bastantes vezes eu lhe disse que era melhor não fazer nada, e se mais tarde o pai o quizesse mandar para Lisboa então, arranjar se alguma cousa.

Perdoe-me esta minha insuportavel bilis, tudo isto por eu não ter uns centos de francos, se os tivesse juro-lhe que tudo eu pagaria não recebendo de ninguem um vintem, pois da-me a impressao que ando espesinhando, tudo o que fiz, com um amigo meu.

Ainda tenho em minha casa um livro que era do Mario *Confissão de Lucio*[5], e que elle me tinha emprestado para eu ler; uns tres ou quatro dias antes de morrer, quando a mala for para Lisboa, hei de[6] ver se o posso meter lá dentro.

Muito obrigado por mais este incomodo.

Sempre ao seu dispor. Creia-me seu amigo

José Araujo

Paris 18/12/916

**Anexo 10**

Meu caro Amigo Sr. Pessoa,

Peço-lhe mil desculpas de nunca mais lhe ter dado noticias minhas mas actualmente não sei o que tenho que para ninguem tenho escripto. Um[1] verdadeiro Selvagem? Sobre o Sá Carneiro nunca mais recebi nada, creia que me causa bastante desgosto o procedimento d'elle pois já 8 meses são passados e nem ao menos uma carta em resposta ás minhas. As[2] malas e outros objectos ainda estão no hotel em que Mario morreu pois como elle tinha lá uma divida de 254 francos e eu também não posso dispor d'esta importancia[3], e como de Lisboa a familia tão pouco caso tem feito.

Para não o maçar[4] mais com esta eterna questão resolvi hoje mandar a meu irmão que ahi está em Lisboa todas as contas pedindo ao meu bom amigo que falle com elle, para se resolver melhor este assumpto e talvez se possa arranjar alguma coisa com o avô. Eu como o senhor[5] bem sabe estou sem os 200 francos que me fazem falta pois aqui não tenho grandes recursos.

O nosso amigo Carlos Ferreira fallou muito disse muitas[6] cousas mas no fim tambem esqueceu.

Queira pois desculpar mais uma vez este grande maçador[7].

Aproveito a ocasião para[8] saber se o meu amigo deseja d'aqui qualquer cousa para[9] o que estou ao seu dispor.

Creia-me Seu amigo

Muito[10] Obrigado

José Araujo

42 Faubourg[11] Montmartre

# NOTAS

Registam-se aqui as variações de cada texto a partir dos impressos e originais manuscritos presentes nos arquivos da Biblioteca Nacional de Portugal (nomeadamente espólios A, E3, N25 e N50), noutros arquivos, como os da Fundação António Quadros, da Biblioteca Geral da Universidade de Coimbra, da Biblioteca Pública Municipal do Porto, do Centro Nacional de Cultura, e em várias colecções privadas. Nas notas podem ocorrer os símbolos seguintes, também utilizados na edição crítica das obras de Fernando Pessoa:

◊        espaço deixado em branco pelo autor
*        leitura conjecturada
†        palavra ilegível
//        passagem dubitada pelo autor
<>        segmento autógrafo riscado
<>/\        substituição por superposição
<>[↑  ]        substituição por riscado e acrescento
[↑  ]        acrescento na entrelinha superior
[↓  ]        acrescento na entrelinha inferior
[→  ]        acrescento na margem direita
[←  ]        acrescento na margem esquerda

Nas notas numéricas desta secção, as palavras do editor figuram em tipo itálico. Todas as referências à correspondência de Mário de Sá-Carneiro com Fernando Pessoa se reportam à edição *Em Ouro e Alma — Correspondência com Fernando Pessoa* (ed. Ricardo Vasconcelos e Jerónimo Pizarro. Lisboa: Tinta-da-china, 2015); assim, indicam-se apenas os números de página em causa, na informação parentética relativa a essa correspondência. Todas as outras referências parentéticas seguem o formato "autor, ano, página" e reportam-se a obras constantes na Bibliografia.

\* \* \*

Usam-se as seguintes abreviaturas para designar os testemunhos, ordenados do mais recente para o mais antigo na linha de apresentação, mesmo quando nas notas se diverge dessa ordem, devido à derivação genética, em situações sempre assinaladas:

IMPRESSOS

D   testemunho impresso na primeira edição de *Dispersão*

O   testemunho impresso em *Orpheu* 1 ou 2

I   outro testemunho impresso em vida do autor, ou aparentemente decorrente de cópia autógrafa

AUTÓGRAFOS

C   testemunho autógrafo no "1.º Caderno" de "Versos p[ar]a os "Indicios de Oiro„"

Co   testemunho autógrafo incluído no corpo de texto da correspondência a Fernando Pessoa, e hoje na BNP

P   testemunho autógrafo enviado a Fernando Pessoa, em cópia passada a limpo, e hoje na BNP

CP   testemunho autógrafo hoje presente em colecção particular

V   testemunho autógrafo hoje em colecção institucional (excepto BNP), ou transcrição de autógrafo por outrem.

# OBRA POÉTICA (1913-1916)

## 1. DISPERSÃO

Veja-se a apresentação de *Dispersão* na descrição do fac-símile do caderno de provas e autógrafos deste livro.

**1 — PARTIDA**

D [*Dispersão*, pp. 7-13] V [Centro Nacional de Cultura] C3 [E3/115⁴-122⁷] C2 [E3/115⁴-6⁷] C1 [E3/115⁴-74] P [E3/115⁴-60 e 61]

**P**, uma versão prévia de "Partida", enviada a Fernando Pessoa a 26 de Fevereiro de 1913, corresponde ao poema "Simplesmente...", que nesta edição encerra a juvenília. É remetido numa cópia transcrita em dois bifólios quadriculados, de 26,8 × 21,05 cm, manuscritos a tinta preta, que foram dobrados três vezes na horizontal e uma na vertical, ocupando sete das oito páginas disponíveis. Isto porque o autor passa por um processo de maturação que o leva a rejeitar a primeira parte do poema, altamente devedora da poética de Cesário Verde, e a substituir essas primeiras 13 quadras de "Simplesmente..." pela inicial de "Partida", com a qual abre o livro *Dispersão*. Veja-se, assim, a nota final de "Simplesmente....", a respeito dessa linguagem ainda sob influência clara de Cesário. Essa nota reporta-se particularmente aos comentários de Mário de Sá-Carneiro a respeito especificamente da segunda parte de "Simplesmente...", usado como "Partida", ou quando o poema já tem este último título.

Na carta a Pessoa de 26 de Fevereiro de 1913, Sá-Carneiro anuncia: "Vai junta uma poesia. Peço-lhe que a leia ao chegar a este ponto, avisando-o unicamente que não se assuste nem com o titulo nem com as primeiras quadras *naturais*. A poesia, ao meio, vira em parabola para outras regiões" (pp. 81-82). Sá-Carneiro refere-se ao poema nos seguintes termos: "Eu gosto dos versos que o meu amigo teve a pachorra de acabar de ler. Não lhes dou importancia, não os amo — gosto, apenas — porque, por razoaveis que sejam não são versos escritos por um poeta. Logo, são maus versos. Se gosto deles é por o seguinte — encontro-os verdadeiros. Os crepusculos que ainda nos prendem á terra — áqueles que sonhamos — e nos fazem sentir um vago pesar pela *facilidade* — porq[ue] é facil e quente e cariciosa: "Naquela vida faz calor e amor„. Mas logo a reacção em face do triunfo maior — a carreira ao ideal. Mais alto, sempre mais alto. Vida e arte, no artista confundem-se, indistinguem--se. Daí a ultima quadra — "A tristeza de nunca sermos dois„ que é a expressão *materialisada*, da agonia da nossa gloria, dada por *comparação*. Eu explico melhor. A minha vida "desprendida„, livre, orgulhosa, "farouche„, diferente muito da normal, apraz-me e envaidece-me. No emtanto em face dos que têm familia e amor banalmente, simplesmente, "diariamente„, em face dos que conduzem pelo braço uma companheira gentil e cavalgam os carrousseis, eu sinto m[ui]ta vez uma saudade. Mas olho para mim. Acho-me mais belo. E a minha vida continua. Pois bem *esses*, são a arte da vida, da natureza. Não cultivar a arte diaria é fulvamente radioso e grande e belo; mas custa uma coisa semelhante ao q[ue] custa não viver a vida diaria: — "A tristeza de nunca sermos dois„. Compreende bem o que eu quero dizer? Eis pelo que fechei a poesia com essa quadra aparentemente frouxa e impropria. Ha versos que me agradam muito, porq[ue] me encontro neles. Assim "viajar outros sentidos, outras vidas, numa extrema-unção d'alma ampliada„ é simplesmente o "Homem dos Sonhos„. Não acha? (Está-me a achar é m[ui]to pouco modesto. Perdôe). E pelo orgulho desmedido gosto deste verso: "Vem-me saudades de ter sido Deus„. Isto é: em face do turbilhão de maravilhas em que o meu espirito se lança eu quasi julgo que um dia fui Deus — e desse meu estado me vêm saudades — como se na verdade O tivesse sido. Peço-lhe que leia com a atenção maxima as quadras da 2ª parte. Todas as palavras foram "pesadas„. Não ha la "verbos de encher„. Assim este verso: "Sou labirinto, sou licorne e acanto„ aparentemente disparatado, não é atendendo que licorne é um animal heraldico e fantastico, acanto (a folha de acanto) o motivo caracteristico dum estilo arquitetónico — isto é beleza plastica — labirinto, emaranhamento. Logo eu quero tratar, entendo que se devem tratar, coisas emmaranhadas, erguidas e infinitas, fantasticas e ao mesmo tempo esculpir beleza plastica nas frases. Não trabalhar só com ideias — trabalhar tambem com o som das frases. Não escrever só — edificar. Mas calo-me pois sei que um espirito como o seu compreende melhor tudo isto do que o proprio que as escreveu. E mesmo para não ser como o nosso Ramos... Repito: Não dou importancia alguma aos meus versos. Como ha escritores que nas suas horas vagas são pintores eu, nas minhas horas vagas sou poeta — na

expressão de escrever rimadamente, apenas. Eis tudo. Se não desgosto destas quadras é pelo que elas *dizem*, não pelo que elas cantam. Logo a sua opinião inteira e rude — despida de perifrases, de todas as perifrases, visto tratar-se dum mero diletantismo" (pp. 82-83). O "nosso Ramos" é Luís de Montalvor.

A análise do poema por Sá-Carneiro permite ainda uma comparação com os poemas de Fernando Pessoa: "Em ambas as poesias ["Braço sem Corpo" e "A Voz de Deus"] Você faz o que eu exprimo duramente e num verso feio quanto á forma: Forçar os turbilhões aladamente" (p. 87). As observações de Pessoa levam Sá-Carneiro a responder com novo comentário longo, no dia 10 de Março de 1913: "Concordo plenamente com a sua critica á minha poesia menos em dois pontos secundarios:

O verso "A cada aurora acastelando em Espanha„ agrada-me não pelo q[ue] diz mas pela sua côr que acho m[ui]to intensa e vermelha, côr dada pelas palavras aurora, acastelando e Espanha. Coisa curiosa! A quadra foi feita para este verso. Os dois primeiros, q[ue] o meu amigo estima, são uma consequencia deste que surgiu isolado. O outro ponto sobre o qual não concordo é com a supressão dos apostrofes em cor's e imp'rial. Bem sei q[ue] os tratados de poetica condenam as elisões e q[ue] o apostrofe é m[ui]to desagradavel á vista. Emtanto acho q[ue] no verso em casos como este ha toda a conveniencia em exactamente diligenciarmos fazer a elisão porque a verdade é esta, ninguem pronuncia co-res ou im-*pe*-ri-al. Fazendo o verso para ser lido assim, acho a sua leitura pretensiosa e forçada. Apenas ha o remedio, p[ar]a evitar o apostrofe, de conservar as letras, deixando ao leitor o naturalmente não as pronunciar. Ainda o *saltar* me sugere uma objecção. O meu amigo diz bem. Mas eu tambem digo bem. Este *saltar* é na aceção do tigre q[ue] se lança sobre a presa — é o *bondir* francês que infelizmente não é propriamente traduzido em português por saltar. Quanto ao resto tem o meu amigo mil vezes razão. Emtanto poucas emendas farei na poesia" (p. 100). E mais adiante acrescenta: "Ainda sobre o "Simplesmente„: O verso "Que as nossas almas só acumularam„ deve-se entender assim: que as nossas almas só construiram. Mas céus são nuvens — por isso acumulam-se" (p. 103).

Como foi já dito, Sá-Carneiro acabará por emendar o poema substancialmente: a 16 de Março, dá conta da mudança da "1ª quadra da 2ª parte do "Simplesmente„" (p. 117), para: "Afronta-me um desejo de fugir | Ao misterio que é meu e me seduz; | Mas logo me triunfo: a sua luz | Não ha muitos que a saibam reflectir" (p. 117). Este testemunho parcial é coligido abaixo como **C1**.

A 4 de Maio explica que resolveu "substituir toda a 1ª parte do "Simplesmente„ por esta unica quadra: || Ao ver passar a vida mansamente | Nas suas cores serenas, eu hesito, | E detenho-me ás vezes na torrente | Das coisas geniais em q[ue] medito. || Faço bem? Diga" (p. 151). Esta versão parcial é aqui coligida como testemunho **C2**. Dois dias depois, já indica que ""Partida„ [...] é a segunda parte do "Simplesmente„". (p. 158).

Num *post scriptum* à carta de 10 de Maio, acrescenta: "Modifiquei da seguinte forma a quadra que substitue a 1ª parte do "Simplesmente„: || Ao ver coar-se a vida humanamente | Em suas aguas certas, eu hesito, | E detenho-me ás vezes na torrente | Das coisas geniais em que medito" (p. 167); versão parcial que se colige como testemunho **C3**.

**V** é uma cópia do poema enviada a José Pacheco no contexto do pedido de Sá-Carneiro de que o artista desenhe a capa de *Dispersão*. O documento é manuscrito a tinta hoje acinzentada num bifólio de papel pautado de grandes dimensões, de 41,6 × 26,8 cm, dobrado três vezes. A folha apresenta uma marca-d'água com a ilustração de um fauno. Nesta carta a José Pacheco, de 17 de Outubro de 1913, Sá-Carneiro afirma: "Vai juntamente a poesia que abre o livro "Partida„ e que Você ontem me pediu. | Mando-lhe também a intitulada "Dispersão„ porque é a *fundamental* da minha serie: aquela aonde melhor se encerra a ideia central de todas as poesias. Talvez a capa deva melhor sair desta (Dispersão) do que da primeira (Partida). Isso melhor verá o meu amigo. É mesmo só consigo." Aqui transcrita a partir do original cuja consulta foi amavelmente cedida pelo Centro Nacional de Cultura, a carta está também publicada em *Pacheko, Almada e a "Contemporânea"* (Centro Nacional de Cultura, 1993, p. 121), onde aparece sem data, e antes disso na *Colóquio/Artes* 35 (Nobre, 1977, p. 45). Note-se que o testemunho **V**, reproduzido em fac-símile nesta edição, apesar de passado a José Pacheco já muito perto da publicação do livro, apresenta algumas dissonâncias com **D**, destacando-se por exemplo o v. 24.

**NOTAS**

ROSTO **D** I — Partida

TÍT. **D** PARTIDA **V** = Partida = **P** Simplesmente...

1 **D V** Ao ver escoar-se a vida humanamente **C3** Ao ver coar-se

a vida humanamente C2 Ao ver
passar a vida mansamente

2 D V C3 Em suas aguas certas,
eu hesito, C2 Nas suas cores
serenas, eu hesito

3 D torrente V <c>/t\orrente
C3 C2 torrente

4 D V geniais em que medito.
C3 geniaes em que medito.
C2 geniais em q[ue] medito.

5 D V C1 Afronta-me um desejo de
fugir P Sinto quasi desejos de fugir

6 D seduz. V C1 seduz; P seduz.

7 D V Mas logo me triunfo. A sua luz
C1 Mas logo me triunfo: a sua luz
P Contenho-me porem. A sua luz,

9 D A minh'alma nostalgica de àlem, ]
*com acento grave.* V A minha alma
nostalgica d'Alem, P A minh'alma
nostalgica de alem, V *sem acento.*

10 D Cheia de orgulho, ensombra-se
entretanto, V Cheia d'orgulho,
ensombra-se entretanto: P Cheia de
orgulho, ensombra-se entretanto.

13 D V Porque eu reajo. P Sei reagir.

14 D V Que são para o artista?
P Que valem p'ro artista? ] *na carta*
*de 31 de Maio de 1913, Sá-Carneiro*
*indica a respeito de uma quadra de*
*"Como Eu não Possuo":* "Perdôe o
"Pró„ desta quadra tanto mais que
será o unico da *plaquette* pois o do
"Simplesmente„ — hoje "Partida„
— foi emendado" (p. 189).

16 D V asul P azul

17 D é subir àlem V é subir,
alem P é subir alem

19 D V resar, P rezar,

20 D Que as nossas mãos de aureola lá
douraram. V Que as nossas mãos
d'aureola lá douraram. P Que as
nossas mãos d'aureola lá doraram. ]
*no caderno de provas e autógrafos que*
*neste volume se fac-simila é possivel*

*verificar que a respectiva página nas*
*provas também apresenta* doraram.
*O autor solicita a correcção.*

24 D A cada hora V P A cada aurora

32 D E arco de ouro e chama
distendido... V E arco d'ouro
e chama distendido. P E arco
d'ouro e chama distendido...

36 D V ascensão P ascenção

38 D V que me eleva aos cumes.
P que me ascende aos cumes.

39 D V de esfinges o P d'esfinges, o

43 D ultrapasso; V P ultrapasso,

44 D acanto. V P acanto! ] *tal como*
*no v. 48, no impresso Sá-Carneiro*
*elimina o tom exclamativo.*

45 D Ar; V P ar;

46 D chuva de ouro V P chuva d'ouro

48 D elmo rial e cruz...
V P elmo rial e cruz!...

52 D ceus! V P ceus!...

54 D V P Vem-me saudades ] *sem acento*
*no original, talvez pela métrica.*

55 D àvante V ávante P àvante

DATA  D *Paris — fevereiro de 1913.*
V Paris — fevereiro de 1913.
P Paris — fevereiro de 1913.

ASS.  V P Mario de Sá-Carneiro

**2 – ESCAVAÇÃO**

I [*Careta,* 20 de Junho de 1914, s.p.] D [*Dispersão,*
pp. 15-18] P [E3/115ª-107] Co [E3/115ª-6ª]

P é enviado numa *carte postale,* de 13,8 ×
8,75 cm, manuscrita a tinta preta, com
dois carimbos de Paris, de 4 de Maio de
1913. Nesse postal, escrito na véspera do
envio, apresenta-se o poema: "São 9 e
meia da noite. Acabo de fazer isto num
café. Diga o que vem a ser isto" (p. 149).
Co corresponde a uma versão preliminar
da primeira quadra, que é apresentada
por Sá-Carneiro no dia seguinte, na
carta de 4 de Maio de 1913, quando
pergunta: "Seria melhor escrever a

1ª quadra do soneto de ontem assim (foi como primeiro a escrevi)".Tenha Pessoa respondido ou não, é a quadra em **P** aquela seguida, em geral, já em **D**. A 6 de Maio o poeta acrescenta: "O soneto q[ue] lhe enviei terá o titulo de "Escavação„" (pp. 158-159). A 14 de Maio de 1913, Sá-Carneiro confessa no entanto que de todas as "ultimas composições" é este soneto a que estima menos, dizendo até: "estou mesmo hesitante em se o arrancarei da serie *Dispersão*, por isto: Ha talvez uma incoerencia *material* (não uma incoerencia espiritual, mas uma incoerencia material) entre ele e o "Rodopio„ e todo o sentido da *Dispersão*. Nessa serie de poesias *ha m[ui]to Ouro* que se perde. E nesse soneto, *não ha coisa alguma*; ha apenas instantaneamente á força de sonho. Isto, no meu espirito, casa-se m[ui]to bem, mas receio que material-mente venha destruir o equilibrio da serie. De resto, o que se diz no ultimo terceto contem-se na ultima quadra da "Estatua Falsa„. *Rogo-lhe que me diga o que pensa sobre este assunto — se devo ou não excluir o soneto da serie*" (p. 178). Quando descreve um plano de *Dispersão*, a 31 de Maio, o poeta vinca que incluirá "Escavação", não obstante: "O que porem — apesar do que lhe disse numa das m[inhas] cartas — incluirei nesta serie é o soneto "Escavação„ pois, dentro de mim, sinto-o em verdade um n[umer]o. Assim teremos 12 poesias" (p. 189). Foi já notado por Fernanda Toriello que Sá-Carneiro se refere a este poema também em carta a António Ferro (Toriello, 1987, pp. 154 e nota na p. 156), numa passagem que aqui se cita do original, também por nós consultado: "Eu actualmente atravesso artisticamente um periodo interessante

na minha vida <artistica> [↑ espiritual]. Nos três primeiros dias deste mês fiz 3 poesias que o Pessoa lhe lerá. Não lhas copio porq[ue] são extensas e encon-trando-se vocês frequentemente não valeria a pena, seria inutil."

**NOTAS**

ROSTO **D** II — Escavação

TÍT. **I D** ESCAVAÇÃO **P** *ainda sem título, a 3 de Maio de 1913.*

1   **I** Numa ancia de ter alguma cousa
    **D P** Numa ansia de ter alguma cousa,
    **Co** Numa ansia de ter alguma coisa

2   **I D P** procurar, **Co** procurar! ] *em I o verso começa com minúscula.*

3   **I** desço-me todo, em vão, sem nada achar, **D** Desço-me todo, em vão, sem nada achar, **P** Desço-me todo em vão, sem nada achar, **Co** Desço-me todo, e em vão... Sem nada achar,

4   **I D** minh'alma **P** minh<a>[↑'] alma **Co** minh'alma ] *em I o verso começa com minúscula.*

6   **I D** Brando a espada: sou luz harmoniosa **P** Brando a espada, sou luz harmoniosa

7   *Em I o verso começa com minúscula.*

8   **I** unicamente á força de sonhar... **D** Unicamente á força de sonhar... **P** Á força unicamente de sonhar...

9   **I** Mas a vitoria fulva esváe-se logo... **D** Mas a vitória fulva esvai-se logo... **P** Mas a vitoria fulva esvai-se logo,

10   **I** e cinzas, cinzas só, em vez de fogo...] de fogo *e não* do fogo. **D** E cinzas, cinzas só, em vez do fogo... **P** E cinzas... cinzas só, em vez do fôgo...

11   **I** – Onde existo que não existo em mim?... **D** – Onde existo que não existo em mim? **P** Onde existo, que não existo em mim?...

13   *Em P só uma linha pontilhada.*

14   **I** Um cemitério falso, sem

ossadas, **D** Um cemiterio falso
sem ossadas, **P** Um <s>/c\emi-
terio falso sem ossadas,
15 I noites d'amôr sem boccas
esmagadas — **D** Noites d'amor sem
bôcas esmagadas — **P** Noites de
amor sem bôcas esmagadas —
DATA  I Paris, 1913 — Maio, 3. **D** *Paris*
*1913 — maio 3.* **P** 3 maio 1913 — Paris
ASS.  I Mario de Sá Carneiro
**P** M. de Sá-Carneiro

## 3 — INTER-SONHO

**D** [*Dispersão*, pp. 19-22] **P** [E3/115⁴-117ʳ]

Poema enviado a Pessoa no próprio
dia 6 de Maio de 1913, com a seguinte
indicação: "Junto vão duas pequenas
poesias, n[umer]os da *Dispersão*. No
"Inter-Sonho„ emoldurei tres frases
do "Bailado„ que eu reputo das coisas
mais belas que tenho escrito e q[ue] de
forma alguma quereria perder. Gosto,
afecciono estas duas poesias embora
das menos importantes da *Dispersão*"
(p. 157). A segunda poesia é "Vontade
de Dormir". Quanto às "tres frases"
de "Bailado" para aqui transportadas e
mencionadas por Sá-Carneiro,
trata-se dos três últimos versos de
"Inter-Sonho"; diga-se que também o
terceiro verso é aproveitado desse texto.

**NOTAS**
ROSTO  **D** III — Inter-sonho
TÍT.  **D** INTER-SONHO
    **P** = Inter-sonho =
2  **D** esconde. **P** esconde;
3  **D** de Aonde **P** d'Aonde ] d'Aonde
    *também em "Bailado".*
10  **D** fantasia **P** fantasia,
15  **D P** intervalo, ] *em "Bailado" o*
    *verso termina em* intervalo…
16  **D P** Deliro todas as côres,
17  **D** roxo **P** rôxo ] *em "Bailado"* (115⁴⁻
    81ᵛ) rôxo *com acento circunflexo,*

*como em P, e como vulgarmente*
*ainda depois de* Dispersão.
DATA  **D** *Paris 1913 — maio 6.*
**P** 6. maio 1913. Paris.
ASS.  **P** M. de Sá-Carneiro

## 4 — ALCOOL

**D** [*Dispersão*, pp. 23-26] **V** [Castex, 1966, p. 7] **P** [E3/115⁴-112]

O poema é remetido a Fernando Pes-
soa, com o título "Bebedeira", a 4 de
Maio de 1913. É também enviado a
Gilberto Rola Pereira do Nascimento a
11 de Maio de 1913. Na carta a Pessoa,
Sá-Carneiro descreve a sua génese: "Aí
vai outra poesia. Fi-la, vamos lá em 3
horas, neste café, com barulho, e um
militar reformado, gágá, ao meu lado
que fala só e implica com os circuns-
tantes… Nesta tenho muita confiança;
julgo-a mesmo muito bela; pasmo de
a ter feito. É muito interessante o que
se passa comigo actualmente. Como é
que de subito eu me virgulo para outra
arte tão diferente? E sem esforço, antes
naturalmente. Depois ha isto. Eu que
sou sempre inteligencia, que componho
sempre de fóra para dentro, pela 1ª vez
acho-me a compôr de dentro para fóra.
Estes versos, antes de os sentir, pres-
sinto-os, pesam-me dentro de mim;
o trabalho é só de os arrancar dentre o
meu espírito" (p. 150). O poema está
intimamente ligado a "Bailado", que
antes fora discutido amplamente com
Pessoa, e daí que Mário Sá-Carneiro
diga mais adiante: "O "Bailado„ aboli-o.
Logo não se admire do "desce-me alma„
que aproveitei na *bebedeira*, como outras
coisas do "Bailado„ aproveitarei. Alias o
verso || Desce-me a alma, sangram-me
os sentidos || parece-me m[uit]o belo.
Que diz você?" (destaque nosso; p. 151;
ainda sobre os vínculos com "Bailado",
veja-se Marchis, 2007). E logo surgem

os pedidos de opinião sobre as diferentes opções, como: "Na "Bebedeira„ será melhor | Um disco d'ouro *nasce* a voltear || do que || Um disco d'ouro *surge* a voltear?" (p. 152). Ou um pedido que evidencia uma preferência por este poema: "Destas 4 poesias: 2ª parte do "Simplesmente„, "Dispersão„, "Soneto„ e "Bebedeira„, diga-me qual a melhor (eu julgo a ultima)" (p. 152). A 14 de Maio de 1913, Sá-Carneiro anuncia nova mudança, desta feita a respeito do título: *"Sobre a "Bebedeira„* — O titulo, embora goste dele, como lhe acho muita razão modifica-lo-hei. Avento-lhe este "Opio„." E ainda há oportunidade para uma provocação a Fernando Pessoa: "Com o que não concordo absolutamente nada é com os reparos q[ue] o meu amigo faz sobre o "silvo pra alem„ e o "corro á volta de mim„. São duas das coisas da poesia q[ue] eu estimo exactamente mais. No *silvo* acho muito bem dada a violencia da dispersão.
"Luto, estrebucho„ mas tudo debalde...
Lá me vou pelos ares fora, silvando.
O meu espirito é o foco da ventania em que eu me perco. O "corro á volta de mim„, acho tambem bom para mostrar pela palavra "corro„ a ansia de me ver, de me encontrar. Já percebi q[ue] você tem uma fobia pelos termos q[ue] recordam brinquedos de infancia (o "saltar„ do "Simplesmente„)" (p. 178). Quanto a um verso de **P**, "Que droga foi a que m'inoculei?<...>", que de facto aparece assinalado no testemunho com uma cruz à margem, percebemos que Pessoa objectara ao vocabulário, quando Sá-Carneiro acrescenta: "Sobre a "droga„ — Aparentemente você tem razão e eu já esperava o seu reparo. Mas oiça-me: Os franceses chamam aos narcoticos, e especialmente ao opio "A

droga„ (não droga como abstracto, mas droga como concreto)" (p. 179). E ainda diz a respeito de outro vocabulário: "Sobre o *loira* do ultimo verso. Diga-me se acha preferivel substituir a palavra por *fulva* ou *ruiva* ou então modificar o verso assim || Manhã tão forte que me anoiteceu || (repare que vai *me* em vez de *se*). É claro q[ue] mesmo conservando o se se pode trocar o loira por forte. Este *forte* não o acho mau pela ideia de alcool que encerra em si. Diga-me pois qual deve ser a versão final deste verso segundo o que lhe exponho. *Não se esqueça"* (p. 179). A 31 de Maio: "A "Bebedeira„ intitulei-a definitivamente "Alcool„. Não lhe parece bem este titulo?" (p. 190). Lembre-se a este respeito que, como foi já assinalado por Toriello (Sá-Carneiro, 1992b, p. 140), *Alcools*, de Guillaume Apollinaire, havia sido publicado no mês anterior, Abril de 1913. Em todo o caso, e quanto ao título, quando a 21 de Abril de 1913 justificava o menor conseguimento de "Bailado", Sá-Carneiro afirmava: "Ainda me apoiei algumas linhas, mas em breve atacado da bebedeira de palavras — o que não é o mais grave: o pior é que essa bebedeira é tambem de ideias, sobretudo no final — me transviei" (p. 137).

A respeito de "Alcool", assinale-se um aspecto relacionado com a grafia "crepusclo" em **D**. Mário de Sá-Carneiro afirma na sua carta de 10 de Março de 1913: "O outro ponto sobre o qual não concordo é com a supressão dos apostrofes em cor's e imp'rial. Bem sei q[ue] os tratados de poetica condenam as elisões e q[ue] o apostofe é m[ui]to desagradavel á vista. Emtanto acho q[ue] no verso em casos como este ha toda a conveniencia em exactamente diligenciarmos fazer a elisão porque a verdade é esta, ninguem pronuncia *co-res* ou *im-pe-ri-al*. Fazendo o verso para ser lido assim, acho a sua leitura pretensiosa e forçada. Apenas ha o remedio, p[ar]a evitar o apostrofe, de conservar as letras, deixando ao leitor o naturalmente não as pronunciar" (p. 100). A 4 de Maio de 1913, portanto já depois de escrever "Bebedeira", diz a Pessoa: "Quanto ás elisões (imp'rial etc.) quando publicar os versos não as faço tipograficamente. O leitor maquinalmente as fará. O mesmo sucede com um "crepusculo„ da "Bebedeira„" (p. 151). Ora à primeira vista o argumento pareceria implicar a decisão de "conservar as letras", não representando a elisão. Mas em *Dispersão* a palavra "crepusclos" aparece grafada sem o segundo "u", e as provas tipográficas desta página não apresentam qualquer correcção da parte de Sá-Carneiro. A sua hesitação a respeito da melhor decisão para representar a métrica desejada parece ser grande, se pensarmos que na carta enviada a Gilberto Rola do Nascimento, já a 11 de Maio de 1913, portanto sete dias depois, a palavra é grafada "crepusc'lo", de acordo com a transcrição de Castex (1966, p. 7). Em resumo: a 10 de Março Sá-Carneiro diz a Pessoa que considera as elisões convenientes mas prescindíveis; a 4 de Maio envia-lhe o poema com a grafia "crepusculo" e a indicação de que não as faria "tipograficamente"; a 11 de Maio envia a Gilberto Rola Pereira do Nascimento uma versão com "crepusc'lo"; e já no livro publica a forma "crepusclo".

Na carta a Gilberto Rola Pereira do Nascimento, Sá-Carneiro apresenta "Alcool" e "Estátua Falsa" desta forma: "Neste principio de maio tenho escrito bastantes versos — mas versos de poeta. Reunirei uma serie de 10 ou 12

poesias numa plaquette sobe o titulo de "Dispersão". Essas poesias tem [*sic*] um elo entre si e descrevem o estado de abatimento orgulhoso de mim proprio — a dispersão de mim proprio" (p. 6). Especificamente sobre "Alcool", acrescenta Sá-Carneiro que ela permite ao amigo compreender "melhor o sentido da "Dispersão"" (p. 7). Mais adiante explica que "é uma maneira inteiramente nova em mim a destes versos, talvez um tanto obscuros" (p. 8).

Sobre alguma surpresa causada pelas composições de Sá-Carneiro, na época, incluindo este poema, diz muito a seguinte passagem da carta a António Ferro de 5 de Maio de 1913: "Levo em conta o pedido que uma comissão de amigos (como galhofeiramente escrevi numa carta de hoje ao Cunha) me faz sobre a estranheza demasiada das minhas últimas produções. A explicação disso está talvez nos versos que ultimamente fiz, sobretudo na "Bebedeira" — que no entanto são também nebulosos, menos estranhos contudo do que o "Bailado" que aliás eu condenei; isto é: inutilizei" (Toriello, 1987: p. 154).

**NOTAS**

ROSTO D IV—Alcool

TÍT. D ALCOOL V P—Bebedeira—

1  D castelos V P castelos,

2  D V procissão; P porcissão; ] *note-se que V é a transcrição de Castex, que poderá ter corrigido a ortografia, mesmo se não o faz no v. 12.*

3  D crepusclos amarelos, V crepusc'los amarelos P crepusculos amarelos,

11  D dissipo — V dissipo: P dissipo,

12  D Luto, estrebucho... Em vão! Silvo pra àlem... V Luto, esterbucho... Em vão! silvo p'ra alem... P Luto, esterbucho... Em vão! <u>Silvo p'ra alem</u>... ] *sublinhada a última*

parte do verso, seguramente por
Pessoa, considerando as palavras de
Sá-Carneiro a respeito da passagem
(ver nota descritiva acima).

13 D encontrar... V encontrar,
P encontrar...
15 D de ouro surge V d'ouro surge
P d'ouro <pr>/surge\
16 D da bruma... V de bruma...
P da bruma... ] V sem o artigo,
segundo a transcrição de Castex.
17 D V me inoculei? P m'inoculei? <...> ]
em P o verso é assinalado na
margem esquerda com uma cruz
a lápis, e as reticências no fim
estão aparentemente riscadas.
18 D Ópio d'inferno em vez de
paraíso?... V Opio d'inferno
em vez de paraiso?... P Opio de
inferno em vez de paraiso?...
20 D me eteriso? V m'eterizo?...
P m'eteriso?... ] em D sem reticências.
21 D Nem ópio nem morfina. O que me
ardeu, V Nem opio nem morfina.
O que me ardeu, P Nem opio nem
morfina... O que me ardeu,
24 D Manhã tão forte que me
anoiteceu. V P Manhã tão
loira que se anoiteceu...
DATA D Paris 1913 — maio 4.
P Paris — 4 de maio de 1913.
ASS. P Mario de Sá-Carneiro

**5 – VONTADE DE DORMIR**

I [Fon-Fon!, 31 de Janeiro de 1914, s.p.]
D [Dispersão, pp. 27-30] P [E3/115⁴-117⁴]

O testemunho P é escrito numa das
faces da meia folha, de 13,5 × 21,7 cm,
enviada juntamente com a carta de 6 de
Maio de 1913 (o outro lado está ocupado
pelo testemunho P de "Inter-Sonho").
Sá-Carneiro pede a opinião de Pessoa
a respeito de uma passagem: "Na
"Vontade de Dormir„, seria preferível

em vez de "quero dormir... socegar...„
"quero dormir... ancorar...„? | Diga!
Parece-me melhor o *ancorar* que emen-
dei na poesia, riscando o *socegar*. Diga
no emtanto" (p. 160). O poema é ainda
relacionado com o "Rodopio", quando
o poeta afirma: ""Rodopio„ — Volteiam
dentro de mim as coisas mais heteroge-
neas: || Volteiam dentro de mim | Num
rodopio, em novelos, | Milagres, uivos,
castelos, | Forcas de luz, pesadelos, |
Altas torres de marfim... || Descrever a
angustia de apanhar tudo quanto passa;
o q[ue] | é impossivel. Cansaço, mãos
feridas. (a seguir a este n[umer]o, |
grifando-se nele, virá a "Vontade de
Dormir„)" (p. 158). No final não é esta
a sequencia pela qual opta, contudo. Já
depois de se publicar *Dispersão*, o poema
é apresentado na revista *Fon-Fon!* de 31
de Janeiro de 1914.

**NOTAS**

ROSTO D V — Vontade de dormir
TÍT. I Vontade de dormir
D VONTADE DE DORMIR |
P — Vontade de Dormir —
2 I A soerguer-me na poeira —
D A soërguer-me na poeira —
P A soërguer-me na poeira,
8 I D Quero dormir...
ancorar... P Quero dormir...
<socegar>... [↑ ancorar...]
11 I D — Pra que me sonha a beleza,
P [←—] P'ra que me sonha a Beleza
DATA I sem data. D Paris 1913 — maio 6
P Paris — 6 de maio. 1913
ASS. I Mario de Sá Carneiro ] sem
hífen. P M. de Sá-Carneiro

**6 – DISPERSÃO**

D [Dispersão, pp. 31-39] V [Centro Nacional
de Cultura] P [E3/115⁴-110 e 111]

P é enviado na carta a Fernando Pessoa
de 3 de Maio de 1913, num bifólio qua-

584 MÁRIO DE SÁ-CARNEIRO

driculado de 26,8 × 20,9 cm e meia folha do mesmo suporte, ambos manuscritos a tinta preta. Nessa carta Sá-Carneiro descreve bem todo o diálogo relacionado com *Dispersão*, notando: "Escrevo uma coisa, e logo tenho ansia de saber o que o meu querido amigo pensa dela" (p. 143). Logo depois, apresenta o poema "Dispersão", a que dedica toda a carta: "Mas o curioso é como esses versos nasceram. Não nasceram de coisa alguma. Eu lhe conto: | Antes de ontem, 5ª feira de ascensão, dia de Santo cá na Republica, á tarde, quasi a dormir, num aborrecimento atrós, alheio, com a cabeça esvaida (dormira muito pouco na noite antecedente) eu estava sentado na *terrasse* dum café no Boul[evard] dos Italianos. Sem saber como havia de passar o tempo pus-me a fazer bonecos num papel... e de subito comecei a escrever versos, mas como que automaticamente. Coisa para rasgar, pensei logo. Se havia disposição má p[ar]a escrever, era aquela em que eu estava. A seguir compús, sem uma rasura, mais de metade das quadras que lhe envio — coisa unica em mim que, como sabe, não tenho o trabalho rapido. Li o que escrevera por desfastio e achei-lhe um sabor especial, monotono, quebrado (pela repetição da palavra na rima), boa tradução do estado sonolento, maquinal, em que escrevera esses versos. E ontem, em vista disso, juntei o resto das quadras, mas num estado normal e reflectidamente. Acho isto interessante" (pp. 153-144). E acrescenta: "E sobretudo, esses versos, eu ao lê-los, sinto que marcam bem o ritmo amarfanhado da minha alma, o sôno (não o sonho — o sôno) em que muitos dias vivo. Sôno d'alma, bem entendido. Mas q[ue] nessa tarde coincidia com

sôno fisico... Francamente, rudemente, diga-me você o que isso vale. Afirmo-lhe que não o sei. Mas pressinto que é ou uma coisa muito valiosa, ou uma serie de banalidades. Espero ansiosamente a sua resposta. Peço-lhe que perdôe "O Domingo de Paris,,. Não o corto, porque essas duas quadras pertencem ao n[umer]o das q[ue] nasceram num estado sub-consciente, com as melhores, aliás. (Domingo; porq[ue], sendo dia de santo, o aspecto da cidade, é o mesmo que o de Domingo). Rogo-lhe tambem que atenda particularmente ás quadras 3ª, 9ª, 14ª, 15ª, 20ª e aos dois versos isolados finais que julgo ser o melhor da poesia. A quadra 15ª não tem beleza, se lha indico é porque acho muito singular o tê-la escrito. Que quer dizer isso? Parece uma profecia... Porque a escrevi eu? Como é que de subito me surgiu essa ideia do norte, duma cidade do norte que eu depois, procurando, vejo que não pode ser outra senão S[ão] Petersburgo?... (Escuso de lhe dizer q[ue] esta quadra pertence ao n[umer]o das que escrevi primeiro, por isso mesmo é q[ue] ela se torna interessante). Do final da poesia gosto muito, muitissimo, por a terminar quebradamente, em desalento de orgulho: Leões que são mais que leões pois têm asas e aos quais no emtanto arrancaram as jubas, a nobreza mais alta, toda a beleza das grandes feras douradas. Nas quadras que escrevi dum jacto raras emendas fiz: Mudei um — Tristeza! — para "sequinha,, por ex[empl]o, e tudo o mais, m[uit]o pouco, é meras substituições de palavras. Em resumo, essa poesia *pouco* mais tempo levou a compôr do que o tempo material para a escrever. Como digo, isto em mim é extraordinario" (p. 144). No *post scriptum*, ainda acrescenta: "Depois de composta a poesia, vi que ela era sincera, que encerra talvez um canto do meu estado de alma. Pelo menos, creio-o" (p. 145).

Na carta do dia seguinte, o poeta reflecte sobre a qualidade dos seus textos: "Destas 4 poesias: 2ª parte do "Simplesmente", "Dispersão", "Soneto" e "Bebedeira", diga-me qual a melhor (eu julgo a ultima)" (p. 152). A 14 de Maio muda de opinião a este respeito, dizendo: "Agradeço-lhe m[ui]to o que me diz sobre os versos. E depois de pensar, concordo q[ue] a "Dispersão" é a melhor das composições q[ue] lhe enviei" (p. 177). Na carta de 6 de Maio, indica que "a "Dispersão" passará a chamar-se "Sôno" (p. 159). Mas já a 14 de Maio volta atrás nessa opinião: "Conservarei á Dispersão o seu titulo" (p. 182). Neste mesmo dia, refere-se aos comentários de Pessoa; reportando-se ao v. 37: "Quanto aos seus reparos: Tem razão sobre o "Passeio", muda-lo-hei para "Procuro" ou para o "Vagueio" q[ue] você sugere. Diga o q[ue] acha melhor levando em conta q[ue] nuns versos q[ue] vão junto ha a expressão "Vagueio-me" (p. 177). A solução que ficará como definitiva surge poucas páginas depois, na mesma carta: "parece-me que ficaria muito bem, em vez do que avento atrás, isto: | Regresso dentro de mim" (p. 184).

Na carta de 10 de Maio, Sá-Carneiro acrescenta: "O 4.º verso da 2ª quadra do "Sôno" é "Nem dei pela minha vida". Não sei se já lho tinha dito" (p. 167). E ainda na carta de 14 de Maio Sá-Carneiro reporta-se a um verso específico: "O verso "Serei mas já me não sou" (q[ue] no fim da carta você aceita melhor) não o emendarei, e a significação q[ue] lhe dou é até bem

simples: Serei, continuarei vivendo; mas o certo é que já me não sou, já não *me* vivo — vivo apenas" (p. 177).

Já a 13 de Julho de 1914, Sá-Carneiro refere-se ao poema, a propósito de um momento de particular desânimo, notando: "deixe-me dizer-lhe imodestamente — a razão de tudo isto está naquela quadra da *Dispersão*: || A grande ave dourada | Bateu asas para o ceu, | Mas fechou-as saciada | Ao ver que ganhava o ceu..."(p. 239).

**V** é uma cópia do poema enviada a José Pacheco, no contexto do pedido de que o artista desenhe a capa de *Dispersão*. O documento é manuscrito a tinta hoje acinzentada em duas folhas de papel pautadas, de 26 × 17,6 cm, com as páginas numeradas (veja-se o fac-símile reproduzido neste volume). A primeira folha está ligeiramente danificada. Nessa carta a José Pacheco, de 17 de Outubro de 1913, Sá-Carneiro afirma: "Vai juntamente a poesia que abre o livro "Partida" e que Você ontem me pediu. | Mando-lhe também a intitulada "Dispersão" porque é a *fundamental* da minha serie: aquela aonde melhor se encerra a ideia central de todas as poesias. Talvez a capa deva melhor sair desta (Dispersão) do que da primeira (Partida). Isso melhor verá o meu amigo. É mesmo só consigo." Aqui transcrita a partir do original no arquivo do Centro Nacional de Cultura, a carta também consta em *Pacheko, Almada e a "Contemporânea"* (Centro Nacional de Cultura, 1993, p. 121), onde aparece sem data, e antes disso foi publicada na revista *Colóquio/Artes* 35 (Nobre, 1977, p. 45). De facto, José Pacheco obtém neste poema inspiração para o desenho da capa, citando o verso "Tu, sim, tu eras alguem" e representando a "grande

ave dourada", muito embora se vejam
na capa também referências a "Partida".
Diga-se que **D** está mais próximo de
**P**. **V**, apesar de escrito depois de **P**
(inclui, por exemplo, a solução do v. 37
já posterior a **P**, entre outros elemen-
tos), é a cópia que mais se distancia de
**D**, sobretudo ao nível da pontuação e
da acentuação, mas também em termos
lexicais (veja-se o v. 82, por exemplo).
Neste contexto, opta-se por inverter a
ordem dos testemunhos manuscritos,
nas notas abaixo, juntando **D** e **P**, e
apresentando-se **V** em seguida.

Giorgio de Marchis demonstra como
os dois versos finais do poema não
decorrem duma escrita estritamente
mais espontânea, mas antes são apro-
veitados de um dos testemunhos de *Além*
(Marchis, 2007, p. 235).

**NOTAS**
ROSTO  D VI — Dispersão
TÍT.  D DISPERSÃO P — Vontade
    de Dormir — **V** = Dispersão =
2  D P labirinto, **V** labirinto.
7  D P de ultrapassar, **V** d'ultrapassar,
8  D P vida... **V** vida.
11  D foge P**V** foge,
12  D P ontem. **V** ontem
13  D P (O Domingo **V** O Domingo]
    *em V as duas estrofes não*
    *estão entre parênteses.*
14  D desaparecido P desaparcido
    **V** desaparecido ] *em P, sem e.*
16  D Os Domingos de Paris:
    P Os Domingos de Paris.
    **V** Os domingos de Paris.
17  D domingo P**V** Domingo
18  D P singeleza, **V** singeleza.
20  D P Não tem bem-estar nem familia).
    **V** Não tem bem-estar nem familia. ]
    tem *sempre sem acento, possivelmente*
    *pela métrica, embora Sá-Carneiro grafe*
    *muito irregularmente esta forma verbal.*

22  D P Tu, sim, tu eras alguem!
    **V** Tu sim, tu eras alguem;
24  D P Que te abismaste nas ansias.
    **V** Que te perdeste nas ansias
26  D ceus, P céus, **V** ceus,
28  D ceus. P céus. **V** ceus.
30  D Assim me choro a mim mesmo:
    P Assim me choro a mim mesmo.
    **V** Assim me chóro a mim mesmo.
32  D traíu P **V** traiu
34  D P projecto: **V** projecto.
35  D P érro — **V** érro:
36  D P projecto. **V** projecto
37  D Regresso dentro de mim,
    P Passeio dentro de mim,
    **V** Regresso dentro de mim,
38  D P nada! **V** nada.
42  D P perdida. **V** perdida;
43  D P choro, da **V** chóro da
48  D P vi... **V** vi.
49  D P doirada **V** dourada
50  D P esmaecido, **V** esmaecido.
51  D halito P **V** hálito
52  D P doirada. **V** dourada.
53  D P (As minhas **V** As minhas ]
    *em V, a estrofe sem parênteses.*
54  D enlacei. P elacei. **V** enlacei.
56  D P sonhei!...) **V** sonhei...
57  D E sinto que a minha morte —
    P <Eu>/E\ sinto que a minha morte —
    **V** E sinto que a minha morte,
58  D Minha dispersão total —
    P — Minha dispersão total —
    **V** Minha dispersão total,
62  D rôlos P **V** rolos
63  D asul-de-agonia
    P azul-de-agonia **V** asul de agonia
64  D àlem P **V** alem
65  D P saudade, **V** saudade
66  D P brancas... **V** brancas;
68  D P brancas... **V** brancas.
70  D P dar... **V** dar<,>/...\
71  D P quís **V** quis
73  D P pena **V** pêna

**D P** ideal… **V** ideal;
**D** Um élo? Um rastro?… Ai de
mim!… **P** Um elo? Um rastro?…
Ai de mim!… **V** Um élo<,>/?\
um rastro?… Ai de mim…
77 **D P** Desceu-me nalma o crepusculo;
**V** Desceu-me nalma o crepusculo, ]
*acrescenta-se o apóstrofo.*
78 **D P** passou. **V** passou…
79 **D P** mas já não **V** mas [↑ já] não
82 **D P** vagamente **V** brandamente
86 **D P** enlouqueço… **V** enlouqueço<,>/.\
87 **D P** foge vivida, **V** foge, vivida;
88 **D P** sigo-a, mas **V** sigo-a mas
89 E 90 *Em V sem as linhas pontilhadas.*
93 E 94 *Em P são três as linhas de*
pontilhado, em vez das duas de *D e V.*
DATA **D** *Paris — Maio de 1913.* **V** *Paris —
maio de 1913* **P** Paris — maio de 1913.
ASS. **P** Mario de Sá-Carneiro

## 7 – ESTÁTUA FALSA

**D** *[Dispersão, pp. 41-44]* **CP** [Caderno de Provas e
Autógrafos] **V** [Castex, 1966, p. 6] **P** [E3/115ª-113]

**P** é enviado a Fernando Pessoa numa
*carte postale*, de 13,7 × 8,7 cm, manus-
crita a tinta preta, com carimbos de
6 de Maio de 1913 (Paris R. P.) e 8 de
Maio de 1913 (Lisboa). Nesse postal
é apresentado como "outro n[umero]
da *Dispersão* acabado agora" (p. 154).
**V** é o testemunho enviado em carta a
Gilberto Rola do Nascimento, trans-
crito por Castex (1966). Sobre o
poema, Sá-Carneiro assinala a Pessoa
que a "1ª quadra é a orquestração duma
frase em prosa q[ue] eu lhe enviei
como sendo do "Alem„" (p. 155).
E nota ainda que a última quadra do
poema se aproxima do último terceto
de "Escavação", num momento em que
considera eliminar esse soneto (carta
de 14 de Maio de 1913; p. 178). Como já
dito a respeito de "Alcool", o poema é
apresentado a Gilberto Rola Pereira do
Nascimento com a indicação de que as
poesias de *Dispersão* têm "um elo entre
si e descrevem o estado de abatimento
orgulhoso de mim proprio — a disper-
são de mim proprio" (p. 6), e corres-
pondem a algo novo na sua escrita. **CP** é
a cópia autógrafa do poema que integra
o caderno de provas e cópias autógra-
fas, hoje numa colecção particular, que
nesta edição se fac-simila (veja-se a
apresentação do documento). Trata-se
de um manuscrito que terá pertencido
a António Cobeira e foi já apresentado
por Cruz Malpique (1963). Não se trata
de uma cópia assinada, como aquelas
que Sá-Carneiro vulgarmente enviava
aos amigos, mas de uma folha de
caderno, pautada, apenas com a data —
aliás menos precisa, já que menciona o
mês, mas não o dia específico.

**NOTAS**

ROSTO **D** VII — Estátua falsa
TÍT. **D** ESTÁTUA FALSA |
**CP** — Estátua falsa —
**P** = Estátua Falsa =
1 **D** de ouro **CP V P** d'ouro
2 **D** sem misterio no poente.
**CP** sem misterio, no poente.
**V P** sem misterio no poente.
5 **D** de ansia, **CP** d'ansia; **V** de ansia, **P**
d'ansia; ] *segundo Castex, V sem elisão.*
6 **D CP** misturam. **V** misturam;
**P** misturam.
7 **D** perduram, **CP** perduram;
**V** perduram, **P** perduram;
8 **D** Como Ontem, para mim, Hoje é
distancia. **CP** Como Ontem, para
mim Hoje é distancia…
**V** Como Ontem, para mim Hoje
é distancia. **P** Como Hontem,
para mim Hoje é distancia.
9 **D** Já não estremeço em face do
segredo; **CP** Já não estremeço em

face do segredo, **V** Ja não estremeço
em face do segredo, **P** Já não
estremeço em face do segredo;
10 **D** aterra: **CP** aterra...
**V** aterra; **P** aterra:
12 **D CP** medo! **V** medo!... **P** medo!
13 **D** Sou estrela ébria
**CP** Só estrela ébria ] Só *no início
do verso.* **V P** Sou estrela ebria
14 **D CP** mar; **V** mar, **P** mar;
15 **D** deus, **CP** Deus, **V P** deus,
16 **D CP** Estátua **V** Estatua **P** Estátua
DATA **D** Paris 1913 — Maio 5. **CP** *Paris —
Maio de 1913* **P** Paris = 5 de maio 1913
ASS. **P** Sá-Carneiro ] *a
assinatura do postal.*

### 8 — QUASI

**D** [*Dispersão*, pp. 45-49] **CP** [Caderno de
Provas e Autógrafos] **P** [E3/115⁴-123]

**P** é enviado a Fernando Pessoa com a
carta de 14 de Maio de 1913, em meia
folha quadriculada, de 13,4 × 21,1 cm.
**CP** faz parte do caderno de provas e
autógrafos que se fac-simila neste
volume (veja-se apresentação do docu-
mento) e é um testemunho inédito.
**D** é fixado a partir de uma versão mais
próxima de **P**, mesmo se deve ser crono-
logicamente mais próxima de **CP**, que ao
lhe assemelha mais em termos de acen-
tuação e ortografia. Altera-se por isso a
sequência, nas notas abaixo, juntando
**D** e **P**, mais próximos na fixação, e ainda
que **CP** seja cronologicamente mais
próximo de **D**. Esta edição apresenta
também provas tipográficas inéditas de
"Quasi", tiradas com vista à edição em
*Dispersão*, provas essas que estão hoje
na Fundação António Quadros (veja-
-se o fac-símile). Acerca do poema,
Sá-Carneiro diz a Pessoa na carta de 14
de Maio de 1913: "só me resta falar-lhe
dos versos que ajunto: | Gosto m[ui]to

da sua ideia que define bem o meu eu.
Muitas vezes sinto que para atingir uma
coisa que anseio (isto em todos os cam-
pos) falta-me só um pequeno esforço.
Emtanto não o faço. E sinto bem a
agonia do *ser-quasi*. Mais valia não ser
nada. É a perda, vendo-se a victoria; a
morte, prestes a encontrar a vida, já ao
longe avistando-a. | Varias duvidas: |
Será melhor "permanecera„ em vez de
"*permanecesse*„ (pelo menos na ultima
quadra)? | Em vez de mãos acobardadas
seria preferivel "degeneradas„? | Em vez
de "puseram grades„ lançar grades? (É
preciso notar que isto significa: eu nem
sequer posso cair nos precipicios q[ue]
existem dentro de mim, porq[ue] mãos,
ainda q[ue] de heroes, cheias de medo
(ou degeneradas) cobriram os abismos
com grades). *Lançar* é mais bonito q[ue]
pôr. Mas para o caso (justamente por
ser mais feio) parece-me preferivel
por mais propriedade o verbo pôr. Diga
o q[ue] pensa sobre estas ninharias
e as outras poesias sobre as quais lhe
peço opinião. Só depois de saber a sua
resposta estabelecerei as versões defi-
nitivas. Ha no "Quasi„ um verso talvez
feio: "Ai a dôr de ser-quasi... dôr sem
fim„. Mas não o modificarei por q[ue]
ele exprime concisamente e justamente
uma das coisas q[ue] eu quero bem
vincar na poesia. Note q[ue] o verso:
"falhei-me entre os mais, falhei em
mim„ condensa a ideia da "Mentira„
q[ue] eu decidira abandonar" (pp. 183-
184).

**NOTAS**
ROSTO **D** VIII — Quasi
TÍT. **D** QUASI **P** = Quasi = **CP** — Quasi —
2 **D** àlem. **P** alem. **CP** àlem. ] *já nas
provas, alem é alterado com a
indicação* à | (*acrescento do acento
grave*). *Veja-se o fac-símile.*

3  D Para atingir, faltou-me
P CP Para atingir faltou-me
4  D àquem... P aquem... CP àquem...]
*já nas provas, aquem é alterado*
*com a indicação à (acento grave).*
5  D vão... Tudo P CP vão... tudo
6  D P d'espuma; CP de espuma;
10 D fim — quasi P CP fim, quasi
11 D P Mas na minh'alma tudo
se derrama... CP Mas na
minh\<a>'alma tudo se derrama —
12 D P ilusão! CP ilusão... ] *em provas,*
*Entanto é corrigido para* Emtanto,
*a forma dos testemunhos manuscritos*
*e habitual em Sá-Carneiro.*
13 D P começo... e CP começo, e
15 D P falhei-me CP falhei[↑ -me]
20 *Não é possível verificar a*
*pontuação final em CP. Em*
*provas, o autor corrige* ffxei...
21 D P Se me vagueio, encontro só
indicios... CP Se me vagueio
encontro só indicios —
22 D P Ogivas para o sol — vejo-as
cerradas; CP Ogivas para o sol,
vejo-as cerradas<,>/.\..
23 D E mãos d'heroi, sem fé,
acobardadas, P E mãos d'heroe, sem
fé, acobardadas, CP E mãos d'heroi
<,>/s\em fé, acobardadas ] *em CP*
*não é possível verificar a pontuação*
*final. Nas provas, altera-se o fim do*
*verso de um ponto final para vírgula.*
24 D P CP Poseram grades sobre os
precipicios... ] *com o em todos*
*os testemunhos; a pontuação*
*final em CP não é visível.*
25 *Nas provas, corrige-se*
difuse *para* difuso.
26 D P possuí... CP possuí:
29 E 30 *Duas linhas de pontilhado em*
*D, uma em P, e nenhuma em CP.*
32 D àlem. P alem! ] *admite-se ponto*
*final.* CP àlem*. ] *a pontuação*

*em CP não é visível. Já nas provas,*
*Sá-Carneiro acrescenta* fôra, *que ficara*
*esquecido, e muda de* alem *para* àlem.
33 D P d'asa... CP d'asa*... ] *a*
*pontuação em CP não é clara.*
34 D àquem... P aquem...
CP àquem... ] *já nas provas*
*Sá-Carneiro muda de*
aquem *para* àquem.
ASS. P Mario de Sá-Carneiro
DATA D *Paris 1913 — maio 13.*
P Paris — 13 de maio de 1913.
CP *Paris 1913 — maio 13.*

## 9 – COMO EU NÃO POSSUO

D [*Dispersão*, pp. 51-55] CP [Caderno de
Provas e Autógrafos] P [E3/115⁴-130]

P é enviado a Pessoa juntamente
com a carta de 31 de Maio de 1913,
numa folha de papel quadriculada, de
13,5 × 21 cm, manuscrita a tinta preta.
CP integra o caderno de provas e autó-
grafos que neste volume se fac-simila
(veja-se a apresentação do documento).
Considerando a maior proximidade de
D e P, os dois testemunhos são apresen-
tados contiguamente nas notas
abaixo. Acerca do poema, Mário de
Sá-Carneiro começa por se lhe refe-
rir a Fernando Pessoa numa visão de
conjunto para *Dispersão*, de 6 de Maio
de 1913: "Já tenho o plano completo
do conjunto. Alem dos versos que você
tem, q[ue] são os feitos até hoje, haverá
os seguintes n[umer]os. "Mentira,,,
"Rodopio,,, "Como Eu não Possuo,,,
"A Queda,, e, talvez (quasi certamente)
"Aquele Que Estiolou o Genio,,, volvido
poema" (p. 157). E diz ainda, adiante,
nessa carta: ""Como Eu não Possuo,,:
O que eu desejo, nunca o posso obter
nem possuir, porque só o possuiria
sendo-o. Não é a boca daquela rapariga
que eu quisera beijar; o que me satisfa-

ria era sentir-me, *ser-me* aquela boca, ser-me toda a gentileza do seu corpo agreste (gosto muito deste n[umer]o)" (p. 158). A 10 de Maio, refere-se novamente ao poema: "O que farei decerto é "Como Eu não Possuo„ que se grifará nesta ideia: Não é só em mim que me disperso — é sobre as coisas: Assim como me não posso reunir, tambem não posso reunir, possuir as coisas" (p. 163). E, já a 31 de Maio, refere-se ainda ao teor do poema então enviado: "No "Como Eu não Possuo„ a ideia geral é esta quadra "Não sou amigo de ninguem etc...„, onde está condensada a ideia duma das minhas futuras novelas, "A Confissão de Lucio„. (Perdôe o "Pró„ desta quadra tanto mais que será o unico da *plaquette* pois o do "Simplesmente„ — hoje "Partida„ — foi emendado). Ha outra quadra q[ue] pela sua violencia me agrada m[ui]to nesta poesia, a que começa: "Eu vibraria só agonisante etc„. Agrada-me a expressão "aglutinante„ e "seios transtornados„, bem como na quadra antecedente a "carne estilisada„. Esta poesia tem talvez uma certa falta de unidade. Emtanto julgo-a assim bem. É torturada, contorcida — como torturado e contorcido é o que ela pretende esboçar" (p. 189). O autor pede ainda a opinião de Pessoa a respeito de uma passagem do poema: "(Diga-me: Seria melhor em vez de: "De embate ao meu *amor* todo me rúo„; "De embate ao meu *ansear* todo me rúo„?) Sobre estas pequeninas coisas de viva voz me aconselharei consigo" (p. 190).

**NOTAS**

ROSTO  D IX — Como eu não possuo
TÍT.  D COMO EU NÃO POSSUO
   P = Como eu não possuo =
   CP — Como eu não possuo —

1  D P mim. Todos CP mim: Todos
3  D P diluem CP diluem,
4  D P enlaço. CP enlaço...
6  D P golfados ruivamente;
   CP <†>[↑ golfados ] ruivamente:
8  D P pára e não os sente!
   CP pára, e não os sente...
9  D Não sei... perco-me todo...
   P Não sei... perco-me todo:
   CP Não sei. Perco-me todo;
10  D Não posso afeiçoar-me nem
   ser eu: P Não posso afeiçoar-me
   nem ser eu... CP Não posso
   afeiçoar-me, nem ser eu... ]
   *aqui, como no v. 12, D elimina as*
   *reticências dos manuscritos.*
12  D lodo. P lodo... CP lôdo...
13  D Pra o ser P Pró ser CP Pra o ser, ]
   *CP demonstra ser posterior à observação*
   *de Pessoa a respeito da forma "Pró".*
15  D Quem eu estimasse — ou
   homem ou mulher, P Quem
   eu estimasse — ou homem ou
   mulher<—>/,\ CP Quem eu estimasse
   — ou homem ou mulher*, ] *a*
   *pontuação de CP é conjectural.*
16  D P possuir!... CP possuir...
17  D P d'alma e CP d'alma, e
19  D doutro mundo P doutro
   mundo, CP d'outro mundo,
21  D rua, P rua CP rua,
22  D amor... P amor! CP *amor... ]
   *o sinal de pontuação em CP, na margem*
   *interior do caderno, não é inequívoco.*
   *Ainda em CP, ágil com acento.*
23  D P emmaranha-la CP emmaranhá-la ]
   *em CP uma das raras ocasiões*
   *em que Sá-Carneiro acentua esta*
   *forma do infinitivo pronominal*
   *da primeira conjugação.*
24  D Bebê-la P Bebe-la CP Bebê-la
   D côr!... P côr... CP côr*...
25  D P dia, CP dia
26  D véus, P veus, CP véus <—>/,\

27  D Sob o meu corpo P Sobre o meu
corpo CP Sob o meu corpo
28  D teria... P teria!... CP *a pontuação
final do verso é ilegível.*
31  D P aqueles CP aquêles
32  D P aquele CP aquêle
36  D estrebucho P esterbucho
CP estrebucho
ASS.  P Mario de Sá-Carneiro
DATA  D *Paris — maio 1913.* P Paris 1913
— Maio CP Paris — Maio de 1913

### 10 — ALEM-TEDIO

D [*Dispersão*, pp. 57-60] CP [Caderno de
Provas e Autógrafos] P [E3/115ᵃ-130ᵛ e 131]

O testemunho P é enviado numa meia
folha de papel quadriculada, de 13,5
× 21 cm, manuscrita a tinta preta, que
inclui ainda parte do testemunho de
"Como Eu não Possuo", continuado
noutra folha. O testemunho CP terá
pertencido a António Cobeira, hoje
integra uma colecção particular, e é
aquele reproduzido em fac-símile
nesta edição (veja-se a apresentação do
fac-símile). Esta cópia foi já reprodu-
zida por Cruz Malpique (1963, p. 24).
Há maiores afinidades entre P e D do
que entre D e CP, motivo pelo qual se
inverte a ordem dos testemunhos nas
notas abaixo. A pontuação, acentuação e
capitalização em CP distinguem-se um
pouco mais das dos outros testemunhos
(caso dos vv. 8, 10, 15, 16, 18, 20, 21),
embora por vezes CP pareça fazer uma
ponte para D (vejam-se os vv. 23 e 24).
A datação mais precisa em D sugere
que o impresso provavelmente resulta
de outra cópia manuscrita do poema,
que incluísse o dia preciso. Na carta a
Pessoa em que remete "Alem-Tedio" e
"Como Eu não Possuo", de 31 de Maio
de 1913, Sá-Carneiro refere-se aos
poemas assim: "As duas que hoje lhe

envio — uma das quais talvez já conheça
pelo Ponce de Leão — afiguram-se-me
menos artisticamente valiosas mas
estimo-as entre as mais pelas ideias que
encerram: No "Alem-Tedio„ sobretudo
estes versos "De as não ter e de nunca
vir a tê-las, fartam-me até as coisas
q[ue] não tive„" (p. 189). Acrescente-se
que CP é o testemunho que mais diverge
na incorporação de maiúsculas.

**NOTAS**

ROSTO  D X — Alem-tedio
TÍT.  D ALEM-TEDIO P = Alem-tedio =
CP = Além-Tédio = ] *admite-se que
em CP se trate de um* t *minúsculo.*
8  D P irreal. CP irreal...
10  D P nostalgia, CP nostalgia;
11  D E doente-de-Novo,
P CP E, doente-de-Novo,
14  D ruíu... Tudo P ruiu...
Tudo CP ruiu — tudo
15  D P A quimera, cingida, era real,
CP A <*q>/Q\uimera,
cingida era real,
16  D P A propria maravilha tinha côr!
CP A propria Maravilha tinha côr...
18  D P remedio; CP remedio
20  D P tedio. CP tédio.
21  D P alegria: CP alegria<,>:
22  D É que, de tão iguais
P CP É que de tão iguais
23  D me esvoam P m'esvoam
CP me esvoam
24  D esguios... P esguios. CP esguios...
ASS.  P Mario de Sá-Carneiro
DATA  D *Paris 1913 — maio 15.* P Paris
1913 — Maio CP *Paris — maio de 1913*

### 11 — RODOPIO

I [*Ilustração Portuguesa*, 410, 29 de Dezembro de 1913,
p. 758] D [*Dispersão*, pp. 61-66] CP [Caderno de Provas
e Autógrafos] P [E3/115ᵃ-118 e 119] Co [E3/115ᵃ-116ⁱ]

No diálogo com Pessoa, a primeira
alusão a um "rodopio" foi feita por

Sá-Carneiro no contexto da discussão sobre o projecto falhado de "Bailado", já que diz na carta de 21 de Abril de 1913: "Por isso m[ui]ta razão tem você quando diz que as minhas frases nenhuma impressão lhe dão de *bailado* (a não ser talvez, relembro, na acepção de bailado, de rodopio, de ideias e palavras)" (p. 137). Não terá sido coincidência, assim, a escolha da palavra para título do poema (Marchis refere-se a outros vínculos entre "Rodopio" e "Além"; 2007, pp. 238 e 239). Na carta a Pessoa de 6 de Maio de 1913, Sá-Carneiro apresenta já o poema: ""Rodopio„ — Volteiam dentro de mim as coisas mais heterogeneas" (p. 158), passagem seguida apenas da primeira quadra (testemunho aqui designado **Co**). O objectivo do poema é o de "Descrever a angustia de apanhar tudo quanto passa; o q[ue] é impossivel. Cansaço, mãos feridas" (p. 158). Com a sua carta de 10 de Maio de 1913, o poeta envia um bifólio quadriculado (26,6 × 21,1 cm), com meia folha (13,4 × 20,9 cm) em que figuram as cópias autógrafas de "Rodopio" (**P**) e "A Queda". Ainda a 10 de Março de 1913, Sá-Carneiro diz acerca do poema: "No "Rodopio„ o que eu quis dar foi a loucura, a incoerencia, das coisas que volteiam — daí a junção bizarra de coisas que aparentemente não têm relação alguma. Quis dar tambem o *rodopio* pela abundancia, pelo movimento. Ha versos de que gosto bastante, por ex[empl]o || "Chovem garras, manchas, laços… | Planos, quebras e espaços | Vertiginam em segredo.„ || As duas quintilhas que se seguem. | A ante--penultima. | Sobre a 8ª ("Ha incensos de esponsais„ etc) é que tenho duvidas. Escrevi-a na seguinte intenção: dar a nota da incoerencia, no meio do singular turbilhão; das coisas esplendidas e bizarras, vêm-se grifar tambem coisas vulgares da vida, ou antes — a nostalgia das coisas vulgares da vida; muita, muita ternura. Traduz essa quintilha, no meio das outras, uma coisa m[uit]o m[uit]o verdadeira da minha alma. Mas receio no emtanto que ela venha destruir o equilibrio do desequilibrio artistico da composição. Meti-a entre parentesis, por isso mesmo. Gostaria m[uit]o de a conservar. Emtanto hesito, e, em ultima instancia, recorro a você. Mas seja imparcial. E diga se ela pode ficar. Se apenas fôr preferivel elimina-la, deixa-la-hei. Mas se fôr *preciso* condena-la, condena-la-hei. Você mo dirá. A seguir ao "Rodopio„ vem "A Queda„ fazendo conjunto com êle" (pp. 162-163). A 14 de Maio, falando do soneto "Escavação", diz: "Aliás de todas as m[inhas] ultimas composições é este soneto a q[ue] estimo menos e estou mesmo hesitante em se o arrancarei da serie *Dispersão*, por isto: Ha talvez uma incoerencia material (não uma incoerencia espiritual, mas uma incoerencia material) entre ele e o "Rodopio„ e todo o sentido da *Dispersão*" (p. 178).

Quanto a **CP**, apresenta aspectos afins a **P**, mas alterações a meio caminho de **D**, nomeadamente na pontuação e em algumas características ortográficas. Se, por exemplo, a preferência em **P** pela terminação *-oes*, em *faroes*, *heroes*, *soes* (vv. 7, 8 e 9) se mantém em **CP**, já a terminação *-aes* em **P** (*bacanaes*, *capitaes*, *esponsaes*, *dedaes*) é modificada para *-ais*, tal como em **D**. E ainda sobre a terminação *-oes*, já em palavras de *Indícios de Oiro* ela evolui também para *-ois*, como aqui no impresso **D**. **CP** mantinha originalmente as formas *niblina* ou *explendor*, idênticas a **P**, que foram corrigidas a tinta. Os testemunhos manuscritos são radicalmente diferentes do impresso no que diz respeito ao v. 44.

Acerca de I, Sá-Carneiro diz na sua carta a Pessoa de 27 de Dezembro de 1915 (p. 442) que terá visto provas do poema antes de este sair na revista *Ilustração Portuguesa*. Diga-se contudo que o testemunho I é idêntico a **D** em tudo — inclusive na grafia "sois" (v. 7) — excepto no v. 47. Nessa publicação, o poema é apresentado com um desenho para o título do poema e um retrato do autor, e a seguinte legenda: "O sr. Mario de Sá-Carneiro, autor do interessante livro de versos "*Dispersão*", de que extraimos esta vigorosa poesia que bem demonstra o fogo do seu estro."

**NOTAS**

TÍT.  **D** RODOPIO | **CP** — Rodopio
— **P** Rodopio | **Co** *Poema*
*apresentado como "Rodopio"*

ROSTO  **D** XI — Rodopio

1    **D CP P** mim, **Co** mim
2    **D CP P** Em rodopio, **Co** Num rodopio,
5    **D CP P** marfim. **Co** marfim...
7    **D** sois; **CP** soes; **P** soes, ]
     sois *também em I.*
8    **D** Ha promontorios, farois,
     **CP P** Ha pormontorios, faroes,
9    **D** d'herois, **CP P** d'heroes,
11   **D** côr **CP** Côr **P** côr
15   **D** todo o esplendor... **CP** todo e<x>/s\
     plendor... **P** todo o explendor...
17   **D** Precipitam-se **CP** P<er>/re\
     cipitam-se **P** Percipitam-se
22   **D CP** lirios; **P** lirios,
24   **D** delirios. **CP P** delirios, ] *a vírgula*
     *dos dois testemunhos manuscritos*
     *parece concordar com o ritmo*
     *de todo o poema. Isto porque em*
     *todas quadras, de facto, só se usa*
     *o ponto final no fim das estrofes.*
25   **CP** son ] *por lapso.*

27   **D CP** punhais; **P** punhaes;
     ] *e* fôgo *apenas em CP.*
28   **D CP** bacanais, **P** bacanaes,
29   **D CP** capitais, **P** capitaes,
33   **D CP** emmaranhados,
     **P** emaranhados,
35   **D** d'anseantes... **CP P** de anseantes...
36   **D** incenso de esponsais, **P** insenso de
     esponsais, **P** insenso de esponsaes,
39   **D** guardadas — **CP P** guardadas:
40   **D CP** dedais...) **P** dedaes...).
41   **D** Ha elmos, troféus, mortalhas,
     **CP P** Ha elmos, torfeus, mortalhas;
43   **CP** Referencias, <e> nostalgias,
44   **D** Ruinas de melodias,
     **CP P** Obsessões d'harmonias,
46   **D CP** não-ser, **P** não-ser;
47   **D** Rangem, de vago, neblinas;
     **CP** Rangem, de vago, n<i>/e\blinas;
     **P** Rangem, de vago, niblinas; ]
     *Em I,* Rangem de vago, neblinas.
49   **D** pauis, **CP P** paues,
51   **D** vácuos **CP P** vacuos
52   **D CP** longes ilhas, **P** longes-ilhas,
53   **D** quilhas — **CP P** quilhas<,>/—\ ]
     *modificação tanto em CP como em P.*
54   **D** maravilhas **CP** maravilhas
     <—> **P** maravilhas
55   **D CP** sonhar!... **P** sonhar...
DATA  **D** *Paris* — *maio 1913.* **CP** *sem data*
     *visível.* **P** Paris — 7 maio 1913.
ASS.  *Em P há uma assinatura apenas*
     *depois do poema "A Queda",*
     *enviado conjuntamente.*

**12 – A QUEDA**

**D** [*Dispersão*, pp. 67-70] **CP** [Caderno de
Provas e Autógrafos] **P** [E3/115ᵃ-118a]

**P** segue com a carta de 10 de Maio de 1913, em meia folha (13,4 × 20,9 cm) na qual figuram as cópias autógrafas de "Rodopio" e "A Queda". **CP** é o testemunho inédito presente no caderno de provas e autógrafos que nesta edição se apresenta. Não é absolutamente clara a ordem de **P** e **CP**. Sá-Carneiro anuncia o poema "A Queda" a 6 de Maio de 1913, dele dizendo tratar-se da "descrição duma queda fantastica, aonde emfim jazo esmagado sobre mim proprio" (p. 158). Quatro dias depois, indica que "a seguir ao "Rodopio„ vem "A Queda„ fazendo conjunto com êle", e acrescenta a sua preferência: "Gosto bastante desta poesia e muito do seu final" (p. 163). A última passagem, "E fico só esmagado sobre mim!…", terá levado Pessoa a questionar a preposição, motivo pelo qual Sá-Carneiro responde, a 14 de Maio de 1913: "Quanto á "Queda„. É claro q[ue] o que eu queria dizer, o q[ue] eu quis sempre dizer, foi *sob mim*; foi apenas uma confusão que me fez escrever *sobre* mesmo na poesia executada pois o escrevia sempre com a ideia de *debaixo*. Emtanto agora vejo q[ue] talvez fosse interessante conservar o *sobre* — assim haveria como q[ue] um desdobramento; eu-alma, viria estatelar-me, esmagar--me não sobre o gelo, mas sobre o meu côrpo. Diga, depois de bem pensar, se é preferivel conservar o *sobre* ou muda-lo para *sob*. (O verso fica mais correcto e belo com *sobre* — *sob* é uma palavra de q[ue] eu gosto muito pouco. Mas tudo isto são razões secundarias.) Não deixe de me dizer o que pensa sobre isto. São pequenas torturas por cuja solução anseio" (pp. 181-182).

**NOTAS**

ROSTO  **D** XII — A Queda

TÍT.  **D** A QUEDA | **CP** = A QUEDA
= **P** — A QUEDA —

1  **D** E eu **CP** [← …] E eu **P** E eu

2  **D** Eu proprio turbilhão, anseio por fixa-la **CP** Eu proprio, turbilhão, anseio por fixa-la **P** Eu proprio turbilhão, anseio por fixa-la,

6  **D** arremesso… **CP P** arremeço…

7  **D CP** tesouro, **P** tesouro:

8  **D CP** de excesso. **P** d'excesso.

9  **D** côr á **CP** côr <,>/á\ **P** côr á

10  **D CP** venço!… **P** venço! ] *a folha em P com pouco espaço no final do verso.*

11  **D** condenso… **CP** conden<s>/ç\o… **P** condenso…

14  **D** — Vencer ás vezes é o mesmo que tombar — **CP** Vencer ás vezes é o mesmo que tombar — **P** — Vencer, ás vezes, é o mesmo que tombar —

17  **D** Ólho do alto o gelo, ao gelo me arremesso… **CP** Olho do alto <a>/o\ <†>[↑ gelo], <†>/ao\ <†>[↑ gelo] me arremeço… **P** Olho do alto <a>/o\ gelo; ao gelo me arremesso…

DATA  **D** *Paris 1913* — *maio 8.* **CP** Paris — 8 maio 1913 **P** Paris — Maio, 8. 1913.

ASS.  **D** MARIO DE SÁ-CARNEIRO. ]
*a encerrar o conjunto dos 12 poemas.*
**CP** *sem assinatura*
**P** Mario de Sá-Carneiro ] *em P, a assinatura precede a data.*

## 2. INDÍCIOS DE OURO

(VERSOS PARA OS *INDÍCIOS
DE OURO* | PRIMEIRO
CADERNO | 1913-1915)

E3/154

Veja-se a descrição de "Versos para os
Indícios de Ouro | 1.º Caderno" na apre-
sentação do seu fac-símile.

**EPÍGRAFE**

C [E3/154, p. 6]
Escrita aparentemente depois dos
primeiros poemas e talvez por isso
colocada numa página par, disponível.
Apesar de ter sido publicada por vezes
como um poema de *Indícios de Oiro*,
note-se que não é numerada, como são
todas as outras composições.
**NOTA**
CABEÇ. "Epigrafe„

**13 — NOSSA SENHORA DE PARIS**

O [*Orpheu* 1, p. 11] C [E3/154, pp. 7-9]
Poema numerado no caderno E3/154
como "1". É o quarto poema de
Sá-Carneiro publicado em *Orpheu* 1,
na secção "PARA OS "INDICIOS DE
OIRO„ | POEMAS DE | MARIO DE
SÁ-CARNEIRO". Anos depois de escre-
ver o poema, na carta de 13 de Janeiro
de 1916 a Fernando Pessoa, Sá-Carneiro
refere-se-lhe assim: "Tudo isto não
impediu que Domingo passado no ate-
lier do Ferreira da Costa entre cantoras
e actrizes falidas se dissessem versos
meus: uma traducção que o F[erreira]
da Costa teimou em fazer da "N[ossa]
S[enho]ra de Paris„ que êle acha m[ui]to
bela, apesar de burguesão — e que não
ficou má porque eu a emendei" (p. 413).
**NOTAS**
TÍT. O NOSSA SENHORA DE PARIS
    C — Nossa Senhora de Paris —

5  O Anseiam-se-me, e
    C Anseiam-se-me e
11  O Odoram C <Refrescam>
    [↑ Odoram]
13  O perdura, C predura ] *no original.*
15  *Em C existe uma linha em branco
    a separar os vv. 14 e 15, criando
    divisão de estrofes, espaçamento
    que aqui se resgata.*
15  O cirios — C cirios,
16  O delirios, C delirios
17  O Mas ressurjo de Ideais…
    C Mas res<u>/s\urjo d'Ideais…
18  O — Os C Os
19  O vélas… C velas…
22  O liz… C Liz…
DATA  O *Paris 1913 — Junho 15*
    C Paris 1913 — junho 15

**14 — SALOMÉ**

O [*Orpheu* 1, p. 10] C [E3/154, p. 11] V1 [*Panorama
S. 3, 16, p. 29*] V [*O Occidente*, 10 de Janeiro de 1914, p. 3]

Para além das versões presentes no
caderno E3/154, onde tem o número "2."
(C), e em *Orpheu* 1 (O), conhecem-se
dois outros testemunhos: o manuscrito
enviado a Milton de Aguiar (V1), cujo
fac-símile foi apresentado por Manuel
Correia Marques em "Novos aspectos
de Mário de Sá-Carneiro" (*Panorama*,
S. 3, 16, Lisboa, Dezembro de 1959,
pp. 25-29), e o testemunho impresso na
*O Occidente*, com dedicatória ao António
Cobeira, director da revista, publicado
a 10 de Janeiro de 1914. V1 é portanto a
primeira versão publicada deste poema e,
como refere Miraglia, "o primeiro poema
a vir a lume dos futuros *Indícios de Oiro*"
(p. 283).
**NOTAS**
TÍT. O SALOMÉ C Salomé. V1 —
    Salomé — V SALOME

DED. *Apenas em V dedicado a* "A Antonio Cobeira".

1  O mêdo C Vᵢ V medo ] *apenas em V, incorrectamente,* A lua *e não* A luz, *como nos outros testemunhos.* E, *também em V,* INSONIA *em maiúsculas e por isso não acentuada.*

4  O segrêdo C Vᵢ V segredo ] *apenas em V:* p'ra *e* n'um.

7  O Tenho frio... Alabastro!... A minh'Alma parou... C Vᵢ V Tenho frio... Alabastro! A minh'alma parou... ] *C, V e V1 sem as segundas reticências e com minúscula em* alma.

8  O C E o seu Vᵢ [←...] E o seu V ... E o seu

9  O C Iris. Vᵢ V íris.

10  O C Vᵢ nus, V nús,

13  O oscilo, e parto, e vou C oscilo, e parto e vou Vᵢ V oscilo... E parto, e vou

DATA  O *Lisboa 1913 — Novembro 3* C Lisboa 1913 — Novembro 3 Vᵢ 3 novembro — Lisboa 1913. V *Lisboa, 3 novembro 1913.*

ASS.  Vᵢ V Mario de Sá-Carneiro

**15 — NÃO**

C [E3/154, pp. 13-19] I [*Alma Nova* 2 (21-24), p. 64]

Deste poema conhece-se o testemunho C, com o número "3.", e o impresso em *Alma Nova* 2 (21-24, Lisboa, Dezembro de 1917, p. 64), que terá sido impresso a partir de uma cópia autógrafa de Sá-Carneiro. O poema é apresentado na revista como "um inédito que Mário de Sá-Carneiro oferecera á ALMA NOVA", com data e local "Lisboa, 1913 — Dezembro 14. I (Postumo)" e com uma dedicatória "A Fernando Carvalho Mourão". Talvez essa dedicatória dissesse respeito à cópia em questão e não tanto ao poema em si, já que não aparece no caderno. A revista apre-

senta a indicação de que, em geral, nos textos nela publicados, é "Respeitada a ortografia dos autôres" (p. 36), o que, sendo emblemático da controvérsia gerada pela reforma ortográfica da época, contribui para ajudar a fixar o texto. Sabemos que Fernando Carvalho Mourão regularmente solicitava a Sá-Carneiro a sua colaboração (vejam--se a este respeito também as notas dos poemas intitulados "7" e "16"). A ponto de, na sua correspondência com Fernando Pessoa, Sá-Carneiro afirmar, a 11 de Julho de 1914: "Eu preferia é claro que o Mourão não soubesse o meu endereço para não me maçar com cartas e prefácios etc. No emtanto, como p[ar] a êle não é plausível que o meu Amigo ignore o meu endereço — diga-lho se não tiver outro remedio" (p. 232). A acentuação apresenta divergências e irregularidades significativas em cada um dos testemunhos. Assim, adop-tam-se os acentos que Sá-Carneiro incorpora em C, mas de que às vezes se esquece, como aqueles em "mistério" e "Palácio". Acentuam-se graficamente ainda algumas formas que aparecem uma única vez no poema, com acento gráfico em I mas não em C, e de que no entanto há palavras com acentuação fonética idêntica que são graficamente acentuadas em C; é o caso de "cemi-tério" (v. 26) e "acórdo" (forma verbal no v. 54). Quanto à coabitação em C de "doirados" (v. 23) e "dourado" (v. 25) — divergência que não existe em I —, uma vez que tem uma implicação ao nível fónico, opta-se por mantê-la, demons-trando até que Sá-Carneiro usava recor-rentemente as duas formas.

**NOTAS**

TÍT.  I C — Não —

DED.  I A Fernando Carvalho Mourão

4  I Paços riais de mistérios. C Paços
   riais de misterios. ] corrige-se
   para reais e uniformiza-se a
   acentuação para mistérios.
5  I côr C côr, ou possivelmente Côr,
12 I mêdo C medo
20 I Misterio é riqueza —
   C Mistério é riquesa —
21 I E o mêdo é Mistério!...
   C E o medo é Misterio!... ] note-se
   a divergência no uso do acento em
   mistério em ambos os testemunhos,
   por comparação com o verso anterior.
22 I C riais ] no original.
23 I dourados C doirados
26 I Fôsse sempre um cemitério?...)
   C Fosse sempre um cemiterio?...) ]
   assinalem-se em I os acentos em Fôsse
   e cemitério, que não constam de C.
27 I Mim C Mim, ] em I sem vírgula
   no fim do verso, tal como no v. 5.
30 I alteei, C alte<i>/e\ei,
34 I Escadaria — C possivelmente
   <e>/E\scadaria —
44 I p'ra C pra
52 I entrevadinha C entrévadinha
53 I Dragões C dagrões ] no original.
54 I acórdo C acordo
57 I Palacio Rial C Palácio
   Rial ] corrige-se Rial.
62 I Dragões... C dragões...
67 I Dragões C dragões
66 I C Rial ] no original.
68 I (Se a minha alma fôsse uma
   Princêsa nua C (Se a minha
   alma fosse uma Princesa nua
DATA  I Lisboa, 1913 — Dezembro
   14. | (Postumo) C Lisboa
   1913 — Dezembro 14
ASS.  I MARIO DE SÁ-CARNEIRO

16 – CERTA VOZ NA NOITE,
RUIVAMENTE...
O [Orpheu 1, p. 10] C [E3/154, p. 21]
I [Portugal Artístico 1(2), p. 4]

A versão mais antiga que se conhece
deste poema concluído a 31 de Janeiro
de 1914 é a publicada em Portugal
Artístico (1 (2), Março de 1914, p. 4),
uma vez que o caderno E3/154 só é
iniciado a 2 de Julho de 1914, com
Sá-Carneiro já em Paris. O poema tem o
número "4.", nesse caderno, e é o ter-
ceiro de Sá-Carneiro em Orpheu 1.

**NOTAS**

TÍT.  O CERTA VOZ NA NOITE, RUIVAMENTE...
   C I Certa voz na noite, ruivamente...
1   O C sortilégio I sortilegio
2   O C amaranto, ás I amaranto ás
3   O Princesa C I Princeza
4   O espada C Espada I espada ] e meia
   nua em todos os testemunhos.
6   O E bêbada de Si, arfante de Beleza,
   C E bebada de Si, arfante de Beleza,
   I E bebada de si, arfante de Beleza
7   O C sexo... I sexo .. ] I com
   um lapso tipográfico.
9   O Emtanto nunca a vi, mesmo em
   visão. Sómente C I Emtanto nunca
   a vi mesmo em visão. Sómente
13  O C voz-Estátua, I voz-estátua, ] em
   I ainda voz-total no fim do verso, com
   uma falha tipográfica e sem vírgula.
14  O C esvaír-me I esvair-me
DATA  O Lisboa 1914 — Janeiro 31
   C Lisboa 1914 — Janeiro 31.
   I 31 janeiro — Lisboa, 1914.
ASS.  I MARIO DE SÁ-CARNEIRO.

17 – 7
I [Terra Nossa 2 (67), p. 2] O [Orpheu 1, p. 14]
C [E3/154, p. 23]

Poema escrito em Fevereiro de 1914. I é
publicado em Terra Nossa (Estremoz) 2
(67), a 11 de Abril de 1915, numa secção

intitulada "Literatura e Arte", com o subtítulo "De "Orpheu,, N.º 1, Janeiro, Fevere[i]ro, Março, 1915", em que também figura o poema "Ante Deus", de Alfredo Guisado. Vem acompanhado da seguinte "Nota da Redação": "*Por motivo de muita falta de espaço não podemos publicar todas as transcrições que o nosso ilustre colaborador sr. Carvalho Mourão nos enviou da revista "Orfeu,,. Neste n.º apenas publicamos o soneto* Ante Deus *e o n.º 7, devendo no proximo n.º sair a lume as restantes produções; do que pedimos desculpa ao nosso amigo.*" I tem a mesma dissonância de acentuação entre "inter-medio" e "tédio" visível em **C**, o que pode sugerir que foi transcrita a partir de uma cópia da mão de Sá-Carneiro. Note-se, porém, a lição "na ponte de tédio", diferente de **O** e **C**.

**NOTAS**

TÍT.  I 7 O 7 C 7

2  I intermedio **O** intermédio
**C** intermedio

3  I na ponte **O C** da ponte

DATA  I Lisboa, Fevereiro de 1914.
**O** *Lisboa — Fevereiro de 1914*
**C** Lisboa, fevreiro de 1914. ]
*sem um* e, *em C, como por vezes
Sá-Carneiro grafava a palavra.*

ASS.  I Mario de Sá-Carneiro

**18 — 16**

I [*Terra Nossa* 2 (68), p. 2] **O** [*Orpheu* 1, p. 12]
**C** [E3/154, pp. 11-12]

Deste poema escrito em Maio de 1914 conhecem-se o manuscrito presente no caderno E3/154, com o número "6.", e os testemunhos impressos em *Orpheu* 1 (p. 12) e *Terra Nossa* 2 (68) (Estremoz, 18 de Abril de 1915, p. 2). O testemunho de *Terra Nossa* inclui a referência "De "Orpheu" N.º 1, Janeiro, Fevereiro, Março, 1915". Como visto em

"7", Fernando Carvalho Mourão teria enviado transcrições de poemas que não puderam ser todas reproduzidas na semana anterior. Como acontece com "7", as afinidades de I quer com **O** quer com **C** sugerem que esta versão talvez resulte de uma cópia autógrafa de Sá-Carneiro, embora as variantes possam sempre ser da responsabilidade de Carvalho Mourão ou da própria publicação. Em todo o caso, Sá-Carneiro não terá seguramente visto provas, já que o seu nome é aqui grafado sem hífen — ao contrário do que acontecera na semana anterior.

**NOTAS**

TÍT.  I 16 O 16 C 16.

1  I proprio **O** próprio **C** proprio

2  I transpôr ás zonas intermedias,
**O** transpôr ás zonas intermédias,
**C** <†>/transpôr\ ás zonas
intermédias,

4  I redeas, **O** rédeas, **C** redeas,]
*com vírgula ou ponto final, em I.*

5  I fogo **O** fôgo **C** fogo

6  I A tôrre de ouro que era o carro da
minh'alma, ] *sem uma primeira elisão
nem maiúscula em* alma. **O** A tôrre
d'ouro que era o carro da minh'Alma,
**C** A torre d'Ouro que era o carro da
minh'Alma, ] *em C,* torre *sem acento.*

7  I Transviarão pelo deserto,
moribundos de Luar — ] *com
ortografia correcta em* Transviarão
*e em* moribundos. **O** Transviarão
pelo deserto, muribundos de
Luar — ] *com* u. **C** Transvirão
pelo deserto, moribundos de
Luar — ] *no original,* Transvirão.

8  I sò **O C** só

9  I oasis, depois, **O** oásis,
depois, **C** oasis depois

10  I **O** planos: **C** planos; ] *em C, não
parece tratar-se do ponto-e-vírgula*

habitual de Sá-Carneiro (compare-se
por exemplo com brocado, no v.
10 de "Taciturno"); admite-se
que aqui seja um borrão ou que o
autor tivesse escrito primeiramente
uma vírgula. Em I, atmosféra
distingue-se dos outros testemunhos.
18   I O bolôres C bolores ]
mantém-se o circunflexo.
19   I O Hoje, a luz C — Hoje a luz
22   I O ar… C Ar…
23   I Caíu-me agora um braço…
Olha, lá vai ele a valsar ] com as
duas divergências na acentuação O
Caiu-me agora um braço… Olha,
lá vai êle a valsar ] C Caiu-me agora
um braço… Olha lá vai êle a valsar,
24   I casaca nos salões
O C casaca, nos salões
25   I O verso não é precedido da
entrelinha separadora de
estrofes, presente em C e O.
26   I O trapézio escangalhado…).
C trapezio escangalhado)… ]
em C o parêntese parece acrescentado,
mas é colocado antes das reticências.
DATA   I Lisboa — Maio de 1914 O Lisboa —
Maio de 1914 C Lisboa, maio de 1914
ASS.   I Mario de Sá Carneiro. ] sem hífen.

## 19 – APOTEOSE

O [*Orpheu* 1, p. 17] C [E3/154, p. 29] P [E3/115¹-27]

Deste poema são conhecidos, para além da
versão impressa em *Orpheu* 1, os testemu-
nhos manuscritos C, com o número "7."
no caderno E3/154, e P, numa *carte postale*,
de 13,8 × 8,8 cm, manuscrita a tinta preta
e com dois carimbos de Paris (R. P. |
Depart), aparentemente de 29 de Junho
de 1914, e carimbos de Lisboa de 1 de
Julho. Na correspondência com o seu avô,
Sá-Carneiro dá conta de lhe ter enviado
uma cópia deste poema (Vasconcelos,
2017b: 569)

**NOTAS**

TÍT.   O Apoteose C = Apoteose =
P — Apoteose —
2   O C fôgo P fogo
3   O igualou C P egualou
7   O ansias C Ansias P ansias
9   O mim C P Mim
13   O Luar-ansia… Luz-perdão…
Orquideas pranto…
C P Luar-ansia… <l>/L\uz-perdão…
Orquideas-pranto… ]
O testemunho de Orpheu sem
o hífen do último segmento.
14   O C — Ó pantanos de Mim — jardim
estagnado… P — Ó pantanos de
Mim, jardim estagnado…
DATA   O Paris 1914 — Junho 28 C Paris 1914
— junho 28 P Paris junho 28 — 1914
ASS.   O Mario de Sá-Carneiro ] o nome
aparece a encerrar a série de poemas
de Sá-Carneiro em Orpheu 1.
P Mario de Sá-Carneiro

## 20 – DISTANTE MELODIA…

O [*Orpheu* 1, p. 13] C [E3/154, pp. 31-33]
CP [Colecção Particular] P [E3/115¹-29]

Para além do testemunho impresso em
*Orpheu* 1, conhecem-se três testemunhos
manuscritos. No caderno E3/154, a com-
posição leva o número "8.". Sá-Carneiro
envia o poema a Fernando Pessoa junta-
mente com a sua carta de 30 de Junho de
1914, numa folha de papel quadriculada
dobrada duas vezes (tem vincos na vertical
e na horizontal), de 21 × 26,9 cm, manus-
crita a tinta preta. Nessa altura refere-se
ao poema assim: "Mando-lhe junto uma
poesia minha. É bastante esquisita, não
é verdade? Creia que traduz bem o meu
estado d'alma actual — indeciso não sei de
quê, "artificial„ — morto — mas vivo "por
velocidade adquirida„ — capaz de esfor-
ços mas sem os sentir: artificiais, numa
palavra. Cada vez, meu querido amigo,

mais me convenço de que escreverei dois livros: *Ceu em Fôgo* e *Indicios d'Ouro*... Depois...? ... Não me "vejo„ nesse depois..." No final ainda acrescenta: "P. S. Os versos q[ue] lhe envio hoje parecem--me a coisa minha que, em parte, mais poderia ter sido escrita por você. Não lhe parece? Diga. E diga detalhadamente do valor da poesia, pois eu ignoro-o. Não se esqueça!" (pp. 224-225). A 5 de Julho de 1914, Sá-Carneiro envia a mesma poesia a Alfredo Guisado (**CP**), numa carta escrita em papel timbrado do Café Balthazard (2 bis, Boulevard S.' Martin), apenas acrescentando, antes de a transcrever: "Além da "Apoteose„ que o Pessoa lhe mostrou, fiz uma outra poesia que não sei se êle ainda teve tempo de lha mostrar. Em todo o caso, aqui a reproduzo." Já a 20 de Julho, em nova carta a Guisado, escreve: "E mil agradecimentos pelas suas palavras sobre a "Distante melodia"" (aqui citada a partir do original, numa colecção particular, a correspondência com Alfredo Guisado está disponível na edição de Arnaldo Saraiva: Sá-Carneiro, 1977, pp. 69-73).

**NOTAS**

TÍT. O Distante melodia...
C Distante melodia... **CP P**
Distante Melodia...

2 O doutro Tempo azul C doutro Tempo asul **CP P** d'outro tempo asul ]
*CP com minúscula; distinguem-se as cópias avulsas em relação a C e O. Quanto à forma Vem-me lembranças, que consta de todos os testemunhos, talvez se deva à métrica.*

4 O véus C **CP P** veús ] *acento sobre as duas vogais ao centro em todos os testemunhos manuscritos.*

5 O C **CP** côres, P Côres

6 O ansias, C **CP** Ansias, P ansias,

7 O Havia na minh'alma Outras distancias — C Havia na

minh' <**\*A**>/a\lma Outras Distancias
— **CP** Havia na minh' <A>/a\lma
<**\*o**>/O\utras Distancias — **P** Havia na minh'alma Outras Distancias — ]
*P, o testemunho mais antigo de todos, é curiosamente o mais limpo, o que evidencia os lapsos de transcrição ou a hesitação entre formas diferentes típicos em Sá-Carneiro. As correcções demonstram que em minh'alma a segunda palavra deve começar com minúscula. Em contrapartida, o testemunho O é o único em que a palavra distancias aparece com minúscula.*

9 O Caía Ouro C Caia Ouro
**CP** Caía Ouro P Caia Ouro ]
*o uso deste acento não era invulgar em Sá-Carneiro.*

12 O recordar-me!...
C **CP P** recordar-Me!...

13 O d'Inter sonho e Lua,
C d'Inter-sonho e Lua,
**CP** d'Inter-sonho e lua,
**P** d'inter-sonho e lua,

15 *Em CP e P*, aparentemente n<i>/e\blina.

16 O E a luz — anseios de Princesa nua... C **CP P** E a luz — debauches de Princeza nua... ] *segue-se a lição de O, já que constitui uma mudança significativa.*

17 O Balaústres C **CP P** Balaústras ] *em CP, talvez Balaústres.*

18 O C **CP** brilho, ogivas
P brilho... ogivas

19 O C d'Ópio **CP** d'Opio P d'Ópio ] *em CP, sem acento, talvez acidental.*

20 O C **CP** côr P Côr

21 O Tapêtes doutras Persias mais Oriente... C **CP P** Tapetes d'outras Persias mais Oriente,

22 O marfim... C marfim,
**CP** Marfim, P marfim,

23 O Aureos Templos de ritos de
setim… C Aureos Templos de ritos
de setim, CP Aureos templos de
ritos de Setim, P Aureos templos de
ritos de setim, ] *Sá-Carneiro grafava*
*habitualmente a palavra* setim*,*
*provavelmente por influência do francês.*
*A palavra, à época, era dicionarizada*
*com remissão para* cetim.

25 O nostalgias… C nostalgias,
CP nostalgias <,>/…\ P nostalgias, ]
*a substituição em CP acaba por ser*
*feita também em O e por se estender aos*
*primeiros três versos da estrofe anterior.*

26 O ser-Eu C CP P Ser-Eu ] *em*
*CP, o fim do verso:* mar<,>/…\
*diferentemente de todos os outros*
*testemunhos, com* mar…

27 O C ar… CP ar<,>/…\ P ar…

28 O Byzancios-alma,
C CP P Byzancios-Alma,

30 O C CP mim P Mim

DATA O *Paris 1914 — Junho 30*
C Paris 1914 — junho 30.
CP Paris 30 junho 1914.
P Paris 1914 — junho 30

ASS. P Mario de Sá-Carneiro

**21 – SUGESTÃO**

O [*Orpheu* 1, p. 14] C [E3/154, p. 35]
P [E3/115⁵-62°] CP [Colecção Particular]

Além dos testemunhos de *Orpheu* e do
caderno E3/154, respectivamente O e C —
no caderno o número "9." —, conhecem-
-se duas cópias autografas de "Sugestão".
P é incluído na carta a Pessoa de 20 de
Agosto de 1914, em que Sá-Carneiro
apresenta o poema, dizendo: "Literatura
= Mandei-lhe ha três dias uns versos:
"Taciturno,,. Recebeu? Esqueceu-me
então de juntar esta sextilha sem impor-
tancia que tinha feito antes" (p. 261).
É escrito num bifólio do La Régence Café
Restaurant (place du Théatre Français

| 161-163, rue St.-Honoré), de 27,5 × 22
cm, dobrado uma vez na vertical e duas
vezes na horizontal, manuscrito a tinta
preta, que terá seguido num envelope
com carimbos de Paris (Sainte-Anne),
de 20 de Agosto de 1914. Pessoa assinala
ter "R[espondido]" no verso do enve-
lope. Após o começo da Primeira Guerra
Mundial, Sá-Carneiro decide-se rumar
a Barcelona, anunciando a Pessoa a sua
partida de Paris a 25 de Agosto de 1914
(cf. p. 264). Já nessa cidade, o poeta
envia o testemunho CP, provavelmente
a Alfredo Pedro Guisado, numa folha de
papel timbrada e pautada da Cervecería
Restaurant Munich | "Spatenbräu"
(Plaza de Cataluña 21 || Teléfono, 464),
de 13,4 × 21,5 cm (veja-se o fac-símile).
Assinale-se a mensagem ao seu destina-
tário ainda ao fundo da página: "Escreva
e mande versos!…" O documento,
cujo fac-símile aqui se apresenta pela
primeira vez, foi descrito por Arnaldo
Saraiva (Sá-Carneiro, 1977, pp. 139-140),
que sugere que o poema terá seguido na
carta enviada por Sá-Carneiro a Guisado
a 28 de Agosto de 1914 (veja-se ainda
Sá-Carneiro, 2015, p. 268, onde se diz
"ontem escrevi ao Guisado").

**NOTAS**

TÍT. O SUGESTÃO C — Sugestão —
P CP = Sugestão =

1 O C tive, P CP tive

3 O C P Ao pôr do sol, pelos jardins…
CP Ao pôr do Sol, pelos jardins. ]
*em CP aparentemente com maiúscula*
*em Sol (embora se admita que seja*
*uma minúscula com uma grafia*
*menos vulgar no autor) e ponto final.*

4 O mágoa azul C P CP mágua asul

DATA O *Paris — Agosto de 1914*
C P Paris — Agosto de 1914.
CP Paris — Agosto de 1914

ASS. CP M. de Sá-Carneiro

O [*Orpheu* 1, p. 9] C [E3/154, pp. 37-39]
P [E3/115¹-19¹] CP [Colecção Particular]

Este poema, concluído a 16 de Agosto
de 1914, e que leva o número "10."
no caderno E3/154, é o primeiro da
série publicada em *Orpheu* 1, abrindo
a secção "PARA OS 'INDÍCIOS DE
OIRO' | POEMAS DE | MÁRIO DE
SÁ-CARNEIRO". Conhecem-se-lhe três
testemunhos manuscritos. P é enviado a
Fernando Pessoa na carta de 17 de Agosto
de 1914, com a indicação: "Vai junta-
mente uma poesia que ontem conclui
"Taciturno„ (numa acepção paralela á
dos "noturnos„ em musica ou poesia)."
É manuscrito a tinta preta numa folha de
papel quadriculada e timbrada do Grand
Café du Delta (17, Rue de Rochechouart),
de 21,6 × 27,6 cm, ocupando apenas a
página não timbrada da folha. Há outro
testemunho, escrito em duas metades
superiores de folhas do mesmo café
Grand Café du Delta, de aproxima-
damente 21,6 × 13,3 cm (13,1 cm, na
segunda folha), na face não timbrada das
mesmas, que hoje integram uma colec-
ção particular (CP). Os dois testemunhos
avulsos têm muitas afinidades, inclusive
em termos de caligrafia e na posição da
assinatura na página. CP foi apresentado
por Arnaldo Saraiva (Sá-Carneiro, 1977,
p. 142), que nessa ocasião notava que o
poema estaria junto de outros documen-
tos enviados a Alfredo Pedro Guisado,
mas assinalava não só não se poder
confirmar a data de envio, como não
se poder garantir se se tratava de uma
cópia autógrafa enviada a este escritor,
ou, hipoteticamente, daquela enviada a
Pessoa, que até então não pudera encon-
trar. Esta última dúvida hoje não se põe,
já que conhecemos P, como acima se
descreve. Os testemunhos não permitem
afirmar inequivocamente a ordem de
P e CP; as lições indiciam sobretudo a
existência de um rascunho precedente
de que Sá-Carneiro se afastaria mais
ou menos ao fazer as duas cópias, em
aspectos como o uso de maiúsculas e a
inclusão de apóstrofos em elisões. Ao
remeter o poema a Fernando Pessoa,
Sá-Carneiro pede a opinião do inter-
locutor sobre o quarto verso da quarta
estrofe: "Diga-me a sua impressão — e
o que é preferivel: se manter o verso
| Veladas d'armas ainda em arraiais
d'olvido | um tanto incorrecto quanto
a metrificação pois é preciso contar o
*ainda* como 2 silabas — ou troca-lo por
este, certo | Manhãs d'armas ainda em
arraiais d'olvido | De resto o 1º sôa-me
bem e acho-o talvez mais belo. Mas você
dirá!" (pp. 258-259). Três dias depois,
a 20 de Agosto de 1914, e ainda de Paris,
Sá-Carneiro pergunta: "Literatura =
Mandei-lhe ha três dias uns versos:
"Taciturno„. Recebeu?" (p. 261). Já em
Barcelona, a 5 de Setembro, escreve a
Pessoa novamente: "A sua carta enviada
para Paris a 28 ha de cá chegar, com
certeza, pois de lá ma devolverão p[ar]a
o hotel. Ainda hoje recebi assim uma do
Guisado, de 24. Já vê pois que não é tarde
para a sua. Nela fala-me você prova-
velmente da minha poesia "Taciturno„
que lhe enviei de Paris, aí por 17 ou 18
de Agosto" (p. 277). Guisado teria talvez
feito isso mesmo: comentado a poesia.
Tenha Pessoa dado uma resposta acerca
do poema ou não, e por carta ou já pes-
soalmente em Lisboa, a alteração para
"Manhãs" é feita. Diga-se ainda que, em
carta a José Pacheco, Sá-Carneiro lhe
sugere, referindo-se a Pessoa: "peça-lhe
que lhe leia uma poesia "Taciturno" que
escrevi ainda em Paris" (1977, p. 86).

TÍT. O TACITURNO **C** — Tatiturno — ]
*por lapso, com um* t *em lugar*
*de c.* **P CP** = Taciturno =

1 O Ouro **C** oiro **P CP** Oiro

2 O Ouro sinistro **C P** Oiro
sinistro **CP** Oiro perdido

3 O Alma **C** alma **P** Alma **CP** alma

6 O **C** Princesas. **P CP** Princezas.

7 O **C** de herois **P CP** d'herois ]
*e rial em todos os testemunhos.*

8 O mim **C P** Mim **CP** mim

9 O ímpetos **C P CP** impetos

10 O **C** brocado; **P CP** brocado,

11 O tédio **C** tedio **P CP** tédio

12 O **C** troféus] *admite-se que, em C,*
*o acento esteja sobre o* u.
**P** troféus **CP** troféus

13 O **C** Eu-ter-sido **P** Eu-ter-
-sido, **CP** Eu-ter-sido

14 *Note-se a grafia* embalde *em todos*
*os testemunhos, neste poema.*

15 O **C** Sobre fossos de Vago, ameias
de inda-querer — **P** Sobre fossos de
Vago, ameias d'inda-querer —
**CP** Sobre fossos de vago,
ameias d<'>e inda-querer —

16 O **C** Manhãs de armas ainda em
arraiais de olvido... *Em C, o verso*
*parece ter sido escrito posteriormente,*
*em espaço deixado vazio. Por outro*
*lado, apagou-se claramente algo*
*onde aparece a penúltima palavra*
*em* de olvido, *indiciando que teria*
*sido escrito* d'olvido *primeiramente.*
**P** Veladas d'armas ainda em arraiais
d'olvido... **CP** Veladas de armas
ainda em arraiais d'olvido...

18 O **C** trôno **P** trono **CP** trôno

21 O de Imperio **C P** d'Imperio
**CP** de Imperio

22 O **C** Astral... **P CP** astral... ]
*e* setim *com* s *no original.*

23 O **C P** exéquias **CP** exequias

24 O **C** remorsos **P CP** remorços

DATA O *Paris —Agosto de 1914*
**C** Paris — Agosto de 1914.
**P** Paris, agosto de 1914.
**CP** Paris, agosto de 1914

ASS. **P CP** Mario de Sá-Carneiro

## 23 – O RESGATE

**I** [*A Galéra* 1(4), p. 6] **C** [E3/154, pp. 41-43]

De "O Resgate" conhecem-se o teste-
munho manuscrito **C**, com o número
"11." no caderno E3/154, e **I**, a versão
impressa em *A Galéra* (Coimbra) 1(4),
de 1 de Fevereiro de 1915. Sá-Carneiro
escreve a Pessoa a 28 de Outubro de
1914, a partir da Quinta da Vitória, em
Camarate: "Rogava-lhe muito, meu
querido Amigo, que aparecesse amanhã
5ª feira 29 no Martinho pelas 4.½ da
tarde. Em ponto. "Asas„ e três poesias
um tanto lepidopteras" (p. 290). Seriam
"O Resgate", "Vislumbre" e "Bárbaro"
os três poemas datados desse mês de
Outubro, no caderno. É improvável que
o autor tenha visto provas do impresso,
como indicia o facto de o seu nome ser
grafado sem hífen. Assim, segue-se
aqui primordialmente **C**, levando-se
em consideração as variantes em **I**,
plausíveis numa cópia autógrafa de
Sá-Carneiro que tenha estado na base
desse impresso. A forma "imp'riais"
poderá ser da mão de Sá-Carneiro ou da
própria revista, para resolver a questão
ortográfica.

**NOTAS**

TÍT. **I** O RESGATE **C** — O Resgate —

4 **I** Caíram **C** Cairam

6 **I** imp'riais **C** impriais

8 **I** a tapeçaria... **C** a<s> tapeçaria<s>...]
*foram apagados os* s.

11 **I** de honra **C** d'honra

12 **I** veludos. **C** veludos...

15 **I** Panos **C** Pânos

16 I brazões subitamente
C brazões, subitamente
17 I Então eu C Então, eu
18 I Fechei-me a bronze eterno em
meus salões ruídos… C Fe<x>/
ch\ei-me a Bronze eterno em
meus salões ruidos… ] *em C, o x*
*é apagado, antes da versão final.*
DATA I Camarate— Quinta da Vitória.
| Outubro 1914. C Camarate —
Quinta da Vitoria | Outubro 1914.
ASS. I MARIO DE SÁ CARNEIRO ] *sem hífen.*

**24 — VISLUMBRE**

O [*Orpheu* 1, p. 14] C [E3/154, p. 45]
Com o número "12." no caderno, e mais
tarde publicada em *Orpheu*, "Vislumbre"
seria uma das "três poesias um tanto lepi-
dopteras" mencionadas por Sá-Carneiro
na sua carta de 29 de Outubro de 1914 a
Fernando Pessoa (p. 290).
**NOTAS**
TÍT. O VISLUMBRE C — Vislumbre —
3 O água C agua
4 O ânforas C anforas
DATA O *Camarate — Quinta da Vitória.* |
*Outubro de 1914.* C Camarate — Quinta
da Vitória | Outubro 1914. ] *Aqui*
Vitória *com acento, contrariamente ao*
*que acontece na data de "O Resgate".*

**25 — BÁRBARO**

I [*A Galéra* 1(2), p. 12] C [E3/154, pp. 47-49]
De "Bárbaro" conhecem-se o testemu-
nho manuscrito do caderno E3/154, com
o número "13.", e uma versão impressa
em vida do autor, em *A Galéra* de 20 de
Dezembro de 1914. A respeito do poema,
Sá-Carneiro escreve a Pessoa a 28 de
Outubro de 1914, a partir da Quinta da
Vitória, em Camarate: "Rogava-lhe muito,
meu querido Amigo, que aparecesse ama-
nhã 5ª feira 29 no Martinho pelas 4.½ da
tarde. Em ponto. "Asas„ e três poesias um

tanto lepidopteras" (p. 290). Seriam "O
Resgate", "Vislumbre" e "Bárbaro", os três
poemas datados desse mês de Outubro, no
caderno. Sá-Carneiro não terá visto pro-
vas da revista, já que o seu nome é grafado
sem hífen.
**NOTAS**
TÍT. I BARBARO C — Bárbaro. —
DED. I A Tito Bettencourt.
3 I Mima a luxuria o nu — Salomé
asiatica… C Mima a luxuria a
nua — Salomé asiática…
4 I suppliciadas. C supliciadas…
5 I Mitrado d'oiro e lua, em
meu throno de Esphinges
C Mitrado d'oiro e lua, em
meu trono de esfinges —
6 I Dentes rangendo, olhar
de insomnia e maldição
C Dentes rangendo, olhar
d'insónia e maldição —
7 I colleios vis C coleios vis
8 I e garras de leão.
C e em garras de leão.
10 I bocca C bôca
12 I Densos sabbats de cio em frenesi
vermelhos… C Densos sab<†>/b\ats
de cio teus frenesis vermelhos… ]
*em C, foi apagada uma letra antes de*
*se escrever o segundo* b *de sabbats.*
13 I Mas ergues-te n'um espasmo,
e ás serpentes dómas C Mas
ergues-te num espasmo — e
ás serpentes domas
15 I cabelo incerto C cabelo, incerto,
16 I Inflamma agora um halo a
crispações e arômas. C Inflama agora
um halo a crispações e aromas…
17 I Embalde mando arder as mirrhas
consagradas: C Em balde mando
arder as mirras consagradas:
] *segue-se a forma* Embalde *em*
I, *gralha aliás comum a todos os*
*testemunhos de "Taciturno".*

19 | ti, n'um C ti num
21 | suffoco, C sufoco,
22 | A luz enrijeceu zebrada em planos
  de aço... C A luz enrigeceu zebrada
  em planos d'aço... ] *notem-se*
  *as grafias do verbo e a elisão.*
23 | A sangue se virgúla e se desdobra
  o espaço... C A sangue, se virgula
  e se desdobra o espaço...
24 | redór C redor
25 | C num salto ] *note-se, em*
  *ambos os testemunhos, num,*
  *contrariamente a outras partes de I.*
26 | apunhalo-a C apunha-lo-a]
29 — N<N>ão ] *um* N *apagado, em C.*
30 | Ou a minh'Alma só que me
  explodiu de côr... ] *sem vírgula.*
  C Ou a minh'Alma só, que <†>/
  me\ explodiu de côr... ] *palavra*
  *ou letra anterior apagada.*
DATA | Camarate — Quinta da Victoria.
  | Outubro 1914. C Camarate —
  Quinta da Vitória. | Outubro 1914.
ASS. | MARIO DE SÁ CARNEIRO ] *sem hífen.*
NOTA | (Para os "Indicios de Ouro",
  volume em preparação).

### 26 – ANGULO

O [*Orpheu* 1, p. 15] C [E3/154, pp. 51-53]
P [E3/115⁵-35] CP [Colecção Particular]

Este poema, publicado em *Orpheu* 1,
tem no caderno E3/154 o número
"14.". E note-se que, apesar de
datado de Setembro de 1914, aparece
nesse caderno depois dos poemas
de Outubro desse ano. Em contra-
partida, já na carta de 13 de Julho de
1914, Sá-Carneiro enviara a Pessoa
uma primeira versão das segunda e
terceira quadras, dizendo: "Fiz outro
dia estas duas quadras lepidopte-
ras de nenhuma poesia mas que no
emtanto aqui transcrevo" (p. 245).
Uma semana depois, Sá-Carneiro

envia as mesmas duas quadras, com
algumas diferenças, a Alfredo Pedro
Guisado, na sua carta de 20 de Julho de
1914 (hoje numa colecção particular),
escrita numa folha de papel timbrada
do Café Riche. Nessa carta, apresenta
as estrofes dizendo também que são
"duas quadras lepidopeteras [*sic*] para
qualquer poesia futura" (Sá-Carneiro,
1977, p. 72).

**NOTAS**

TÍT. O ANGULO C — Angulo
  — CP P *sem título.*
5 O — Barcaças C — Barcassas
  CP P Barcassas
6 O C Que oceano vos dormiram
  de Segrêdo? CP P Que oceanos
  vos sumiram de segredo?
7 O C Partiste-vos, transportes
  encantados, CP Quebraste-vos
  transportes encantados P – Partiste-
  -vos, transportes encantados ] *CP*
  *distingue-se, aqui, e é interessante*
  *notar que, sendo CP posterior a*
  *P, é visível que Sá-Carneiro vem*
  *a reverter a alteração lexical que*
  *faz nesse testemunho, ao finalizar*
  *O e C com o verbo* partir.
8 O De embate, em alma ao rôxo, a
  que rochêdo?... C De embate, em
  alma ao rôxo, a que rochedo?...
  CP De embate em alma ao rôxo a
  que <†>rochedo? P De encontro
  em alma ao roxo, a que rochedo?
9 O — O nau de festa, ó ruiva de
  aventura ] *sem acento no primeiro* O.
  C — Ó nau de festa, ó ruiva de
  aventura ] *Sá-Carneiro terá*
  *apagado a pontuação final que*
  *constava neste verso.* CP P Ó nau
  perdida, ó ruiva de aventura
10 O C Onde, em Champanhe, a
  minha ansia ia, CP P Onde em
  Champanhe a minha ansia ia,

11   **O** Quebraste-vos tambem ou, por ventura, **C** Quebraste-vos tambem ou, porventura, **CP** Partiste-
-vos tambem ou, porventura, ] *possivelmente por ventura, neste testemunho.* **P** Perdeste-vos também ou, por ventura, ] *na correspondência com Pessoa, Sá-Carneiro escreve com frequência por ventura, mas claramente na cópia C uma só palavra.*

12   **O C CP** Fundeaste a Ouro em portos d'alquimia?... **P** Fund<a>/e\aste a Oiro em portos d'alquimia? ] *em C, terá havido uma letra apagada* [Ou<†>/r\o] *talvez tendo-se apagado um i conjuntamente e substituindo-o por um u. A grafia final é* Ouro, *com uma pinta de i apagada.*

18   **O** As bandeiras velaram-se, orações... **C** As bandeiras velaram-se <—>/,\orações...

23   **O** — Por sôbre **C** [←—] Por sobre

26   **O** outro **C** Outro ] *admite-se* outro, *em C.*

DATA   **O** *Barcelona — Setembro de 1914* **C** Barcelona — Setembro 1914.

27 — ANTO

**I** [*A Galéra* 1 (5-6), p. 4] **C** [E3/154, p. 55]

Conhecem-se de "Anto" os testemu-nhos **C**, com o número "15." no caderno, e **I**, publicado em *A Galéra* (Coimbra) 1 (5-6), de 25 Fevereiro de 1915 (p. 4). O nome do autor grafado sem hífen em **I** sugere que Sá-Carneiro não terá con-sultado provas tipográficas da publi-cação. Diga-se que, decerto também devido à proximidade temporal entre a escrita e a publicação do poema, são mínimas as divergências nos testemu-nhos. Como foi notado já por Fernanda Toriello (Sá-Carneiro, 1992b, p. 177), antes de publicar o poema, Sá-Carneiro tinha-se referido ao livro *Só*, de

António Nobre, a quem aqui presta tri-buto, como o título demonstra, na sua resposta ao inquérito literário do jornal *República*. Nesse texto Sá-Carneiro usa vocabulário e sintagmas idênticos aos empregues no poema, tais como "ternuras de pagem, saudades de luar, febres esguias" (*República*, 13 de Abril de 1914, p. 1; veja-se o Anexo 1).

NOTAS

TÍT.   **C** — Anto. — **I** ANTO

4   **C** fugidias... **I** fugidías...

5   **C I** págem e setim *possivelmente pela influência do francês. Em* págem, *elimina-se o acento, que aliás Sá-Carneiro não usará mais adiante no poema com este mesmo título.*

6   **C** caricias **I** carícias

8   **C** <t>/Tô\rres ] *apagado o t minúsculo no original.* **I** Tôrres

DATA   **C** Lisboa 1915 — fevereiro 14.
**I** Lisboa 1915 — Fevereiro 14.

ASS.   **I** MARIO DE SÁ CARNEIRO ] *sem hífen.*

28 — A INEGUALAVEL

**O** [*Orpheu* 1, p. 16] **C** [E3/154, pp. 57-59]

Numerado como "16." no caderno E3/154, o poema "A Inegualavel" é publicado em *Orpheu* 1, portanto pouco depois da sua escrita. Há duas variações no texto bastante significativas, como abaixo se explica. No v. 21, o acrescen-tamento da vírgula, em **O**, clarifica o discurso.

NOTAS

TÍT.   **O** A INEGUALAVEL
      **C** — A Inegualavel. —

2   **O C** setim ] *no original.*

3   **O** Teus dedos longos, de marfim, **C** Teus dedos, longos de marfim, ] *note-se a diferença no posicionamento da vírgula.*

6   **O C** podesses ] *no original.*

13   **O** fôssem **C** fossem

21 O Os teus espasmos, de sêda...
C Os teus espasmos de sêda... ] *a*
*vírgula em O, não sendo obrigatória,*
*é significativa, já que cria uma pausa*
*que clarifica a relação paralela*
*entre beijos/tule e espasmos/sêda*
22 O C *Em ambos,* azul com z.
DATA O *Lisboa 1915 — Fevereiro 16*
C Lisboa 1915 — fevereiro 16.

## 29 – ELEGIA

O [*Orpheu* 2, pp. 97-98] C [E3/154, pp. 61-65]
Em C (E3/154) numerado "17.", o poema
é publicado em *Orpheu* 2. Surge antes de
"Manucure", com o qual forma a secção
"*MARIO DE SÁ-CARNEIRO* | POEMAS
SEM SUPORTE | a Santa Rita Pintor".
Sobre a dedicatória, acrescente-se que
Mário de Sá-Carneiro de facto por vezes
escrevia sem hífen os dois apelidos do
artista plástico, embora não fosse essa a
forma mais comum na sua ortografia.
NOTAS
TÍT. O *ELEGIA* C — Elegia. —
1 O C setim ] *no original.*
2 O côr de rosa, C cor-de-rosa, ]
*a tinta nos hífens mais leve.*
3 O fôste C foste
9 O Meus Boulevards d'Europa e
beijos C Meus <B>/b\oulevards
de Europa e beijos ]
12 O d'ouro, C de ouro,
14 O No meu anseio a divagar...
C No meu anseio a vaguear... ]
*a alteração em O é significativa.*
16 O fadas... C fadas.
18 O errado... C errado.
19 O Mantenho C — Mantenho
20 O C Aonde ] *nos dois testemunhos.*
22 O arrependimentos
C arrependimentos,
24 O Catedral. C catedral.
26 O dia... C dia:
27 O A sombra loira, fugidia,

C A sombra loira fugidia
28 O Jámais C Jamais
29 O — Ó minhas cartas nunca escritas,
C Ó minhas cartas nunca escritas —
31 O rezei... C rezei,
33 O "petit-bleu" C "petit-bleu„ ]
*transcrevem-se as aspas*
*habituais de Sá-Carneiro.*
46 O enganos, C enganos
47 O aquecimento-central,
C aquecimento central,
49 O Ó meus Cafés de grande vida
C Ó meus cafés de grande vida ]
*em C, possivelmente* grande-vida.
50 O multicolôres... C multicolores...
DATA O *Lisboa — março de 1915.*
C Lisboa — Março de 1915

## 30 – ESCALA

C [E3/154, pp. 67-71] P [E3/115⁴-39 e 39a]
Deste poema conhecem-se os teste-
munhos completos C, com o número
"18." no caderno, e P, a cópia autógrafa
enviada a Fernando Pessoa na carta de
26 de Julho de 1915. Esta cópia é feita
numa folha de papel quadriculada, de
26,6 × 20,9 cm, usada como bifólio e
com três vincos verticais e um hori-
zontal, manuscrita a tinta preto-acas-
tanhada. Sobre o poema, Sá-Carneiro
afirma logo que o remete: "Mando-lhe
junto uma poesia. Não sei bem o que é.
Diga a sua opinião — não se esqueça"
(p. 322). A 7 de Agosto desse mesmo
ano, diz de si mesmo: "Saibo-me a um
vinho precioso, desalcoolisado agora,
sem remedio. Estou muito pouco inte-
ressante. E não prevejo o meu regresso
a mim — isso, que digo nos meus versos
da "Escala„ — incitação que não será
seguida, parece-me. Já vê que não
vamos nada bem" (p. 334). A partir
de Outubro, e já depois da desistência
do projecto de *Orpheu* 3, Sá-Carneiro

equaciona se deve ou não incluir poemas seus numa publicação não por acaso a intitular-se *3*, a coordenar por Guilherme de Santa-Rita. A hesitação deve-se a Sá-Carneiro entrever a possibilidade de este *3* se confundir com um terceiro número de *Orpheu* e de Santa-Rita Pintor poder aparecer como responsável por ele. Em todo o caso, Sá-Carneiro vai equacionando publicar alguns poemas e, se no dia 16 de Outubro, quando primeiro sugere a Pessoa os poemas a incorporar, ainda não pensa em "Escala", já a 18 de Outubro afirma: "A propósito: parece-me melhor dar apenas p[ar]a a revista — q[ue], apesar de tudo, ainda considero hipotética — o "Lord„, a "Escala„ e o "Abrigo„, poesias serias, nada irritantes" (p. 403). No dia seguinte, acrescenta: "Recebido o seu postal de 14. Lista das m[inhas] poesias: "Escala„, "Sete Canções de Declinio„, "Serradura„, "Abrigo„, "Cinco Horas„ e "O Lord„. Você vai dá-las todas ao Pintor? Olhe, no fim de contas, faça como quiser, *como se os versos fossem seus*" (p. 405, itálico nosso).

**NOTAS**

TÍT.  C P — Escala —

4    C Tombem miósotis em cristal e Oriente! P Tombem miósotis em cristal e Oriente. ] miósotis *com acento agudo no primeiro o, nos dois testemunhos, que se distinguem pelo ponto de exclamação no fim do verso, em C.*

8    C E a espada de Astros — ilusória e nua! P E a espada d'Astros — ilusória e nua.

16   C Tirano P Tirâno

20   C Rajá de Indias P Rajah de Indias ] *P possivelmente com uma vírgula depois de Rajah.*

23   C Imaginário P Imaginario

24   C Distancia. P <d>/D\istancia...

25   C d'Ouro e mágóa ] *aparentemente com dois acentos, por lapso.* P d'ouro e mágoa,

26   C s<i>/c\ismar — P scismar —

28   C <d>/D\e me iludir em Rei de Pérsias d'agua. P De me iludir em Rei de Persias d'agua.

30   C Destaque. P <d>/D\estaque.

34   C I sêda)... ] *a pontuação final do verso em ambos os testemunhos.*

35   C Arraial, P arraial,

36   C alamêda!... P alamêda!

37   C cartazes — P cartazes!

38   C Gire a tambola, o carrousel comece! P Gire a tambola, o carroussel comece! ] *tambola com a, nos dois testemunhos, e um só s em carrousel, em C.*

40   C P arrazes!... ] *com z no original.*

41   C mistura P Mistura

42   C côr P <l>/c\ôr

43   C nus, P nus —

44   C alvoróça P alvoroça

49   C frente P frente, ] *neste verso e no seguinte Sá-Carneiro elimina as vírgulas da apóstrofe.*

50   C Rei-lua P Rei-lua,

51   C se o oiro P sê o oiro

52   *Sá-Carneiro faz a seguinte nota de rodapé em P:* N.B[.] — Escrevo aqui de novo o ultimo verso p[ar]a o caso de você não compreender por ir borrado: | "O arco, a zona — o Sinal de Oriente!„

ASS.  P Mario de Sá-Carneiro

**31 — SÉTE CANÇÕES DE DECLINIO**
C [E3/154, pp. 73-93] CP [Colecção Particular]
Conhecem-se dois testemunhos completos destas composições. Em C (E3/154), o testemunho das canções tem o número "19.". As canções são também

enviadas a Pessoa em dois suportes de características idênticas às da carta que acompanham, de 7 de Agosto de 1915 (CP): uma folha de papel quadriculada, de 26,3 × 20,8 cm, dobrada em quatro, escrita na frente e no verso, que apresenta dois pequenos buracos de cerca de 1 mm; e parte de uma folha quadriculada, de 13,2 × 12,8 cm, escrita só na frente, e também com um pequeno buraco. Sá-Carneiro faz várias considerações acerca destes poemas, na carta: "Junto lhe mando uma extensa versalhada. Não sei bem o que aquilo é. Inferior, não ha duvida. Mas duvido se, em todo o caso, interessante. Muito antipáticas certas passagens. Mas sabe, aquilo é "relativamente„. Pode crer que eu sou seu amigo, e não fiz de você *chauffeur*, no meu afecto. Literatura, claro — é preciso deitar agua na fervura. Acho mais graça á 5ª Canção. Efectivamente, sintéticamente, o que anseio pôr na minha vida é tudo aquilo. Justamente: e não imagina como me são encantadores os "defeitos duma instalação provisória„: a mala ficou na estação — temos que ir comprar colarinhos p[ar]a mudar. E não vale a pena mandar buscar a mala, porque partimos amanhã. Assim acho pilheria a essas quadras. Uma observação: o *Matin* fica em pleno *boulevard*: é todo envidraçado vendo-se trabalhar as máquinas rotativas e as Linotype — cujo barulho dos teclados se sente distintamente, amortecido, da rua. E esse barulho sintetisa para mim a ansia do "papel impresso„, a beleza das tipografias — o sortilegio moderno "da grande informação„. Sinto isso tanto — tanto me embevece, quando passo em frente do *Matin*, o discreto martelar das Linotype que até deixei ficar o verso forçado, como verá. É como o encanto

das grandes paredes a "ripolin„ e dos anuncios electricos pelos telhados de que falo na mesma quadra. Seja como fôr os versos que hoje lhe mando são lamentaveis — um "triste produto„. Mas, se tiverem qualquer interesse artistico — pouco me importa. Rogo-lhe muito assim, meu querido Fernando Pessoa, que me fale detalhadamente deles, me diga a sua opinião com a maior franqueza — e me aconselhe mesmo se devo eliminar qualquer das canções. Esses versos indicam queda, miseria — não ha duvida — sejam encarados por que lado fôr: moral ou literario. Assim acho m[ui]to bem o titulo generico de "Sete Canções de Declinio„. Não lhe parece?" (pp. 334-335). Duas semanas depois, a 21, pergunta a Pessoa: "Teria você recebido as "Sete Canções de Declinio„?" (p. 353). A 24 de Agosto, já essa resposta chegara: "Sciente sobre as "Sete Canções de Declinio„. Vejo q[ue] lhe agradaram e isso m[ui]to me satisfaz" (p. 365). Quando, a 19 de Outubro de 1915, Sá-Carneiro autoriza a Pessoa que faça a selecção que entender da sua poesia, para entregar a Santa-Rita Pintor (veja-se nota do poema "Escala"), inclui este conjunto, mas ressalva: "Ha só uma coisa importante: Não quero que sejam publicadas duas das canções: a 3.ª e a 4.ª. Dou a isto m[ui]ta importancia. Podiam entretanto sair as outras com o titulo de "Cinco Canções de Declinio„" (p. 405). Há ainda ecos do poema neste diálogo, já próximo da morte do autor, quando Sá-Carneiro cita a Pessoa, na sua carta de 24 de Março de 1916: "Atapetemos a vida|Contra nós e contra o mundo…" (p. 486). As "Sête Canções de Declinio" fazem parte dos "Poemas de Paris", de Mário de Sá-Carneiro, que entram nas provas de *Orpheu* 3 (pp. 167-172). Foram ainda publicadas na *Presença*: a primeira canção no número 10, de 15 de Março de 1928, e a segundo no número 31/32, de Março/Junho de 1913. A terceira e a quarta canções saem na *Contemporânea* s3, 1(2), 1926. A sexta canção é publicada na *Revista de Portugal* (1), Outubro de 1937. Por fim, assinale-se que, como a carta de Carlos Ferreira a Fernando Pessoa, de 2 de Maio de 1916, demonstra, Ferreira encontrou e conservou à época um testemunho autógrafo destas canções, no quarto de Sá-Carneiro (veja-se o Anexo 5).

**NOTAS**

TÍT. C = Séte Canções de Declinio. =
CP — Séte Canções de
D<i>/e\clínio —

**1.**

4   C rial CP r<i>/e\al *ou* r<e>/i\al
7   C Sorte CP sorte

**2.**

3   C pânos CP panos
5   C ilusão. CP ilusão...
9   C Eu CP <e>/E\u ] *possivelmente.*
16  C Ora amado ora traído...
    CP ora amado, ora traído...
18  C nevoa CP névoa,
19  C — Pra CP Pra
26  C fixar... CP fixar —
28  C riqueza... CP riquesa...
30  C vida: CP vida —

**3.**

1   C — Embora CP Embora
2   C bandeiras: CP bandeiras.
3   C Côres CP Côres *ou* côres
10  C replectos: CP replectos
17  C — Afectos?... CP Afectos?
19  C castigos, CP castigos —

**4.**

1   C — vivê-las CP — Vivê-las
3   C Só CP — Só
11  C Nada CP — Nada
22  C <†>[↑ caminho] CP caminho
23  C rastro, CP rastro

**5.**

12  C Sôbre CP Sobre
14  C corda... CP corda —
23  C beira-mar, CP beira mar,
24  C ceu CP céu
30  C CP còcótes —
34  C brou-u[↑ ha]-há —
    CP brou-u-ha — ] *em C com*
    *correção a lápis acrescentada*
    *na entrelinha superior,*
    *aparentemente da mão do autor.*
43  C artigo de fundo CP artigo-de-fundo
47  C sujo — cheio CP sujo, cheio
56  C água CP agua
58  C segredos CP segrêdos
60  C CP replecta:
67  C mágoa CP magoa

**6.**

1   C CP arripiou
2   C e a minha vida. CP e minha vida...
5   C Baía CP Baia
6   C de ópio CP d'Ópio
15  C cupulas CP cúpulas
20  C carícias CP caricias
22  C Catedrais — CP Catedrais.
    *ou* catedrais.
25  C P debroa-la
30  C Murmúrio de aplausos — seu
    brou-u-há... CP Murmurio
    d'aplausos seu brou-u-ha... ]
    *veja-se o v. 34 da canção 5.*
32  C "que nunca tombará„...
    CP que "nunca tombará„...

**7.**

1    C lua CP Lua

DATA   C Paris — julho e agosto 1915.

CP Paris — julho e agosto | 1915

ASS.   CP Mario de Sá-Carneiro

### 32 — ABRIGO

C [E3/154, pp. 95-97]

Deste poema conhece-se apenas o teste-
munho do caderno, com o número "20.".
A 18 de Setembro de 1915, Sá-Carneiro
envia uma cópia autógrafa a Pessoa, hoje
não integrante do arquivo: "Peço-lhe a
sua opinião sobre os dois poemas q[ue]
hoje lhe envio. O "Abrigo„ é a serio.
Acha bem aí o meu Paris?" (p. 383).
Nessa mesma carta pede ainda a Pessoa
que lhe indique a ortografia correcta de
"Mancenilha" e, na verdade, esta palavra
parece ter sido primeiro escrita a lápis
e depois coberta a tinta (veja-se nota
genética abaixo). Este é aliás um facto
interessante, já que parece demonstrar
que por vezes Sá-Carneiro copiaria os
poemas para o seu caderno antes de
ouvir a opinião de Pessoa. O poema
inclui-se entre aqueles que Sá-Carneiro
considera autorizar a Pessoa que faculte
a Santa-Rita Pintor para a publicação
de 3, um projecto pensado na sequência
da desistência de *Orpheu* 3. Dada a des-
confiança de Sá-Carneiro em relação às
intenções de Santa-Rita, e o desejo de
que o mesmo se não apropriasse do pro-
jecto de *Orpheu*, entretanto defunto, esta
escolha chega a ser para Sá-Carneiro um
verdadeiro "dilema", como lhe chamou
já Fernanda Toriello (Sá-Carneiro, 1992,
p. 192). E é um dilema sobre a imagem
de conjunto passar com estes mesmos
poemas, mais séria ou mais irreverente.
Senão vejamos: a 16 de Outubro, diz,
sobre os poemas a incluir: "Colaboração:
Dê as minhas poesias que entender. Mas

acho que é preferivel dar a "Serradura„,
"Cinco Horas„, e "Abrigo„ (e o "Lord„)"
(p, 399). Dois dias depois, revê a opção:
"A propósito: parece-me melhor dar
apenas p[ar]a a revista — q[ue], apesar
de tudo, ainda considero hipotética —
o "Lord„, a "Escala„ e o "Abrigo„, poe-
sias serias, nada irritantes" (p. 403).
Finalmente, a 19, reconsidera, não che-
gando, afinal, a uma posição peremp-
tória: "Lista das m[inhas] poesias:
"Escala„, "Sete Canções de Declinio„,
"Serradura„, "Abrigo„, "Cinco Horas„
e "O Lord„. Você vai dá-las todas ao
Pintor? Olhe, no fim de contas, faça
como quiser, como se os versos fossem
seus" (p. 405). O poema integra as pro-
vas de *Orpheu* 3 (p. 172) e foi publicado
na *Contemporânea* 1 (1) de Maio de 1922
(pp. 23 e 24). "Abrigo" é um dos poemas
que Carlos Ferreira diz a 2 de Maio de
1916 ter guardado consigo, de entre os
haveres de Sá-Carneiro (ver Anexo 5).

**NOTAS**

TÍT.  — Abrigo. —

8    Auzente ] *no original.*

14   revez ] *com z no original,*
     *emparelhando com* viuvez.

16   <†>/n\oiva

25   milagro<†>/so\

33   <Mansanilha>/Mancenilha\ ]
     *a palavra parece ter sido escrita*
     *primeiramente a lápis e depois coberta*
     *a tinta. Na sua carta de 18 de Setembro*
     *de 1915, Sá-Carneiro pede ajuda a*
     *Fernando Pessoa, perguntando-lhe:*
     *"Como se escreve "Mansanilha„?*
     *Não se esqueça de me dizer. Nem*
     *tenho a certeza se é mansanilha*
     *ou massanilha…"; a correcção*
     *talvez se deva a uma resposta.*

## 33 – CINCO HORAS

C [E3/154, pp. 99-103]

Conhece-se apenas o caderno, com o número "21.", como testemunho completo deste poema acerca do qual Sá-Carneiro diz revelar uma "desarticulação sarcástica" da sua alma à época (p. 411). O poema é enviado a Fernando Pessoa a 18 de Setembro de 1915, juntamente com "Abrigo": "Peço-lhe a sua opinião sobre os dois poemas q[ue] hoje lhe envio. O "Abrigo„ é a serio. Acha bem aí o meu Paris?" (p. 383). É um dos poemas considerados pelo autor para a publicação 3, projectada por Guilherme Santa-Rita, na ausência de um número 3 de *Orpheu*. Como vimos, Sá-Carneiro dá as seguintes instruções a Pessoa: "Dê as minhas poesias que entender. Mas acho que é preferivel dar a "Serradura„, "Cinco Horas„, e "Abrigo„ (e o "Lord„)" (16 de Outubro de 1915; p. 399). Dois dias depois, vinca que o poema possui um tom menos sério (o sarcasmo de que falara), quando o exclui dessa lista, dizendo: "A propósito: parece-me melhor dar apenas p[ar]a a revista — q[ue], apesar de tudo, ainda considero hipotética — o "Lord„, a "Escala„ e o "Abrigo„, poesias serias, nada irritantes" (p. 403). Como já vimos acerca de "Abrigo", no dia seguinte acaba por deixar a opção para Fernando Pessoa. O poema é citado, com pontuação diferente, na carta de 18 de Outubro de 1915, quando Sá-Carneiro narra: "E cá vou fazendo minha como nunca esta quadra: "Passar tempo é o meu fito — Ideal que hoje me resta — Pra mim não ha melhor festa — Nem mais nada acho bonito…„" (p. 404). Note-se a lição do segundo verso na carta, "Ideal que hoje me resta:", já que no caderno a palavra usada é "só". Integra as provas de

*Orpheu* 3 (pp. 173-174) e foi publicado na *Contemporânea* 3 (10) 1924 (pp. 9-10).

**NOTAS**

TÍT. — Cinco Horas —
3 burnida ] *de "burnir", forma dicionarizada; o mesmo que "brunir".*
11 têem
39 dest<†>es
50 Ideal que só me resta: ] *na correspondência, o verso é citado substituindo-se só por hoje.*
53 perguiça,
56 cubiça.
DATA Paris — Setembro 1915.

## 34 – SERRADURA

C [E3/154, pp. 105-109] P [E3/115⁶-70]

São conhecidos dois testemunhos completos do poema "Serradura". Em **C**, é numerado como "22.". O testemunho **P** é enviado a Fernando Pessoa numa *carte postale*, de 13,8 × 8,8 cm, manuscrita a tinta preta, datada de 6 de Setembro de 1915 e com um carimbo de Paris do mesmo dia (veja-se o fac-símile, pp. 374-375). O autor apresenta várias observações bastante interessantes acerca deste poema. Uma semana depois de o enviar, a 13 de Setembro de 1915, diz: "Mandei-lhe ha dias um postal com uns versos maus. Vinham bem no *Orfeu* por causa da quadra do Dantas. Assim inutiliso-os p[ar]a os *Indicios de Ouro*. Mesmo se não os inutilisasse, cortaria a quadra do Dantas" (p. 381). A 18 de Setembro de 1915, logo após anunciar que não poderia financiar um terceiro número de *Orpheu*, Sá-Carneiro lamenta a Pessoa, acerca da sua contribuição para esse número: "Os seus poemas em inglês, os geniais "irritantismos„ do Almada, o nome do Antonio Bossa — e a minha serie de versos com a "Serradura„ á frente tão embirrenta e desarticulada… Não calcula a pena que eu tenho — pena pessoal, esta — de não poder publicar a minha serie das "Sete Canções", da "Serradura„ e das duas poesias que hoje lhe remeto! Com efeito — não sei se já reparou — sem serem importantes, de primordial importancia, elas — em conjunto — parecem-me ser novidade na minha obra. Novidade de pouca importancia — bem entendido. Peço-lhe a sua opinião sobre os dois poemas q[ue] hoje lhe envio. O "Abrigo„ é a serio. Acha bem aí o meu Paris? Não se esqueça de me dizer." Pessoa teria já respondido ao envio de 6 de Setembro, e por isso Sá-Carneiro acrescenta: "Agora sôbre a "Serradura„: | a) emendei a quadra que lhe desagrada, assim: | O raio já bebe vinho, | Coisa que nunca fazia, | E fuma o seu cigarrinho… | — Em plena burocracia!… | ou: | E fuma o seu cigarrinho | Em plena burocracia…" Tenha Pessoa comentado as duas opções ou não, é esta última a versão incluída no caderno. Fica em aberto ainda se Pessoa terá dado resposta às seguintes dúvidas, logo acrescentadas por Sá-Carneiro: "Que lhe parece preferivel? (O "E„ pode tambem ser substituido por outro "Já„). A quadra em si não a elimino porq[ue] quero precisamente dizer o que nela digo. São com efeito "concessões„ á normalidade o facto de hoje fumar e substituir aqui, frequentes vezes agora, a cerveja pelo vinho branco. Tudo isto é doentio — mas certo… | b) Aproveitando a poesia para os I[ndícios] de O[uro] devo eliminar a quadra do Dantas, não é verdade?" Vemos que, em C, o "E" se mantém, tal como acontece com "a quadra do Dantas" (pp. 383-384).

Portanto o ser elegível para *Orpheu* não inutiliza (parafraseando o escritor) o poema para os *Indícios de Ouro*, que

incluirão essa faceta mais "embirrenta".

Ainda sobre "Serradura", a 16 de Outubro de 1915 Sá-Carneiro considera incluir o poema no projeto de publicação intitulado *3*, proposto por Santa-Rita, após o cancelamento de *Orpheu 3*: "O *3* — disparate-malandrice genial, lá isso não posso negar! […] Colaboração: Dê as minhas poesias que entender. Mas acho que é preferivel dar a "Serradura„, "Cinco Horas„, e "Abrigo„ (e o "Lord„)" (p. 399). Ainda a 19 desse mês reitera: "Lista das m[inhas] poesias: "Escala„, "Sete Canções de Declinio„, "Serradura„, "Abrigo„, "Cinco Horas„ e "O Lord„. Você vai dá-las todas ao Pintor? Olhe, no fim de contas, faça como quiser, como se os versos fossem seus." Observe-se ainda o que diz o escritor a 3 de Novembro de 1915, quando se afirma que "Recreio" e "Torniquete" apresentam a "desarticulação sarcastica da minha alma actual: esboçada já na "Serradura„ e "Cinco Horas„" (p. 411). A poesia é publicada em *SW — Sudoeste* 3, 1935. O dactiloscrito de Pessoa preparando o poema para esta revista está hoje numa colecção particular. "Serradura" integra as provas de *Orpheu* 3 (pp. 175-176). Carlos Ferreira guardou também uma cópia autógrafa deste poema, encontrada entre os haveres de Sá-Carneiro, aquando da morte do escritor (veja-se o Anexo 5).

**NOTAS**

TÍT. **C** — Serradura — **P** = Serradura =

3    C Levante P <l>/L\evante

5    C lá está, P la está

6    C Estendida, a perna traçada,
     P Estendida — a perna traçada —

8    C Alma P alma

9    C assin P assim

11   C Espapassou-se de calma, P Espapassou-se de calma

12   C pelucias. P pelucias…

13 C Vai<s> aos Cafés, pede um boc,
P Vai aos Cafés, pede um boc,
14 C castigo, P castigo —
16 C Oiro P <*oiro>/Oiro\
18 C Que não pesa, mas que maça:
P Que não pesa mas q[ue] maça:
20 C Ou comichão que não passa.
P Ou comichão q[ue] não passa...
22 C Dantas — P Dantas,
25 C raio P <†>[↑ raio]
26 C que P q[ue]
27 C E fuma o seu cigarrinho
P E fuma — o estuporinho
28 C Em plena burucracia!... ]
*com u no original.* P Pende prá
burocracia... ] *ou* burucracia.
29 C dia, pela P dia pela
30 C disparate, P disparate
31 *A seguir ao v. 32, "Se encontra uma*
*porta aberta...", em que as lições*
*coincidem, P apresenta a seguinte*
*quadra, que não transita para C:*
<De aqui>/Pouco\ a pouco
vai-se embora
Tudo quanto nela havia
Que tinha alguma valia —
Manteiga que se dessora.
37 C que P q[ue]
38 C móveis P moveis
39 C saindo P saido ] *sem* n, *em P.*
40 C De barrête de papel P De barrete de
papel ] *sem ponto final em nenhum dos*
*testemunhos, já que a frase continua.*
41 C A gritar: "viva á Alemanha„...
P Gritando "viva a Alemanha„!
42 C Mas a minha'Alma, em verdade,
P Mas a minha'Alma em verdade
44 C P lialdade.
46 C No lavabo dum Café,
P Num lavabo dum Café
48 C raffiné. P "rafinné„...
DATA C Paris — setembro 191<†>/5\.
P Paris 6 setembro 1915 ]
*em P é a datação do postal,*

*coincidente com o seu carimbo,*
*no canto superior esquerdo.*

## 35 — O LORD

C [E3/154, p. 111] P [E3/115⁴-83']

C [E3/154, p. 111] P [E3/115⁴-83']

De "O Lord" conhecem-se as versões
autógrafas C, com o número "23.", e P,
numa *carte postale*, de 13,8 × 8,8 cm,
manuscrita a tinta preta, datada e carim-
bada de 28 de Setembro de 1915. Arnaldo
Saraiva assinalou já que Sá-Carneiro terá
enviado o poema a José Pacheco a 27 de
Setembro de 1915, indicando o poeta que
nele havia uma ideia originalmente do
artista plástico: "a sensação de ter já per-
dido uma grande fortuna" (Sá-Carneiro,
1977, p. 97). A partir dessa cópia ou de
outra, o poema vem a ser publicado em
Junho de 1922 na *Contemporânea* 1 (2).
Como visto na nota anterior, "O Lord"
é um dos poemas que o autor considera
ceder para o projecto *3*, que Santa-Rita
Pintor queria levar adiante depois do
cancelamento de *Orpheu 3*. Vem a inte-
grar as provas de *Orpheu* 3 (p. 176) e é
publicado também no *Almanaque do*
*Século* — *1927* (1926).
TÍT. P O Lord C — O Lord —
1 C Escócias P Escócias *ou* Escocias
2 C Hoje P <†>/Ho\je
4 C imagens, P imagens
6 C dúvida P duvida
8 C <impertinencia).> [↑
impaciencia).] P impaciência)! ]
*segue-se a pontuação final de P,*
*já que o ponto de exclamação é*
*significativo e o final de verso, neste*
*testemunho, está bastante mais limpo.*
9 C rodeia-as...P rodei-as.. ] *sem* a.
*na* Contemporânea *(1 (2) Jun. de*
*1922, p. 54), repete-se a lição de P.*
10 C êle P ele
11 C a palacios P a Palacios ] *na*
Contemporânea *lê-se* e palacios.

DATA **C** Paris — Setembro 1915.
**P** Paris — set[embro] de 1915 ]
*na revista* Contemporânea, *o*
*mês também em minúscula.*

**36 – O RECREIO**

**C** [E3/154, p. 113]

Deste poema conhece-se apenas o
testemunho do caderno, numerado
como "24.". Na sua correspondência
com Pessoa, a 3 de Novembro de 1915,
Sá-Carneiro anuncia: "Nesta carta vão
duas poesias. Eu não sei o que aquilo é
ou vale. Pleno destrambelho. A desar-
ticulação sarcastica da minha alma
actual: esboçada já na "Serradura„ e
"Cinco Horas„" (p. 411). Tratar-se-ia
de "O Recreio" e "Torniquete", que hoje
não estão no epistolário da BNP. Ainda
a 15 de Novembro de 1915, o escritor
refere-se ao poema: "Recebi hoje a sua
carta de 11 que muito agradeço. Curioso
que eu pensara já que você me diria não
gostar do verso "seria grande estopada„.
Emendarei, porque estou de acordo
perfeito consigo." Contudo, em **C** não
aparece qualquer emenda. O poema é
publicado em *Portugal Futurista* 1, de
Novembro de 1917.

**NOTAS**

TÍT. — O Recreio —
16    emquanto ] *palavra*
        *unida a posteriori.*
DATA    Paris — outubro 1915.

**37 – TORNIQUETE**

**C** [E3/154, pp. 115-117]

Deste poema conhece-se apenas o
testemunho do caderno, com o número
"25.". Como já referido a propósito do
poema anterior, depreende-se que
fossem "O Recreio" e "Torniquete" as
duas composições aludidas na carta
de 3 de Novembro de 1915, quando

Sá-Carneiro indica: "Nesta carta vão
duas poesias. Eu não sei o que aquilo é
ou vale. Pleno destrambelho. A desarti-
culação sarcastica da minha alma actual:
esboçada já na "Serradura„ e "Cinco
Horas„" (p. 411). Estas cópias autógrafas
não estão hoje no epistolário da BNP. A
referência a versos deste poema numa
carta de 22 de Fevereiro de 1916 sugere
que Pessoa reconheceria a citação e teria
por isso recebido uma cópia dos mes-
mos: "E creio até que preferia receber
um telegrama do meu Pai mandando-
-me partir p[ar]a L[ourenço] Marques
— apesar de todo o horror — do que não
receber novidade alguma. Tudo isto e
as minhas desolações conhecidas me
torturam, me despedaçam: "A tombola
anda depressa, não sei onde irá parar
— aonde pouco me importa — o impor-
tante é que pare„." Além das diferenças
de pontuação, note-se a variante "não
sei", em lugar de "Nem sei", do segundo
verso. Já a passagem "A tombola gira
cada vez mais desordenada", na carta
de 29 de Dezembro de 1915, sustentava
que "Torniquete" teria sido enviado
anteriormente (p. 447). "Torniquete"
é publicado em *Portugal Futurista* 1, de
Novembro de 1917.

**NOTAS**

TÍT. — Torniquete —
1    tombola ] *no original; tal como na*
        *carta de 22 de Fevereiro de 1916* [115⁷-
        21a°] *e habitualmente em Sá-Carneiro.*
15    desat<a>/o\,
18    Esfangalho ] *no original.*
21    ságuão ] *no original.*
27    Cortindo febre e revez, ]
        *corrige-se a ortografia do verbo.*
        *Tal como, em "Abrigo", revez é*
        *emparelhada com* viuvez, *aqui*
        *revez é emparelhada com* vez, *pelo*
        *que se opta por manter a grafia.*

## 38 – PIED-DE-NEZ

**C** [E3/154, p. 119]

O único testemunho de *"Pied-de-Nez"* é o que consta no caderno, com número "26.". Sá-Carneiro fala a respeito deste poema, na sua carta a Pessoa de 10 de Novembro de 1915: "Mando-lhe junto um soneto, que não me parece m[ui] to bom — sobre o eterno *Erro*, astro directriz da minha sorte. (*Pied-de-nez* é o gesto garoto de pôr os dedos como trombeta sobre o nariz, fazendo troça). Diga você o que pensa sobre o estuporinho e disponha dêle se o achar aproveitavel p[ar]a a Antologia Guisado-Mira. Mas creio bem q[ue] não. Você dirá!" (p. 418). O autógrafo não se encontra hoje no arquivo desta correspondência na BNP, onde existe contudo uma cópia dactiloscrita de Pessoa (15³-36aᵛ), com a indicação "Paris, Novembro 1915 | MARIO DE SÁ-CARNEIRO | sensacionista", destinada possivelmente à referida *Antologia Sensacionista*. Reproduz-se aqui essa transcrição de Pessoa. É possível que a palavra neste testemunho aparentemente grafada como "foram" tivesse outra leitura, e necessariamente outro sentido, nesse testemunho enviado a Pessoa, o qual aliás na sua transcrição dactiloscrita hesita, grafando: "<fôral> foram". O poema é publicado em *Portugal Futurista* 1, de Novembro de 1917.

**NOTAS**

TÍT. = Pied-de-nez =

2   atepetado — ] *com* e.

3   setim ] *com* s *no original.*

14  Tambolas ] *no original.*

DATA Paris — novembro 1915.

## 39 – O PAJEM

**C** [E3/154, p. 121] **Co** [E3/115⁶-112aᵛ]

Há dois testemunhos completos deste poema escrito em Novembro de 1915. Em **C**, o poema recebe o número "27" no caderno E3/154. O testemunho de **Co** é enviado no texto da carta de 18 de Novembro desse ano, precedido da indicação parentética: "[É verdade, lá vai um poema duma quadra]" (p. 422).

**NOTAS**

TÍT.  **C** — O Pagem —
      **Co** = O Pagem = ] *a grafia deve-se provavelmente à influência do francês.*

1    **C** Sózinho de brancura, eu vago — Asa **Co** Sózinho de brancura eu vago — Asa ] *sem vírgula; possivelmente* Sòzinho.

3    **C** — Triste de Mim, que vim d<'>/e\ Alma prá rua, **Co** Triste de mim que vim d<'>/e\ Alma prá rua,

DATA **C** Paris — Novembro 1915.
     **Co** Paris — Nov[embro] 1915

## 40 – CAMPAINHADA

**C** [E3/154, p. 121] **Co** [E3/115⁶-103ᵛ]

Desta quadra conhecem-se os testemunhos **C**, com o número "28", e **Co**, incluído no texto da carta de 5 de Novembro de 1915, onde se diz: "De mim: todo o meu estado psicologico nesta quadra duma poesia que não escreverei: "As duas ou três vezes que me abriram | A porta do salão onde está gente — | Eu entrei, triste de mim, contente, | E á entrada sempre me sorriram…" | Quadra que só lhe será percebivel se você a interpretar, supondo-lhe uma continuação — d'acordo com o Sá-Carneiro que o meu amigo tão bem conhece…" (pp. 414-415). Quanto ao título do poema, já a 27 de Novembro de 1915, o autor indica a Pessoa: "A proposito da quadra "As duas ou tres vezes

que me abriram a porta do salão…„,
segundo as suas indicações, lembrei-me
deste titulo "Campaïnhada„. Que lhe
parece?" (p. 427).

**NOTAS**

TÍT.   C — Campaïnhada — ] *com trema,*
*tal como na carta de 27 de Novembro.*

2    **C** gente, **Co** gente —

3    **C** triste de mim, contente —
**Co** <†>/tris\te de mim, contente,

DATA   **C** Paris — Outubro 1915.

**41 – ÁPICE**

**C** [E3/154, pp. 123-125] **CP** [Colecção Particular]

Há dois testemunhos autógrafos deste
poema escrito em Agosto de 1915. No
caderno E3/154, é atribuído ao poema
o número "29". O outro testemunho é
escrito numa folha de papel pautada,
de 26,6 × 21 cm, usada como bifólio,
dobrada duas vezes na vertical e uma
na horizontal, e que inclui não só este
poema mas também "Desquite" e
"Caranguejola". A explicação para este
poema de Agosto de 1915 surgir em
**C** e **CP** junto de "Caranguejola", datado
de Novembro desse ano, é dada por
Sá-Carneiro na carta a Pessoa de 27
de Novembro de 1915: "Os outros dois
poemas [além de 'Caranguejola'] encon-
trei-os antes de ontem remexendo
velhos papeis. "Desquite„ foi a primeira
coisa q[ue] aqui escrevi, antes mesmo
da "Escala„. Mas amarrotei o papel
parecendo-me os versos incompletos e
maus. Relendo-os duvido se se podem
aproveitar. Lavre Você a sua sentença —
bem como ao "Ápice„, cuja historia é a
mesma" (pp. 426-427). A divergência
mais substantiva entre as duas variantes
é, no v. 20, a utilização de "segredo"
em **C** e "misterio" em **CP**. Dir-se-ia
desde logo que **C** é posterior a **CP**, supon-
do-se que Sá-Carneiro não quisesse

repetir no poema a palavra "misterio",
que já aparece no v. 13, e a substituísse
assim por "segredo", no v. 20. Sabemos
que Sá-Carneiro aguarda ansiosamente
os comentários do seu amigo. A 10 de
Dezembro de 1915, escreve: "Ora no dia
27 escrevi-lhe uma longa carta onde lhe
mandava não 1 mas 3 poemas. Ter-se-ia
ela extraviado? Que arrelia!" (p. 434).
E dois dias depois termina nova carta,
a que anexa o "Ultimo soneto", com
um "Não se esqueça de me dizer se lhe
chegou afinal a minha carta de 27 com
os poemas" (p. 437). É possível que
não tivesse transcrito os poemas para
o caderno sem ouvir a resposta, como
também o seu oposto, *i.e.*, que desistisse
de esperar por ela e os copiasse. O que
sabemos é que de facto Pessoa respon-
deu, já que Sá-Carneiro lho agradece:
"Muito obrigado pelo que me diz sobre os
m[eus] versos. Curioso que o "Ápice„ que
eu tinha desprezado seja justamente um
dos poemas q[ue] você acha mais belos"
(p. 441). Muito ou pouco detalhados, os
comentários de Pessoa não levam a qual-
quer correcção visível em **C**, que pudesse
advir de este testemunho ter sido copiado
entretanto e depois afectado por qual-
quer sugestão. O poema é publicado na
revista *Presença* 1, 1 (5), de 4 de Junho de
1927 (p. 3).

**NOTAS**

TÍT.   **C** — Ápice — **CP** Ápice

6    **C** esvaída **CP** esvaida

7    **C** memória **CP** memoria

9    **C** efémero **CP** efemero

13   **C** Porque misterio se me evóca
**CP** Porque misterio se me evoca ]
*altera-se* Porque *para* Por que.

15   **C** debil que **CP** débil <,>/q\ue

16   **C** — Ah, **CP** Ah,

17   **C** Aquêle **CP** Aquele

20   **C** segrêdo **CP** misterio

21  C É CP — É
DATA  C Paris — Agosto 1915.
CP Paris — Agosto 1915

**42 – DESQUITE**

C [E3/154, pp. 127-129] CP [Colecção Particular]
Deste poema escrito em Julho de 1915
há dois testemunhos completos. Em **C**,
é atribuído ao poema o número "30".
Como já visto a respeito de "Ápice", o
testemunho **CP** é escrito numa folha de
papel pautada, de 26,6 × 21 cm, usada
como bifólio, dobrada duas vezes na
vertical e uma na horizontal, e que
inclui não só este poema mas também
"Ápice" e "Caranguejola". Esta folha é
enviada com a carta de 27 de Novembro
de 1915. A explicação para este poema
de Julho de 1915 surgir no caderno
exactamente antes de "Caranguejola",
datado de Novembro desse ano, é dada
por Sá-Carneiro em carta a Pessoa:
"Os outros dois poemas [além de
"Caranguejola"] encontrei-os antes
de ontem remexendo velhos papeis.
"Desquite„ foi a primeira coisa q[ue]
aqui escrevi, antes mesmo da "Escala„.
Mas amarrotei o papel parecendo-me os
versos incompletos e maus. Relendo-os
duvido se se podem aproveitar. Lavre
Você a sua sentença — bem como ao
"Ápice„, cuja historia é a mesma"
(pp. 426-427). "Desquite" é publicado
na *Presença* 11, 3 (50), de Dezembro de
1937, p. 4. "Desquite" é um dos poemas
que Carlos Ferreira diz, na sua carta de
2 de Maio de 1916 a Pessoa, ter encon-
trado e conservado consigo, para que
ambos o publicassem.

**NOTAS**

TÍT.  C CP — Desquite —
7   C CP ascenção ] *no original.*
8   C Prefil prolixo de que ameaça?...
    CP Perfil prolixo de que ameaça?

9   C ocaso, CP ocaso — [ ↑ ...] ]
    *Sá-Carneiro hesita na pontuação*
    *final do verso em CP e opta*
    *por uma vírgula em C.*
10   C Imperio — CP Imperio... ]
    *acentua-se segundo a forma*
    *ermitério, em C.*
11   C ermitério CP ermiterio
12   C CP atrazo... ] *no original.*
14   C CP noticias — ] *talvez*
    notícias, *em CP.*
15   C CP premicias, ] *no original.*
16   C anel CP Anel
20   C scimiescos CP simiescos
21   C Ansia de Rosa e braços nus,
    CP Ansia de rosa e braços nus
22   C de enjôos... CP d'enjôos...
23   C — Que desbaratos os meus vôos;
    CP Que desbaratos os meus vôos —
DATA  C Paris — julho 1915.
    CP Paris — julho 1915
ASS.  CP Mário de Sá-Carneiro

**43 – CARANGUEJOLA**

C [E3/154, pp. 131-133] CP [Colecção
Particular] Co [E3/115⁶-112aᵛ]

Deste poema conhecem-se um rascunho
das duas primeiras quadras, no texto de
uma carta datada de 18 de Novembro de
1915 (**Co**) e dois testemunhos completos
(**C** e **CP**). Em **C**, o poema é numerado
"31.". O testemunho **CP** é escrito numa
folha de papel que acompanha a carta
de 12 de Dezembro de 1915, e que inclui
ainda transcrições, também a tinta
preta, de "Ápice" e "Desquite". Essa
folha, do mesmo tipo de papel da carta,
mede 19,7 x 15 cm. As variantes do v. 5
demonstram que o testemunho de
E3/115⁶-112aᵛ (**Co**) ("Lã vermelha, leito
fôfo, ar viciado —"), naturalmente,
precede C ("Lã vermelha, leito fôfo.
Tudo bem calafetado..."). Co inclui já
o verso "Façam apenas [ ↑ com] que eu

tenha sempre a meu lado", que surge em C terminado com vírgula, mas em relação ao qual o autor hesitou. **CP** poderá ou não ser posterior a **C**, considerando a seguinte passagem da carta em que é enviado, que se refere a esse verso: "Ha um verso q[ue] se me volveu numa obsessão e não ha forma de me agradar: — é o que grafo: | "Cuidem apenas de q[ue] eu tenha sempre a meu lado,,. | Parece-lhe bem? Mas deve ser *de que* ou só *que*? E seria preferivel tirar o *eu*? Isto é de minima importancia — mas, p[ar]a meu sossego, suplico-lhe que não deixe de me dizer em que versão me devo "arrêter,,. A forma anterior — q[ue] lhe escrevi numa carta — era: "Façam apenas com q[ue] eu tenha sempre a meu lado,,. Mas modifiquei-a porq[ue] ha m[ui]tos *fazer* proximos. Em todo o caso diga se acha preferivel esta versão. Não se esqueça. Isto, claro, se achar valor á "Caranguejola,, — que, sendo assim, irá para o "Colete de Forças,, bem entendido" (p. 426). Opta-se por manter, assim, a versão de **C**, já que é aquela que ficou no caderno, sem ser objecto de qualquer alteração.

**NOTAS**

TÍT. C — Caranguejola —
    CP = Caranguejola =
1 C — Ah, que CP — Ah! que
3 C CP fechada, Co fechada —
4 C CP para ti se tu la fôres.
    Co para ti, se tu lá fôres…
5 C Lã vermelha, leito fôfo. Tudo bem calafetado… CP Lã vermelha, leito fôfo. Tudo bem calafetado. Co Lã vermelha, leito fôfo, ar viciado —
6 C Nenhum livro, nenhum livro á cabeceira — CP Co Nenhum livro, nenhum livro á cabeceira… ]
    *Em Co*, livvro *ou* livrro.
7 C Façam apenas com que eu tenha

sempre a meu lado, CP — Cuidem apenas de que eu tenha sempre a meu lado, Co Façam apenas [ ↑ com] que eu tenha sempre a meu lado
8 C Bôlos de ovos e uma garrafa de Madeira. CP Bolos de ovos e uma garrafa de Madeira. Co Bolos d'ovos e uma garrafa de <m>/M\adeira…
9 C para mais CP pra mais
10 C <†> Pra quê? CP Pra quê?
16 C era CP Era
20 C CP geito ] *no original.*
23 C fogo — CP fôgo —
24 C franqueza… CP franquesa…
28 C o meu Pai pagará.
    CP o meu pai pagará.<†>
32 C E depois estar CP E, depois, estar
DATA CP Paris — Novembro 1915
ASS. CP M. de Sá-Carneiro

**44 — ULTIMO SONETO**

C [E3/154, p. 135] CP [Colecção Particular]
Deste poema que encerra o "1.º caderno" (C) com o número "32.", conhecem-se dois testemunhos. **CP** é remetido a Fernando Pessoa juntamente com a carta de 12 de Dezembro de 1915, numa folha de papel de 19,7 x 15 cm, manuscrita a tinta preta. No verso do documento, além do segundo terceto e da data, encontra-se a assinatura do autor. Na carta a Pessoa, Sá-Carneiro refere-se ao título e à pontuação do poema: "Junto vai um soneto. Diga o que lhe parece. Hesitei em chama-lo "Soneto de Amor,, ou — como vai — "Ultimo Soneto,,. O q[ue] acha preferivel? Diga-me tambem, não se esqueça, como pontuaria estes versos "…se deixaste a lembrança violeta que animaste, onde a minha saudade a Côr se trava,, sendo "onde a minha saudade,, etc. complemento do verbo "deixaste,,. A minha duvida é se será preferivel pôr apenas uma virgula

em *animaste*, ou meter entre virgulas a frase, *que animaste*. É uma coisa minima, mas não deixe de mo dizer" (pp. 436-437). Mais adiante, acrescenta: "O melhor p[ar]a evitar complicações é pontuar-me, segundo você, todo o ultimo terceto" (p. 437). A ter respondido à dúvida, Pessoa terá respeitado a pontuação original desse terceto, aliás idêntica nos dois testemunhos. No seu dactiloscrito de *Indícios de Ouro* (colecção particular), a única diferença de pontuação criada por Pessoa é mesmo, no fim do primeiro verso, a substituição dos dois pontos ("ali:", em **C**) ou das reticências ("ali...", em **CP**) por um ponto de exclamação ("ali!"). A forma "aparceste", que surge já corrigida na primeira edição de *Indícios de Oiro*, aparece nesse dactiloscrito ainda como no original, e o trema de "saüdade" da primeira edição, de 1937, não aparece nesse dactiloscrito. O poema é publicado em "Os Ultimos

Poemas de Mário de Sá-Carneiro", por Pessoa, na *Athena* 1 (2), de Novembro de 1924, p. 44. Aí as formas são grafadas "aparceste" e "saudade". O último verso do "Ultimo soneto" terá interessado Fernando Pessoa a ponto de fazer uma sua "Glosa", que se reproduz em fac-símile. Acrescente-se finalmente que, como afirma na sua carta de 2 de Maio de 1916 a Fernando Pessoa, Carlos Ferreira encontrou e conservou, aquando da morte de Sá-Carneiro, um testemunho autógrafo destas canções no quarto do poeta (veja-se o Anexo 5).

**NOTAS**

TÍT.   **C CP** — Ultimo Soneto —
1   **C** ali: **CP** ali...
5   **C** sêda **CP** seda ] *em C, talvez* sêd<e>/a\.
6   **C CP** aparceste ] *no original*.
12   **C** Se deixaste **CP** se deixaste
ASS.   **CP** Mario de Sá-Carneiro

## ÚLTIMOS POEMAS — 1916

**45 — CRISE LAMENTAVEL**

**CP** [Colecção Particular] **P** [E3/115ʳ-61aʳ e 66ʳ]

O testemunho **P** é enviado a Pessoa em duas cartas: as primeiras quatro quadras a 8 de Janeiro de 1916, e as três quadras finais a 13 desse mês. O suporte das primeiras quadras enviadas é uma folha de papel, de 26,6 × 21 cm, usada como bifólio, com vinco na vertical e na horizontal manuscrita a tinta hoje preto-acastanhada. O segundo suporte, onde segue um *post scriptum* que inclui as últimas quadras, é uma folha de papel rasgada a toda a volta, de formas irregulares mas com as dimensões máximas de 15,5 × 12,6 cm, com vincos à largura

da folha, manuscrita a tinta hoje acastanhada. O testemunho **CP** está escrito nos rostos de duas folhas de papel pautadas, rasgadas muito irregularmente de um caderno e que medem cerca de 16,6 × 21,8 cm. Essas folhas pertenceriam ao mesmo caderno que os testemunhos **CP** de "O Fantasma", "El-Rei" e "Aquele Outro" aqui descritos, e parecem ter sido rasgadas ao mesmo tempo, não chegando a ser assinadas, ao contrário do que acontecia normalmente com todas as cópias autógrafas que Sá-Carneiro remetia aos amigos. É possível que alguma da pontuação neste testemunho seja acrescentada *a* *posteriori*. Na carta de 8 de Janeiro de 1916, Sá-Carneiro introduz as primeiras quadras dizendo: "O meu estado psicologico continua a mesma caçarola rôta. Agora é pegarem-lhe com um trapo quente — cada vez estou mais convencido. Cheguei ao ponto de escrever estas quadras" (p. 450). Depois delas, indica que o poema não está terminado, dizendo "(à suivre)" e acrescentando: "Já vê o meu querido amigo... Não lhe dizia eu que estava um boneco muito pouco interessante?..." (p. 451). Já a 13 de Janeiro de 1916, o escritor remete os últimos versos, dizendo: "Mais três quadras da tal poesia que me dão bem a prova se eu estou ou não doido. Diga-me o que pensa desta fantochada: não se esqueça!", acrescentando: "(Não se zangue comigo! Escreva-me muito!)" (p. 454). A carta de 5 de Fevereiro de 1916 apresenta informação bastante relevante, já que nela Sá-Carneiro afirma, num *post scriptum*: "Aquelas quadras lamentaveis — eliminando, claro, a da retréte — devem ou não fazer parte do "Colete de Forças„? Não se esqueça de mo dizer!" (p. 467). Depreende-se assim que o segundo testemunho (**CP**), que altera esse final, será desta época ou posterior, e que o título — que inclui também o termo "lamentavel" — estaria a ser pensado nessa altura. Portanto, Sá-Carneiro guardara uma cópia de **P** e emenda-a depois de 5 de Fevereiro; como aliás o próprio lapso na datação de **CP** — "Paris — <fev>/ja\ neiro 1916" — também parece sugerir. Considerando a relação entre factualidade e "Ideia", e pensando no último dístico de **P**, de tom mais escatológico ("'Ideia„, mesmo, o meu ir á retréte | Que me leva uma hora bem puxada...'"), diga-se que na carta de 13 de Fevereiro

de 1916 Sá-Carneiro afirma: "Dá-me a impressão que sulco nevoeiro: um nevoeiro negro de cidade fabril que me enfarrusca — e eu então volto umas poucas de vezes por dia a casa a mudar de colarinho. Claro que não mudo de colarinho na realidade — mas em "ideia„ umas poucas de vezes por dia. Juro-lhe que é assim mesmo" (p. 453). Fernando Pessoa não inclui o poema na *Athena*, e explica-o a João Gaspar Simões a 11 de Abril de 1933, quando lho remete para publicação na *Presença*: "está certíssimo que se publique na *Presença* o único poema dos Últimos que está inédito. Ele aí vai. Compreenderá logo por que razão não veio na *Athena*: a magnífica (e dolorosa) brutalidade de expressão na quadra "seguir pequenas" era estranha à índole daquela revista, ao passo que o não é à da *Presença*, como não seria à do *Orpheu*" (pp. 295-296). O poema é publicado na *Presença* 7, 2 (38), de Abril de 1933 (p. 7). Já na primeira edição de *Indícios de Oiro*, em 1937, é o v. 10 ("E convida-las para me pôr nelas —") que é substituído por um pontilhado, devido ao seu conteúdo (veja-se Nogueira, 1984, p. 32).

**NOTAS**

TÍT. **CP** — Crise lamentavel — **P** *sem título*.
2 **CP** sou — mas **P** sou, mas
4 **CP** Mais a destresa de saber pegar-lhe. **P** Mais a destreza de saber pegar-lhe...
5 **CP** gente **P** gente —
6 **CP** Não ter juiso nos meus livros — mas **P** Não ter juizo nos meus livros, mas
7 **CP** mez **P** mês
8 **CP** religiosamente **P** religiosamente...
10 **CP** nelas — **P** nelas.

11  CP Tôrre P tôrre
12  CP Numa palavra, e não fazer
    mais scenas. P Numa palavra
    — e não fazer mais scenas!
13  CP força P fôrça
14  CP Desta engrenagem que
    empenando vai: P Desta engrenagem
    que empenando vai. ] *ambos os
    testemunhos com* empenando.
16  CP <N>/—\ Não andar por Paris,
    como ando, ás moscas. P Não
    andar por Paris, como ando, ás
    moscas... ] em *CP a pontuação final
    é pouco clara; admite-se um ponto
    final. Em P, as quatro quadras são
    acompanhadas de um* (à suivre).
17  CP sair — não ] *possivelmente*
    <.>/—\ P sair. Não
19  CP — Pôr termo a isto de viver na lua,
    P Pôr termo a isto de viver na lua —
20  CP — Perder a "frousse„ das
    correntes de ar. P Perder a *frousse*
    das correntes de ar. ] *uma das
    poucas ocasiões em que Sá-Carneiro
    destaca um lexema em francês.*
21  CP coisas P cousas
23  CP /por\ historias
    P por historias
24  CP Que em fantasia apenas
    argumento P Que <,>/e\m
    fantasia, apenas, argumento...
26  CP Um crime ou bem que nunca
    se comete: P — Um crime ou
    bem que nunca se comete —:
27-28  CP E sempre o Oiro em chumbo
    se derrete | Por meu <a>/A\zar ou
    minha Zoina suada... P "Ideia„,
    mesmo, o meu ir á retréte | Que
    me leva uma hora bem puxada...
DATA  CP Paris — <fev>/ja\neiro 1916
    P *Sem data; poema enviado nas cartas
    a Pessoa em duas partes: as primeiras
    quatro quadras a 8 de Janeiro de 1916,
    e as três quadras finais a 13 desse mês.*

## 46 – O FANTASMA

CP2 [Colecção Particular 2] CP1 [Colecção Particular 1]
Na sua carta de 3 de Fevereiro de 1916,
afirma Sá-Carneiro: "A Zoina, a grande
Zoina sempre! Mas que lhe hei de eu
fazer?... Vai junto um soneto. Nasceu
como "O Fantasma„." (p. 458). A tradi-
ção editorial tem-se dividido quanto à
interpretação da passagem e ao soneto
que terá sido anexado. Os sonetos escri-
tos por Sá-Carneiro no fim de Janeiro
são precisamente "O Fantasma" e
"El-Rei", que o autor data de 21 e 30
do mesmo mês, respectivamente.
É possível que o soneto que acompa-
nhou a carta de 3 de Fevereiro tenha
sido "El-Rei". A 1 de Fevereiro, dia
seguinte ao da redacção deste poema,
Sá-Carneiro alertava Pessoa de que ia
enviar-lhe "uma carta extensa e um mau
soneto", parecendo-nos mais plausível
que se referisse ao que escrevera no dia
anterior do que àquele escrito dez dias
antes. Por outro lado, o uso na carta
da palavra "Zoina" antes da referência
ao "soneto" anexo parece uma alusão
explícita ao conteúdo do poema, já que
"El-Rei" emprega precisamente essa
palavra. A ter sido "El-Rei" o poema
enviado, "O Fantasma" poderá ter sido
remetido em carta anterior hoje per-
dida (entre 21 de Janeiro e a data desta
carta, 3 de Fevereiro, só há postais no
arquivo) e a passagem "Nasceu como
o "O Fantasma„" será uma referência
à génese de ambos. A hipótese de que
se tratasse de "O Fantasma" — escrito
mais de uma semana antes, e com outro
soneto pelo meio —, não podendo ser
descartada, implica que a passagem
"Nasceu como "O Fantasma„" seja com-
preendida não como uma comparação
mas sim como a simples apresentação do
seu título. O testemunho CP1 (colecção

particular) está escrito na frente de uma folha de papel pautada rasgada muito irregularmente de um caderno, folha esta que mede cerca de 16,6 × 21,8 cm. Pertenceria ao mesmo caderno que os testemunhos de "Crise Lamentável", "El-Rei" e "Aquele Outro" aqui descritos e que parecem ter sido rasgados ao mesmo tempo. Note-se que se trata de folhas não assinadas, diferentemente de todas as que Sá-Carneiro enviava aos amigos. Por sua vez, **CP2** é um testemunho autógrafo passado a limpo numa folha quadriculada, de 13,4 × 21,2 cm, dobrada em quatro, hoje também numa colecção particular, e que foi reproduzido em *Mário de Sá-Carneiro — Fotobiografia* (Dias, 1988, p. 206). É provavelmente o testemunho enviado na carta de 3 de Fevereiro ou antes. O poema é publicado por Pessoa na *Athena* 1 (2), de Novembro de 1924 (p. 45), na secção "Os Últimos Poemas de Mário de Sá-Carneiro".

**NOTAS**

TÍT.   **CP2 CP1** — O Fantasma —
2   **CP2** guerra — **CP1** guerra,
3   **CP2** Oiro por fim cair
   **CP1** Oiro <,>por fim <,>cair
7   **CP2** Imaginária **CP1** Imaginaria
8   **CP2** aguado?… **CP1** águado?…
DATA   **CP2** Paris 21 janeiro 1916
   **CP1** Paris _ 21 janeiro 1916
ASS.   Mário de Sá-Carneiro

**47 — EL-REI**

**I** *[Pessoa na Intimidade*, p. 180] **CP** [Colecção Particular] **I** é o testemunho que se conhece graças aos fac-símiles presentes no livro de Isabel Murteira França, *Fernando Pessoa na Intimidade* (Lisboa, Dom Quixote, 1987, p. 180), e na capa do catálogo do *Leilão de Manuscritos Autógrafos, Fotografias e Efémera*, da Livraria Luís

Burnay (que teve lugar em Lisboa, no Hotel Roma, a 19 de Junho de 2010). Corresponde à cópia autógrafa enviada a Fernando Pessoa. Acerca da data do seu envio e dos comentários de Sá-Carneiro, veja-se a nota anterior, relativa ao poema "O Fantasma". O testemunho **CP** está escrito na frente de uma folha de papel pautada rasgada muito irregularmente de um caderno, folha essa que mede cerca de 16,7 × 21,5 cm. Pertenceria ao mesmo caderno que os testemunhos de "Crise Lamentável", "O Fantasma" e "Aquele Outro" aqui descritos e que parecem ter sido rasgados conjuntamente. Como o próprio Carlos Ferreira afirma na sua carta de 2 de Maio de 1916 a Pessoa, este é um dos poemas que encontra no quarto de Sá-Carneiro e conserva consigo, na altura. O poema é publicado por Pessoa na *Athena* 1 (2), de Novembro de 1924 (p. 45), na secção "Os Últimos Poemas de Mário de Sá-Carneiro".

**NOTAS**

TÍT.   **I CP** — El-Rei —
1   **I** Quando chego — o piano estala agoiro, **CP** Quando chego o piano estala agoiro
2   **I** logo inquietos…
   **CP** logo, inquietos —
3   **I** Recuam as paredes, sobem tectos — **CP** Alargam-se as paredes, sobem tectos:
4   **I** Paira um luxo de Adaga em mão de Moiro. **CP** Paira um Luxo de Adaga em mão de moiro.
5   **I** Meu intento, porém, é todo loiro **CP** Meu intento porêm é todo loiro
9   **I** orça. **CP** orça:
10   **I** Pra correr minha Zoina, àquem e alêm, **CP** Pra medir minha Zoina, aquém e alêm,
11   **I** corsa… **CP** corsa.

12 I — Quem me convida mesmo,
não faz bem: CP Quem me
convida mesmo não faz bem:
ASS. I Mário de Sá-Carneiro

## 48 – AQUELE OUTRO

CP2 [Colecção Particular 2] CP1 [Colecção Particular 1]
O testemunho CP1 parece corresponder
à primeira de duas versões do poema.
Quando o escreve, Sá-Carneiro deixa por
pontuar várias passagens, abrindo espaços
em branco para o fazer posteriormente.
Emprega ainda uma caligrafia menos
cuidada. O poema está escrito na frente
de uma folha de papel pautada rasgada
muito irregularmente de um caderno,
folha essa que mede cerca de 16,7 × 21,5
cm. Pertenceria ao mesmo caderno que os
testemunhos CP de "Crise Lamentável",
"O Fantasma" e "El-Rei" aqui descritos e
que parecem ter sido rasgados ao mesmo
tempo. Entre todos esses poemas, "Aquele
Outro" será o mais tardio no caderno, já
que nessas folhas todos os outros poe-
mas estão já mais próximos das versões
enviadas a Pessoa. Note-se ainda que as
folhas não são assinadas, diferentemente
de todas as que Sá-Carneiro enviava
habitualmente aos amigos. O testemunho
CP1 é aquele que já foi reproduzido em
Galhoz (1963, s.n.), no catálogo da expo-
sição na Biblioteca Nacional "Mário de
Sá-Carneiro — 1890-1916" (1990, p. 14)
e no catálogo da exposição na Missão
Permanente de Portugal junto da UNESCO
"Centenário do Nascimento de Mário de
Sá-Carneiro 1890-1916" (p. 41). O tes-
temunho CP2 é escrito a tinta preta numa
folha de papel timbrada do Café Riche,
de 13,5 × 21,7 cm, recortada na margem
direita, correspondente à parte esquerda
do típico bifólio desse café. É a cópia pas-
sada a limpo e enviada a Pessoa na carta
de 16 de Fevereiro de 1916, que é remetida

em papel timbrado do mesmo café. Na
carta, Sá-Carneiro pede a Pessoa que lhe
dê a sua opinião sobre o "pessimo soneto
adjunto" (p. 471). Note-se que CP2 altera
vários aspectos da acentuação, incorpora
o novo adjectivo no v. 5 (antes o "bôbo
persunçoso" [sic] parece ter sido pensado
como "bôbo gorduroso"), e altera a ordem
dos adjectivos no v. 12. CP2 é o testemu-
nho publicado em Mário de Sá-Carneiro
—Fotobiografia (Dias, 1988, p. 201).
Lembre-se ainda que Carlos Ferreira terá
guardado consigo um testemunho deste
poema, para futura publicação, quando
esteve no quarto de Sá-Carneiro após a sua
morte. O poema é publicado por Pessoa na
Athena 1 (2), de Novembro de 1924 (p. 46),
na secção "Os Últimos Poemas de Mário
de Sá-Carneiro".

**NOTAS**

TÍT. CP2 CP1 — Aquele Outro —
1 CP2 O dúbio mascarado — o
    mentiroso CP1 O dubio
    mascarado ◊ o mentiroso
2 CP2 incognito. CP1 incógnito
3 CP2 atónito — CP1 atonito
4 CP2 Bem no fundo, o cobarde
    rigoroso. CP1 Bem no fundo
    o cobarde rigoroso.
5 CP2 Em vez de Pagem, bôbo p<er>/
    re\sunçoso. CP1 Em vez de Págem
    bôbo <gorduroso> [↑ persunçoso]
6 CP2 Sua Alma de neve, asco
    dum vómito — CP1 Sua Alma
    de neve asco dum vomito
7 CP2 Seu ânimo, cantado como
    indómito, CP1 Seu animo
    cantado como indómito.
9 CP2 o pápa assorda, CP1 o pápa-
    açorda, ] e Ansia ou ansia em CP2.
11 CP2 Ideal. CP1 Ideal
12 CP2 O raimoso, o corrido, o deslial —
    CP1 O corrido, o raimoso, o desleal ]
    a grafia raimoso, consistente nos

*dois testemunhos, não chega a ser*
*alterada por Pessoa na* Athena,
*nem, aliás, tanto quanto pudemos*
*verificar, por outros editores,*
*antes de Sá-Carneiro, 2015.*

13 **CP2** Imperio astral: **CP1** Imprio astral
14 **CP1** O mago sem condão — o Esfinge
gorda... ] **CP2** O mago sem condão
◊ o Esfinge gorda] *sem pontuação.*
DATA **CP1** Paris fevereiro 1916
**CP2** Paris fevevreiro 1916 ] *com dois* v.
ASS. **CP1** Mário de Sá-Carneiro

## 49 — "QUANDO EU MORRER BATAM EM LATAS,"

Co [E3/115$^r$-13a$^r$]

O poema é incluído no texto da carta
de 16 de Fevereiro de 1916 a Pessoa, no
primeiro de dois bifólios do Café Riche,
de 27 × 21,7 cm, manuscritos a tinta
preta, dobrados uma vez na vertical e
outra na horizontal, para entrarem num
envelope timbrado do mesmo café, de
14,5 × 11,5 cm. O sobrescrito foi carim-
bado em Paris a 16 de Fevereiro de 1916
(no posto do Boulevard des Italiens) e
em Lisboa a 22 desse mês. A 31 de Março
de 1916, Sá-Carneiro envia o seu "1.º
Caderno" dos "Versos para os *Indícios de
Ouro*", dizendo: "Pelo mesmo correio (ou
amanhã) registadamente enviarei o meu
caderno de versos que você guardará e de
que você pode dispôr p[ar]a todos os fins
como se fosse seu. Pode fazer publicar os
versos em volume, em revistas etc. Deve
juntar aquela quadra: "Quando eu mor-
rer batam em latas„ etc. Perdôe-me não
lhe dizer mais nada: mas não só me falta
o tempo e a cabeça como acho belo levar
comigo alguma coisa que ninguem sabe
ao certo, senão eu" (p. 486). O poema
é publicado por Fernando Pessoa na
revista *Athena* em 1924, e mais tarde
na primeira edição de *Indícios de Oiro*,

deixada preparada também por Pessoa,
com diferenças significativas em relação
a este testemunho. São elas nomeada-
mente a inclusão do título "Fim" e no
segundo verso a alteração de "rompam
aos berros" por "rompam aos saltos" e
uma vírgula no final, em vez do travessão
presente em 115$^r$-13a$^r$. Altera-se ainda
a grafia de "Ajaesado", para "Ajaezado",
e eliminam-se as duas linhas tracejadas
no fim do poema, presentes no mesmo
testemunho. A carta de 2 de Maio de
1916 de Carlos Ferreira a Pessoa, iné-
dita até esta edição, vem comprovar a
existência de um outro testemunho do
poema que não entrou na mala, tendo
na altura ficado com Ferreira. As alte-
rações por Pessoa ao texto de 115$^r$-13a$^r$,
na *Athena* 1 (2), de Novembro de 1914
(p. 46), poderão ou não dever-se à exis-
tência desse testemunho (a substituição
de um travessão por uma vírgula, ou o
inverso, era comum em Sá-Carneiro,
por exemplo). Note-se ainda que na
primeira edição de *Índicios de Oiro*,
o testemunho apenas difere do da *Athena*
pela acentuação de "fôrça", no último
verso, e a inclusão de um ponto final a
seguir à data (Coimbra, *Presença*, 1937,
p. 78). Quanto ao facto de o título "Fim"
ser da autoria provável de Pessoa, se não
bastasse a referência ao poema a partir
do seu *incipit*, por Sá-Carneiro, como
vemos acima, verifica-se que Carlos
Ferreira se lhe refere sempre como as
"duas quadras", ou as "duas quadras da
morte" (vejam-se Anexos 5 e 7). E o
próprio Fernando Pessoa, na sua carta a
João Gaspar Simões de 2 de Abril de 1933
chama-lhes apenas "versos finaes",
uma "espécie de pre-epitaphio",
numa sequência em que se refere aos
poemas pelos seus títulos (Pessoa, 1998,
p. 216).

**NOTA**

4    acorbatas ] *no original.*

**ANEXO**

"Os Últimos Poemas de Mário de
Sá-Carneiro", *Athena* 1 (2), Novembro
de 1924, p. 46:

FIM

Quando eu morrer batam em latas,
Rompam aos saltos e aos pinotes,
Façam estalar no ar chicotes,
Chamem palhaços e acrobatas!

Que o meu caixão vá sobre um burro
Ajaezado á andaluza…
A um morto nada se recusa,
E eu quero por força ir de burro…

*Paris, 1916*

## 3. POEMAS DISPERSOS

**50 – "LE TRÔNE D'OR
DE MOI-PERDU,"**

Co [E3/115⁵-18]

Poema enviado na carta de 23 de junho
de 1914 a Fernando Pessoa, numa folha
papel pautada e timbrada do Café de
France (9, Boul.ᵈ Saint Denis | Boul.ᵈ
Sebastopol 114), de 21 × 27 cm, manus-
crita a tinta preta. Nela, Sá-Carneiro
começa por apresentar os seus versos:
"Você viu um postal em que iam uns
versos em francês? Que demónio era
aquilo? A proposito — aí vão outros —
uma poesia talvez, mas por emquanto
incompleta. Diga o que lhe parecem
abstraindo de erros de ortografia pos-
siveis" (p. 213). E depois do poema,
acrescenta: "Eu em verdade não sei bem
o que isto é? Paülismo, lepidopterismo
ou outra coisa qualquer? Em suma —
apontamentos…" (p. 215).

**NOTAS**

8    Ame?…) ] *sem acento
     circunflexo no original.*
9    ternie ] *no original.*
11   Ailleures, ] *no original.*

14   Silance, ] *no original.*
17   l'Empreur, ] *no original.*
18   J'etais ] *sem acento no original.*
21   revais ] *no original.*

**51 – MANUCURE**

O [*Orpheu* 2, pp. 98-107]

Publicado no segundo número de
*Orpheu*, no final de Junho de 1915, for-
mando, em conjunto com "Elegia", os
"Poemas sem Suporte".

**NOTAS**

TÍT.   *MANUCURE* ] *em itálico, no
       original, como os títulos em português.*
268    inatingivel , ] *com um
       espaço, no original.*
DATA   *Lisboa — Maio de 1915.*
ASS.   MARIO DE SÁ-CARNEIRO.

**52 – "AH, QUE TE ESQUECESSES
SEMPRE DAS HORAS"**

Co [E3/115⁷-45a' e 46']

Dois fragmentos de poema enviados
a Fernando Pessoa na carta de 17 de
Abril de 1916, em duas folhas de papel
quadriculadas, de 26,9 × 21,2 cm,

usadas como bifólios e dobradas a meio na vertical, manuscritas, só no rosto, a tinta hoje acastanhada. Mário de Sá-Carneiro apresenta a quadra inicial, datando-a aproximadamente: "Por agosto deixei incompleta uma poesia que iniciara ainda em Lisboa, genero "Inegualavel„." Depois de transcrever a primeira quadra, acrescenta a seguinte introdução às restantes: "Escrevi m[ui] tos versos; mas a poesia ficou incompleta. Existiam nela estas quadras." Desta feita, o pedido para que Pessoa comente os versos parece dizer respeito menos à qualidade do poema do que ao contexto mais biográfico descrito: "Pois bem: previram misteriosamente a personagem real da minha vida de hoje estes versos. E você compreende todo o perigo p[ar]a mim — para a minha beleza doentia, p[ar]a os meus nervos, para a minha Alma, p[ar]a os meus desejos — de ter encontrado alguem que realise esta minha sede de doença contorcida, de incerteza, de misterio, de artificio? "Uma das minhas personagens„ — atinge bem todo o perigo? Diga o que pensa" (pp. 491-492). Opta-se assim por colocar as quadras antes do poema "A minh'Alma fugiu pela Torre Eiffel acima," que é enviado a 31 de Agosto, e não na data em que são enviadas, e por separar a primeira das estrofes seguintes.

**NOTAS**

4    compunhas ] *possivelmente* comp<o>/u\nhas.

9    O teu passado<—>/,\ sigilio morto<—>/,\ ] *note-se* sigilio, *no original.*

12   enredaras ] *acrescenta-se o ponto final.*

20   grosso ] *acrescenta-se o ponto final.*

22   mali<c>/f\icios

Co [rosto de E3/115ᶠ-69_1]

Enviado como *post scriptum* da carta de 31 de Agosto de 1915, numa folha de papel encorpado de 32,2 × 21 cm, usada como bifólio no rosto e como folha inteira no verso, e vincada na vertical e na horizontal, manuscrita a tinta preta. A composição é apresentada pelo autor: "Em P. S. este "mimoso„ poema" (p. 373). O tom de algum desconcerto é salientado ainda mais claramente pela chaveta que, do lado direito, abrange todo o texto e aponta para um ponto de exclamação na horizontal. O poema estaria já a ser trabalhado a 22 de Agosto de 1915, quando Mário de Sá-Carneiro escreve numa carta a Pessoa: "Parece-me em todo o caso que a minha alma, definitivamente, fugiu pela Tôrre Eiffel acima…" (p. 353).

Co [E3/115ᶠ-120aʳ]

Duas quadras incluídas na carta de 27 de Novembro de 1915 a Fernando Pessoa, numa folha de papel quadriculada, de 26,8 cm × 21 cm, usada como bifólio, vincada na horizontal e na vertical, e manuscrita a tinta preta. Sá-Carneiro apresenta a Pessoa, para além de "Caranguejola", poemas e versos seus que encontrou "remexendo velhos papeis", incluindo "Desquite" e "Ápice" (pp. 426-427; vejam-se as respectivas notas dos poemas referidos). O autor acrescenta a respeito destes versos, especificamente: "Entre m[ui]tos outros versos soltos de poesias incompletas encontrei estas duas quadras tambem" (p. 427). E logo após a transcrição: "Isto cheira a "Colete de Forças„. Mas parece-me que, francamente, não se deve aproveitar. Fale ainda você." O pedido deixado imediatamente a seguir pode reportar-se às perguntas feitas a respeito de todos os poemas mencionados nesta sequência, e sobretudo aqueles cuja qualidade questiona: "Antes de saber a sua opinião sobre quanto lhe pergunto — não escreverei os versos no meu caderno" (p. 427). De facto Sá-Carneiro não chega a transcrever as duas quadras para o caderno, ao contrário do que acontece com "Ápice", "Desquite", "Caranguejola" e "Campainhada", todos mencionados nesta carta, o último dos quais demonstrando que Pessoa já se havia referido a ele.

## 55 — FEMININA

Co [E3/115ʳ-13ᵛ]
Poema incluído na carta de 16 de Fevereiro de 1916 a Fernando Pessoa, num dos dois bifólios do Café Riche, de 27 × 21,7 cm, manuscritos a tinta preta, dobrados uma vez na vertical e outra na horizontal, para entrarem num envelope timbrado do mesmo café. Na segunda página da carta, ainda antes de "Femenina", são transcritas as duas quadras com o primeiro verso "Quando eu morrer batam em latas,", e junto com a carta seguia ainda a cópia de "Aquele Outro" também numa folha timbrada do Café Riche. Sá-Carneiro introduz o poema assinalando: "Agora porem o que estou é muito interessado na confecção dum poema irritantissimo, "Femenina„ — que comecei ontem á noite, quando me roubaram o chapeu de chuva", e dá estes versos como "Pâno de amostra", indicando desde logo que a composição não estaria completa. Depois dos versos, aliás, acrescenta, também aludindo a "Aquele Outro": "Como você vê — isto promete, hein? Quando arranjar por completo o poema enviar-lho-hei. Mas vá-me já dizendo as suas impressões — bem como as do pessimo soneto adjunto" (p. 471).

**NOTAS**
5    q pensar ] *no original.*
6    <que>/con\hecer
11   pra q me fossem ] *no original.*
13   mtos amantes ] *no original.*
14   perdilecto

# JUVENÍLIA POÉTICA (1902-1913)

## I. VERSOS DISPERSOS DA INFÂNCIA E DA JUVENTUDE (1902 E NÃO DATADOS)

Estes versos dispersos (textos 56 a 71) encontram-se em diferentes cadernos de infância e juventude de Mário de Sá-Carneiro que fazem hoje parte dos arquivos da Biblioteca Nacional de Portugal e antes pertenceram a François Castex. São eles os cadernos N50/4, N50/6 e N50/7, que adiante se descrevem antes do respectivo conjunto de poemas. Tanto quanto se pôde verificar, de entre estes textos em verso apenas tinham sido publicados por Castex aqueles constantes no caderno N50/4, em "Sur deux cahiers de Français de Mário de Sá-Carneiro", *Colóquio/Letras* 117-118, Set. 1990, pp. 15-26 (Castex, 1990), textos que aqui se reeditam, com os números 66 a 71. Serão portanto inéditos os versos de "A conquista de Ceuta", "D. Alvaro", "Um medico optimo", "O castello mysterioso", "Um amigo", "Os 7 pecados mortaes", "Na velha aldeia tudo descansava", "Eu sou o jogador de porta", "Ó patria, ó patria amada" e "O mar, esse espaço largo", bem como outros fragmentos e rascunhos que aqui se apresentam. Os mais antigos deles remontam a 1902.

## [N50/7]

Um caderno de capa dura avermelhada e lombada de tecido esverdeado-escuro, com folhas de papel pautadas de aproximadamente 11 × 15,8 cm, numeradas manualmente a partir de uma folha de guarda lisa, do número 1 ao 190, apesar de terem sido rasgadas folhas ainda antes de essa numeração ser acrescentada e de a numeração por vezes saltar páginas. Percebe-se mesmo que haveria uma anterior numeração a lápis, reescrita a tinta entretanto, podendo ler-se, por exemplo, o número "225" na penúltima página, que é a 187 da definitiva numeração a tinta. A capa apresenta uma etiqueta com a inscrição "N.º 1 | Diversos escriptos de | Mario Sá C.", repetindo-se portanto o número 1 que já estava no rosto do caderno N50/6, iniciado em Janeiro desse ano. O caderno inclui texto passado a tinta negra, hoje em parte acastanhada. Uma primeira folha, correspondente às pp. 1 e 2, apresenta a inscrição "Diversos escriptos de | Mario de Sa Carneiro.", a que alguém terá acrescentado a lápis "com 12 anos"; e uma segunda folha, correspondente às pp. 3 e 4, indica "Mario Sá C. || Diversos escriptos || Lisboa e R. Maria n.º 29 2.º D. | 10 de julho | 1902". A última folha apresenta um índice que evidencia certa noção de conjunto, já que, além dos vários títulos de textos, são no fim mencionados um "Appendice", "Notas" e "Enigmas". Todos os textos serão de 1902, uma vez que, para além de o caderno levar a data de 10 de Julho de 1902 na folha de rosto, é ainda 1902 o ano que aparece datando o "Appendice" e a secção final de "Enigmas" nele incluída. Para o Mário de Sá-Carneiro de 12 anos, esta seria a sua obra, com narrativas, dramas, poemas líricos, e até enigmas ortográficos. Deles diz Sá-Carneiro numa nota na p. 177 que todos "já foram escriptos n'outras partes". E a eles acrescerão os textos do caderno N50/6, iniciado ainda em Janeiro de 1902, mas que inclui composições do ano de 1903 e outras que parecem posteriores. Ao longo do caderno há uma dupla numeração de versos e de peças, explicada pelo autor como sendo, a primeira delas, referente à ordenação no total de composições, e a segunda especificamente ao género em questão. Este sistema é importante porque contribui para perceber, por exemplo, que Sá-Carneiro considera "X(IV) O Castello Mysterioso" como o quarto trabalho de "versos" desta reunião, segundo a distinção que faz entre versos e peças (p. 179). Assim, para Sá-Carneiro, naquele momento tão inicial, a distinção entre poemas líricos e narrativos é menos relevante que entre versos e diálogos dramáticos. Ainda nas pp. 179 (não numerada) e 180, diz-se que os "trechos extraídos das Leituras Portuguezas era[m] feitos pelo autor no Lyceu[,] os quaes era[m] apresentados ao professor de Portuguez o Ex.mo Sñr. Dr. Manuel Ferreira Cardoso". Não é o caso de nenhum destes textos aqui transcritos, pois nenhum deles é inspirado por outro na selecta editada por Adolpho Coelho. Em suma, aqueles que Sá-Carneiro considera serem os seus "versos", neste caderno de 1902, são portanto "A Conquista de Ceuta", "D. Alvaro", "Um medico optimo", "O castelo mysterioso" — inspirado em *Os Sinos de Corneville* —, "Um amigo" e "Os 7 pecados mortaes", composições numeradas de I a VI. Tanto quanto o editor sabe, são todas composições inéditas. Além destas composições, trans-critas no corpo de texto e de cuja edição

adiante damos as notas, o caderno apresenta um pequeno "Appendice", que inclui uma glosa de um verso de Camões, um esboço de poema e uma secção de "Enigmas", textos que aqui se apresentam imediatamente a seguir:

[P. 173]
1902 | Appendice | Diversos versos¹ por | Mario de Sá Carneiro
**NOTA**
1    Diversos <†>/versos\

[P. 175]
Cantando espalharei por toda a parte*
A imorredoura gloria da gente portu-
   guesa
E me ajudar engenho e arte
Sobre o Evangelho juro que sairá uma
   belesa
Ó Musas minhas ajudae-me a fazer
   versos
Que sejam divinos e de belleza imersos.

\* Camões Luziadas Canto 1.º estrofe 2ª
**NOTAS**
1    aparte ] *as palavras aparecem ligadas.*
2    imorredoura *ou* imorredora
4    Sobre o Envanjelo juro
     que saira uma blesa
6    devinos

[P. 176]
Um frio e horrento tribunal
Encimado pelo limdo Jezus crusificado
Onde está respondendo
Inocente o condenado

[FOLHA DE ROSTO, P. 183]
1902 | Enigmas

Enigmas

Depois de estar completada esta obra lembrou-se o autor que lhe faltavam ainda estes enigmas tipograficos[1] os quaes são os que se seguem.

## 1.º
### MA IOURO

## 2.º
### KA NOTA DE MUSICALDA

## 3.º
### A + MAREEQMARIÑEIROS*

*A solução[2] d'estes 3 enigmas[3] acha-se[4] na pagina seguinte

## Soluções[5]

1.º Mario
2.º Casilda
3.º Ha[6] mais marés que marinheiros

FIM DOS ENIGMAS[7] E D'ESTE LIVRO

**NOTAS**

1   ingmas t<y>/i\pographicos ] *no original.*
2   sulução ] *no original.*
3   enigamas ] *no original.*
4   achasse ] *no original.*
5   Suluções
6   A
7   ENIGMA

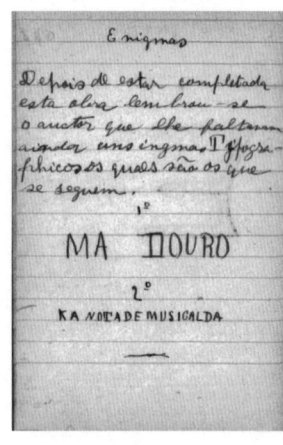

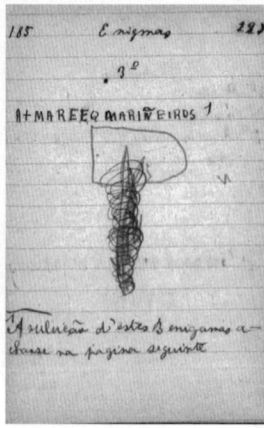

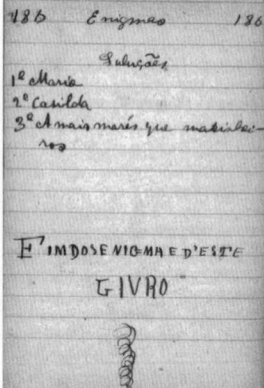

## 56 – A CONQUISTA DE CEUTA

[N50/7, pp. 31-38, 181]

Folha de rosto na p. 31, com indicação "M. S. C. || III(I) || A Conquista de Ceuta || (em verso)". O poema encontra-se nas pp. 33 a 38. Na p. 181 do caderno, Sá-Carneiro indica que faltara incluir na transcrição a estrofe com os versos aqui numerados 54 a 59. Uma vez que a acentuação das palavras "lá" e "já" é inconsistente, uniformiza-se todo o texto com esses acentos. Por outro lado, Sá-Carneiro nesta época grafa as formas do verbo *vir* na terceira pessoa do plural e do singular sempre com acento circunflexo; altera-se aqui "vêm" para "vem", quando se trate do singular.

**NOTAS**

TÍT. III (I) A CONQUIST DE CEUTA ] *sem o a final.*

8 Hmens ] *no original.*

10 Tomarlhes ] *no original.*

17 impestados ] *no original.*

18 expedicão ] *no original.*

20 resulutos ] *no original.*

42 La chega a nau la vem elle ] *no original.*

57 abracar ] *no original.*

73 Ouvir a missa e dar graças a Virgem Santa ] *acrescenta-se o acento.*

74 abobudas ] *no original.*

CONC. Fim da | CONQUISTA DE CEUTA

## 57 – D. ALVARO

[N50/7, pp. 95-106]

Folha de rosto na p. 95, com indicação "MARIO SA C. || VIII(II) || D. Alvaro || (Poemento)", com "n". O poema encontra-se nas pp. 97 a 106.

**NOTAS**

1 soberba *ou* suberba

15 Vêm rompendo o sol claro e ardente ] *elimina-se o acento sempre que neste poema ele surja em formas do singular.*

18 converça

19 *Acrescenta-se o travessão do diálogo, seguindo o modelo do autor, mais abaixo. Faz-se o mesmo nos vv. 21, 24 e 26.*

28 — De quêm é essa Martha? ] *acrescenta-se a vírgula.*

29 Não sei. Uma velha m<'a>a entregou ] *acrescenta-se o travessão do discurso directo.*

33 Nada ] *acrescenta-se o travessão.*

34 Não ] *acrescenta-se o travessão.*

35 Está bem podeste retirar ] *acrescenta-se o travessão e corrige-se a ortografia.*

43 fornoza ] *aparentemente.*

45 "Vesse a ella sobranceiro

55 discripção

65 Senho D. Alvaro ] *sem o r.*

71 "O qual dizia ser irmão de Eesther ] *a parte final do verso foi apagada e reescrita.*

74 namurado

83 E 84 *Aparentemente com destaque no original, em letras maiúsculas.*

92 falço

97 perciguirei

102 Avaro

103 SO

106 <Depois fugiu> /E quando\ morta a viu ] *segmento apagado e corrigido, no original.*

CONC. FIM DE D. ALVARO

## 58 – UM MEDICO OPTIMO

[N50/7, pp. 121-123]

A folha de rosto está na p. 121, com a indicação "M.S.C. || IX (III || Um medico optimo || (epigrama)". O poema consta na p. 123.

**NOTAS**

TÍT. IX (III) Um medico optimo

5 mandou ] *acrescenta-se o ponto final.*

6 litou-se-lhe ] *no original.*

7   Eu istive doente mas ja não estou.
CONC. Fim

### 59 – O CASTELLO MYSTERIOSO

[N50/7, pp. 125-132]

A folha de rosto, na p. 125, diz "MARIO
S.C. || X(IV) || O CASTELLO MYSTERIOSO ||
(Extraido da opera comica os sinos de
Corneville)". O poema consta nas pp. 127
a 132. Segundo indica a folha de rosto,
este texto narrativo em verso terá sido
"extraido" de *Os Sinos de Corneville*. É pos-
sível que Sá-Carneiro tivesse acedido à
edição de Eduardo Garrido de *Os Sinos
de Corneville — Opera Comica em 3 Actos —
Original de Clairville & Gabet*, publicada
na "Collecção de copias de diversas
operas-comicas" (de que este título era
o número 50) pela Livraria Popular de
Francisco Franco (60 Travessa de S.
Domingos | Lisboa), impresso que teve
múltiplas edições. O termo "extraido",
contudo, não deve fazer crer que se trate
de pura cópia, já que manifestamente
não é o caso. Curiosamente, desde muito
novo (teria nesta altura 12 anos) Mário
de Sá-Carneiro é escrupuloso na indi-
cação das fontes, quando as há, a ponto
de indicar as passagens específicas que
incorpore nos seus textos. O termo
"extraido" neste contexto significa
apenas que o jovem autor se inspira em
duas personagens — Gaspar e Gastão — e
numa imagem — a do castelo em que
Gaspar guarda o tesouro, avaramente,
referida particularmente na cena 18 da
ópera-cómica —, para desenvolver uma
narrativa em verso que é original e que
em praticamente nada se parece relacio-
nar textualmente com a obra dramática
indicada como fonte.

**NOTAS**

8   pele<g>/j\ar. ] *termina,
excepcionalmente, com ponto final.*

---

13   encarregado da castello
16   Que parcia de seu amos gostar
17   gaspar
22   citio
25   Escondeu muito bem escondido ]
*talvez se visasse a forma* Escondeu-o.
41   alg<g>um
44   <E†> Que de muitos
homens era segido
55   Então [↑ 3 homens] o agarraram
58   E d'ahi <,>/c\reio que morreu
CONC.   FIM DO CASTELLO || MISTERIOSO

### 60 – UM AMIGO

[N 50/7, pp. 133-136]

A folha de rosto está na p. 133, com a
indicação "M.S.C || XI(V) || Um Amigo
|| Soneto por Mario de || Sá Carneiro".
O poema encontra-se nas pp. 135 e 136,
da numeração do caderno.

**NOTAS**

TÍT.   XV) — Um amigo ] *a numeração
deverá indicar* XI(V).
3   Antonio o que não têm uma amigo
7   Sentado n'est<a>/e\ banco
10   resta ] *acrescenta-se ponto
de interrogação.*
11   O! quando é que virá esta ]
*acrescenta-se acento e
ponto de interrogação.*
14   qrendo ] *no original. Sá-Carneiro
ainda trabalharia este último verso,
para o aproximar do formato do soneto.*
CONC.   FIM DE | UM AMIGO

### 61 – OS 7 PECADOS MORTAES

[N50/7, pp. 167-172]

A folha de rosto, na p. 167, indica
"Mario Sá C. | Os 7 pecados mortaes |
(em verso)". O poema encontra-se nas
pp. 169 a 172.

**NOTAS**

TÍT.   XV — Os 7 pecados mortaes — VI

(*1.º A soberba*)
1  A suberba e vicio pior
2  pecados mortae *ou* pecados mortal
3  A suberba e vicio de horor
4  Quem tem suberba para
   ninguem têm amor

(*2.º A avaresa*)
1  Avaresa e ser-se agarrado
   ao dinheiro

(*3.º A luxuria*)
2  Quem têm ] *no original.*

(*4.º A ira*)
1  Quem têm ira é muito zangado
2  Quem têm ira por ninguem e amado
3  A ira e vicio d'horror
4  E repito: que têm ira de
   ninguem gosa amor

(*5.º A gula*)
1  Quem têm ] *no original.*
4  E repito <que>/a\ gula é vicio d'horor

(*6.º A inveja*)
1  A inveja e o 2.º pecado mortal
4  Quem têm inveja para
   ninguem têm amor

(*7.º A preguiça*)
TÍT.  7.º A perguiça
1  perguiça ] *no original.*
2  Quem têm perguiça para
   ninguem têm amor
3  pecados mortae ] *no original.*
CONC.  Fim dos || 7 pecados mortaes


[N50/6]
Um caderno de capa dura azul e lom-
bada de tecido verde, com cerca de 104
folhas de papel pautadas, de 15,7 × 10,7
cm, numeradas manualmente a partir
da terceira página, do número 1 ao 206.
A capa apresenta uma etiqueta com a
inscrição "N.º 1 | Diversos escriptos por
| Mario Sá Car.[nei]" Inclui textos escritos a
lápis e a tinta hoje negra e sépia, datados
de 1902 e 1903, bem como outro tipo
de inscrições, algumas que aparecem
já no fim do caderno e com a data de
1904, separadas dos textos por várias
páginas vazias de permeio. A folha de
rosto apresenta as seguintes indica-
ções, escritas a tinta negra: "Mario de
Sá Carneiro || Este livro conteêm arti-
gos que | prenchem mais de duzentas
páginas || Grande numero de diversos |
escriptos por Mario de | Sá Carneiro ||
Neste livro estão quazi todos ou mesmo

| todos os escriptos de Mario de Sá
Carneiro || Lisboa, 21 de janeiro. | Rua
Maria 29 | 2.º direito | 1902"
(a linha 5 grafa "escripos", no original).
De facto, apesar de a numeração do
caderno ir até à p. 206, apenas cerca
de metade das páginas têm inscrições.
Para além dos poemas que neste livro se
editam, entre as pp. 91 e 104, o caderno
inclui vários rascunhos dos poemas
"O Fidalgo e o Lavrador", "A Noite de
Natal" e "A Tempestade", que Mário de
Sá-Carneiro fixa já em 1903, no seu
caderno de "Poesias" (N50/1), e que são
apresentados neste livro mais adiante.
Inclui, além disso, pequenos
fragmentos — possivelmente
inícios de poemas — e um acróstico,
textos estes que imediatamente se
transcrevem:

†
Sahi de minha casa pensativo
E ◊
Era noite de<f> festas
**NOTAS**
1   Shi ] *no original.*
3   fe<z>/s\tas

[P. 92, A TINTA NEGRA]
Havia soiré em casas dos marquezes
Tudo d ◊

[P. 97, A LÁPIS]
Ella ia bella, seductora, mezmo
Quando a vi, ha ja mais d'*anno

[P. 104, A LÁPIS]

| Carlos | Antonio |
|--------|---------|
| Antonio | Norberto |
| Raphael | Thomaz |
| Luiz | Octavio |
| Octavio | Narciso |
| Samuel | Isidoro |
|  | Oct† |

*Destacam-se aqui as iniciais, que formam
o mesmo nome da primeira linha, "Carlos
Antonio".*

## 62 — "NA VELHA ALDEIA TUDO DESCANSAVA"
[N50/6, p. 86]
Versos escritos a tinta hoje de tons
sépia, provavelmente de 1903, data
aposta ao texto que termina na p. 84
e que apresenta idênticas caligrafia e
tinta. As primeiras linhas na página
correspondem a uma versão da primeira
estrofe entretanto riscada:

Na antiga aldeia tudo descançava
Só havia um [↑ ente] que não dormia
<E que>/Mas\ que amava
Era a tia Maria que fiava, fiava

Acrescentam-se pontos finais aos vv. 2,
4 e 6, já que o ponto é usado no v. 5.
**NOTAS**
1   Na <antiga>[↑ velha] aldeia tudo
    descansa ] *opta-se pelo imperfeito,
    que respeita a rima do dístico e é o
    tempo expresso na primeira versão.*
6   <Era> filho d'uma filha que
    tinha e de Antonio de Mello

## 63 — "Ó PATRIA, Ó PATRIA AMADA"
[N50/6, pp. 88-89]
Versos escritos a tinta negra, de 1903
ou posteriores a esse ano. Antecedendo
a primeira estrofe há uma sua versão
prévia, entretanto riscada:

   <Ó patria, ó patria amad<o>/a\
   Recebe os filhos teus
   Ó patria idolatrado ] *aparentemente
com o.*
   Recebe [↑ <*minha>] a oçada ] *o
texto acrescentado e riscado a lápis.*
   Ó patria adeus adeus>

Depois do verso alusivo ao Marquês de
Pombal, há outra quadra riscada:

   <E que os reis por ti eleitos
   Ditem mui boas leis
   Que sejam por assim dizer
   Outros principes perfeitos>

**NOTAS**
1   O patria ] *no original.*
5   *A primeira versão do v. 5, na
    linha acima, está riscada:*
    <O patria ó patria q>
7   E que cries [↑ geres] muitos
    homens ] *acrescento a lápis.*
8   marquez de pombal ] *no original,
    com um* l *mal definido.*
10  caixao ] *sem til.*
12  coraçao ] *sem til.*
16  Cidão ] *no original.*

[N50/6, p. 90]

Versos provavelmente da mesma época do anterior poema, que se aceita ser de cerca de 1903 ou posterior, também escritos a tinta preta e com caligrafia muito próxima.

**NOTAS**

2  [← H]<E>/o\rrivel

3  istante ] *no original*.

8  termendo ] *no original*.

9  queria ] *em vez de* querida.

10  E eu meu Deus n'este mundo <cá> fiquei?

11  Mataime ] *no original*.

## 65 – "EU SOU JOGADOR DE PORTA"

[N50/6, pp. 87-105]

Versos para serem lidos a três vozes, presentes em dois rascunhos diferentes, que aqui se aproximam e numeram, e que estão escritos com uma caligrafia e uma ortografia talvez mais evoluídas do que aquelas patentes noutros escritos do caderno datados de 1902 e 1903. Note-se que são escritos a lápis, diferentemente desses textos, a tinta negra ou sépia. Na nota de rodapé que acrescenta ao seu "Recitativo da Ginginha" (veja-se esse poema), Sá-Carneiro menciona que um *"Trecetto do Jogador de Porta, Manteigueiro e Gazeteiro"* fora preparado para uma "revista academica" de 24 de Abril de 1908. O programa

dessa festa mostra que três actores terão desempenhado esses papéis na "revista de costumes populares e academicos em 1 prologo e 1 acto de Quineles, Canka e Sirconera, com musica de Alfredo Mantua (parte original e parte coordenada)", revista essa que leva como título "?", leia-se um ponto de interrogação. Sirconera era o pseudónimo anagramático de Sá-Carneiro. Estes versos poderão ser, portanto, um rascunho muito inicial desse texto da revista.

**NOTAS**

[I]  *Sem número no original.*

4  <É>/S\ou eu que sou manteigueiro [↑ É o eximio manteigueiro]

11  O meu custume e faltar ] no original.

[II]  *Sem número no original.*

2  Antes d<e>'entrar mto arteiro

6  <E mais eu, o gazeteireir> [↑ Tambem eu mas mais ronceiro]

7  Seguindo [↑ um] outro caminho

8  <Tambem eu, o manteigueiro> [↓ Faz o mesmo o manteigueiro] *o verso final é escrito na linha seguinte. Nas duas linhas posteriores aparecem ainda os seguintes versos riscados:* <Mais eu por outro caminho | O qual é… ser gazeteiro> *O último verso riscado é muito próximo do final do primeiro rascunho, evidenciando o carácter incompleto destes textos, que possivelmente contribuíram para uma versão final hoje, e para já, desconhecida.*

[N50/4]

Um caderno de capa acartonada vermelha e manchas pretas, e lombada preta, com folhas de papel pautadas de 10 × 15 cm. A etiqueta na capa indica: "N.º 103 | 2.ᵉ classe 2.ᵉ division | Mario de Sá Carneiro". Na primeira página,

lê-se "Cahier de Francais" (sem cedilha) e, na segunda, "Cahier de français | appartenant a l'eleve n.º 103 | 2.ᵉ classe — 2.ᵉ division | Lyceé Central de Lisbonne | 1901-02". Apresenta no verso da capa o carimbo da "Papelaria Vasconcellos |

268, Rua da Prata, 272 | Lisboa". Várias das suas folhas foram rasgadas. Note--se que, dos dois cadernos de francês de Mário de Sá-Carneiro que pertenceram a François Castex e hoje integram os arquivos da BNP, este é o primeiro, já que ambos ostentam a indicação de serem do ano lectivo 1901/02, e este começa na primeira lição, datada aliás de "Lisbonne le 25 octobre", e termina com o que parece ser uma síntese das lições 52 a 58 (o caderno N50/5, em contrapartida, indica "Lisbonne, le 7 mars 1902" e começa na lição 51(1)). Voltando-se o caderno N50/4, vê-se que Sá-Carneiro usa a contracapa como uma nova capa, em que escreve, numa tinta hoje muito apagada, "*Traduções de | Allemão". São textos que, a terem sido realmente escritos neste caderno, tê-lo-ão sido em folhas entretanto arrancadas. Em contrapartida, as páginas iniciais desta segunda vida do caderno incluem apontamentos de carácter literário, a lápis ou a tinta. Destacam--se naturalmente as composições que começam com os versos "Luizinha, a minha vida", os fragmentos de "Amor, amor, o que é?", "Amor é chama", "A Penca do Mariares", "Estalam as garrafas", e "Prologo", versos que foram já divulgados por François Castex (1990). Além desses versos, transcritos aqui no corpo de texto e cuja edição adiante se anota, o caderno inclui uma lista de personagens, escrita a lápis (apresentada por Castex no mesmo artigo), que inclui o nome "João Jacinto" mais tarde usado no conto homónimo oferecido a Ricardo Teixeira Duarte a 30 de Abril de 1908, bem como versos inacabados, rascunhos de assinaturas e ainda uma página com exercícios de matemática. Apresentam-se em seguida especificamente apenas esses testemunhos textuais fragmentários, usando-se

para mais fácil referência a numeração de páginas seguida pela BNP na digitalização do caderno.

[P. 57, A LÁPIS]

| | |
|---|---|
| João Jacinto | (Carvalho exp.) |
| Paulo de Gusmão | (Pedro de Gusmão etst) |
| Eloi Batalha | (Raimundo Alves) |
| Luiz Amelio | (Vinhal) |
| <Hugo de Mendonça | (Nascimento)> |
| Lina de Mont'Alvor | (Santarem) |

I = João Jacinto
II = Paulo de Gusmão
III = Lina de Mont'Alvor
IV = Luiz Amelio
V = Eloi Batalha
VI = Augusto Silva

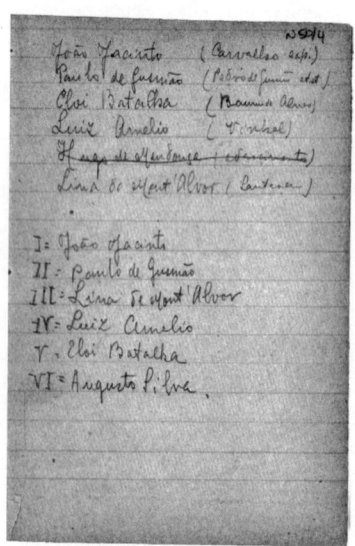

[P. 60, A TINTA NEGRA.
ALÉM DO FRAGMENTO DE "AMOR, AMOR,
O QUE É?"]
A tua bocca é um cofre
<Os teus dentes>
Que guarda †

[P. 61, A TINTA NEGRA, ALÉM DO
FRAGMENTO DE "AMOR, AMOR, O QUE É?"]
A viscondessa de x.
Uma dama do high-life
Da cidade de Paris

[P. 62, A TINTA NEGRA]
Mario

A fitinha do chapeu

Mario de Sá Carn/

Mario de Sá Carn/

[P. 63, A TINTA NEGRA,
ALÉM DE "AMOR É CHAMA" E
"A PENCA DO MARIARES"]
M de Sá Car/

Sá Carn/

[P. 64]
Amor é chama que mata

O alumno

M. de Sá Carneiro

## 66 – "LUIZINHA, A MINHA VIDA"
[N50/4, p. 59]
**NOTA**
4   mehor

## 67 – "AMOR, AMOR, O QUE É?"
[N50/4, pp. 60-61]
Editam-se conjuntamente dois frag-

mentos relacionados e que estão lado a
lado no caderno. O fragmento da p. 61
(aqui em primeiro lugar) inicia o tema,
nas suas duas estrofes. O fragmento
na p. 60, escrito na vertical, conti-
nua-o, começando com uma versão
diferente da segunda estrofe na p. 61 e
acrescentando-lhe duas outras.

Amor, amor, o que é?
<Pergu†> Perguntou a Soledade
Ao seu [↑ namoro,] priminho [↑o] José

Nao sabe? Qu'ingenuidade!
<Disse-ell Respondeu-lhe> o
Já lhe digo, ó priminha!
É uma necessidade!

——

Não sabe?! Quingenuidade! ] *sem
apóstrofo.*
Querida priminha, o amor ] *ou* Querida
priminh; o amor
É uma necessidade!

Que diz, que diz o senhor!
Necessidade porquê?
<Diga lá faça favor!> Explique, por favor

Porquê, porquê? Ja se vê
É como que... ir á pia...
Fazer... fazer... não sei quê!

## 68 – "AMOR É CHAMA"
[N50/4, p. 63]
A caligrafia distancia-se da usada nos
textos escolares, em francês. E, de
facto, está próxima de transcrições no
caderno N50/1, que ostenta na folha
de rosto o ano de 1906. A data destes
versos poderá ou não ser 1905 ou antes,
já que o tema do poema é continuado
na página seguinte, onde se lê o verso
"Amor é chama que mata" (N50/4, 64),

e o poema "O amor" (N50, 12 e 13), que abre precisamente com esse mesmo verso, é datado de 17 de Maio de 1905.

## 69 — "A PENCA DO MARIARES"

[N50/4, p. 63]

A respeito da datação desta quadra satírica, que não podemos precisar, diga-se que surge acrescentada ao fundo da mesma página do anterior poema, na diagonal descendente, e apresenta uma caligrafia mais amadurecida do que a usada nos exercícios de francês. Os mencionados seriam provavelmente os colegas de liceu José Mariares e Álvaro Cabral ou Martim Cabral. Sabemos que os segundos participaram com Sá-Carneiro na "Festa de Caridade" promovida pelos alunos do Lyceu de São Domingos a 15 de Maio de 1907, e que o primeiro fez parte da récita do Grupo Dramatico do mesmo liceu que decorreu a 24 de Abril de 1908. A quadra pode ou não estar relacionada de alguma maneira com o "Recitativo da Ginginha", de Fevereiro de 1908, que foi preparado para essa última récita referida, em que participou Mariares, e que começa com o verso "Co'a longa penca vermelha na ponta".

**NOTA**

3    Faria [↑-lhe] dar<-lhe> un ares

## 70 — "ESTALAM AS GARRAFAS"

[N50/4, pp. 65-67]

**NOTAS**

2    Chamgne
6    algres
7    Todos os bebem ] *no original;
     admite-se* Todas as bebem.
8    Erguera-se <um>[↑o] moço
9    E fez um brinde a maqueza
20   <Ja>/E\

21   'Té bispo me elugia, ]
     *acrescenta-se o artigo.*
22   *Segue-se a leitura de Castex* (1990,
     p. 20), *que sugere* puquera *no original.*
24   trabalha
25   tadança
31   saltiadores
33   Calaivos la mizeravel
38   <Mas bem>/Entao\
42   E p'ra vingar a que amava
43   suffer
45   Senhore
46   conhecerei
47   sclerado
48   assenta
49   entre
50   <†>/sujar\
51   <alega>[↑ bella] murada
52   udo, tudo ] *no original.*
53   principeava.

## 71 — PROLOGO

[N50/4, p. 70]

**NOTAS**

1     Leitor amigo se compras-te o livro
2     Tenho a fazerte uma observação
3     Tens de turcar o século pesente
5     turcar
6     Por capa e espada [→
      por calção e meia]
      <Por calção e meia>
10    Ei-de
11 E 12   <Conviverei com † e fidalgos>
      <Tambem com muito vis ladrões>
      Encontrarei o m.$^{to}$ fidalgo
      Como também muitos *ladrões

## 2. POESIAS (1903-1913)

Publicam-se com o título de *Poesias* não só aqueles versos que Mário de Sá-Carneiro reuniu num caderno de juventude para o qual reservou esse título, mas também os poemas da juvenília poética que a ele se sucederam. O caderno em causa, com a cota N50/1 da Biblioteca Nacional de Portugal, intitulado pelo jovem escritor "Poesias de Mário de Sá-Carneiro", inclui os poemas 72 a 102. Contém ainda versões preliminares do "Monólogo á força" e da tradução de "A Luva" que são integradas nas notas das suas versões posteriores, mais desenvolvidas, aquelas que se optou por transcrever, com os números 104 e 111, respectivamente. Os suportes dos poemas seguintes são descritos adiante nas notas de cada um deles.

### [N50/1]

Trata-se de um caderno de capa e contracapa moles pretas e margens de papel avermelhadas, de 48 folhas de papel quadriculadas, cosidas, com as dimensões 18,3 cm × 12,5 cm. Apresenta na capa uma etiqueta com a indicação manuscrita "Poesias de M. de Sá Carneiro", na folha de rosto "Poesias de Mário de Sá Carneiro | Lisboa | 1906" e ainda uma terceira folha apenas com "Poesias". Está manuscrito a tinta hoje sobretudo acastanhada, com algumas correcções a lápis e esporadicamente a tinta vermelha, casos sempre indicados nas notas seguintes. O caderno tem ainda uma etiqueta autocolante da "M. A. Branco | Papelaria Progresso | Typogr.ª Lithogr.ª | Lisboa | 153 — R. do Ouro — 155", onde possivelmente terá sido comprado. Apesar de a folha de rosto indicar "1906", ano em que Sá-Carneiro terá começado a utilizar o caderno para passar a limpo estes poemas que já vinha escrevendo pelo menos desde Abril de 1903, o texto mais tardio transcrito no volume, "Recitativo da Ginginha", é já de Fevereiro de 1908. O volume apresenta uma natureza de conjunto, como é visível pelo facto de Sá-Carneiro numerar todas as composições. Nele não é seguida estritamente a ordem cronológica, como se percebe por exemplo com a inclusão do poema v, "O amor", datado de "17 maio 1905", antes da tradução do texto viii, "O Clarim", de "31 março 1905", situação que aliás também se verificará esporadicamente no caderno de *Indícios de Oiro*. Não podemos obviamente saber se Sá-Carneiro transcreve estes textos do ano anterior a encetar a cópia para o caderno nesta ordem por ser aquela em que os encontra, ou devido a uma decisão tardia de incluir o texto mais tardio dos dois, ou se de facto simplesmente porque prefere esta ordenação. Assim, opta-se por seguir, no geral, a organização do caderno, mesmo se se remete a numeração original para o aparato. Há contudo uma excepção a esta regra. Uma versão diferente do texto xxviii, "O que querem que aqui faça?... | (monologo comico)" [pp. 69-72], datado de 21 de Março de 1907, é publicada no jornal *Azulejos* a 24 de Agosto de 1908, com o título "Monologo á força". Por este motivo, opta-se por apresentar esta última versão, a impressa, depois da sequência dos poemas no caderno e de "Retrato de Bento Formozinho", transcrevendo e anotando a versão prévia, a do caderno, com o número XXVIII, "O que querem que aqui faça?... | (monólogo comico)", apenas na sua nota final. Isto porque não faria sentido colocar tanto a primeira versão, do manuscrito, como a versão final, impressa, no corpo de texto. Assim, destaca-se a versão última, impressa, que fica aliás a abrir os poemas publicados em *Azulejos* (veja--se a respectiva nota final).

Saliente-se ainda que o caderno não inclui o poema xxv, intitulado "A quem?" no índice, e entre os poemas xxiv e xxvi é visível que uma folha foi rasgada. Também não inclui o poema xxvii, intitulado no índice de "Ensanguentada historia (monologo comico)". Quanto a "XXXVI — Algumas coplas e versos da revista pop<o>/u\lar e academica?", em que o ponto de interrogação era o próprio título, não é seguido dos versos em causa; por outro lado, no índice este número é atribuído a "Analises". Os três últimos títulos mencionados no índice, "XXXVII — Recitativo de M.^{me} Derniercri (da r[evista]?)", "XXXVIII — Fado de Archimedes (idem)", e "XXXIX — Monologo do Ponto (idem)" não aparecem no caderno. Sobre eles, veja-se a nota de rodapé que o próprio autor acrescentou ao "Recitativo da Ginginha", em que se diz que seriam "n.^{os}" cortados da referida revista de "24 d'abril de 1908". As quatro últimas linhas do índice, a partir de "XXXVI — Analises." são acrescentadas tardiamente, apresentando uma tinta mais forte, em comparação com o resto do índice, que aliás parece ter sido escrito faseadamente. É visível que antes do índice faltam folhas ao caderno, seguindo-se aqui a ordem das folhas existentes. Edita-se em seguida o índice do caderno, seguido das respectivas notas:

99

É vespera de natal
Estão allegres os pequenitos
Pois sabem que n'essa noite
Jezus lho faça hornitos

Vão-se deitar os Anjinhos
Mas nem dormem e contem
Só lá pelas 10 horas
é adormecem
que dormem os não contem

Acordam de manhãzinha
E perguntam a criada
Se Jezus lhe não deu nada

Deu-lhes sim muitos bons
Lhes diz a boa criada
Que se põem contar de gum...

**INDICE**

[N50/1, pp.97-98]

A numeração nas notas seguintes reporta-se àquela presente no próprio índice.

**NOTAS**

V (<g>/m\ote e glosas)

VI golosa ] *no original.*

VIII Deroulède ] *no original.*

XVIII Hein ] *no original.*

XXXV (para uma revista).

XXXVII (da r.?) ] *leitura conjectural de* revista.

XXXVIII idem ] *itálico do editor.*

XXXIX idem ] *itálico do editor.*

**72 – O FIDALGO E O LAVRADOR**

[N50/1, p. 7]

**NOTAS**

CABEÇ. I | O Fidalgo e o Lavrador. ] *com ponto final.*

4 descança ] *no original.*

5 palaci<a>/o\

7 chopana ] *no original.*

10 sobresaltado ] *no original.*

DATA 24 abril 1903. ] *com ponto final.*

**73 – A NOITE DE NATAL**

[N50/1, p. 8]

**NOTAS**

CABEÇ. II | A noite de Natal. ] *no*

*título e no primeiro verso* noite, *diferentemente da forma* noute *no índice e no poema anterior.*

4 Custuma ] *no original; acrescenta--se o ponto no fim do verso.*

6 contetentes ] *no original.*

10 Quando accorde de manhã ] *a forma* accorde *parece um lapso. A forma* accordam *não só faz mais sentido, no contexto, como é sustentada por uma versão anterior do poema, num outro caderno de escritos, onde se lê:* Acordam de manhazinha | E perguntam a criada | Se Jezus lhe não deu nada *[N50/6-99]. Veja-se o fac-símile na p. 643.*

13 — Quer[ ↑ e]mo-nos ] *Além deste acrescento, há uma rasura ilegível na entrelinha superior.*

**74 – A TEMPESTADE**

[N50/1, p. 9]

**NOTA**

CABEÇ. III | A Tempestade. ] *com ponto final.*

**75 – A QUINTA DA VICTORIA**

[N50/1, pp. 10-11]

**NOTAS**

CABEÇ. IV | A Quinta da Victoria. ] *com ponto final.*

7 <j>/g\ente

12 D'esde ] *no original.*

17 Vê<m>/e\m

20 ella ] *acrescenta-se ponto final.*

**76 – O AMOR**

[N50/1, pp. 12-13]

Note-se que Sá-Carneiro destaca os versos glosados com uma caligrafia diferente, a tender para esquerda, ao contrário do resto do poema.

**NOTAS**

CABEÇ. V | O amor. ] *com ponto final.*

MOT. V. 4 esvaece ] *no original. Corrige-*
*-se a forma verbal, uniformizando a*
*grafia com a glosa e permitindo a rima.*
GL. Golosas ] *no original.*

**77 – A ROSA**

[N50/1, p. 14]
Como acontece em "O Amor", Sá-
-Carneiro destaca os versos glosados com
uma caligrafia diferente, a tender para
esquerda, ao contrário do resto do poema.
**NOTAS**
CABEÇ. VI | A Rosa
GL. Golosa ] *no original.*
3 [↑mui] viçosa ] *acrescento a lápis na*
*entrelinha superior. O sintagma volta*
*a aparecer em "Velha Anecdota".*

**78 – PERFIL**

[N50/1, p. 15]
**NOTAS**
CABEÇ. VII | Perfil
3 tro<c>/n\co
9 *A palavra* "valente", *referência ao*
*nome próprio, é destacada no texto*
*com uma grafia diferente, a tender*
*para a esquerda e ligeiramente maior.*
10 acersão ] *no original.*
12 Napolião ] *no original.*

**79 – O CLARIM**

[N50/1, pp. 16-18]
O poema "Le Clairon", de Paul Déroulède,
é incluído na *Selecta de Autores Franceses*
organizada por João Chéze (pp. 276-278),
livro que pertenceu a Sá-Carneiro e está
hoje na Biblioteca da Universidade de
Coimbra. Em todo o caso, o conteúdo da
tradução por vezes distancia-se bastante
da versão nessa selecta. O livro escolar
apresenta algumas propostas de tradução
de certas passagens, de A.-R. Gonçalves
Vianna, com as quais Sá-Carneiro rara-
mente coincide.

**NOTAS**
CABEÇ. VIII | O clarim. ] *com ponto final.*
1 *Aparentemente* pura e *seguramente* a
estrada e larga, *sem acento no* "e".
9 campião ] *no original.*
13 <é>/É\
15 Cuberta ] *no original.*
17 trobeta ] *no original.*
29 O inimigos ] *no original.*
30 refréga ] *aparentemente com acento,*
*como aliás é comum com este tipo de*
*sílaba acentuada, em Sá-Carneiro.*
35 Levante elle o seu dorço ] *no original.*
NOTA Deroulède ] *no original.*
DATA 31 março 1905. ] *aqui*
*com ponto final.*

**80 – FRAGMENTO D'UMA POESIA
DE V. HUGO QUE TRATA
DE NAPOLEÃO**

[N50/1, pp. 19-21]
**NOTAS**
CABEÇ. IX | Fragmento d'uma
poesia de V. Hugo que trata de
Napolião. ] *com ponto final.*
12 Crôas ] *no original.*
22 ámanhã ] *diferentemente de nas linhas*
*seguintes, onde aparece sem acento.*
36 s'encendea ] *no original.*
DATA 13 Junho 1915

**81 – Á MORTE DE W. ...**

[N50/1, p. 22]
**NOTA**
CABEÇ. X | Á morte de W..... ] *com*
*cinco pontos; presume-se um ponto*
*de abreviatura e reticências.*

**82 – VELHA ANECDOTA**

[N50/1, pp. 23-24]
Está solta a folha com o poema.
**NOTAS**
CABEÇ. XI | Velha Anecdota. ]
*com ponto final.*

2  horrerosa ] *no original.*
5  enebriante ] *no original.*
7  Exlencia ] *no original.*
17 Exlencia ] *no original.*
18 boccadinho!… ] *fecha-se aspas.*
20 segiu ] *no original.*

**83 – COMO O MEU AMOR
BROTOU POR TI**
[N50/1, pp. 25-26]

**NOTAS**

CABEÇ. XII | Como o meu amor
   brotou por ti. ] *com ponto final.*
4  ouvi ] *acrescento o ponto final.*
7  <E por isso> [↑P'ra prova] vou
   [↑te] dizer ] *a lápis o risco e o texto
   acrescentado na entrelinha superior.*
12 douctor ] *uniformiza-se para
   doutor, forma usada mais abaixo.*
14 Mas ] *no original.*
15 m.ᵗᵒ negros, ] *desdobra-
   -se a abreviatura.*
29 *O verso original começa com
   É, parecendo tratar-se de
   um lapso de Sá-Carneiro na
   transcrição do rascunho.*
30 cantados ] *no original.*

**84 – O CASTIGO DA CORTEZÃ**
[N50/1, pp. 27-29]

**NOTAS**

CABEÇ. XIII | O castigo da
   Cortezã. ] *com ponto final.*
2  princepe ] *no original.*
7  sucidado ] *no original.*
12 encantava!. ] *no original.*
13 Levàra ] *no original.*
14 ralàra ] *no original.*
16 orára] *no original.*
31 o ouro ] *no original.*
32 assacinado ] *no original.*
36 'Te que um triste dia ]
   *acrescenta-se o acento.*

**85 – MENINA DA TRANÇA D'OURO**
[N50/1, pp. 30-32]

**NOTAS**

CABEÇ. XIV | Menina da trança
   d'ouro. ] *com ponto final.*
EPIG. milho…. ] *no original.*
1  Menina da trança d'ouro ] *o
   primeiro verso não é destacado;
   opta-se no entanto pelo itálico,
   já que esse destaque é realmente
   feito no verso final, idêntico, por
   glosar a breve epígrafe, apesar
   de Sá-Carneiro não usar aqui a
   terminologia "mote" e "glosa".*
4  vê-lo ] *acrescento ponto final.*
15 succedesse ] *sem pontuação
   no fim do verso.*
25 eu, <(>oh! <†>/flôr\<)>
32 Emboraba *ou possivelmente* emboraha
38 *Menina da trança d'ouro! ] texto
   destacado no original, com uma
   grafia a tender menos para a direita
   do que o resto do texto; note-se
   ainda o ponto de exclamação.*

**86 – A UMA ACTRIZ**
[N50/1, pp. 33-35]

**NOTAS**

CABEÇ. XV | A uma actriz. ]
   *com ponto final.*
7  penço ] *no original.*
17 ninguem ] *acrescento ponto final.*
20 gentir criança! ] *aparentemente
   com r no original.*
24 pencei ] *no original.*
25 E d'esde esse dia, Estella ouve: ]
   *uniformiza-se para desde, já que a
   partir do v. 30 deste poema será esta
   a forma utilizada por Sá-Carneiro.*
28 *Percebe-se outra palavra,
   entretanto apagada, por baixo
   de de fogo; talvez perfeito.*
29 um dia [↑ sabes] de te ver
30 Estella, meu anjo [↑ e luz]

<en>/en\tão desde essa vez!
31 *Uma palavra parece ter sido apagada,*
*onde depois aparece "oh!".*
33 e .... | nunca o amaras! ]
*com quatro pontos e, na linha*
*seguinte, sem acento no a.*

**87 – DUAS EXISTENCIAS**

[N50/1, pp. 36-40]

**NOTAS**

CABEÇ.  XVI | Duas existencias. ]
*com ponto final.*
3 Entrára ] *no original.*
6 tambem! *ou* tam bem!
7 Vira <pois>[↑assim]
14 clafetado ] *no original.*
18 <e>/u\m explendido
dia! ] *no original.*
19 Crescêra ] *elimina-se o acento*
*circunflexo, uniformizando-se*
*com a grafia na estrofe seguinte.*
21 f<e>rio,
22 tristeza ] *acrescenta-se ponto final.*
28 trabalhar; *ou* trabalhar:
30 sustentar ] *acrescenta-se ponto final. Insere-*
*-se ainda o sinal de pausa que está sempre*
*presente quando a narrativa alterna entre*
*as duas personagens e que Sá-Carneiro*
*não terá inserido provavelmente apenas*
*por o v. 30 aparecer no fim da página.*
*Claramente, até estas "duas existências" se*
*encontrarem no texto, as suas narrativas*
*prosseguem separadas com estes traços,*
*independentemente da dimensão das estrofes.*
32 custurar! ] *palavra rasurada por baixo.*
36 exepto ] *no original.*
53 buco ] *no original.*
55 emfim *ou* em fim
58 Encontràra ] *no original.*
65 Palpitára ] *no original.*
67 Por ell<e>/a\ foi ell<a>/e\ amado!.. ]
*apenas com dois pontos nas reticências.*
68 inocente *ou talvez* inocentte
70 creminosamente! ] *no original.*

74 Chaiu ] *no original.*
79 em quanto ] *aqui ainda*
*duas palavras separadas*
87 N<'>uma vida de prazer!.... ]
*o autor risca, claramente, o*
*apóstrofo; são quatro os pontos*
*após o ponto de exclamação.*
DATA  190<6>/5\

**88 – CANÇÃO DO REI DE THULE**
**(DE GOETHE)**

[N50/1, pp. 41-42]

**NOTAS**

CABEÇ.  XVII | Canção do rei
de Thule. | (de Goethe)
3 muribunda ] *no original.*
7 Chio ] *no original.*
9 Ao <ver que chegava> [↑ sentir
chegar] a morte ] *Excepto no que diz*
*respeito ao v. 30, todos os riscados e*
*acrescentos em linha superior feitos por*
*Sá-Carneiro estão a tinta vermelha.*
13 *Aparente lapso:* m'esmo *ou* mèsmo.
15 deixára ] *no original.*
26 Ergue o [↑ seu] braço
<vacilante> [↑ tremente]...
27 <Então n'esse mesmo instante>
[↑ E ao mar rapidamente]
28 [↑ Por elle] O copo <ao
mar> é lançado!
29 <E> [↑ Mas] quando desapparecia ]
desapparecia *ou* desapperecia
30 <De todo no mar profundo>
[↑ Quando ja tocava o fundo]
*riscado e substituição a tinta*
*negra, possivelmente anterior*
*às correcções a vermelho.*
32 Cerrand[↓ o] os olhos morria!

[N50/1, pp. 43-44]

**NOTAS**

CABEÇ. XVIII | Lorelei | (de H. Heine)

2   manço ] *no original.*

7   levedo ] *no original.*

15  douurada ] *no original.*

22  escol<p>hos

26  braco ] *no original. E possivelmente* a<p>/b\ysmou-se.

30  commovid<a>/o\.

33  Outro [↑ assim]

N. ROD. (1) — Leia-se Lorelai porque em allemão ei vale ai. ] *o autor parece destacar o título e o ditongo ai com um tamanho de letra maior, optando-se aqui por essa grafia.*

[N50/1, pp. 45-53]

A última página da composição inclui as seguintes anotações a lápis: "<Não ha> | A | <e>/N\ao ha melh". No caderno, este poema é seguido de uma tradução de "A Luva" de 1906; opta-se nesta edição por se apresentar uma tradução deste poema já de 1909 mais adiante, e por se incluir essa versão de 1906 na respectiva nota.

**NOTAS**

CABEÇ. XIX | Recordações de um moribundo. ] *nesta ocorrência, com o na primeira sílaba de* moribundo.

10  Em fim ] *aqui, como mais adiante no poema, aparentemente ainda duas palavras separadas, e não uma só, como grafado mais tarde.*

15  lgo ] *no original.*

18  <fino> [↑ intenso]

21  azul ] *no original.*

24  Brianca ao longe uma creança… ] *corrige-se a primeira palavra e uniformiza-se a grafia de* criança, *tornando-a idêntica, desde logo, à do verso seguinte.*

29  vegiada ] *no original.*

33  provir! ] *no original.*

35  <e>/E\sta

36  E propicia a minha estrella ] *acrescenta-se o acento, para* É.

54  [← E] Toda

62  nalguem ] *no original.*

65  [← E] Tão satinico ] *interpreta-se aqui como* cetinico, *possivelmente do francês* satin, *esta palavra que já foi editada como* satirico *e* satânico. *Note-se, por exemplo, o verso de "Distante Melodia" em cópias autógrafas [E3, 115⁵-29ᵛ ou E3, 154] em que Sá-Carneiro se refere a* Aureos templos de ritos de setim. *O mesmo uso ocorre em "Taciturno", por exemplo.*

66  soportar ] *no original.*

69  enebriante ] *no original.*

72  Ella d'esse <alguem> [↑ mizero] se apossava…

79  Eu no thatro entràra; ] *possivelmente — Eu.*

85  chameia<!>/…\

92  Faz gosto vê-lo!.. ] *com o ponto de exclamação e apenas dois pontos, nas reticências. A entrelinha inferior apresenta uma rasura.*

103 zangava ] *a grafia dos z de Sá-Carneiro a partir deste momento torna-se mais diversa, aproximando-se por vezes da forma do* s. *François Castex, por exemplo, lê* sangava *neste ponto, mas no v. 132 lê* zanga *(Sá-Carneiro, 1986).*

114 Emquanto *ou* Enquanto.

115 "<q>/Q\ueriam ] *a correcção na entrelinha inferior é riscada.*

118 Cupido ] *possivelmente com minúscula.*

122 raparica ] *no original.*

144 custumava: ] *no original.*

153 m.$^{to}$ ] *desdobra-se a abreviatura.*
155 <pois> [↑ já que] assim o quiz!
157 descanço ] *no original.*
161 p'ra sempre [↑ eu] entregara a vida
164 espirou-lhe ] *no original.*
167 Descançou ] *no original.*

## 91 – GASCONADA

[N50/1, p. 57]

**NOTAS**

CABEÇ. XXI | Gasconada | (do francês)
4 egual ] *no original.*
5 retorquio ] *no original.*
6 exelencia ] *no original.*
8 quasi nada" ] *sem ponto final.*
12 *O autor apagou o texto original, posteriormente substituído por* nem pensa o qu'eu faria.
13 E 14 *Os versos aparecem na ordem inversa, no manuscrito, mas com os números 2 e 1 acrescentados na margem esquerda, alterando a disposição. Segue-se o uso das aspas nos dois versos.*
DATA camarate 24 Junho 1916

## 92 – CONSOLAÇÃO A UM AMIGO PELA MORTE DA SUA AMANTE

[N50/1, pp. 58-61]

**NOTAS**

CABEÇ. XXII | Consolação a um amigo | pela morte da sua amante ] *a segunda linha diferencia-se por um corpo de letra menor.*
2 *O texto grafado parece ser* buliçoso, *mas faz-se a leitura conjectural* buliçosa.
6 Ainda e entrevês esveta, graciosa, ] *corrige-se* e *para* a, *e acrescenta-se o* l.
7 e<l>/n\ebriante
9 escencia ] *no original.*
14 manhe ] *no original.*
15 Se depois [↑ sorrindo] ao mundo disse adeus
19 m.$^{tas}$ ] *desdobra-se a abreviatura.*
22 O teu <pranto> lastimoso pranto
25 exsangue ] *no original, talvez por influência do francês.*
26 Soffres-te ] *no original.*
28 sange ] *no original.*
30 misero ] *aqui com* s.
39 lacinantes, ] *no original.*
42 Tu fallas-te ] *forma do pretérito errada, como no v. 26.*
43 "De mim, [↑ oh!] Deus compade<cei>/ce\-te,
45 <cl>/p\eças
47 Julgas <então> [↑ talvez] que no mundo
48 Has-de <tu,> [↑ p'ra] sempre ficar?...
51 Esta e<p>/s\perando palpitante ] *acentua-se a forma verbal.*
52 <Os be>/Os a\rdentes beijos teus...
54 apertaras ] *no original; corrige-se a ortografia e acrescenta-se o acento para o tempo futuro, uniformizando com outras ocorrências, como a do verso seguinte.*
56 prefil ] *no original.*
60 arrebatar-te ] *acrescenta-se ponto final.*
58 levarte, ] *no original.*
63 Querer, *embora aparente* Querem.
66 *A última linha é destacada com uma letra maior e que não tende para a direita, ao contrário de todo o poema.*

## 93 – HISTORIA COMMOVENTE (MONOLOGO COMICO)

[N50/1, pp. 62-63]

A numeração reporta-se apenas aos versos; excluem-se dela as didascálias. Todas as indicações de cena são passadas para itálico, e uniformizam-se as entrelinhas entre as didascálias e as falas.

Une gasconnade
Un gascon, chez un cardinal
Exaltait sa Garonne avec persévérance
C'était un fleuve d'importance.
C'était un fleuve sans égal

A ce compte, monsieur lui dit son Eminence
Le Tibre, près de lui, ne serait qu'un ruisseau
Le Tibre monseigneur sandis: belle merveille
S'il ousait se montrer au pied de mon château
Je le ferai mettre en bouteille!

6 3(13)
La journe d'l élève appliqué
J'habite Lishonne, Avenue

CÓPIA DO POEMA, DA MÃO DE MÁRIO DE SÁ-CARNEIRO [BNP, N50/5, P. 20]

CABEÇ. XXIII | Historia commovente.
| (monologo comico)
9 quijo não ciei ] *no original.*
13 recorda ] *acrescenta-se ponto.*
DID. bengala não ] *acrescenta--se ponto-e-vírgula.*
DID. examinando o ponto,) ] *elimina--se este primeiro fechar de parênteses, já que parece ser substituído por uma vírgula. Sá-Carneiro prossegue o texto e fecha parênteses no final da passagem.*
18 esta morto ] *acrescenta-se o acento.*
DID. (vem tres homens que auxiliados pelo actor que esta recitando transportam o ponto em braços, sem accordo para dentro,] *acrescentam-se os acentos nas formas verbais vem e esta, e uma vírgula depois de accordo.*
24 proseguir ] *no original.*
DID. esbafurido, <†> tremendo)
DID. vae-se para retirar, ] *abrem-se parênteses.*
29 · E eu agora ] *poderá ou não tratar-se de reticências.*
31 imperciso ] *admite-se imprevisto, como transcrito em edições anteriores.*
39 Que lá tem dem palmas ] *altera--se a grafia das formas verbais.*
42 pro<p>/m\pto

## 94 – QUADRAS

[N50/1, pp. 64-66]

A respeito da última quadra, vejam-se os versos algo próximos na glosa "Se p'ra me qu'reres é forçoso": "Sim, matarei, ó queridinha, | Por exemplo... uma galli-nha | Que comtigo comerei!..."

NOTAS
CABEÇ. XXIV | Quadras
2 anjo [↑ †] formoso ] *anotação a lápis ilegível.*
4 sedozo *ou* sedoso, *grafia aliás usada mais abaixo, no v. 14.*

9 Esvaice ] *no original. Veja--se também o v. 25.*
12 contemplate ] *no original.*
13 [↑ S] *na entrelinha superior; Sá-Carneiro começara o verso sem observar a linha de separação entre quadras.*
21 [↑ <Amor é chama que>] *verso inicialmente escrito sem observar a linha de separação entre as quadras e, uma vez por isso riscado, reescrito na sua forma completa na linha abaixo.*
25 esvaiece ] *no original.*
28 Não e perfume é fedor. ] *sem acento no primeiro e, no original.*
29 E mais facil com uma mão ] *sem acento no E.*
30 <m>/M\ata<l>/r\
31 Do que teres [↑ tu] num só dia
32 Menos [↑ do] que vinte amantes.
DATA Agosto 1906.

## 95 – AMOR OU MORTE

[N50/1, pp. 67-68]

Note-se que, como já explicado, o caderno não inclui o poema xxv, que no entanto aparece intitulado "A quem?" no índice. É visível uma folha de papel cortada entre o poema anterior e este.

NOTAS
CABEÇ. XXVI | Amor ou morte. ] *com ponto final.*
9 estanteante ] *no original.*
15 m.to ] *desdobra-se a abreviatura.*
16 Que a semiviva ] *a palavra tem sido transcrita como* sensitiva, *mas não lemos t, antes um v como penúltima consoante. Cremos que se trata da* semiviva, *planta suculenta africana com filamentos que dissuadem o toque, que cresce em áreas remotas e passa parte do ano dormente.*
20 <Mas que tu ouvir não queres> Mas que tu oh! má não ouves ]

o verso riscado é o último da
página e substituído na página
seguinte. *As mudanças substanciais
evidenciam que o caderno é
ainda, necessariamente, um
espaço de escrita activa — não só
de transcrição — dos textos.*
24  Pois <u>saiba minha</u> flor ]
*sublinhado no original.*
25  Se o meu amor não
<u>quizer</u> ] *sublinhado.*
32  creminoso ] *no original.*
34  horroso ] *aparentemente, no original.*
35  Esphacelarás *ou* Esphacelares.
36  E <nunca foi> [↑ não será] tão cruel

### 96 – A BONECA (NARRATIVA D'UM SALTEADOR)

[N50/1, pp. 73-75]
Como já explicado na apresentação do
caderno, este não inclui o poema xxvii,
referido no índice como "Ensanguentada
historia (monologo comico)". Quanto a
xxviii, "O que querem que aqui faça?... |
(monologo comico)" (N50/1, pp. 69-72),
como também foi já notado, opta-se aqui
por apresentar a versão publicada por
Mário de Sá-Carneiro a 24 de Agosto
de 1908, já como "Monologo á força", e
transcrever nas notas a versão preliminar
presente no caderno; veja-se, por isso,
a nota final de "Monologo á força". No
que diz respeito ao poema "A Boneca. |
(narrativa d'um salteador)", a segunda
estrofe, na primeira página do poema,
está escrita num recorte de papel colado
sobre o texto anteriormente escrito no
caderno.
**NOTAS**
CABEÇ.  XXIX | A Boneca. |
    (narrativa d'um salteador)
4  Até [↑ com isso] um <feroz
    e> enfernal prazer.
5  nalguem ] *no original.*

9  Ha [↑ mais de] dez annos, <talvez
    que em uma> [↑ numa] estrada
13  Depois <de o termos morto>
    <eu> [↑ então] [↑ matamo-l'o e
    eu então] notei ] *com uma versão*
    *a tinta, que inclui uma substituição*
    *de eu por então, e um risco a lápis*
    *com acrescento na entrelinha*
    *superior que altera o verso.*
15  creancita ] *uniformiza-se com* i.
20  Como que p.ª a socegar!... ]
    *desdobra-se a abreviatura.*
21  criança ] *no original.*
24  Onde nos dariam <como premio>
    [↑ a merecida] a morte!...
25  criança ] *no original.*
34  Pegui ] *no original.*
36  Que a <minha> mão senti
    tremer e vacilar!...
37  desesperado!.. ] *com*
    *apenas dois pontos.*
41  [↑ E docemente, sorrindo p.ª mim,
    'xpirou! ] *Este verso substituiu o*
    *que estava abaixo e foi riscado:* E ao
    expirar um beijo me atirou!...
43  A febre do meu <corpo> [↑
    cerebero] se appossou...
49  guardada!..." ] *eliminam-se as*
    *aspas, já que não são abertas.*
    *A palavra* guardada *substitui*
    *outra antes apagada e ilegível.*

### 97 – VERSOS D'AMOR

[N50/1, pp. 76-78]
**NOTAS**
CABEÇ.  XXX | Versos d'amor. ]
    *com ponto final.*
3  Cheguei-me p.ª o pé d'elles ]
    *no original, e não ao pé.*
    *Desdobra-se a abreviatura.*
11  froses ] *no original.*
19  Já lhes <fr> sorvi o perfume
28  impressionaram ] *acrescenta-*
    *-se ponto final.*

32 Hide *ou* Heide.

37 Sei de m.<sup>ta</sup> mulher bella ]
*Sá-Carneiro apaga a palavra*
Conheço, *que antes iniciara o verso.*

39 So ] *no original.*

**98 – A CORTEZÃ**

[N50/1, pp. 79-80]

**NOTAS**

CABEÇ. XXXI | A Cortezã. ]
*com ponto final.*

1 O penteado m.<sup>to</sup> espaventoso, ]
*desdobra-se a abreviatura.*

2 Os labio tintos ] *no original.*

3 Namquin ] *no original.*

4 *Sá-Carneiro apagou várias palavras,
antes de escrever este verso.*

5 *Sá-Carneiro apagou um segmento de
texto, substituído por* as formas.

8 P'ra taz ] *sem* r, *no original.*

10 o preciso ] *no original.*

20 secumbir ] *no original.*

22 Tiver nunca de <†>/
bem\, sempre de mal

**99 – ANTITHESES**

[N50/1, pp. 81-84]

Estão soltas as folhas do caderno com
estes poemas.

**NOTAS**

CABEÇ. XXXII | Antitheses

*I. O carro de bois — O automovel*
TÍT. I — O Carro de Bois = O automovel

1 p'r andar ] *no original.*

3 Sem carga m.<sup>to</sup> pesada, ]
*desdobra-se a abreviatura.*

*II. A mala-posta — O comboio.*
TÍT. II — A mala posta — O
comboio. ] *adiciona-se o hífen,
utilizado mais abaixo.*

1 <p>/P\orto

*III. O navio de vela — O paquete*
TÍT. III — O navio de vela = <o>/O\
paquete. ] *com ponto final.*

1 P.<sup>a</sup> ir ao Novo Mundo ]
*desdobra-se a abreviatura.*

8 Sou por certo, posto <c>/l\á ] a
*correcção é feita a lápis; aceita-se como
sendo de Sá-Carneiro, respeitando até
a lógica das comparações dos poemas,
que, no que diz respeito a formas de
comunicação, tendem a manter uma
direcção e não a revertê-la. O verso
não é pontuado, no original.*

*IV. O correio — O telegrapho*
TÍT. IV — O correio = O telegrapho. ]
*com ponto final.*

*V. A cera — A luz electrica*
TÍT. V= A cera — A luz electrica

*VI. A agulha — A machina de costura*
TÍT. VI = A agulha — A machina de
costura. ] *com ponto final.*

3 custureira ] *no original.*

4 <g>/G\asta

7 Quatro em <uma>[↑ unica]
só noute ] *risco e acrescento a
vermelho. A leitura conjectural é
a de que o texto riscado deveria
ser só (evitando a fórmula
unica só) e não o artigo uma.*

**100 – HISTORIA DA NOSSA FESTA**

I [*Programma da Festa de Caridade*, pp. 2-3]
C [N50/1, pp. 85-90]

Deste texto conhecem-se o teste-
munho impresso nas pp. 2 e 3 do
*Programma da Festa de Caridade —
Promovida pelos alumnos do Lyceu de
S. Domingos e realisada no Theatro do
Gymnasio, na Noite de 15 de Maio de
1907* e a cópia autógrafa no caderno de
poesias de Sá-Carneiro N50/1, com a

data de 4 de Maio desse ano. Em relação a esta, a última folha do poema, que começa com o verso "A gréve e tudo voltou," está solta. Incorpora-se a nota introdutória de Sá-Carneiro em C, que obviamente não está presente em I, já que é concebida especificamente para contextualizar o texto na recolha de poesias.

**NOTAS**

NUM. C XXXIII

TÍT. I Historia da nossa festa | C Historia da Nossa Festa. ] *com ponto final.*

INTR. L. 1. I *Sem introdução.* C (p.ª o programma ] *desdobra-se a abreviatura e usa-se maiúscula.*

INTR. L. 4 E 5. I *Sem introdução.* C Gymasio <)>/p\e- | los alumnos

5  I C Faz favor? ] *com ponto de interrogação nos dois testemunhos.*

8  I Idéa C ideia ] *opta-se por C já que é grafia habitual em Sá-Carneiro.*

12  I companheiros; C companheiros,

13  I D'esses C Desses

16  I commissão. C commissão,

22  I Excellencia: C Exelencia:

23  I —"Amigos C "—Amigos

25  I Lyceu C lyceu ] *opta-se pela maiúscula, já que não é usada em C neste passo, mas é grafada nesse testemunho na nota introdutória e no v. 10. Ainda em C, parece ler--se* Qu<a>/e\ *no início do verso.*

29  I que é unido C qué é unido

30  I exemplar, C exemplar;

33  I concordam? C concordam?"

34  I assembléa C assembleia

35  I —"Bem C "—Bem ] *como no v. 23, opta-se aqui por C.*

36  I Proseguiu C Prosegui ] *I parece confirmar que o tempo verbal pretendido é o pretérito; grafam-se dois ss.*

41  I Nominal" C Nominal."

42  I Distribuiu-se C Distribui-se ] *também aqui I parece confirmar que o tempo verbal pretendido é o pretérito, que respeita a métrica. Note-se que o verso não apresenta qualquer artigo nos testemunhos.*

46  I votação C votação,

47  I C resultado, ] *note-se a vírgula em ambos os testemunhos.*

49  I Presidente — Julio Santos, C Presidente — Julio Santos,

50  I Vogaes: — Mello e Sá Carneiro. C Vogaes = Mello e Sá Carneiro.

51  I delib'rámos C delibramos

53  I E para isso chamámos, C E p.ª isso chamámos ] *elimina--se a vírgula, como em C.*

54  I Mamede C Maméde ] *mantém-se C por ser recorrente em Sá-Carneiro a acentuação gráfica de palavras paroxítonas com vogal tónica e.*

56  I ralhos. C ralhos,

59  *Os testemunhos I e C divergem amplamente na estrofe iniciada neste verso. O próprio número de versos diverge, tendo I menos dois que C. Segue-se na edição a versão impressa, dando-se aqui C. A numeração a partir daqui diz respeito, portanto, a I, e apresentam--se os versos correlatos em C.*

Nas nossas reuniões
De varias questões tratámos,
Uma peça arranjámos,
Uma peça de valor,
'té os actores escolhemos…
Mas chega a gréve maldita,
Por isso, que dissabor,
Todos os nossos trabalhos,
Forçados, interrompemos.
Que má sorte! Que desdita!

64  I grève ] *no verso idêntico em*
    *C surge gréve, forma aqui usada.*
69  I grève **C** gréve
70  I Como d'antes ao normal.
    **C** Como d'antes, ao normal.
73  I Na rua da Magdalena,
    **C** Na Rua da Magdalena,
76  I Condoido **C** Conduido ] *no original.*
78  I —"Um **C** "—Um
80  I pretendemos, **C** pretendemos
85  I d'elle **C** delle ] *opta-se pela grafia*
    *habitual de Sá-Carneiro nesta época.*
86  I —"E' idéa de primeira!"
    **C** "—É ideia de primeira" ] *rejeita-*
    *-se o que parece ser mais acidental*
    *que substantivo nos dois testemunhos.*
    *A ordem de aspas e travessão de C é*
    *a habitual em Sá-Carneiro, tal como*
    *a grafia* ideia; *em contrapartida,*
    *o ponto de exclamação, ausente em*
    *C mas presente no I, é significativo.*
90  I E nós todos desde então **C**
    E nós todos, desde então
91  I Trabalhámos **C** Trabalhamos
92  I Com mais gosto e mais vontade,
    **C** Com mais gosto, mais vontade,
93  I prazer!... **C** prazer.
95  I Vocencia **C** vó-cencia
97  I P'ro 'spectaculo começar.
    **C** P'ro espectaculo começar.
DATA  I *Impresso s/d referente ao*
    *espectáculo de 15 de Maio de*
    *1907.* **C** 4 maio 1907
ASS.  I Mario de Sá Carneiro.

## 101 – A ELEGANTE

[N50/1, pp. 91-92]
Está solta a folha com o poema.
**NOTAS**
CABEÇ.  XXXIV | A Elegante
3  abandante! ] *no original.*
9, 10  E assim como o cabelo; |
    A elegante d'hoje em dia, ]
    *admite-se um ponto final após*

dia, *circunstância em que talvez*
*faltasse um acento a E.*

## 102 – RECITATIVO DA GINGINHA (PARA UMA REVISTA)

[N50/1, pp. 93-95]
As notas abaixo reportam-se em primeiro lugar ao poema e seguidamente às chamadas acrescentadas à nota de rodapé do autor. Estão soltas as duas folhas em que se incluem esta composição e a nota do autor, na última página das quais aparece apenas o título com a mesma dúvida expressa na nota de rodapé inserida no autor ainda na página anterior "Algumas coplas e versos da revista popular e academica?" (N50/1, p. 96).
**NOTAS**
CABEÇ.  XXXV | Recitativo da
    Ginginha | (p.ª uma revista.)
1  vermeha ] *no original.*
3  Eei-l'a ] *no original.*
8  deuza ] *aparentemente com* z.
13  douvos ] *no original.*
DATA  fev. 1908. ] *com ponto final.*
**NOTAS DA NOTA DE RODAPÉ**
1  Silva<,>/.\
2  e commigo, a conclui ] *no original*
3  (<e> com
4  verso *ou* versos.
5  (<ca>/re\citado em musica)
6  musica) Recitativo ] *acrescenta-se*
    *o travessão da enumeração, aqui não*
    *incluído talvez devido à translineação.*
7  Trecetto ] *destaque do editor.*
8  Trecetto ] *destaque do editor.*

## 103 – RETRATO DE BENTO FORMOZINHO

[Poemas Juvenis, p. 15]
Poema apresentado por François Castex na "Introdução" a *Poemas Juvenis*, de Sá-Carneiro: "Encontrei na *Gramatica*

*Franceza* que lhe pertenceu o texto que se segue escrito a lápis numa folha de papel escolar" (Castex, 1986, p. 15). Opta-se por colocá-lo aqui, já que a sua datação não é clara, mas parece aproximar-se mais dos poemas no caderno da adolescência que dos textos publicados em *Azulejos*, que a seguir se apresentam juntos.

**NOTAS**

2  intilligente ] *segundo a transcrição de François Castex.*

4  E vivo como o mercurio ] *segundo a transcrição.*

7  ninguém ] *a ter este acento no original, contraria a grafia habitual de Sá-Carneiro.*

### 104 – MONOLOGO Á FORÇA

[*Azulejos* 2 (49), p. 6]

Publicado em *Azulejos*, a 24 de Agosto de 1908 (p. 6), assinado com o pseudónimo "Mario de Sircoanera". Uma versão preliminar deste monólogo está presente no caderno N50/1, com o título "O que querem que aqui faça?… | (monologo comico)" e a data de 21 de Março de 1907, cujo testemunho editado se apresenta abaixo, após as notas. As principais diferenças entre as duas versões incluem, na forma impressa, a alteração do título, a inclusão da dedicatória, algumas mudanças no conteúdo dos versos, em termos mais gerais, e várias alterações à pontuação, tal como a substituição de sinais de reticências por outros mais diversificados e precisos, que possivelmente auxiliassem a representação.

**NOTAS**

TÍT.  "*Monologo á força,,*

DID.  *afétadas* ] *no original.*

12  Alguns tercêtos Cantei ] *no original.*

23  trexo ] *no original.*

24  Fédora ] *no original.*

48  O que querem è que os deixe!… ]
    *passa-se a acento agudo.*

55  Meus senhores, minhas
    senhoras,: ] *no original.*

ASS.  MARIO DE SIRCOANERA

**ANEXO**

XXVIII

O QUE QUEREM QUE AQUI FAÇA?
(monologo comico)
(*Typo: Sugeito corretamente vestido de casaca. Extremamente amavel. Chega á scena, dirige-se imediatamente ao publico e começa:*)

Boas noutes. Como passam?…
Muito bem ao que parece.
O que querem que aqui faça?
Digam lá: Que lhes appetece?…

5  Que recite lindos versos,
Ou que cante um bello fado?
Que diga uma cançoneta
Ou um monologo engraçado?…

Senhores é pedir por bocca…
10  De tudo, de tudo sei,
Se até uma vez sózinho
Alguns duettos cantei!…

Mas ninguem me pede nada?…
Sem cerimonia é mandar…
15  P'ra que é que eu aqui vim
Não foi para os alegrar?…

E ficam todos calados!…
Nesse caso vou-me embora…

(*a uma senhora*)

Vossa excelencia que pretende?
20  Diga lá minha senhora?…

Talvez queira que eu cante
A aria da Tosca… Não…

E qualquer trecho da Aida,
Fedora ou do D. João?...

25 Tyrana!... Fica calada
Cousa nenhuma me diz...
Nada posso aqui fazer...
Como me torna infeliz!...

(a um cavalheiro)

Por isso se o cavalheiro
30 Deseja uma comedia
É só pedir... a não ser
Que prefira uma tragedia...

(descoroçoado)

Tambem nada me responde!...

(a uma dama)

E vocencia; bella dama,
35 O que escolhe uma oppereta
Um vaudeville ou um drama?...

(ainda mais descoroçoado)

Idem... na mesma data,
Fica muda como um peixe!...

— (batendo na testa)

Ah! finalmente ja sei!...
40 O que querem é que os deixe!...

(compondo a casaca)

Muito bem, vou retirar-me
Sem a minima demora.

(avançando á bocca da scena, ao publico)

Oiçam porem uma cousa
Antes de eu me ir embora:

45 Apesar de nada quererem
Numa esparrella cahiram
Porque meus caros senhores
Um monologo... sempre ouviram...

(sahe rapidamente)

21 março 1907

O QUE QUEREM QUE AQUI FAÇA? |
(MONOLOGO COMICO)

[N50/1, pp. 69-72]

Todas as alterações ao texto, aparente-
mente da mão de Mário de Sá-Carneiro,
são feitas a lápis. Grafam-se a itálico as
didascálias.

NOTAS

CABEÇ. XXVIII | O que querem que
aqui faça?... | (monologo comico)

DID. Typo: Sugeito corretamente vestido
de casaca. Estremamente amavel.
Chega a sena, ] no original; abrimos
parênteses e corrigimos a ortografia para
extremamente e scena, como habitual
por exemplo na correspondência
de Sá-Carneiro. Acrescentamos
o acento para a forma "Chega á
scena", usando a grafia habitual.

2 M.to ] desdobra-se a abreviatura.

6 faado ] alguma hesitação leva
o autor a grafar dois "a", o
segundo um pouco rasurado.

12 <Eu um> [↓ Alguns] duetto[s]
cantei!.... ] texto riscado e
acrescentado a lápis, incluindo
o plural duettos. São grafados
quatro pontos no original.

13 Antes da estrofe iniciada com Mas
ninguem me pede nada?... havia a
seguinte quadra, que tanto é eliminada
com uma cruz, como apresenta uma
seta indicativa de transposição
para antes daquela que começa com

Por isso se o cavalheiro. *Uma vez
que desaparece já em "Monologo
á força", aceita-se que a primeira
vontade tenha sido a transposição
e a final a sua eliminação:*
[← Mas] [← E] Mesmo
uma peça inteira
Eu aqui [j]<a>[á] represento
[← Sozinho, sem mais actores]
<M.ᵗᵒ só, sem mais pessoas>!…
P'ra que é que serve o talento!?…
19 Vossa exelencia que
pertende? ] *no original.*
23 E qualquer trexo da
<Fedora> [↑ Aida],
24 <Da Aida> [↑ Fedora]
ou do D. João?…
28 <Ai> como <sou> [↑ me
torna] infeliz!… ] *grafa-se
maiúscula no início de verso.*
29 <Talvez que aquelle> [↑ Por
isso se o] cavalheiro
30 Deseja[r] <que> uma comedia ]
31 <Eu represente>… [↑ É só pedir…]
Ou então [↑ a não ser] ]
*opta-se pela versão a lápis na
segunda parte do verso, apesar
de não riscar a versão inicial.*
32 <Se> /Que\ pref<e>/i\
r<e>/a\ uma tragedia…
DID. (descorçoado) ] *no original.*
36 <Ou> um [↑ vaudville ou um]
<grande> <mello>drama?… ]
*aparentemente vaudville.*
DID. (ainda mais descorçoado) ]
*no original, ou* descorçado.
DID. (avançando a bocca da
sena, ] *no original.*
DATA 21 março 1907.

## 105 – QUEM ME DERA, MEU AMOR

[*Azulejos*, 2 (63), p. 5]
Glosa assinada com o pseudónimo
Sircoanera e publicada na secção

"Musa Galhofeira" de *Azulejos*, de 5 de
Dezembro de 1908 (p. 5), data esta que
aqui se usa.
**NOTA**
Mot. v. 1 amor. ] *no original.*

## 106 – SENHORA DOS OLHOS LINDOS

[*Azulejos*,.2 (65), p. 5]
Glosa assinada com o pseudónimo
Sircoanera e publicada na secção
"Musa Galhofeira" de *Azulejos*, de 19 de
Dezembro de 1908 (p. 5), data esta que
aqui se usa.
**NOTA**
MOT. v. 2 olhar ] *acrescenta-
-se ponto final.*

## 107 – SE P'RA ME QU'RERES É FORÇOSO

[*Azulejos* 2 (67), p. 3]
Glosa assinada com o pseudónimo
Sircoanera e publicada na secção "Musa
Galhofeira" do jornal *Azulejos*, de 2 de
Janeiro de 1909 (p. 3), data esta que aqui
se usa. Veja-se a afinidade com a penúl-
tima das "Quadras": "Por ti… assassina-
rei!… | Sim, matarei, ó queridinha, | Por
exemplo… | uma gallinha | Que comtigo
comerei!…"
**NOTAS**
MOT. v. 2 crime ] *acrescenta-
-se ponto final.*
4 "Eu quero ser criminoso!" ]
*eliminam-se as aspas originais, uma
vez que o texto já é destacado pelo
itálico, e por uniformidade com todas
as outras glosas, em que o destaque é
dado sem elas. O mesmo se faz no v. 12.*
12 "Se ter amor é um crime!…" ]
*eliminam-se as aspas.*

*[Azulejos 3 (68), p. 6]*

Glosa publicada na secção "Musa Galhofeira" do jornal *Azulejos*, de 9 de Janeiro de 1909 (p. 6), assinada com o pseudónimo Sircoanera. A data apresentada é a da publicação.

**NOTA**

1  Porque razão desdenhais ]
   Porque *grafado numa só palavra, na publicação.*

*[Azulejos 3 (70), p. 3]*

Tradução publicada em *Azulejos*, a 23 de Janeiro de 1909 (p. 3). O poema original é de facto apresentado na primeira página da *Comoedia* de 10 de Janeiro de 1909, na secção dedicada aos "Nouveaux Sonnets". Note-se que este poema não é assinado com o pseudónimo utilizado noutras composições publicadas em *Azulejos*.

**NOTAS**

epíg.  "Comoedie" ] *no impresso.*
5   triumfante ] *no impresso.*
10  egrejas ] *no impresso.*
12  enguliu ] *no impresso.*
13  Nepetuno ] *no impresso.*

*[Panorama 3, p. 16]*

Manuel Correia Marques publicou em "Novos Aspectos de Mário de Sá-Carneiro" (*Panorama* 3:16, de Dezembro de 1959, pp. 25-29) o fac-símile do poema enviado a Milton de Aguiar e que este último lhe terá oferecido. Trata-se de uma poesia "passada à máquina, mas autenticada pela inconfundível assinatura do seu autor" (Marques, 1959, p. 27). Entre

essa oferta e esta publicação, Correia Marques apresentou uma sua transcrição como "Uma Poesia Inédita", no *Diário Popular* de 13 de Fevereiro de 1958, no "Quinta-Feira à Tarde", n.º 62. Quer no fac-símile quer na transcrição este poema-carta surge sem título. Reporto-me assim ao fac-símile, contrastando-o com a transcrição no *Diário Popular* apenas sempre que aquele é menos legível. A indicação do destinatário após o título não consta, naturalmente, no original.

**NOTAS**

10  VITIMA ] *o fac-símile parece não ter o acento transcrito por Correia Marques, aliás como mais abaixo no v. 14.*
15  Sómente ] *talvez acento agudo; na transcrição com acento grave, como seria de esperar de acordo com a ortografia da época.*
28  Que ] *ilegível no fac-símile; reporto-me à transcrição.*
31  Adeus até breve. ] *sem vírgula, aparentemente, que aliás não é grafada por Correia Marques na sua transcrição.*
data  9/maio/09. — LISBOA ] *maio aparentemente grafado em minúscula, mas transcrito por Correia Marques com maiúscula.*
ass.  Mario de Sá Carneiro ] *aparentemente ainda sem hífen.*

*[A/1040] [N25/39]*

Opta-se por transcrever esta tradução do poema datada de "Junho de 1909" e que até aqui, tanto quanto sabemos, nunca foi incluída em edições da obra de Sá-Carneiro, embora seja referida no catálogo da exposição da BNP *As Mãos da Escrita* (p. 166). Coloca-se a transcrição, portanto, junto dos poemas desse ano de 1909, e apenas se apresenta nesta nota final, editada, a versão de 1906, que integra o caderno e que é menos desenvolvida. O manuscrito desta versão inédita integra o Espólio A da BNP, comprado a José Manuel Rodrigues, e há fotocópias deste manuscrito que fazem parte da doação de João Pinto Figueiredo à BNP [N25/39]. O documento A/1040 corresponde a folhas de papel azul de 35 linhas, manuscritas a tinta preta. A primeira página é uma folha de rosto com as seguintes inscrições: "A Luva" | tradução da poesia de Schiller, Der Han[d]schuh || por Mario de Sá Carneiro | Lx.ª 1909."; indicações que se aproveitam para acompanharem o título no corpo de texto, já que apareciam, aliás, ainda no testemunho de 1906. Note-se que neste testemunho de Junho de 1909 o autor ainda grafa "Sá Carneiro" sem hífen.

**NOTAS**

6    docél ] *no original.*
22   arrega[↑nha]-lhe
36   prosegue ] *com um* s *no original.*
49   hezitar ] *com* z *no original.*
67   arremeça, ] *no original.*
ASS.  trad[ução] de Mario de Sá Carneiro
DATA  Lisboa junho de 1909

[Transcrição de "A Luva" em N50/1, pp. 54-56]

**ANEXO**
A LUVA
(de Schiller)

Ia-se travar um mui sangrento
Combate entre medonhas feras,
(Oh! barbaros costumes d'outras eras
Em que existia tal divertimento)
5 E como já era el-rei sentado
Altivo soberbo, magestoso,

Pelos fidalgos rodeado
E formando um circulo gracioso
Eram as damas num balcão
10 Alegres... sorridentes...
        lindas... bellas...
Abrem-se as jaulas e sahe d'ellas
Primeiramente aos saltos um leão.
Depois em carreira mais veloz
Do Rei das Selvas ao encontro vem
15 Um tigre rugindo, mui feroz
Que de Satanaz os olhos tem.

Tudo se torna então silencioso
Olhando as feras mudo... ancioso!
Mas não se lançam!... Deitam-se no
        chão
20 Uma ao pé da outra!...

Do balcão
Precisamente ao meio entre ellas
Uma luva cahe da linda mão
Da mais linda de todas as donzellas.

25 E ao seu cavalleiro diz assim
A dona da luva:
"— Se o amor
Que asseguraes nutrir por mim
É tão ardente como me juraes,
30 Se diante do perigo vós não hesitaes
A luva ide apanhar-me já, senhor!"

Rapido como um raio e sem pestanejar
Ao terrivel recinto desce o cavalleiro!...
Com terror... com espanto verdadeiro
35 Vêem-no todos avançar!...

..................................................
..................................................

E elle traz a luva são e salvo!
Resoa então um grito de louvor!...
40 D'esse grito é elle só o alvo!...

Com um muito terno olhar d'amor

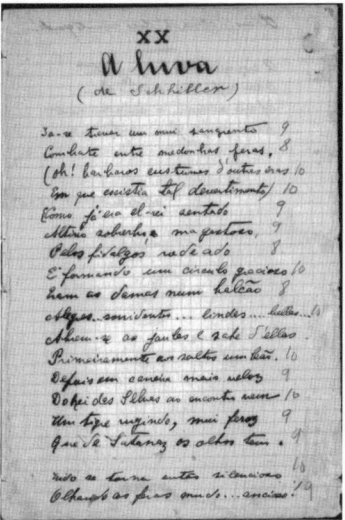

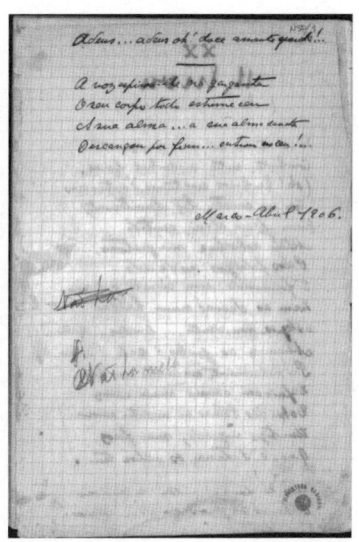

Recebe a donzella o vencedor;
Mas embora nesse olhar offerça
Ao cavalleiro a felicidade querida
45 Elle ao rosto a luva lhe arremessa
Voltando-lhe as costas em seguida!

29-IV-1906

[N50/1, pp. 54-56]
Na versão de 1906 presente no caderno
de Mário de Sá-Carneiro, este poema
apresenta à frente de cada verso, a
lápis, a contagem das sílabas métricas
respectivas, podendo verificar-se que
Sá-Carneiro considera "Uma ao pé
da outra!... | Do balcão" uma unidade
métrica, um eneassílabo. Por esse
motivo contamo-la como um verso
apenas na transcrição acima. O mesmo
acontece com "A dona da luva: | '— Se o
amor". A apresentação do número de
sílabas, única no caderno, sugere que
Sá-Carneiro se terá preocupado primor-
dialmente com o sentido da tradução e

apenas secundariamente com a análise
da estrutura métrica. No caderno, entre
este poema e o seguinte (numerados xx e
xxi), é possível verificar que Sá-Carneiro
terá cortado uma folha de papel.

**NOTAS**
CABEÇ. XX | A luva | (de Schhiller) ]
   *com dois h no original.*
3   custumes ] *no original.*
4   devertimento ] *no original.*
5   [← E] Como
6   Altivo soberbo[↓ ,] <e> magestoso
19   Mas <ellas> não se lanç<ão>/
   am\!... Deitam-se <no>/ao\ chão.
22   <ão>/ao\ meio
24   donsellas ] *substitui-se,
   uniformizando com outras
   ocorrências neste caderno.*
25   E ão seu cavalleiro ] *no original.*
30   exitaes ] *no original.*
31   luva *ou* luve.
32   pestenejar ] *no original.*
34   <c>/C\om
39   Resoa ] *no original.*

41 Com um muito terno olhar d'amor ]
*o verso inclui o artigo, que aliás torna*
*o poema eneassilábico; Sá-Carneiro*
*anota mesmo um 9 à sua frente.*
43 <E> [↑ Mas] embora nesse olhar
offerça ] *sem o segundo e no verbo.*
44 felicidada ] *no original.*
45 arremeça ] *no original.*

## 112 – O ESTRUME

[BPMP, M-SER-1164]

Testemunho dactilografado, com a
data manuscrita e a assinatura de
Sá-Carneiro ainda sem o hífen que o
autor mais tarde adoptará, nas três pri-
meiras páginas de duas folhas de papel
avulsas, dobradas duas vezes. A segunda
está hoje rasgada no vinco horizontal.
Este texto e documento — hoje integrado
nos arquivos da Biblioteca Pública
Municipal do Porto — foi apresentado
por Albano Martins em "Um poema da
juventude — 'O estrume'", na revista
*Nova Renascença* (Vol. I, 3, Primavera
de 1981, pp. 237-241), com a indicação
de que o original estava então na "posse
de um bibliófilo particular portuense
que deseja manter o seu anonimato", e
ainda de que se tratava de "um docu-
mento constituído por três páginas
dactilografadas) a tinta roxa e em papel
branco, já um tanto amarelecido pelo
tempo e com manchas de humidade,
aqui e ali), numeradas, ao alto, pelo
punho do poeta" (Martins, 1981, p. 237).
Reproduzia-se então em fac-símile a
terceira página, com a assinatura e a
data manuscritas.
  Diga-se que os testemunhos deste
poema e do anterior têm claras afinida-
des: desde logo o facto de serem dacti-
loscritos, a — natural — ausência ainda
do hífen na assinatura manuscrita, e até
assinaturas muito idênticas.

Um fragmento deste poema, corres-
pondente ao seu início, está presente
num manuscrito fac-similado na
*Fotobiografia de Mário de Sá-Carneiro*
(Dias, 1988, p. 77). Neste testemunho
usa-se "s" em "Cesario"; "afagos" é
escrito com um só "f"; e o segundo verso
começa com "Se acaso te revolvo," (em
vez de "Sempre que te revolvo,").

NOTAS
TÍT. O ESTRUME.
EPÍG. Cezario VERDE — "Nós." ] *Com
z no original. O confronto com as
passagens na correspondência com
Fernando Pessoa que mencionam
Cesário Verde parece indicar que
Sá-Carneiro grafa esse nome
com s em 1913, embora nas duas
ocorrências (cartas de 3 de Fevereiro
e de 10 de Março de 1913, nos
documentos E3, 115⁴-48ᵛ e 66') a
leitura seja difícil. No fragmento
em Dias, p. 77, aparece já com s.*
4 Enebriar ] *no original.*
7 Qu' espande ] *no original.*
11 jàmais ] *no original.*
19 sucolenta ] *no original.*
20 Dum monte d'escremento ou dum
cadavér pútrido! ] *no original.*
24 resuscita ] *no original.*
45 ella ] *aqui com dois l, diferentemente
da forma no v. 49. Sá-Carneiro
reverte aqui para a sua ortografia
mais antiga desta palavra. Opta-
-se por uniformizar, no poema.*
48 Mater<†> <†>-triumfante ]
*parece um hífen.*
49 <cria> [↑ recebe]
54 heterogenio ] *no original.*
66 Enebriar ]
ASS. Mario de Sá Carneiro ]
*ainda sem hífen.*
DATA Camarate set. 1909.

ANEXO

[Dias, 1988, p. 77]

= O Estrume =

"Ó pobre estrume, como tu compões
"Estes pampanos doces como afagos!„

Cesario Verde, — "Nós„

Eu sinto na minh'alma um singular
    prazer
Se acaso te revolvo, ó mal cheiroso
    estrume!
Em vez de me enojar, teu fétido perfume
Enebriar me faz e faz-se reviver.

## 113 – BEIJOS | MONOLOGO

[*Almanach dos Palcos e Salas*, 1911]
Publicado no *Almanach dos Palcos e Salas*
— *1911*, ainda em 1910 (pp. 36-38).

**NOTAS**

55  Não é um beijo puro É beijo
    estonteante, ] *acrescenta-*
    *-se ponto final.*
DATA  Fevereiro de 1910.

## 114 – O POSTE TELEGRAFICO

[*Nova Renascença*, II, p. 7]
Poema enviado a Milton de Aguiar numa
carta de 20 de Julho de 1910 e apresen-
tado por Manuel Correia Marques no
artigo "Novas de Mário de Sá-Carneiro
— O Poste Telegráfico" (*Nova Renascença*,
Vol. II: 7 Primavera de 1982, pp. 240-
-246). Segundo Sá-Carneiro, o poema
deveria ter sido impresso a 15 desse
mesmo mês de Julho de 1910 na "Revista
nova 'Artes & Letras'" (p. 243). Afirma
ainda Sá-Carneiro, no final do poema:
"É tão grande q[ue] por certo nem
chegaste ao fim. Paciencia… | Nunca
disseste se recebeste o 'Em pleno
romantismo' | O Montez ficou espe-
rado em ciencias | Escreve! Escreve!!

Escreve!!! Escreve!!!! Escreve!!!!!"
(Marques, 1982, p. 245).
Recorre-se aqui ao fac-símile do
microfilme da carta e do poema publi-
cado no artigo.

**NOTAS**

TÍT.  — O Poste telegrafico —
4    precorria ] *no original.*
5    Segue-se a leitura rapazío,
     *de Correia Marques.*
6    <†> [ ↑ ramos] ] *o texto*
     *substituído é ilegível.*
10   *Com acentos graves nos á, tal*
     *como habitual em Sá-Carneiro e*
     *se verifica ao longo do poema.*
14   Imovel, está ] *o fac-símile parece*
     *apresentar uma vírgula, não transcrita,*
     *contudo, por Correia Marques.*
16   *I* ] *destaque no original, sublinhado.*
23   ancia ] *aparentemente com c.*
MARGEM  (volta) ] *instrução*
     *para a mudança de página na*
     *margem inferior direita.*
30   p.ª ] *no original; desdobra-*
     *-se a abreviatura.*
33   Precorro ] *no original.*
35   pandégo com cócótes… ] *crê-se*
     *que é a primeira pessoa do singular*
     *do verbo* pandegar,*no presente do*
     *indicativo, e não "pandígo", como*
     *já transcrito, nem o adjectivo.*
37   *Aparentemente czar, mas*
     *admite-se Czar.*
41   Jerusalem ] *sem acento, como*
     *habitualmente em Sá-Carneiro, com*
     *palavras agudas terminadas em "em".*
43   sòmente ] *com acento grave,*
     *confirmado pela transcrição*
     *de Correia Marques.*
46   p'ra ] *o microfilme é pouco*
     *legível nesta passagem, mas não*
     *é claro qualquer acento sobre*
     *o a, aliás também ausente da*
     *transcrição de Correia Marques.*

52 empuleirada ] *no original.*
53 <\*Cantando> [↑ Entoando] ]
    *acrescento na margem*
    *superior da página.*
54 invenção ] *Correia Marques*
    *transcreve* intenção, *mas o fac-*
    *-símile evidencia um v.*
55 "Humanidade„; ] *o fim do verso é*
    *de difícil leitura: é talvez encerrado*
    *por um ponto-e-vírgula, embora*
    *Correia Marques não o grafe.*
65 *Aparentemente* nètasinha.
66 q ] *desdobra-se a abreviatura.*
ASS. Mario de Sá Carneiro ]
    *ainda sem hífen.*
DATA Lxª julho 1910 ] Julho *ou* julho.

## 115 — A MULHER GRAVIDA

[*Alma Nova* 1, p. 3]
Poema publicado no primeiro número
da revista *Alma Nova*, de Lisboa, de 14 de
Abril de 1912 (p. 3), e cujo fac-símile é
apresentado por Luís Amaro na revista
*Colóquio/Letras*, n.º 117-118. Segue-
-se aqui em geral essa grafia impressa
em *Alma Nova*, já que é o único teste-
munho conhecido, embora a mesma
apresente aspectos menos comuns em
Sá-Carneiro.

**NOTAS**

4 "—Sair p'rá rua assim, ái filha,
    acho indecente!". ] *com acento*
    *em* Saír *e em* ái, *e ponto final*
    *depois das aspas, no impresso.*
13 malandro. ? ] *no impresso.*
14 mãe ] *uniformiza-se para* mãi,
    *grafia usada logo dois versos abaixo*
    *e habitual em Sá-Carneiro.*
22 aperfeiçõe ] *no impresso.*
31 éle ] *no impresso.*
32 ha de-lhe ] *no impresso.*
DATA Lisboa, fevereiro de 1911.
ASS. Mario de Sá Carneiro ] *ainda*
    *sem hífen, no impresso.*

## 116 — QUADRAS PARA A DESCONHECIDA

[Fundação António Quadros: PT/FAQ/AFC/05/0129]
Cópia autógrafa do poema presente no
arquivo da Fundação António Quadros,
com a cota PT/FAQ/AFC/05/0129. Uma
folha de papel pautada de 32,5 cm × 11,5
cm, aparentemente uma tira vertical de
uma folha de caderno. Acompanha, no
espólio da Fundação António Quadros,
outras tiras de papel de características
idênticas com o poema "A um suicida",
que terão sido passadas provavelmente
a António Ferro, e conjuntamente. A sua
datação exige algumas observações. As
datas que constam na última página de
"A um suicida" parecem-nos ser "30
de set[embro] e 1 de out[ubro] de 1911
— Lisboa." A revista *Alma Nova*, cujo
proprietário indicado é precisamente
António Ferro, publica no seu terceiro
número, de 7 de Junho de 1912 (p. 3),
apenas "A um suicida" (mas não "Quadras
para a desconhecida") e reproduz a data
dupla de "30 set. e 1 out. 911 — Lisboa"
(sem o algarismo do milhar), que aparece
no fim da cópia autógrafa desse poema.
Em rigor, são portanto duas as hipóteses
de datação para os dois poemas: ou as
datas 30 de Setembro e 1 de Outubro de
1911 se reportam ambas exclusivamente
a "A um suicida"; ou as duas datas são
relativas, respectivamente, a "Quadras
para a desconhecida" e "A um suicida",
considerando-se que os dois poemas
poderão ter sido entregues em con-
junto e considerando-se ainda a ordem
implícita no facto de na transcrição
ser o segundo poema referido aquele
a que Sá-Carneiro após as datas. Não é
possível sabê-lo com rigor; lembre-se
que por regra Sá-Carneiro não atribuiu
datas duplas para um mesmo poema.
Convém ainda explicar o motivo pelo qual

é frequente encontrar-se a datação, a nosso ver errada, de 3 de Setembro e 1 de Outubro. Acontece que os poemas foram apresentados por António Quadros na revista *Acto*, n.º 1, de 1 de Outubro de 1951 (p. 12) com essas datas ("3 set. e 1 out. 1911 — Lisboa"). António Quadros terá sido induzido em erro possivelmente pelo facto de a cópia autógrafa de "A um suicida" ter um furo à direita do algarismo "3". Observando-se atentamente, no entanto, é possível notar que havia algo escrito na zona entretanto furada, provavelmente um número, que teria de ser um zero. As dúvidas caem por terra se lembrarmos que a data publicada em *Alma Nova* é mesmo o dia 30 de Setembro e não 3. Assim, os poemas terão sido dados como concluídos pelo autor em dois dias consecutivos e não com cerca de um mês de distância. Apesar de ter contribuído para uma tradição de datação quanto a nós errónea, Quadros corrige a edição em *Alma Nova* (que aliás não menciona, já que indica em *Acto* que são poemas inéditos), ao passar a apresentar os dois poemas em conjunto e juntamente com a data dupla que deverá dizer respeito a ambos, e não só a "A um suicida".

Acrescente-se que nos livros que pertenceram a Mário de Sá-Carneiro e integram os arquivos da Biblioteca da Universidade de Coimbra há um rascunho de três quadras deste poema [B-UC, RB-7-53d e 53e], cuja transcrição abaixo se anexa.

**NOTAS**

8    &lt;†&gt;/a\ rosas
14    viçosos! *ou, possivelmente* viçosós!
18    Serão ] *leitura conjectural; a folha está furada sobre a primeira vogal.*
24    formusura… ] *no original.*
ASS.    Mario de Sá-Carneiro ] *com hífen.*
DATA    *Veja-se a nota acima.*

**ANEXOS**
[RB-7-53e]
O minha desconhecida
Que formosa deves ser
Eu dava-te a minha vida
Só para te conhecer

———

&lt;A tua boca vermelha&gt;
Como hão de saber beijar
[RB-7-53d]
Será feita d'incoerencias
Toda a tua formusura!
Olhos garços côr do ceu:
Cabelos de noite escura.

A tua pele de leite
Será de mel &lt;para&gt;/p'ros\ beijos
Teu corpo o leito onde me deito
A ancia dos meus desejos

**117 – A UM SUICIDA**

M [Fundação António Quadros, PT/FAQ/ AFC/05/0127] I [*Alma Nova* 3]

Cópia autógrafa do poema presente no arquivo da Fundação António Quadros, com a cota PT/FAQ/AFC/05/0127. Folhas de papel pautadas de 32,5 cm × 11 cm, aparentemente tiras verticais de folha de caderno, manuscritas a tinta preta. O poema está transcrito nas primeiras três páginas. Quanto à sua data, bem como a versão impressa em *Alma Nova* 3, a 7 de Junho de 1912, veja-se a nota explicativa do poema anterior e o fac--símile do documento.

**NOTAS**
TÍT.    M — A um suicida — I A um Suicida
DED.    M á memória de Tomás Cabreira Junior. I Á memoria de Tomás Cabreira Junior
1    M Tu &lt;†&gt;/crias\ ] *palavra apagada por baixo, possivelmente* querias. I crias
2    M I idiaes ] *no original; a seguir a* Tu *há uma marca a partir da linha*

*que poderá ou não ser uma pequena*
*vírgula — a qual, no entanto, também*
*não é transcrita em* Alma Nova.
5 M vencer, ] *há uma linha negra*
*por baixo da primeira sílaba,*
*não sendo claro se se visava de*
*sublinhar a palavra.* I vencer,
10 M victória ] *com c e*
*acento.* I victoria ]
13 M I minhas ] *em M a folha está*
*furada sobre o que parece um* m.
17 M amante I amate
18 M I idiaes ] *no original.*
30 M Aquela I Aquella
31 M I Glória ] *aqui com acento.*
33 M I Que ] *em M a folha está*
*furada sobre as vogais.*
34 M triumfos I triumphos
37 M Preguiçoso, entorpecido, ]
*em I falta este verso.*
39 M I Recordo ] *em M um furo*
*na folha obliterou quase*
*completamente as letras* or.
42 M sàlazinha I salazinha ] *em I falta a*
*linha entre as estrofes antes deste verso.*
44 M I idiaes ] *no original.*
45 M Um livro impresso, um drama
em scena, o nome nos jornaes…
I Um livro impresso; drama em
scena; um nome nos jornaes…
48 M <g>/G\lória I Gloria
50 M Ia <†>/vencer\ ou socumbir!… ]
*aparentemente apagada uma*
*palavra por baixo de* vencer; *corrige-*
*-se a ortografia para* sucumbir!…
*Também* socombir *em I.*
60 M I Eu por ] *em M furo na folha*
*sobre a parte superior da letra* p.
64 M malaventurada. I mal aventurada
DATA M *30 set. e 1 out. 1911 — Lisboa. ]
*a cópia autógrafa apresenta um furo a*
*seguir ao 3; veja-se a nota explicativa*
*de "Quadras para a desconhecida".*
I 30 set. e 1 out. 1911 — Lisboa

ASS. M Mario de Sá Carneiro I Mario
de Sá-Carneiro ] *possivelmente com*
*um hífen pouco legível no impresso.*

## 118 − SIMPLESMENTE…

[115ᵛ-60 e 61]

Composição feita num momento crucial
de evolução da obra poética de Mário de
Sá-Carneiro. Apesar da originalidade
da imagética convocada, da reificação
em Paris e do rigor poético, a primeira
parte de "Simplesmente…" demonstra
de forma bastante evidente a influência
de Cesário Verde na escrita poética de
Sá-Carneiro desta época, influência que
o autor consegue assimilar imediata-
mente em seguida, à medida que inicia o
processo de desenvolvimento de uma voz
autónoma. A esta evolução não é alheia
a leitura atenta do poema por Pessoa e
os seus comentários, que terão levado
Sá-Carneiro a repensar o texto, mesmo
quando inicialmente parece rejeitar
alterá-lo. Como dito abaixo, o poema
é pensado para *A Ilustração Portuguesa*,
e apesar de o autor chegar mesmo a
dizer que aí o publicará, com algumas
alterações, não obstante os seus "defei-
tos", e ainda que são "versos que não
surgirão em volume algum, que se per-
derão". O facto é que mais adiante este
poema resulta em "Partida", o primeiro
poema de *Dispersão*. Nessa ocasião,
Sá-Carneiro substitui as primeiras 13
quadras de "Simplesmente" — aquelas
aqui descritas como "naturais" — por
uma só quadra, a primeira de "Partida",
e por fazer várias outras alterações
às quadras seguintes, a "2ª parte" de
"Simplesmente" (veja-se a este respeito
Mourão-Ferreira, 1990, e Marchis, 2007,
em particular a p. 119, mas todo o capí-
tulo). Apesar de o poema estar na base
de "Partida", opta-se por incluí-lo aqui

também no final da juvenília, pois ilustra vários aspectos da evolução da linguagem de Sá-Carneiro, que o autor acaba por deixar de lado, encerrando um período e iniciando outro. Algumas palavras de Sá-Carneiro que acompanham o poema ("não são versos escritos por um poeta", "eu, nas minhas horas vagas sou poeta — na expressão de escrever rimadamente") terão ainda contribuído para o mito de que o autor realmente não escrevia poesia até esta altura, devendo essas palavras ser compreendidas como afirmações de alguém que neste momento se dedicava mais claramente à novelística e por isso se pensava particularmente como prosador.

O poema acompanha a carta de 26 de Fevereiro de 1913, seguindo numa cópia transcrita em dois bifólios quadriculados, de 26,8 × 21,05 cm, manuscritos a tinta preta, que foram dobrados três vezes na horizontal e uma na vertical, e ocupando o poema sete das oito páginas disponíveis. A primeira parte desta longa carta é toda ela dedicada a "Simplesmente...", dizendo Sá-Carneiro logo no início: "Vai junta uma poesia. Peço-lhe que a leia ao chegar a este ponto, avisando-o unicamente que não se assuste nem com o titulo nem com as primeiras quadras *naturais*. A poesia, ao meio, vira em parabola para outras regiões" (2015, pp. 81-82). Depois de pedir que a poesia seja lida imediatamente, antes que Pessoa leia os seus comentários, Sá-Carneiro acrescenta a seguinte, longa, análise: "Eu gosto dos versos que o meu amigo teve a pachorra de acabar de ler. Não lhes dou importancia, não os amo — gosto, apenas — porque, por razoaveis que sejam não são versos escritos por um poeta. Logo, são maus versos. Se gosto

deles é por o seguinte — encontro--os verdadeiros. Os crepusculos que ainda nos prendem á terra — áqueles que sonhamos — e nos fazem sentir um vago pesar pela *facilidade* — porq[ue] é facil e quente e cariciosa: "Naquela vida faz calor e amor„. Mas logo a reacção em face do triunfo maior — a carreira ao ideal. Mais alto, sempre mais alto. Vida e arte, no artista confundem-se, indistinguem-se. Daí a ultima quadra — "A tristeza de nunca sermos dois„ que é a expressão *materialisada*, da agonia da nossa gloria, dada por *comparação*. Eu explico melhor. A minha vida "desprendida„, livre, orgulhosa, "farouche„, diferente muito da normal, apraz-me e envaidece-me. No emtanto em face dos que têm familia e amor banalmente, simplesmente, "diariamente, em face dos que conduzem pelo braço uma companheira gentil e cavalgam os carrousseis, eu sinto m[ui]ta vez uma saudade. Mas olho para mim. Acho-me mais belo. E a minha vida continua. Pois bem esses, são a arte da vida, da natureza. Não cultivar a arte diaria é fulvamente radioso e grande e belo; mas custa uma coisa semelhante ao q[ue] custa não viver a vida diaria: — "A tristeza de nunca sermos dois„. Compreende bem o que eu quero dizer? Eis pelo que fechei a poesia com essa quadra aparentemente frouxa e impropria. Ha versos que me agradam muito, porq[ue] me encontro neles. Assim "viajar outros sentidos, outras vidas, numa extrema-unção d'alma ampliada„ é simplesmente o "Homem dos Sonhos„. Não acha? (Está--me a achar é m[ui]to pouco modesto. Perdôe). E pelo orgulho desmedido gosto deste verso: "Vem-me saudades de ter sido Deus„. Isto é: em face do turbilhão de maravilhas em que o meu espirito se lança eu quasi julgo que um dia fui Deus — e desse meu estado me vêm saudades — como se na verdade O tivesse sido. Peço-lhe que leia com a atenção maxima as quadras da 2ª parte. Todas as palavras foram "pesadas„. Não ha la "verbos de encher„„. Assim este verso: "Sou labirinto, sou licorne e acanto„ aparentemente disparatado, não é atendendo que licorne é um animal heraldico e fantastico, acanto (a folha de acanto) o motivo caracteristico dum estilo arquitetónico — isto é beleza plastica — labirinto, emaranhamento. Logo eu quero tratar, entendo que se devem tratar, coisas emmaranhadas, erguidas e infinitas, fantasticas e ao mesmo tempo esculpir beleza plastica nas frases. Não trabalhar só com ideias — trabalhar tambem com o som das frases. Não escrever só — edificar. Mas calo-me pois sei que um espirito como o seu compreende melhor tudo isto do que o proprio que as escreveu. E mesmo para não ser como o nosso Ramos... Repito: Não dou importancia alguma aos meus versos. Como ha escritores que nas suas horas vagas são pintores eu, nas minhas horas vagas sou poeta — na expressão de escrever rimadamente, apenas. Eis tudo. Se não desgosto destas quadras é pelo que elas *dizem*, não pelo que elas cantam. Logo a sua opinião inteira e rude — despida de perifrases, de todas as perifrases, visto tratar-se dum mero diletantismo" (2015, pp. 82-83). Mais adiante na carta, comparando as poesias de Fernando Pessoa com as suas, Sá-Carneiro ajuíza os seus próprios versos: "Em ambas as poesias ["Braço sem Corpo" e "A Voz de Deus"] Você faz o que eu exprimo duramente e num verso feio quanto á forma: Forçar os turbilhões aladamente" (p. 87). E acrescenta:

"Ainda ácerca da minha poesia lhe quero dizer o seguinte: Eu sei que você condena a 1ª parte e eu mesmo reprovo a maneira em que ela é talhada. Mas não podia deixar de ser assim. Com efeito o que eu sobretudo quis dar foi a antitese entre a arte real (1ª parte) e o idealismo (2ª). Dai propositadamente suscitei o choque. Liniariamente a minha poesia pode-se representar assim:

Isto é: Vem do real, tem uma inflexão perturbada e fugitiva p[ar]a o irreal, tendo longinquamente nova inflexão para o real, impossivel porem já de a atrair" (2015, p. 88).

Entretanto, Sá-Carneiro aguarda os comentários de Pessoa: "Rogo encarecidamente que me responda m[ui]to breve, mesmo resumidamente, sobretudo a impressão sobre os versos" (2015, p. 88); pedido que aliás reitera na carta enviada dois dias depois. Pessoa terá feito as suas objecções, que levam Mário de Sá-Carneiro a responder em novo comentário longo, no dia 10 de Março de 1913: "Concordo plenamente com a sua critica á minha poesia menos em dois pontos secundarios: O verso "A cada aurora acastelando em Espanha„ agrada-me não pelo q[ue] diz mas pela sua côr que acho m[ui]to intensa e vermelha, côr dada pelas palavras aurora, acastelando e Espanha. Coisa curiosa! A quadra foi feita para este verso. Os dois primeiros, q[ue] o meu amigo estima, são uma consequencia deste que surgiu isolado. O outro ponto sobre o qual não concordo é com a supressão dos apostrofes em cor's e imp'rial. Bem sei q[ue] os tratados de poetica condenam as elisões e q[ue] o apostrofe é m[ui]to desagradavel á vista. Emtanto acho q[ue] no verso em casos como este ha toda a conveniencia em exactamente diligenciarmos fazer a elisão porque a verdade é esta, ninguem pronuncia co-res ou im-pe-ri-al. Fazendo o verso para ser lido assim, acho a sua leitura pretensiosa e forçada. Apenas ha o remedio, p[ar]a evitar o apostrofe, de conservar as letras, deixando ao leitor o naturalmente não as pronunciar. Ainda o saltar me sugere uma objecção. O meu amigo diz bem. Mas eu tambem digo bem. Este saltar é na aceção do tigre q[ue] se lança sobre a presa — é o bondir francês que infelizmente não é propriamente traduzido em português por saltar. Quanto ao resto tem o meu amigo mil vezes razão. Emtanto poucas emendas farei na poesia. É que, como m[ui]tos pais, a estimo pelos seus defeitos — defeitos que ela não podia deixar de ter em virtude da forma como foi feita. Eu não tinha plano algum quando a comecei. Esperava o Santa-Rita na terrasse dum café. Passou uma rapariga de preto. Eis tudo. E o que nunca supús foi que a concluisse e, muito menos, q[ue] ela saltasse para o vago. Foi um divertimento, em suma. E a imitação de Cesario Verde — como se tratava na ocasião dum puro divertimento sem amanhã — foi propositada! Mau gosto é claro. Mas eu estava a brincar. Simplesmente da brincadeira nasceu uma coisa com algumas belezas. E aproveitei-a. Não lhe dando importancia, apenas estimando-a. Da Ilustração Portuguesa (aonde não gosto nada de publicar) o Antonio Maria de Freitas andava sempre a pedir ao meu pai coisas minhas. Assim satisfiz o seu pedido mandando-lhe os versos. Verei as provas e nessa ocasião, entanto, farei algumas das emendas que me aconselha. Se se tratasse duma obra em prosa,

nunca, é claro, eu procederia assim. Mas são os versos que não surgirão em volume algum, que se perderão. E por isso deixo--lhe os defeitos pelos motivos expostos. Do Repas du Lion do Curel diz o É[mile] Faguet que é um tecido maravilhoso trazendo preso um farrapo imundo. A minha poesia será um farrapo que traz preso um pedaço de seda, alguma coisa brilhante. E já é muito p[ar]a um prosador ter conseguido isto. Emfim, p[ar] a mim, entre a poesia e a "literatura„ ha a mesma diferença q[ue] entre estas duas artes e a pintura, por ex[empl]o. As minhas horas de ocio são ocupadas, não a pintar, como o Bataille, mas a fazer versos. Puro diletantismo" (pp. 100-101). Veja-se que diferentes versos e o verbo "saltar" estão no manuscrito assinalados a lápis, pelo que é provável que sejam marcas da mão de Pessoa.

Já ao terminar a carta de 10 de Março Sá-Carneiro volta ao poema, indicando: "Ainda sobre o "Simplesmente„: O verso "Que as nossas almas só acumularam„ deve-se entender assim: que as nossas almas só construiram. Mas céus são nuvens — por isso acumulam-se" (p. 103). A 16 de Março, Sá-Carneiro dá conta da mudança da "1ª quadra da 2ª parte do "Simplesmente„" (p. 117), para uma forma que virá a ter quando o poema se chamar já "Partida". A 4 de Maio explica que resolveu "substituir toda a 1a parte do "Simplesmente„" por uma quadra, que transcreve (p. 151), anunciando que a impressão não fará elisões. Dois dias depois, já indica que ""Partida„ […] é a 2.ª parte do "Simplesmente„". (p. 158).

Diga-se ainda que em cartas de 3 e 4 de Março de 1913, respectivamente, Sá-Carneiro anuncia a António Ferro e a Ricardo Teixeira Duarte o plano de publicar "Simplesmente..." na *Ilustração Portuguesa*, não chegando no entanto a enviar-lhes cópia manuscrita (ver Toriello, 1987, pp. 136 e 138).

**NOTAS**

11 ne<n>/m\

23 socumbir ] *no original.*

29 T em ] *com til no primeiro* e.

31 esp'rança ] *o p e o r estão ligados e o apóstrofo é acrescentado acima.*

39 Sei divisões ] *falta um* s *na primeira palavra.*

45 gentilesa ] *com* s *no original.*

49 bem estar ] *em duas palavras.*

55 E 61    *Os versos aparecem assinalados, na margem esquerda, com um pequena cruz a lápis.*

63    *Também este verso aparece assinalado com uma cruz, na margem esquerda, e especificamente a palavra* saltar *é sublinhada e assinalada com uma cruz na entrelinha superior, a lápis.*

66    *Verso assinalado com uma cruz na margem esquerda, a lápis.*

68    doraram ] *no original.*

72 E 74    *Os versos aparecem assinalados, na margem esquerda, com um pequena cruz a lápis.*

96    rial ] *no original.*

102   vem-me saudades ] *no original sem acento, respeitando esse singular a métrica do decassílabo.*

DATA   Paris — fevereiro de 1913. ] *no original sem o segundo* e, *e com ponto final.*

ASS.   Mario de Sá-Carneiro

## 3. UM POEMA NO JORNAL *O CHINÓ* (1904)

**119 – A AULA DE PHYSICA DA 3.ª E 4.ª TURMA DO 4.º ANNO**

[*O Chinó — Jornal academico com pretenções a humoristico* 1, p. 2]

Poema satírico incluído na página 2 do número 1 de *O Chinó — Jornal academico com pretenções a humoristico*, de 6 de Dezembro de 1904, cuja autoria ou co-autoria aqui se atribui a Mário de Sá-Carneiro. A respeito deste jornal e da autoria dos textos nele, afirmou Rogério Perez, em 1938, em depoimento publicado no "Suplemento Literário" do *Diário de Lisboa*: "Conhecemos Mario de Sá-Carneiro em 1905 no Liceu do Carmo, onde então publicou um pequeno sema-nario academico de que foi director e que intitulou 'O Chinó'. Desde o titulo, alu-sivo ao chinó dum mestre, que se celebri-zou na publicação de uma série de artigos e livros acêrca da arte de falar e escrever, até ás gazetilhas em verso, do próprio Sá-Carneiro, tudo era critica aos profes-sores. Assim, o pai do Mario, informado do caso, mandou retirar o semanário do quiosque do largo do Carmo, depositario para a venda, e reembolsar os assinantes, desaparecendo desta maneira 'O Chinó', de que se publicaram poucos numeros" (Perez, 1938, p. 3). Neste número 1, apesar de se mencionar uma "Direcção", e haver um anúncio solicitando "artigos que não excitem o nosso pudor ou o do publico. Para os julgar cá está a Direcção com o lápis encarnado por fora e azul por dentro" (p. 1), de facto o único nome identificado é o de Mário de Sá-Carneiro, indicado como destinatário de toda a correspondência, a ser enviada para a Travessa do Carmo, 1, 2.º-D. Nenhum texto, mesmo, é assinado. Atribui-se aqui a autoria ou co-autoria do poema a Sá-Carneiro considerando diferentes factores. Desde logo, a explícita indicação de Rogerio Perez de que "as gazetilhas em verso" eram "do próprio Sá-Carneiro".

Leva-se ainda em consideração o poema "Perfil", datado genericamente de "1905", em que Sá-Carneiro satiriza o mesmo professor Valente, parodiando alguma da linguagem daquele professor de Física, e também aí rimando com o seu nome, poema este que é incluído no caderno de "Poesias", cuja transcrição inicia já em 1906, quando copia alguns poemas de anos anteriores. Parece-nos que o tom genérico vai ao encontro da linguagem satírica de Sá-Carneiro nesta altura. Pode fazer-se um paralelo com a "História da Nossa Festa", poema igualmente impresso poucos anos depois, em que Sá-Carneiro se dirige também ao "leitor" e usa de igual modo a expressão "a valer", no verso "Trabalhámos a valer,".

Acrescente-se apenas que, numa página de um dos livros de juventude que pertenceram a Mário de Sá-Carneiro e integram a Biblioteca da Universidade de Coimbra, Sá-Carneiro fez uma lista de professores e respectiva classificação, que menciona: "Valente = Um pobre diabo muito pedante e que deixa fazer tudo quanto querem os seus alunos. Bom" [B-UC; RB-7-55p].

**NOTAS**

19 E 20   *Apesar de não serem destacados no original, estes versos são aqui colocados em itálico pois, tal como acontece nos vv. 11 a 13 (esses, sim, com destaque), parecem citar o referido Prof. Valente. Opta-se assim por uniformizar o critério.*

ANEXO 1 – O MAIS BELO LIVRO
Resposta ao inquérito literário publicado a 13 de Abril de 1914 pelo jornal *República* e cujo título aqui se aproveita. Nessa data respondem Mário de Sá-Carneiro

e o seu amigo Victoriano Braga. Como já foi notado atrás, o poema "Anto", de Sá-Carneiro, apresenta linguagem muito próxima daquela aqui empregue acerca de António Nobre. O início do segundo parágrafo tem sido transcrito não com o "No entretanto" do original, mas com um "No entanto", que, não subvertendo por completo o sentido do texto, desativa uma ideia fundamental implicitamente reiterada: a de que Sá-Carneiro não nomeia um livro de Pessanha como o mais belo por este ainda estar por publicar.

**NOTAS**

1   entretanto, ] *no original, e não* entanto.

2   pagem ] *com g, como habitualmente, na grafia de Mário de Sá-Carneiro.*

ANEXO 2 – A QUADRA POPULAR
Texto incluído em *Missal de Trovas* (Lisboa, Livraria Ferreira, 1914), livro de "Quadras dos 17 e 18 anos" de Augusto Cunha e António Ferro, numa secção prefacial com o título "A Quadra Popular" (que aqui se aproveita). Esta secção, subintitulada "Opinião d'alguns poetas portugueses sobre o MISSAL DE TROVAS", inclui, além do texto de Sá-Carneiro (o terceiro do conjunto), depoimentos de João de Barros, Fernando Pessoa, Afonso Lopes Vieira, João Lúcio, Júlio Dantas, Alberto Osório de Castro e Augusto Gil. A 18 de Março de 1913, Sá-Carneiro instigara António Ferro, por carta: "As quadras do Cunha e sua[s] são coisas muito lindas. É preciso publicá-las sem demora" (Toriello, 1987, p. 141). Acerca do livro e do seu próprio texto, em resposta a Pessoa, que lhe terá anunciado a publicação, Sá-Carneiro evidencia alguma surpresa possivelmente justificada pelo lote de depoimentos de personalidades

representativas de grupos diferentes, quando lhe escreve, a 28 de Julho de 1914: "francamente ainda me assombrou mais num espanto de incoerencia a aparição das quadras Ferreas... Esses bebés mandar-me-hão o livro? Diga-lhe o que aqui vai — pelo menos era p[ar]a eu ver o meu paülismo a par [do] J[oão] de Barros!..." (Sá-Carneiro, 2015, pp. 249-250). Destaca-se aqui o estatuto paúlico atribuído ao seu próprio texto. Já a 6 de Agosto de 1914, numa carta marcada por alguma melancolia associada ao início da Primeira Guerra Mundial, Mário de Sá-Carneiro acusa a recepção do livro: "Recebi o livro do Ferro e Cunha que está na verdade muito bem apresentado e me deixou uma bela impressão. Transmita isto a esses rapazes, pois não tenho forças para lhes escrever" (p. 254).

**NOTA**

ASS. MARIO DE SÁ-CARNEIRO ]
*por baixo da data.*

[115ˢ-111]

Um bilhete-postal de 14,1 × 9,2 cm, manuscrito a tinta preto-acastanhada. É datado de "Lisboa — Novembro 1914 | Dia 18" e endereçado ao "Ex.º Senhor Fernando Pessoa, | no escritório Lavado, Pinto & C.ª | ao Campo das Cebolas, 43 | em Lisboa". Apresenta um carimbo ilegível, aparentemente de Lisboa.

**NOTAS**

1 Riata ] *no original.*
2 pederastimos ] *no original.*

[Colecção Particular]

Um bilhete-postal de 14 × 9,2 cm, manuscrito a tinta preto-acastanhada, sem carimbos. É datado de "Lisboa — Dezembro Dia 2" e endereçado ao "Ex.º Senhor Fernando Pessoa, escritório | Lavado, Pinto & C.ª 43 Campo das Cebolas Lisboa".

**NOTA**

1 Rui ] *no original.*

[Colecção Particular]

Carta enviada em folha de papel timbrada do CAFÉ — RESTAURANT | L. MOLLARD | HOTEL ANGLO AMÉRICAIN | 113-115-117, RUE Sᵗ-LAZARE | PARIS (VIIIᵉ), de 18,1 × 22,1 cm. Terá seguido no envelope remetido a "Monsieur Fernando Pessoa | Escriptorio A. Xavier Pinto C.ª | 101 Rua de S. Julião 1.º | Lisbonne | Portugal", que ostenta o carimbo "AGENT COMMERCIAL OFFICIEL EN BELGIQUE | PORTUGAL", e ainda um carimbo postal francês, do Boulevard des Italiens, de 6 de Maio de 1916. O envelope, com um selo de 25 centavos, chega a "LISBOA | CENTRAL" a 11 de Maio de 1916. O verso indica o remetente, "Carlos Ferreira | Rue Pigalle 65 | (IX) Paris | France", e inclui ainda anotações aparentemente da mão de Pessoa: uma soma, "280.48 | 8.84 | 289.32", e, mais abaixo, "19.32"; na coluna da direita, as indicações "nr. 11.3 ◊ 18† | nr 11.3 ◊ 27†".

**NOTAS**

1 Confissão de Lucio ] *passa--se para itálico.*
2 afim ] *no original.*
3 alguma Canções ] *Carlos Ferreira esquece-se de terminar a oração, ao passar para o verso do bifólio.*

## ANEXO 6 – CARTA DE CARLOS FERREIRA, SEM DATA

[Colecção Particular]

Esta carta não datada terá seguido juntamente com a anterior, que é escrita a 2 de Maio de 1916 (uma terça-feira) e só parte de Paris a 6 desse mês (um sábado).

**NOTAS**

## ANEXO 7 – CARTA DE CARLOS FERREIRA, 20 DE MAIO DE 1916

[Colecção Particular]

A carta é escrita em três bifólios do Grand Café de la Place Blanche, de 18,4 × 26,2 cm. Terá seguido num envelope de 14,1 × 11,4 cm, com o carimbo "AGENT COMMERCIAL OFFICIAL EN BELGIQUE | PORTUGAL", carimbos do serviço postal francês, no Boulevard des Italiens, de 22 de Maio de 1916, e um carimbo de Lisboa de 27 desse mês. A carta é remetida a "Monsieur Fernando Pessoa | R. São Julião 101, 1.º | Lisbonne | Portugal". No verso inclui-se o remetente, "Carlos Ferreira | 65 Rue Pigalle | Paris (IX) | France", e ainda uma inscrição a tinta, ligeira: "c. 1943".

**NOTAS**

## ANEXO 8 – CARTA DE JOSÉ ARAÚJO, 23 DE MAIO DE 1916

[Colecção Particular]

Carta escrita a tinta preta numa folha de papel quadriculada, de 21,4 × 27,2 cm. É enviada num envelope timbrado da empresa "LEZAMETA & ARAUJO | COMMISSION — EXPORTATION | 42, Rue du Faubourg Montmartre, 42", de 14,1 × 11,5 cm. O destinatário é "Monsieur | Fernando

Pessoa | S. Julião 101 — 1.º | Lisbonne | Portugal". O envelope apresenta carimbos de Paris, de 25 de Maio de 1916, e de Lisboa, de 29 desse mês. Apresenta ainda carimbos da Inspecção Militar, e foi aberto num dos lados para essa inspecção.

**NOTAS**

1   m.^{to}
2   m.^{to}

## ANEXO 9 – CARTA DE JOSÉ ARAÚJO, 2 DE JUNHO DE 1916

[Colecção Particular]

Carta escrita a tinta preta numa folha de papel quadriculada, rasgada irregularmente na margem esquerda, de cerca de 21 × 27 cm. Terá seguido num envelope de 14,6 × 11,4 cm, remetido a "Monsieur | Fernando Pessoa | Rua S. Julião 101 — 1.º | Lisbonne | Portugal" e com o remetente "J. Araujo | Rue du Faub[our]g. Montmartre 42 | Paris". O envelope apresenta carimbos de Paris, de 7 de Junho de 1916, e de Lisboa, de 13 desse mês. Apresenta ainda carimbos da Inspecção Militar, e foi aberto num dos lados para essa inspecção. No verso aparece ainda a indicação, a lápis azul, "R[espondido a] 23/6/16".

**NOTAS**

1   familia<,>.
2   intrujão, <t>/T\udo
3   parentes [↑ do falecido]
4   houvi ] *no original.*
5   Confissao de Lucio ] *passa--se para itálico.*
6   heide ] *aparentemente, no original.*

## ANEXO 10 – CARTA DE JOSÉ ARAÚJO, 18 DE DEZEMBRO DE 1916

[Colecção Particular]

Carta enviada em bifólio de 23,4 × 18 cm. Na colecção está junto de um envelope de 9,6 × 12,3 cm, cujos carimbos mostram que terá partido de Paris (R. Milton) a 5 de Janeiro de 1917, chegado a Lisboa a 11 desse mês, e só no dia seguinte sido visto pela Censura. O destinatário continua a ser "Monsieur | Fernando Pessoa | Rua de S. Julião | 101 — 1º | Lisbonne | Portugal" e, no verso, o remetente habitual de José Araújo está parcialmente tapado na margem pela fita adesiva indicativa de que o envelope foi aberto pela censura militar. Além do selo de 25 centavos, apresenta no verso um selo com o lema "JUSQ'AU BOUT!". Pessoa acrescenta no verso "Resp[ondido a] 17.2.1917".

**NOTAS**

1   escripto um] *acrescentam--se ponto final e maiúscula.*
2   minhas as ] *acrescenta-se o ponto final. A falta de separação gráfica talvez se deva à mudança de página entre as palavras.*
3   imp[or]t[ancia]
4   massar ] *no original*
5   snr ] *desdobra-se a abreviatura.*
6   m.^{tas}
7   massador ] *no original.*
8   p.^{a}
9   p.^{a}
10   M.^{to}
11   Faub[our]g

# ORDEM TOPOGRÁFICA DAS COTAS

# DATAS E LOCAIS DOS POEMAS

| N.° | TÍTULO | LOCAL | DATA |
|---|---|---|---|
| 1 | Partida | Paris | 02/1913 |
| 2 | Escavação | Paris | 03/05/1913 |
| 3 | Inter-sonho | Paris | 06/05/1913 |
| 4 | Alcool | Paris | 04/05/1913 |
| 5 | Vontade de dormir | Paris | 06/05/1913 |
| 6 | Dispersão | Paris | 05/1913 |
| 7 | Estátua falsa | Paris | 05/05/1913 |
| 8 | Quasi | Paris | 13/05/1913 |
| 9 | Como eu não possuo | Paris | 05/1913 |
| 10 | Alem-tédio | Paris | 15/05/1913 |
| 11 | Rodopio | Paris | 07/05/1913 |
| 12 | A queda | Paris | 08/05/1913 |
| 13 | Nossa Senhora de Paris | Paris | 15/06/1913 |
| 14 | Salomé | Lisboa | 03/11/1913 |
| 15 | Não | Lisboa | 14/12/1913 |
| 16 | Certa voz na noite, ruivamente... | Lisboa | 31/01/1914 |
| 17 | 7 | Lisboa | 02/1914 |
| 18 | 16 | Lisboa | 05/1914 |
| 19 | Apoteose | Paris | 28/06/1914 |
| 20 | Distante melodia... | Paris | 30/06/1914 |
| 21 | Sugestão | Paris | 08/1914 |
| 22 | Taciturno | Paris | 08/1914 |
| 23 | O resgate | Camarate Quinta da Vitória | 10/1914 |
| 24 | Vislumbre | Camarate Quinta da Vitória | 10/1914 |
| 25 | Bárbaro | Camarate Quinta da Vitória | 10/1914 |
| 26 | Angulo | Barcelona | 09/1914 |
| 27 | Anto | Lisboa | 14/02/1915 |
| 28 | A inegualavel | Lisboa | 16/02/1915 |
| 29 | Elegia | Lisboa | 03/1915 |
| 30 | Escala | Paris | 07/1915 |
| 31 | Séte canções de declinio | Paris | 07-08/1915 |
| 32 | Abrigo | Paris | 09/1915 |

| | | | |
|---|---|---|---|
| 33 | Cinco horas | Paris | 09/1915 |
| 34 | Serradura | Paris | 09/1915 |
| 35 | O Lord | Paris | 09/1915 |
| 36 | O recreio | Paris | 10/1915 |
| 37 | Torniquete | Paris | 11/1915 |
| 38 | Pied-de-nez | Paris | 11/1915 |
| 39 | O pajem | Paris | 11/1915 |
| 40 | Campainhada | Paris | 10/1915 |
| 41 | Ápice | Paris | 08/1915 |
| 42 | Desquite | Paris | 07/1915 |
| 43 | Caranguejola | Paris | 11/1915 |
| 44 | Ultimo soneto | Paris | 12/1915 |
| 45 | Crise lamentavel | Paris | 01/1916 |
| 46 | O fantasma | Paris | 21/01/1916 |
| 47 | El-rei | Paris | 30/01/1916 |
| 48 | Aquele outro | Paris | 02/1916 |
| 49 | [Quando eu morrer batam em latas,] | [Paris?] | [02/1916?] |
| 50 | [Le trône d'Or de Moi-perdu,] | [Paris] | [06/1914?] |
| 51 | Manucure | Lisboa | 05/1915 |
| 52 | [Ah, que te esquecesses sempre das horas] | [Paris] | [08/1915] |
| 53 | [A minh'alma fugiu pela Torre Eiffel acima,] | Paris | 08/1915 |
| 54 | [... De repente a minha vida] | s.l. | s.d. |
| 55 | Feminina | Paris | [15/02/1916] |

## JUVENÍLIA POÉTICA

*A maioria dos poemas da juvenília poética terão sido escritos entre Lisboa e Camarate. Apresenta-se o local apenas quando indicado pelo autor.*

| N.º | TÍTULO | LOCAL | DATA |
|---|---|---|---|
| 56 | A conquista de Ceuta | | [1902] |
| 57 | D. Alvaro | | [1902] |
| 58 | Um medico optimo | (epigrama) | | [1902] |
| 59 | O castello mysterioso | | [1902] |
| 60 | Um amigo | (soneto) | | [1902] |
| 61 | Os 7 pecados mortaes | (em verso) | | [1902] |
| 62 | [Na velha aldeia tudo descansava] | | [1903?] |
| 63 | [Ó patria, ó patria amada] | | s.d. |
| 64 | O mar, esse espaço largo | | s.d. |
| 65 | [Eu sou jogador de porta] | | s.d. |
| 66 | [Luizinha, a minha vida] | | s.d. |

| | | | |
|---|---|---|---|
| 110 | [Curtes aí no leito a mais aborrecida] | Lisboa | 09/05/1909 |
| 111 | A luva | Lisboa | 06/1909 |
| 112 | O estrume | Camarate | 09 1909 |
| 113 | Beijos \| Monologo | | 02/1910 |
| 114 | O poste telegrafico | Lisboa | 07/1910 |
| 115 | A mulher gravida | Lisboa | 02/1911 |
| 116 | Quadras para a desconhecida | | s.d. |
| 117 | A um suicida | Lisboa | 30/09 e 01/10/1911 |
| 118 | Simplesmente… | Paris | 02/1913 |
| 119 | A aula de Physica da 3.ª e 4.ª turma do 4.º anno [autoria conjectural] | | [06/12/1904] |

## OBRA POÉTICA (1913-1916)

| | |
|---|---|
| Partida | *Dispersão* | *12 Poesias por Mario de Sá-Carneiro*. Em Casa do Autor: 1, Travessa do Carmo — Lisboa 1914. Acabado de imprimir | Para o Autor | nos Prelos da Tipografia do Comercio | Aos 26 de Novembro de 1913. |
| Escavação | *Dispersão* |
| | *Careta*, 20 Jun. 1914, s.p. |
| Inter-sonho | *Dispersão* |
| Alcool | *Dispersão* |
| Vontade de dormir | *Dispersão* |
| | *Fon-Fon!*, 31 Jan. 1914, s.p. |
| Dispersão | *Dispersão* |
| Estátua falsa | *Dispersão* |
| Quasi | *Dispersão* |
| Como eu não possuo | *Dispersão* |
| Alem-tedio | *Dispersão* |
| Rodopio | *Dispersão* |
| | *Ilustração Portuguesa*, 410, 29 Dez. 1913, p. 758. |
| A Queda | *Dispersão* |
| Nossa Senhora de Paris | *Orpheu* 1 Jan.-Mar. 1915, p. 11. |
| Salomé | *O Occidente*, 10 Jan. 1914, p. 3. |
| | *Orpheu* 1 Jan.-Mar. 1915, p. 10. |
| Certa voz na noite, ruivamente... | *Orpheu* 1 Jan.-Mar. 1915, p. 10. |
| | *Portugal Artistico* 1 (2), Mar. 1914, p. 4. |
| 7 | *Orpheu* 1 Jan.-Mar. 1915, p. 14. |
| | *Terra Nossa* 2 (67), 11 Abr. 1915, p. 2. |
| 16 | *Orpheu* 1 Jan.-Mar. 1915, p. 12. |
| | *Terra Nossa* 2 (68), 18 Abr. 1915, p. 2. |
| Apoteose | *Orpheu* 1 Jan.-Mar. 1915, p. 17. |
| Distante melodia... | *Orpheu* 1 Jan.-Mar. 1915, p. 13. |
| Sugestão | *Orpheu* 1 Jan.-Mar. 1915, p. 14. |
| Taciturno | *Orpheu* 1 Jan.-Mar. 1915, p. 9. |
| O Resgate | *A Galéra* 1 (4), 1 Fev. 1915, p. 6. |
| Vislumbre | *Orpheu* 1 Jan.-Mar. 1915, p. 14. |

| Bárbaro | *A Galéra* 1 (2), 20 Dez. 1914, p. 12. |
| Angulo | *Orpheu* 1 Jan.-Mar. 1915, p. 15. |
| Anto | *A Galéra* 1 (5-6), 25 Fev. 1915, p. 4. |
| A inegualavel | *Orpheu* 1 Jan.-Mar. 1915, p. 16. |
| Elegia | *Orpheu* 2 Abr.-Jun. 1915, pp. 97-98. |
| Manucure | *Orpheu* 2 Abr.-Jun. 1915, pp. 98-107. |

## JUVENÍLIA POÉTICA

| Historia da nossa festa | *Programma da Festa de Caridade* \| *Promovida pelos alumnos do Lyceu de S. Domingos e realisada no Theatro do Gymnasio, na Noite de 15 de 05/1907.* Proprietaria e Editora: A Commissão Executiva — Composto e impresso na Typographia do Annuario Commercial, Praça dos Restauradores, 27 — Lisboa, pp. 2 e 3. |
| Monologo á força | *Azulejos* 2 (49), 24 Ago. 1908, p. 6. (Ass. Mario de Sircoanera) |
| Quem me dera, meu amor | *Azulejos* 2 (63), 5 Dez. 1908, p. 5. (Ass. Sircoanera) |
| Senhora dos olhos lindos | *Azulejos* 2 (65), 19 Dez. 1908, p. 5. (Ass. Sircoanera) |
| Se p'ra me qu'reres é forçoso | *Azulejos* 2 (67), 2 Jan. 1909, p. 3. (Ass. Sircoanera) |
| Por que razão desdenhais | *Azulejos* 3 (68), 9 Jan. 1909, p. 6. (Ass. Sircoanera) |
| O Neptuno de Messina | *Azulejos* 3 (70), 23 Jan. 1909, p. 3. |
| Beijos \| Monologo | *Almanach dos Palcos e Salas* 1911 (imp. 1910), pp. 36-38. |
| A mulher gravida | *Alma Nova* 1, 14 Abr. 1912, p. 3. |
| A um suicida | *Alma Nova* 3, 7 Jun. 1912, p. 3. |
| A aula de Physica da 3.ª e 4.ª Turma do 4.º Anno | *O Chinó — Jornal academico com pretenções a humoristico* 1, 6 Dez., Anno de 1904. Typographia A Publicidade. 147, R. do Diario de Noticias, 151 — Lisboa, pp. 2 e 3. Atribuição de autoria conjectural. |

# ÍNDICE DOS POEMAS

## ÍNDICE DOS PRIMEIROS VERSOS

# BIBLIOGRAFIA

Apollinaire, Guillaume (2014).
*Calligrammes — Poèmes de la paix
et de la guerre 1913-1916. "Suivi du
fac-similé d'un exemplaire de Case
d'Armons, publié au fronte n 1915"*.
Paris: Gallimard.

Biblioteca Nacional de
Portugal (2007). *As Mãos da
Escrita — 25.° Aniversário do
Arquivo de Cultura Portuguesa
Contemporânea*. Lisboa: BNP.

Castex, François (1966). "Três Cartas
Inéditas de Mário de Sá-Carneiro".
*Vértice* 26, 268, pp. 4-12.

— (1986). "Introdução" a Mário de
Sá-Carneiro, *Poemas Juvenis*. Porto:
Centro de Estudos Pessoanos.

— (1990). "Sur deux cahiers de Français
de Mário de Sá-Carneiro". *Colóquio/
Letras* 117-118, Setembro, pp. 15-26.

— (1999). *Mário de Sá-Carneiro
— Lisbonne 1890 — Paris 1916*.
Paris: Centre Culturel Calouste
Gulbenkian — Portugal.

Centro Nacional de Cultura
(1993). *Pacheko, Almada e
"Contemporânea"*. Lisboa: Bertrand.

Chèze, João (1897). *Selecta de
Autores Franceses — Prosa e Poesia.
Acomp. notas de A.-R. Gonçalves
Vianna*. Paris: Guillard, Aillaud & C.ia.

*O Chinó — Jornal academico com
pretenções a humoristico* (1904).
Typographia A Publicidade | 147, R.

do Diario de Noticias, 151 — Lisboa,
6 de Dezembro. [Com a indicação:
"Toda a correspondencia deve
ser dirigida a Mario Sá Carneiro,
travessa do Carmo, 1, 2.°-D."]

Curopos, Fernando (2016). *L'émergence
de l'homosexualité dans la littérature
portugaise (1875-1915)*. Paris:
L'Harmattan.

Dias, Marina Tavares (1988). *Mário
de Sá-Carneiro — Fotobiografia*.
Lisboa: Quimera.

França, Isabel Murteira (1987).
*Fernando Pessoa na Intimidade*.
Lisboa: Dom Quixote.

Fundação Engenheiro António de
Almeida (1990). *Centenário do
Nascimento de Mário de Sá-Carneiro
| Centenaire de la naissance de
Mário de Sá-Carneiro | 1890-1990*.
Catálogo da Exposição na Missão
Permanente de Portugal junto
da UNESCO. Porto: Fundação
Engenheiro António de Almeida.

Galhoz, Maria Aliete (1963). *Mário
de Sá-Carneiro*. Lisboa: Presença.

Garrido, Eduardo (ed.) (s.d.). *Os Sinos
de Corneville — Opera Comica
em 3 Actos — Original de Clairville &
Gabet*. Collecção de copias de
diversas operas-comicas.
Lisboa: Livraria Popular de
Francisco Franco (60 Travessa
de S. Domingos | Lisboa).

Livraria Luís Burnay (2010). Catálogo de um *Leilão de Manuscritos, Autógrafos, Fotografias e Efémera*. Lisboa: Fotogravura União.

Malpique, Manuel Cruz (1963). "Psicologia Barroca do Poeta Mário de Sá-Carneiro e Uma Breve Referência a Fernando Pessoa". Separata do *Boletim da Biblioteca Pública Municipal de Matosinhos*, 10. Matosinhos: Papelaria e Tipografia Leixões.

Marchis, Giorgio de (2007). *O Silêncio do Dândi e a Morte da Esfinge — Edição Crítico-Genética de* Dispersão. Trad. Fátima Taborda. Lisboa: Imprensa Nacional-Casa da Moeda.

Marques, Manuel Correia (1958). "Uma Poesia Inédita". *Diário Popular*, "Quinta-Feira à Tarde" n.º 62, 13 de Fevereiro.

— (1959). "Novos Aspectos de Mário de Sá-Carneiro". *Panorama* 3 (16), Dezembro, pp. 25-29.

— (1982). "Novas de Mário de Sá-Carneiro — O Poste Telegráfico". *Nova Renascença*. Vol. 2, n.º 7, pp. 240-246.

Martins, Albano (1981). "Um Poema da Juventude — 'O Estrume'". *Nova Renascença* I, 3, Primavera, pp. 237-241.

Miraglia, Gianluca (2001). ""Mordoura-se a chorar…": Breve Apontamento Lexical sobre o Soneto Salomé de Mário de Sá-Carneiro e Indicação da sua Primeira Publicação". *Revista Lusitana* (Nova Série) 19-21 (1999-2001), pp. 283-287.

Mourão-Ferreira, David (1990). "O Voo de Ícaro — A partir de Cesário". *Colóquio/Letras* 117-118. pp. 204-212.

Nobre, Gustavo (1977). "José 'Pacheko'". *Colóquio/Artes* 35 (Dez.), pp. 34-47.

Nogueira, Albano (1984). "Quando a Censura Cortou Um Verso de Sá-Carneiro…". *Jornal de Letras, Artes & Ideias* 90, 27 de Março, p. 32.

Nogueira, Manuela (2005). *Fernando Pessoa — Imagens de Uma Vida*. Apres. Maria Aliete Galhoz. Pref. Richard Zenith. Lisboa: Assírio & Alvim.

*Orpheu — Edição Fac-Similada*. Lisboa: Tinta-da-china, 2015.

Perez, Rogerio (1938). "Mario Sá Carneiro — O Poeta na Rua e na Intimidade". "Suplemento Literário" do *Diário de Lisboa* [n.º 5710], 13 de Outubro, p. 3.

Perloff, Marjorie (2003). *The Futurist Moment — Avant-Garde, Avant-Guerre, and the Language of Rupture. "With a New Preface"*. Chicago e Londres: Chicago U. P.

Pessoa, Fernando (1998). *Cartas entre Fernando Pessoa e os Directores da Presença*. Ed. e estudo de Enrico Martines. Lisboa: Imprensa Nacional-Casa da Moeda.

— (2014). *Álvaro de Campos — Obra Completa*. Ed. Jerónimo Pizarro e Antonio Cardiello. Lisboa: Tinta-da--china.

Presidência do Conselho de Ministros — Secretaria de Estado da Cultura (1990). *Mário de Sá-Carneiro 1890--1916*. Catálogo de Exposição. Lisboa: Biblioteca Nacional.

Quadros, António (1951). "Dois Poemas Inéditos de Mário de Sá-Carneiro". *Acto* 1, 1 de Outubro, p. 12.

Sá-Carneiro, Mário (1907). "Historia da nossa festa". *Programma da Festa de Caridade — Promovida pelos alumnos do Lyceu de S. Domingos e realisada no Theatro do Gymnasio, na noite de 15 de*

*Maio de 1907*. Lisboa:
A Commissão Executiva — Composto
e impresso na Typographia do
Annuario Commercial, Praça
dos Restauradores, 27, Lisboa.
— (1908a). "Monologo á força".
*Azulejos* 2 (49), 24 de Agosto,
p. 6. Assinado com o pseudónimo
Mario de Sircoanera.
— (1908b). "Quem me dera, meu
amor". *Azulejos* 2 (63), 5 de
Dezembro, p. 5. Assinado com
o pseudónimo Sircoanera.
— (1908c). "Senhora dos olhos
lindos". *Azulejos* 2 (65), 19 de
Dezembro, p. 5. Assinado com
o pseudónimo Sircoanera.
— (1909a). "Se p'ra me qu'reres é
forçoso". *Azulejos* 2 (67), 2 de
Janeiro, p. 3. Assinado com o
pseudónimo Sircoanera.
— (1909b). "Porque razão
desdenhais". *Azulejos* 3 (68), 9
de Janeiro, p. 6. Assinado com
o pseudónimo Sircoanera.
— (1909c). "O Neptuno de Messina".
*Azulejos* 3 (70), 23 de Janeiro, p. 3.
Com a indicação: "*(imitação dum
soneto de Emilio Bergerat publicado
no jornal francês* Comœdia*)*".
— (1911). "Beijos | Monologo".
*Almanach dos Palcos e Salas*,
pp. 36-38. Impr. 1910.
— (1912a). "A mulher gravida".
*Alma Nova* 1, 14 de Abril, p. 3.
— (1912b). "A um Suicida". *Alma
Nova* 3, 7 de Junho, p. 3.
— (1913). "Rodopio". *Ilustração
Portuguesa* 410, 29 de
Dezembro, p. 758.
— (1914). *A Confissão de Lucio*.
Lisboa: Edição do Autor. Acabou
de se imprimir na Tipografia do
Comércio a 1 de Novembro de 1913.

— (1914a). *Dispersão / 12 Poesias por
Mario de Sá-Carneiro*. Lisboa: Em
Casa do Autor: 1, Travessa do Carmo.
Composto e impresso na Tipografia
do Comercio | R. da Oliveira 10
(ao Carmo) — Lisboa | 1913.
— (1914b). "Salomé". *O Ocidente*, ano
37, n.º 1261, 10 Jan. 1914, p.3.
— (1914c). "Vontade de dormir".
*Fon-Fon!*, 31 de Janeiro, s.p.
— (1914d). "Certa Voz na Noite,
Ruivamente...". *Portugal
Artístico* 1 (2), Março, p. 4.
— (1914e). "O Mais Belo Livro".
Resposta a inquérito no jornal
*República*, 13 de Abril, p. 1.
— (1914f). "Escavação". *Careta*,
20 de Junho, s.p.
— (1914g). Depoimento na secção "A
Quadra Popular" de *Missal de Trovas*.
Augusto Cunha e António Ferro.
Lisboa: Livraria Ferreira. s.p.
— (1914h). "Bárbaro". *A Galéra* 1
(2). 20 de Dezembro, p. 12.
— (1915a). "O Resgate". *A Galéra* 1
(4), 1 de Fevereiro, p. 6.
— (1915b). "Anto". *A Galéra* 1
(5-6), 25 Fevereiro, p. 4.
— (1915c). "7". *Terra Nossa* 2
(67), 11 de Abril, p. 2.
— (1915d). "16". *Terra Nossa* 2
(68), 18 de Abril, p. 2.
— (1924). "Os Ultimos Poemas de
Mario de Sá-Carneiro". *Athena* 1
(2), Novembro, pp. 43-46.
— (1937). *Indícios de Oiro*.
Porto: Presença.
— (1977). *Cartas de Mário de Sá-Carneiro
a Luís de Montalvor, Cândida Ramos,
Alfredo Guisado, José Pacheco*.
Leitura, selecção e notas de
Arnaldo Saraiva. Porto: Limiar.

— (1986). *Poemas Juvenis (1903-1908)*.
Introd. e notas de François Castex.
Porto: Centro de Estudos Pessoanos.
— (1992a). *Cartas a Maria e Outra
Correspondência Inédita*. Leitura,
fixação e notas de François
Castex e Marina Tavares
Dias. Lisboa: Quimera.
— (1992b). *Poesie*. Edizione Critica
a cura di Fernanda Toriello.
Bari: Adriatice Editrice.
— (2005). *Poemas Completos*. Ed.
Fernando Cabral Martins. Lisboa:
Assírio & Alvim. 3.ª edição.
— (2015). *Em Ouro e Alma —
Correspondência com Fernando Pessoa*.
Ed. Ricardo Vasconcelos e Jerónimo
Pizarro. Lisboa: Tinta-da-china.
TORIELLO, Fernanda (1987). *La Ricerca
Infinita — Omaggio a Mário de
Sá-Carneiro*. Bari: Lusitania/Libri.
VASCONCELOS, Ricardo (2014). "The
Cubist Experimentation of Mário de
Sá-Carneiro." *Pessoa Plural — Revista
de Estudos Pessoanos / A Journal of
Fernando Pessoa Studies* 6 (Fall),
pp. 104-124.
— (2015a). "Orpheu e Paris — Ecos
cubistas na poesia de Mário de Sá-
-Carneiro." *1915 — O Ano de Orpheu*.
Lisboa: Tinta-da-china, pp. 149-164.

— (2015b). "'Se te queres matar' and
'Distante melodia' in English:
Jennings translates Sá-Carneiro."
*Pessoa Plural — Revista de Estudos
Pessoanos / A Journal of Fernando
Pessoa Studies* 8 (Fall), pp. 310-326.
— (2017a). "Fernando Pessoa, Mário
de Sá-Carneiro and the Modernist
Blague." *Mário de Sá-Carneiro, a
Cosmopolitan Modernist*. Ed. Fernando
Beleza e Simon Park. Oxford: Peter
Lang. pp. 27-47.
— (2017b). "Porque é que não escreve
Cartas? Correspondência inédita
de Mário de Sá-Carneiro com o
seu Avô". *Pessoa Plural — A Journal
of Fernando Pessoa Studies*, No. 12
(December 2017). Special Issue:
"New Insights into Portuguese
Modernism from the Fernando
Távora Collection". Ed. Ricardo
Vasconcelos. 562-595.
VASCONCELOS, Ricardo, e Jerónimo
PIZARRO (2016). *Mário de
Sá-Carneiro — O Homem São Louco*.
Catálogo de exposição. Lisboa:
Biblioteca Nacional de Portugal.

## MÁRIO DE SÁ-CARNEIRO
### (1890-1916)

Mário de Sá-Carneiro nasce em Lisboa, em 1890, e morre em 1916 na cidade de Paris, para onde se mudara quatro anos antes. Num curto período de tempo, escreve uma obra fulgurante nos campos da poesia, da ficção e do drama, e um dos mais ricos epistolários de língua portuguesa, que evidencia todas as virtudes principais da sua literatura. Situada nas interseções do pós-simbolismo e das estéticas vanguardistas, a sua obra apresenta uma grande riqueza temática, lexical e imagética. A vitalidade da escrita de Mário de Sá-Carneiro contribuiu para renovar a língua portuguesa e granjeou ao autor a admiração das sucessivas gerações de escritores e de leitores nos cem anos passados desde a sua morte.

## RICARDO VASCONCELOS

Ricardo Vasconcelos é professor associado de Literatura Portuguesa e Brasileira na Universidade Estadual de San Diego (Califórnia), onde dirige o programa de português. As suas áreas de investigação sobre literatura moderna e contemporânea incluem as relações entre os modernismos português e brasileiro e as vanguardas europeias, e neste contexto tem dedicado particular atenção à obra de Mário de Sá-Carneiro. É coeditor do número especial do *Yearbook of Futurism Studies*, de 2017 (Berlin: De Gruyter), dedicado à relação das literaturas latino-americanas, e nomeadamente a brasileira, com o futurismo internacional. Entre os seus ensaios contam-se *Campo de Relâmpagos — Leituras do Excesso na Poesia de Luís Miguel Nava* (Assírio & Alvim, 2009), o primeiro livro sobre este poeta português do último quartel do século xx. Dedica também a sua pesquisa ao campo da crítica textual e coordena, na Tinta-da-china, as edições críticas dos trabalhos de Mário de Sá-Carneiro.

POESIA COMPLETA
DE MÁRIO DE SÁ-CARNEIRO

FOI COMPOSTO EM CARACTERES FILOSOFIA
E IMPRESSO NA GEOGRÁFICA EDITORA,
SOBRE PAPEL POLEN SOFT DE 80 G/M$^2$,
NO MÊS DE OUTUBRO DE 2018.